D1994662

Ratingen entdecken!

KLARTEXT

Elfi Pracht-Jörns

Verein für Heimatkunde
und Heimatpflege Ratingen e.V. (Hg.)

Ratingen entdecken!

Ein kulturhistorischer Stadtführer

1. Auflage März 2012
Satz und Gestaltung: Klartext Medienwerkstatt GmbH, Essen
Umschlaggestaltung: Volker Pecher, Essen
Druck und Bindung: B.o.s.s Druck und Medien GmbH, Goch

ISBN 978-3-8375-0626-6

www.klartext-verlag.de

Inhaltsverzeichnis

Vorwort

Die heutige Stadt Ratingen besteht seit der letzten kommunalen Neugliederung 1975 sowohl aus der alten Stadt Ratingen als auch aus den ehemals selbständigen Gemeinden Breitscheid, Eggerscheidt, Hösel, Homberg und Lintorf. Gleichzeitig ist die Stadt seit den 1960er Jahren durch den Bau des neuen Stadtteils Ratingen-West stark angewachsen. Der völlig neu konzipierte und reich bebilderte Stadtführer des Vereins für Heimatkunde und Heimatpflege Ratingen e. V. bietet erstmals kompakte Darstellungen zur Geschichte der einzelnen Ortsteile und der Stadtmitte. Gleichzeitig werden die vielen – oft versteckten – Sehenswürdigkeiten der Stadtteile vorgestellt und in ihrer historischen Entwicklung beschrieben, so dass ein kulturhistorisches Handbuch entstanden ist, das zum Entdecken Ratingens einlädt.

Schon lange beschäftigte den Ratinger Heimatverein das Fehlen einer kleinen, kompakten Geschichte der Stadt Ratingen. Nachdem zum Stadtjubiläum 2001 mit großer Unterstützung des Stadtarchivs die wissenschaftlich aufgearbeitete Stadtgeschichte des 19. und 20. Jahrhunderts erschienen war und drei Jahre später, 2004, die alte Geschichte vor 1815 in einer überarbeiteten Auflage herausgegeben werden konnte, war zunächst geplant, den kleinen historischen Stadtführer zu überarbeiten und neu herauszugeben. In den nächsten Jahren reifte allerdings die Idee, einen solchen Stadtführer nicht nur für die alte Stadt Ratingen zu erarbeiten, sondern auch für die einzelnen Ortsteile. Ergänzt um einen historischen Überblick für jeden Ortsteil war das Konzept eines kulturhistorischen Stadtführers geboren, der erstmals das ganze Gebiet der 1975 entstandenen neuen Stadt Ratingen umfasst.

Als Autorin konnte die Historikerin Dr. Elfi Pracht-Jörns gewonnen werden, die bereits durch ihre Arbeit am 2008 erschienenen Rheinischen Städteatlas Ratingen die Stadt intensiv kennengelernt hatte. Ihr sei an dieser Stelle für die gelungene inhaltliche Darstellung und die stets gute und vertrauensvolle Zusammenarbeit herzlich gedankt.

Wir hoffen, dass wir mit diesem Buch viele Menschen für die Geschichte der Stadt Ratingen begeistern können. Wir laden alle Interessierten ein, Ratingen und seine Ortsteile neu oder wieder zu entdecken. Gerade die Kenntnis der anderen Ortsteile kann für das weitere Zusammenwachsen und gemeinschaftliche Leben in der Stadt förderlich sein.

Wir wünschen allen Leserinnen und Lesern
spannende Entdeckungen.

Für den Verein für Heimatkunde
und Heimatpflege Ratingen e. V.

Michael Lumer
Joachim Schulz-Hönerlage
Andrea Töpfer

Ratingen – ein historischer Überblick

Die Blütezeit im Mittelalter

Das Dorf im Bergischen Territorium

Der historische Stadtkern Ratingens liegt auf einer sandigen Mittelterrassenebene im Übergangsbereich der Mittleren Niederrheinebene in das Niederbergische Hügelland. Jeder, der einmal die Hauptstraße des Ortes von Westen nach Osten entlang gelaufen ist, spürt sehr nachhaltig, dass es aufwärts geht. Im Norden verläuft der Angerbach, im Süden der Schwarzbach. Der in die vorgeschichtliche Zeit zurückreichende, urkundlich und archäologisch nur schemenhaft fassbare Mauspfad von Duisburg nach Hilden und weiter nach Basel und Frankreich berührte auch Ratingen, ebenso wie der 875 bei der Abgrenzung des Werdener Pfarr- und Zehntbezirks erwähnte Hilinciweg, ein Teil des Hellwegs. Auch der Rhein war und ist nicht weit.

Der Ratinger Raum wurde vermutlich seit dem 8. Jahrhundert von Westen nach Osten besiedelt, wobei zu berücksichtigen ist, dass Namensbezeichnungen mit der Endung –ingen im 8./9. Jahrhundert kaum noch vergeben wurden. Der Ortsname wird heute im Sinne von »bei den Leuten des Hratan« gedeutet.

Die Siedlung – vermutlich nur eine Anzahl kleinerer oder größerer Höfe – lag in einem ausgedehnten Waldgebiet, das ursprünglich im Besitz des Königs war. Mittelpunkt dieses Reichsforstes war zunächst Duisburg und dann seit der Mitte des 11. Jahrhunderts Kaiserswerth. Um 695 überließ Pippin der Mittlere (gest. 714) auf Bitten seiner Gattin Plektrudis dem angelsächsischen Missionsbischof Suitbertus (um 637–713) einen Besitz »in insula Hreni«, wo in der Folgezeit ein Kloster und Mitte des 11. Jahrhunderts eine Königspfalz entstanden. Als Heinrich VI. 1193 dem Stift Kaiserswerth die Waldnutzung und Rechtsprechung im südlichen Teil des Reichsforstes, zu dem auch die Forste Ratingen, Lintorf und Aaper

Wald gehörten, bestätigte, legten die geistlichen Herren Wert auf die Feststellung, dass diese Rechte bereits seit der Zeit Pippins des Mittleren beim Stift gelegen hätten. Heute wird das Gebiet des Reichsforstes zwischen Rhein, Ruhr und Wupper als Duisburg-Kaiserswerther Grafschaft bezeichnet. Zu diesem Gebiet gehörte auch die Siedlung Ratingen.

Seit langer Zeit und immer wieder gern wird in Ratingen die historische Tradition gepflegt, wonach die Missionierung der Gegend um Ratingen dem Einfluss des hl. Suitbertus zu verdanken sei, der das Kaiserswerther Kloster gegründet hatte. Die »Dumeklemmersage«, heute noch liebevoll gehegter Bestandteil der kommunalen Identität, belegt diese besondere Beziehung zu Kaiserswerth. Von modernen Historikern wird die dem hl. Suitbertus zugeschriebene Rolle ins Reich der Legende verwiesen, denn die Ratinger Kirche hat eher als Kölner Gründung zu gelten, wovon später noch die Rede sein wird. Allerdings erbrachte eine 1973 im Zusammenhang mit dem Einbau einer Fußbodenheizung in der Pfarrkirche St. Peter und Paul durchgeführte archäologische Grabung das – umstrittene – Ergebnis, dass eine erste Bauphase unter Umständen in das 8. Jahrhundert und damit in die letzte Lebenszeit des hl. Suitbertus datiert werden kann.

Neben Kaiserswerth war im Ratinger Raum auch das gegen Ende des 9. Jahrhunderts gegründete, spätere Damenstift in Gerresheim begütert. Hinzuweisen ist in diesem Zusammenhang vor allem auf die Fronhofverbände Hubbelrath und Hösel. Weiterer Besitz lag in Eckamp.

Die historische Überlieferung beginnt für Ratingen in der ersten Hälfte des 9. Jahrhunderts in den Urkunden eines weiteren geistlichen Grundherrn, des um 800 gegründeten Klosters Werden. In einem Verzeichnis der Weideberechtigungen der Reichsabtei Werden wird ein »Willebald von Ratingen« (»de Hretinga Uuillebald«) und seine Nichte oder Enkelin erwähnt, die dem Kloster die Weide für sechzig Schweine übertrugen, sowie ein »Othilulf in Ratingen« (»in Hratuga«), der eine Weide für zehn Schweine schenkte. Hretinga und Hratuga sind somit die ältesten Namensbelege für Ratingen. Für die Periode vor der Stadtgründung sind weiterhin folgende Namensnennungen bekannt: Ratingon, Ratinge,

Razenken, Ratinke, Razzinga, Rattengen, Razzingin und schließlich zwischen 1168 und 1190 Ratingen. Ein um 1000 angefertigtes Stiftungsverzeichnis enthält Schenkungen einer Herrad und ihrer Mutter Helmburg an Werden. Aus der ersten Hälfte des 12. Jahrhunderts sind Stiftungen eines Adeligen Adelbert von Ratingen (»Adelbertus homo nobilis de Ratinge«), eines Elolfus und einer »domna« Liudgardis bekannt. Wo genau sich der Besitz dieser Adeligen befand, kann nicht festgestellt werden. Mit Sicherheit kommt das später sogenannte Haus zum Haus nicht in Frage. Erika Münster-Schröer muss zugestimmt werden, die dezidiert festgestellt hat, dass Haus zum Haus kein Adelssitz, sondern ein Dienstgut von Ministerialen des Bergischen Landesherrn war.

Wasserburg Haus zum Haus. Bleistiftzeichnung von Johann Wilhelm Schirmer

Im Laufe der Zeit wurde die Königsgewalt zwischen Rhein, Ruhr und Wupper immer mehr zurückgedrängt. Bald nach 1150 zerfiel die Duisburg-Kaiserswerther Grafschaft. Das Machtvakuum in diesem Bereich nutzten zunächst die Kölner Erzbischöfe, die als Kurfürsten auch Herrscher in einem weltlichen Territorium waren, um dort ihre Landesherrschaft aufzubauen. 1165 wurde die Mitte des 12. Jahrhunderts erstmals erwähnte Ratinger Kirche der Kölner Dompropstei inkorporiert. Dem Kölner Dompropst stand das Recht zu, die Ratinger Pfarrstelle zu besetzen. Er war auch der Empfänger der Zehntabgaben von bestimmten Ländereien. Dem Dompropst stand in Ratingen ein Hof zur Verfügung, das sogenannte Kirchhaus an der heutigen Wiesenstraße, das 1443 noch erwähnt wird. Auch die Patrozinienforschung weist nach Köln: Der Kölner Dom ist dem hl. Petrus und Maria geweiht, ebenso wie ursprünglich auch die Ratinger Pfarrkirche. In der zweiten Hälfte des 12. Jahrhunderts

Kölner Stadtpanorama. Holzschnitt aus der Chronik der Stadt Köln, erschienen 1499 bei Johann Koelhoff d. J.

besaß die Kölner Kirche sehr viel Einfluss in Ratingen und Umgebung. Zwischen 1168 und 1190 übertrugen Henricus und Sygewizen von Ratingen ihre Eigengüter (Allodien) an Erzbischof Phillip von Heinsberg. Es hat daher die Einschätzung immer mehr an Gewicht gewonnen, dass die Ratinger Kirche eine Kölner Gründung gewesen sei. Erzbischof Philipp setzte sich auch in Angermund fest. Zu Beginn des Jahres 1276 öffnete König Rudolf von Habsburg dem Kölner Erzbischof Siegfried von Westerburg das befestigte Kaiserswerth. Dieser Akt setzte einen Prozess in Gang, der einige Monate später zur Gründung der Stadt Ratingen führte.

Neben dem Kölner Erzbischof gab es nämlich noch eine zweite politische Kraft, die seit der Mitte des 12. Jahrhunderts ihren Einfluss in der ehemaligen Duisburg-Kaiserswerther Grafschaft und darüber hinaus zu stärken und ihren Besitz auszudehnen versuchte – die seit 1080 nachweisbaren Herren von Berg (»de Monte«), die 1101 erstmal als Grafen auftraten. Der Aufstieg des Bergischen Adelsgeschlechts fand zunächst in enger Verbindung mit den Kölner Erzbischöfen statt. Zwischen 1131 und 1225 stellten die Berger fünfmal den Kölner Oberhirten. Erst mit der Ermordung Erzbischof Engelberts I. 1225 endete dieses enge Verhältnis. Beide politischen Kräfte traten nunmehr zumeist in Konkurrenz zueinander.

Geduldig und machtbewusst bauten die Berger Grafen Mosaikstein für Mosaikstein ihre Herrschaft aus. Noch im 12. Jahrhundert erlangten sie die Vogtei – die Schutz- und insbesondere die Gerichtsherrschaft – über die Klöster Werden, Siegburg und das

Schloss Burg an der Wupper. Beistiftzeichnung von Erich Philipp Ploennies, 1715

Stift Kaiserswerth. 1217 kam die Vogtei über das Stift Gerresheim hinzu. 1133 gründete Graf Adolf II. an der Dhünn ein Zisterzienserkloster, das gegen Ende des Jahrhunderts Altenberg genannt wurde, die spätere Grablege der Berger. Seit 1160 fungierte die Burg oberhalb der Wupper, das »novum castrum« (später Schloss Burg) als Residenz. Eine wichtige Erwerbung erfolgte 1189, als Graf Engelbert I. von Berg das gesamte elterliche Erbe des Edelherren Arnold von Tyvern im rechtsrheinischen Raum als Pfand erhielt, das nie eingelöst wurde. Zu diesem Erbe gehörte auch der einträgliche, nordwestlich der Siedlung Ratingen gelegene Hof an der Anger, den der Landesherr später an Bedienstete und Gefolgsleute vergab wie zum Beispiel an seinen Meisterkoch Gerhard van der Brüggen, an Adolf Quade, den Amtmann des Amtes Angermund, an Burchard von Eller und schließlich an die Herren vom Haus. Vermutlich Anfang des 13. Jahrhunderts kam Angermund als kurkölnisches Lehen an die Grafen von Berg, die diesen kleinen Ort zum Verwaltungsmittelpunkt nördlich der Wupper ausbauten. Dort befand sich die Kellnerei des späteren Amtes Angermund, die Stelle, an die alle Abgaben aus der Region flossen. 1248 kamen die Königshöfe

Rath und Mettmann als Pfandlehen an die Berger Grafen, die im 13. Jahrhundert auch in den Besitz von Wildbann und Rottzehnt im Reichsforst zwischen Rhein, Ruhr und Wupper gelangten. 1260 wurde die Grafschaft Hückeswagen Teil des Bergischen Territoriums.

Das Gebäude der Kellnerei in Angermund

Als am 11. Dezember 1276 Graf Adolf V. und seine Gattin Elisabeth auf Schloss Burg das Dorf Ratingen, die »villa noster«, zur Stadt (»oppidum«) erhoben, deutete sich bereits an, dass sich der Machtkampf in der Region zugunsten des Bergischen Grafengeschlechts entscheiden würde. Die Herrschaft musste nun stabilisiert und gegen Kurköln abgesichert werden. Die Ratinger Stadtgründung hatte in ihrer Stoßrichtung gegen das vom Kölner Erzbischof beherrschte Kaiserswerth in erster Linie eine strategisch-militärische Funktion. Einige Jahre später, 1288 in der Schlacht bei Worringen, standen die Bergischen Grafen wiederum in der großen Auseinandersetzung mit dem Kölner Erzbischof auf der Siegerseite.

Die Stadtwerdung: Selbstverwaltung und Topografie

Als Ratingen 1276 Stadt wurde, war der Ort vermutlich keine bloße Ansammlung von Höfen mehr. Die 1165 erstmals erwähnte »villa« hatte als Pfarrdorf bereits eine überörtliche Bedeutung gewonnen. Der Pfarrbezirk umfasste nach den Angaben im »Codex Ratingensis«, der im 12.–13. Jahrhundert entstand, ursprünglich die Honnschaften Bracht, Hasselbeck und Krumbach, Schwarzbach, Eckamp,

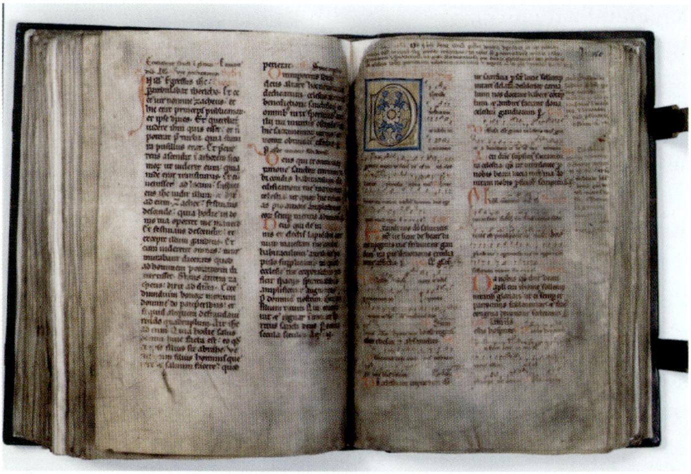

Eine Doppelseite aus dem im 12. – 13. Jh. entstandenen »Codex Ratingensis«, der in der Bayerischen Staatsbibliothek in München aufbewahrt wird

Heide, Lintorf und Eggerscheidt. Vielleicht war in Ratingen auch schon ein Markt vorhanden, der in der Stadterhebungsurkunde nicht genannt wird. Generell enthält das Ratinger Stadterhebungsprivileg kaum wirtschaftspolitische Bestimmungen. In dieser Hinsicht bestand ein wichtiger Unterschied zur Düsseldorfer Urkunde von 1288, für die das Ratinger Stadtrecht eigentlich Vorbildfunktion hatte.

Mit der Stadterhebung Ratingens wurde ein einheitliches Recht für alle Bürger der Stadt geschaffen, die durch Erlangung des städtischen Bürgerrechts persönlich frei und aus allen leibeigenschaftlichen Bindungen befreit wurden – Stadtluft macht frei. Um die Rechte der feudalen Grundherren und damit auch die des Berger Landesherrn nicht allzu sehr zu schmälern, galt auch in Ratingen die Einjahresfrist: der Unfreie, der in der Stadt Zuflucht gesucht hatte, konnte erst Bürger werden, wenn ihn sein Herr nicht binnen Jahr und Tag zurückgefordert hatte.

Ratinger Bürger wurde man nicht durch Geburt oder Heirat. Das Bürgerrecht konnte nur durch einen formellen Akt erworben werden. Das galt für die in der Stadt geborenen Bürgerkinder ebenso wie für die hinzugezogenen Fremden. Voraussetzung waren Grundbesitz, die Führung eines selbständigen Haushalts, eine freie und eheliche Geburt, zeitweise der Nachweis eines Mindestvermögens und das christliche Religionsbekenntnis. Anders als in anderen Städten des Rheinlands ist für Ratingen kein städtisches Bürgerrecht für Frauen nachweisbar. Juden, Wiedertäufer, Bediens-tete, Gesellen oder die außerhalb der Stadtmauern wohnende Bauernschaft konnten nicht das Bürgerrecht erwerben. Diese Personengruppen besaßen einen minderen Rechtsstatus: sie wurden als Schutzverwandte oder Beisassen bezeichnet. Ebenfalls nicht zur Stadtbürgerschaft zählten Geistliche, Militärangehörige oder auswärtige Adelige, die als Eximierte galten. In Ratingen gab es noch die Differenzierung in inwendige und auswendige Bürgerschaft, in Menschen also, die innerhalb bzw. außerhalb der Stadtmauern lebten. Ob die Außenbürger einen anderen Rechtsstatus besaßen als die Binnenbürger, lässt sich aus den Quellentexten nicht ganz schlüssig nachweisen. Nach Ablegung des Bürgereids und Zahlung des Bürgergeldes wurde der Anwärter in die Gemeinschaft der Bürger aufgenommen. Mit der Stellung einer Waffe und eines Ledereimers zum Feuerlöschen dokumentierte der Neubürger seine Bereitschaft, die Stadt zu verteidigen.

Die 1276 neu gegründete Stadt Ratingen wurde mit dem Stadterhebungsprivileg aus dem Landgerichtsbezirk »In der Brüggen« herausgenommen und bildete fortan einen eigenen städtischen Gerichtsbezirk. Das Ratinger Gericht besaß eine unbeschränkte sachliche Zuständigkeit, also auch die Blutgerichtsbarkeit. Die Bürger und ihre Nachkommen waren von allen Steuerlasten mit Ausnahme der Herbstbede und der Kosten für den Futterhafer befreit, die beide an den Landesherrn zu zahlen waren. Die Oberherrschaft der Grafen und späteren Herzöge von Berg über die Stadt blieb bestehen. Diese bedachten ihre Neugründung mit überaus zahlreichen und großzügigen Privilegien.

Das Stadtgericht war ein Schöffengericht, dessen Vorsitz der Schultheiß/Amtmann des Amtes Angermund übernahm. 1402 ist erstmals ein Richter des Amts erwähnt, der die richterlichen Funktionen des Amtmanns übernahm und in Ratingen wohnhaft war. Der Richter war der Vertreter des Landesherrn in der Stadt. Dieser und die acht (Zahl nicht immer konstant) Schöffen wurden von der Bürgerschaft frei und auf Lebenszeit gewählt und vom Landesherrn

Die wichtigsten inhaltlichen Bestimmungen der gut erhaltenen, in lateinischer Sprache abgefassten Pergamenturkunde, die im Ratinger Stadtarchiv aufbewahrt wird, sind folgende:
Graf Adolf V. und Gräfin Elisabeth befreien 1. die Bürger von den Abgaben an den Landesherrn mit Ausnahme von Herbstbede und Futterhafer, die von den im Kirchspiel liegenden Gütern zu zahlen sind. 2. Die Bürger dürfen ohne Genehmigung des Grafen keine Vogteigüter an sich bringen. Die gräflichen Vogtleute dürfen ohne die Einwilligung des Grafen nicht als Bürger aufgenommen werden. 3. Die Bürger dürfen acht Schöffen wählen, die vom Grafen bestätigt werden müssen. Im Falle einer Vakanz sollen Schöffen und Bürgerschaft drei Kandidaten vorschlagen, aus denen der Graf einen auswählt und bestätigt. 4. Die Stadt Ratingen wird aus dem Gerichtsbezirk des Bergischen Landgerichts »In der Brüggen« ausgegliedert, die gesamte Zivil- und Strafgerichtsbarkeit liegt nunmehr beim

Stadterhebungsurkunde von 1276

Stadtgericht. Für Appellationen ist das Gericht in Lennep zuständig. 5. Die Bürger wählen einen Gerichtsboten, der auf den Landesherrn und die Bürgerschaft vereidigt wird. 6. Zieht jemand in der Stadt Ratingen einen Schuldner vor Gericht, so kann sich dieser auf eigene Hand reinigen, wenn ihn nicht der Kläger durch das Zeugnis zweier Schöffen überführen kann. Der Überführte ist vorbehaltlich der dem Kläger zu leistenden Wiedergutmachung zur Zahlung einer Geldstrafe von fünf Mark an den Landesherrn und fünf Solidi an die Bürger verpflichtet. Für kleinere Vergehen werden Geldstrafen festgesetzt. Wer jemandem Gewalt antut, sich der Wegelagerei und des Blutvergießens schuldig macht, muss, wenn zwei Schöffen und der Gerichtsbote das bezeugen, vorbehaltlich der völligen gesetzlichen Entschädigung des Verletzten fünf Mark an den Landesherrn und fünf kölnische Solidi an die Bürger zahlen. Wer einen Mord begangen, eine Frau vergewaltigt oder ein ähnliches Verbrechen begangen hat, das mit dem Tode bestraft wird, soll, wenn die Tat für die beiden Schöffen und den vereidigten Gerichtsboten feststeht, seiner Strafe zugeführt werden. Liegt kein Zeugnis vor, kann sich der Bürger durch einfachen Eid reinigen oder von einem Mitbürger durch Zweikampf überführt werden. Ein Fremder kann durch Kämpfer des Landesherrn überführt werden. 7. Der Unfreie, der sich in Ratingen niedergelassen hat, kann, wenn er von seinem Herrn binnen Jahr und Tag nicht zurückgefordert wird, dauernd als Bürger gelten und die Bürgerrechte ungeschmälert genießen. 8. Den Bürgern wird in der Grafschaft Berg Freizügigkeit zugesichert und sie werden von Zollzahlungen befreit. Für diese Gnade und zum Zeichen der Anerkennung der gräflichen Oberherrschaft sollen die Bürger jährlich am Tage des hl. Remigius zehn Mark zahlen.

in ihr Amt eingesetzt. Das Stadterhebungsprivileg regelte auch das Prozedere im Falle von Vakanzen.

Die Schöffen waren Mitglieder einer städtischen Elite, jeder Schöffe führte ein eigenes Siegel, seit 1566 ist auch ein gemeinsames Schöffensiegel überliefert. Die Bürger wählten zudem einen Gerichtsboten, der gleichzeitig Stadtbote war. Das Schöffengericht tagte selten und dann in den meisten Fällen im Rathaus. Gerichtstag war der Donnerstag. In strittigen Fällen musste das Gericht in Lennep angerufen werden, das Ratinger Gericht galt für Düsseldorf, Mettmann und Gerresheim als Hauptgericht und Konsultationsinstanz. In bestimmten Fällen mussten die Düsseldorfer allerdings an das Hauptgericht Kreuzberg appellieren. Seit der Gerichtsreform von 1555 war das Ratinger Schöffengericht für den Stadtbezirk und die Honnschaft Heide, die auch Tiefenbroich umfasste, zuständig. Ratingen war auch Wohnsitz des Scharfrichters für das Herzogtum Berg. Die Dienste der Ratinger Vertreter dieses Berufsstandes, für den es auch die Bezeichnung »Deyffhenger« (Diebshänger) gab, waren offenbar sehr begehrt: So wurde der Ratinger Henker 1538 zu einem Zaubereiprozess in Utrecht hinzugezogen. Auch bei ähnlichen Verfahren gegen Frauen, die 1499/1500 für Ratingen und Angermund belegt sind, waren er und sein Essener Kollege für Folterungen und den Vollzug von Hinrichtungen zuständig. Die Ratinger Hinrichtungsstätte lag damals nicht mehr »am alden Galgenblecke«, an dem zwischen Beethoven- und Brunostraße gelegenen Abschnitt der Karl-Theodor-Straße, sondern bereits im sogenannten »Galgenbroich« im Bereich der Vowinkeler/Düsseldorfer Straße gegenüber der Einmündung zur heutigen Sandstraße.

Neben dem Schöffengericht gab es noch das Bürgermeistergericht und das Sendgericht. Das Bürgermeistergericht, das als Untergericht meistens dreimal im Monat im Rathaus zusammentrat, beschäftigte sich in erster Linie mit Schuldforderungen der Bürger, minderschweren Eigentumsdelikten und Vertragsstreitigkeiten – also eher Bagatellsachen, die die Schöffengerichte entlasten sollten. Auch Auswärtige konnten einen Ratinger vor dem Bürgermeistergericht verklagen. Das Sendgericht, das einmal im Jahr tagte, war ein geistliches Gericht, das Verstöße gegen Sitte, Moral und Kirchengesetze, beispielsweise Ehebruch, Unkeuschheit, »Ketzerei« sowie Verstöße gegen die Zehntpflicht ahndete. Jeder Bürger war anzeigeberechtigt, was Denunziationen und ungerechtfertigten Anklagen Tür und Tor öffnete.

Die beiden im Stadtprivileg genannten Instanzen Bürgerschaft (»universitas oppidanorum«) und Schöffen bildeten den Ausgangspunkt für die Herausbildung der städtischen Verwaltung. Die Schöffen hatten von Anfang an auch Verwaltungsaufgaben inne.

1320 wird erstmals ein Ratinger Bürgermeister erwähnt (»magister civium«), der vermutlich ein Mitglied des Schöffenkollegiums war. Ein Bürgermeister wird allerdings schon früher tätig gewesen sein. Der Bürgermeister wurde abwechselnd aus dem Schöffenkollegium und dem Rat gewählt, häufig wurde der alte Bürgermeister aber auch wiedergewählt. Zahlreiche Ratinger Bürgermeister des 15. Jahrhunderts übten ihr Amt sehr lange aus. Conrad Offerkamp pausierte jeweils zwischen den Amtszeiten, wurde aber zwischen 1441 und 1461 sechsmal gewählt; zwischen 1439 und 1478 bekleidete er das Schöffenamt. Die Familie Offerkamp stellte auch in der Folgezeit Bürgermeister und Schöffen. Adolf Dechen war zwischen 1436 und 1460 fünfmal Ratinger Bürgermeister, von 1439–1456 gehörte er zum Schöffenkollegium. Aus der Familie Dechen stammten mit Lewe, Johann, Rutger und Conrad Dechen weitere Bürgermeister und Schöffen. Christian Iserenhoefft wurde 1407 zum ersten Mal zum Bürgermeister gewählt, 1434/35 das letzte Mal. Er war zwischen 1410 und 1451 Schöffe. Johann von Monheim, der in der zweiten Hälfte des 15. Jahrhunderts mehrmals Ratinger Bürgermeister war, entstammte nicht der Gruppe der Schöffen; er war vermutlich Ratsherr.

Die Wahl des Bürgermeisters und der Räte fand jedes Jahr statt und zwar am sogenannten Holzfahrtstag (Donnerstag nach Pfingsten). An diesem Tag, den man mit großzügigen Gelagen feierte, wurde auch die städtische Rechnungslegung abgeschlossen.

Um 1340 bildete sich als rein städtisches Verwaltungsgremium der Rat heraus. Der Rat, »consules« oder »der gemeine raidt« genannt, bedurfte nicht der landesherrlichen Bestätigung. Wer den Rat oder die Schöffen wählte, ist nicht ganz klar: ging tatsächlich die gesamte Bürgerschaft zur Wahlurne oder trat ein Ausschuss in Aktion. Auch der Rat bestand zunächst aus sieben oder acht Personen. Das Gremium setzte sich zusammen aus Jung- und Alträten. Wie im Falle des Schöffenkollegiums konnten zu Räten nur die angesehensten und wohlhabendsten Bürger gewählt werden. Nach einigen Auseinandersetzungen in der Bürgerschaft erließ Herzog Gerhard II. 1452 eine Verordnung, mit der geregelt wurde, dass die Wahl des Bürgermeisters und des Rats fortan nach Vereidigung der Wähler

Holzfahrtstag

Die Ratinger Stadtrechnungen des 15. Jahrhunderts verzeichnen penibel die Ausgaben für die Gelage aus Anlass der Wahl des Bürgermeisters, die am Donnerstag nach Pfingsten, dem sogenannten Holzfahrtstag stattfanden. Das Feiern am Holzfahrtstag geht vermutlich auf einen germanischen Brauch zurück: Dieser Tag wurde als Frühlingsfest begangen, das an der im Wald, »im Holz« gelegenen Kult- und Gerichtsstätte gefeiert wurde.
Eine andere Spur führt ins römische Köln. Dort geht der Holzfahrtstag auf die »Marzellus-Sage« zurück, die jeglicher historischen Substanz entbehrt. Danach rettete Marzellus oder Marsilius, Vorsteher des kölnischen Senats zur Zeit des Kaisers Vespasian (69–79 n. Chr.), die Stadt vor einem Angriff römischer Truppen unter der Führung eines Gegenkaisers. Er schickte die Frauen der Bürger zum Holzsammeln in den nahe gelegenen Wald. Die Feinde setzten den Frauen nach, so dass das Heer des Marsilius ihnen in den Rücken fallen und sie besiegen konnte. Der gefangen genommene Gegenkaiser entging der Hinrichtung, indem er der Stadt alle Privilegien bestätigte. Den Tag dieses sagenhaften Sieges feierte die Bürgerschaft bis um 1500 äußerst glanzvoll mit Prozessionen, Schützenfesten, Feiern und Gelagen in den umliegenden Wäldern. Später war die Feier des Holzfahrtstages eher eine Angelegenheit der Zünfte. Gefeiert wurde auch in zahlreichen anderen Orten des Kölner Erzbistums.

ausschließlich im Rathaus und nach Stimmenmehrheit vorgenommen werden sollte; die Einsetzung der Schöffen behielt er sich selbst vor. In der zweiten Hälfte des 15. Jahrhunderts erfolgte eine Erweiterung des Rats, der nun »Sechzehner« genannt wurde. Anfang des 17. Jahrhunderts kam es zu einer weiteren Vergrößerung: Fortan waren die »Vierundzwanziger« die Repräsentanten der gesamten Bürgerschaft. Seit dem 14. Jahrhundert wurde mit dem Begriff Rat noch ein anderes städtisches Gremium bezeichnet, sozusagen ein verkleinerter Rat: der »Gemeine Rat« und das Schöffenkollegium wählten jeweils zwei Personen – zwei Ratsverwandte und zwei Schöffen –, die als »Gesellen des Bürgermeisters« bezeichnet wurden. Der Bürgermeister und seine Gesellen bildeten den geschäfts-

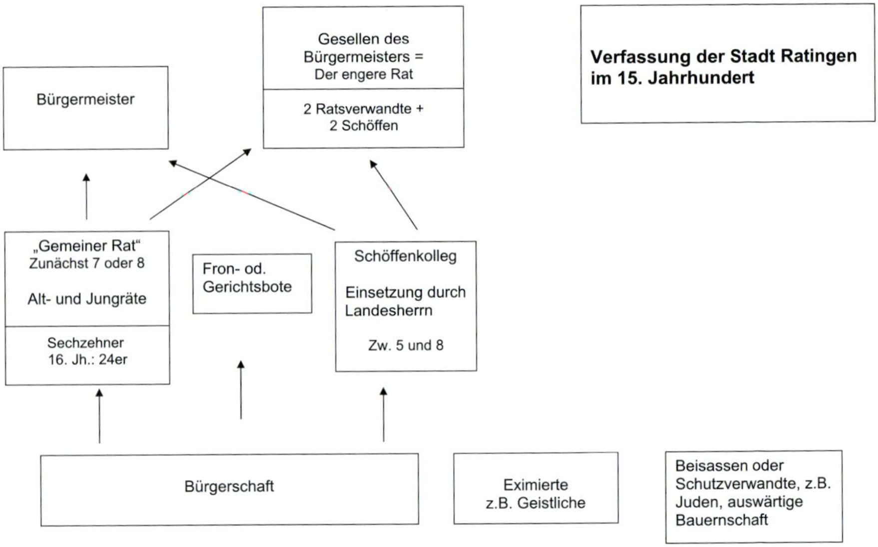

führenden Ausschuss der Stadtverwaltung. Bürgermeister, Schöffen und Rat waren die offiziellen Vertreter der Stadt.

Bildlicher Ausdruck städtischen Selbstbewusstseins war auch das Vorhandensein eines Stadtsiegels, das in Ratingen vermutlich mit der Stadterhebung oder kurz danach entstanden ist. Der Abdruck eines Siegels verlieh den städtischen Dokumenten eine erhöhte Beweiskraft. Auf dem ersten bekannten Ratinger Siegelabdruck von 1338 ist neben der Umschrift die Längsansicht einer romanischen Kirche mit mächtigem Westturm und zwei niedrigeren Osttürmen und darüber ein Schild zu sehen, das einen mit einem Turnierkragen belegten Löwen zeigt; letzteres ist das Wappen des Stadtherrn, der Grafen von Berg. Das jüngere große Stadtsiegel, erhalten beispielsweise 1442

Älteres großes Stadtsiegel, erstmals 1338 überliefert

auf einer Urkunde der Ratinger Bürgerwehr, zeigt neben dem Kirchengebäude erstmals das Ratinger Wappen.

Der einheitliche Rechtsraum der Stadt fand seinen baulichen Ausdruck in der Ummauerung, der Stadtbefestigung, die zudem dem Schutz der Bürger, ihrer Produktionsstätten und Handelsgüter diente. Die befestigte Stadt bot sich in Konfliktzeiten auch als Fluchtraum für die Bewohner des umliegenden Landes an. Bereits 1277, einige Monate nach der Stadterhebung, gewährte Graf Adolf V. von Berg den Ratinger Bürgern die Erhebung einer Akzise, einer indirekten Steuer auf Waren und Nahrungsmitteln. Mit den Erträgen aus der Akzise, die ursprünglich dem Landesherrn zustanden, sollte der Bau einer Stadtbefestigung finanziert werden. Das Akziserecht auf Bürgergut wurde auf unbestimmte Zeit erteilt, während die Besteuerung des Fremdengutes auf die Dauer der Errichtung der Stadtmauer beschränkt wurde. 1403, 1434 und 1442 erfolgte eine Erneuerung des Akziseprivilegs. 1442 erfuhr das Recht, zur Schuldentilgung und zum Ausbau der Stadt für sechs Jahre eine indirekte Steuer erheben zu dürfen eine sachliche Erweiterung, denn nun durften nicht nur Waren besteuert werden, sondern auch alle Geschäfte und Handwerksbetriebe (»van allen ind ieckligen kouffmanschafften ind hantierongen«).

Mit dem Bau der Stadtbefestigung wurde vermutlich bereits im letzten Drittel des 13. Jahrhunderts begonnen. Es entstand zunächst wohl eine Holz-Erde-Konstruktion, die später durch eine Mauer ersetzt wurde, die im ältesten Stadtbuch von 1362 erwähnt wird. Die Befestigungsanlage bestand aus zwei parallel verlaufenden Ringmauern und einem Stadtgraben, der im Westen, etwa zwischen Bechemer und Lintorfer Tor durch den Sandbach über einen Kanal mit Wasser versorgt wurde. Die äußere Mauer stand vermutlich auf einem Erdwall.

Das 10,8 ha große umwehrte Areal besaß einen in etwa birnenförmigen Grundriss, wobei das sich verjüngende Ende der Birne zum Obertor nach Osten hin orientiert war. Dieser Stadtgrundriss ist heute noch leicht nachzuvollziehen.

Vier Hauptstraßen, die kreuzförmig auf Kirche und Marktplatz zulaufen, werden ebenfalls 1362 erwähnt: die »platea superior« oder Oberstraße, die Vowinkler bzw. Düsseldorfer Straße, die »platea Angermunt«, also Angermunder bzw. Lintorfer Straße sowie die »platea becheym« oder Bechemer Straße. Dort, wo diese vier Hauptstraßen auf den Mauerring trafen, befanden sich Stadttore: das Obertor im Osten, das Bechemer Tor im Süden, das Düsseldorfer Tor im Westen, alle 1362 erstmals belegt, sowie das 1380 erstmals erwähnte Lintorfer Tor.

Die umwehrte Stadt ist niemals erweitert worden. Die wachsende Bevölkerung wurde in Vordörfern untergebracht, die vermutlich im 14. Jahrhundert entstanden. Das größte Vordorf war das Oberdorf vor dem Obertor, das 1443 dreißig Häuser zählte und 1623 sogar als »Vorstatt« bezeichnet wird. Bechem lag vor dem Bechemer Tor und Vowinkel vor dem Düsseldorfer Tor. Im Norden standen vermutlich die umfangreichen Besitzungen des Hauses zum Haus der Ausbildung eines Vordorfs entgegen. Seit 1358 gehörte auch Tiefenbroich (mit einer kurzen Unterbrechung 1910–30) zu Ratingen. Graf Gerhard gestattete damals den Bürgern und Markgenossen der Ratinger Mark, das »Dyetenbruch«, auch Erlenbruch genannt, aus den Markgebieten abzugrenzen und zu kultivieren. 1399 erhielt die Stadt Ratingen das Recht, einen Weg über die »Schoemechers brugge in das Deipenbroich« (Tiefenbroich) zu nutzen.

Die Stadtmauer war vermutlich durch 15 Türme zusätzlich gesichert: die wichtigsten waren der um 1460 erwähnte Dicke Turm, der Kornsturm (1460), der Verkeshirdenturm (1468), der »Bueßentorn« (1468), der Villersturm (1468), der Taubenturm (1478) und der Trinsenturm (1478). Erst 1605 hören wir von den Türmen »auf der großen Lücken« und »Bundelkest«, 1622 vom Nachtigallen-Wachhaus und der »Strychen hinder dem Ansehen«. Ebenfalls Schutz gewährten die zahlreichen Wehr- und Wachhäuser. Im Bereich der Lintorfer Straße wird 1468 ein Bergfried erwähnt.

Auch die Vordörfer waren befestigt. Das Oberdorf scheint besonders geschützt gewesen zu sein, auch wenn sich die Bewohner gegenüber den innerhalb des Mauerrings wohnenden Bürgern stets benachteiligt fühlten, wenn es um ihre Sicherheit ging. Eine Ummauerung des Oberdorfs ist inzwischen durch archäologische Untersuchungen nachgewiesen. Wir kennen die Oberdorfpforte, die Comelbergspforte, die Cloutenpforte, die vermutlich einfache

Der Trinsenturm in den 1940er Jahren

hölzerne Einfallstore waren. Die Lage des ab 1466 erbauten Windmühlenturms ist heute noch genau zu lokalisieren. Weitere Türme der Oberdorf-Befestigung waren der Neue Turm und der Tielenturm.

Die Stadtrechnungen belegen, dass im 15. Jahrhundert die Ratinger Stadtbefestigung mit großem Aufwand erneuert und ausgebaut wurde.

Die Bürger waren für die Sicherheit der Stadt selbst verantwortlich. Welchen Stellenwert das städtische Wehrwesen besaß, zeigen die Zunftordnungen des 15. Jahrhunderts, die jeden Handwerksmeister dazu verpflichteten, seinen Harnisch sorgfältig zu behandeln und in Ordnung zu halten. Auch die Verordnung über die Bürgerwehr von 1442 schrieb diese Verpflichtung fest. Neben der St. Sebastianus-Schützenbruderschaft, den »alten Schützen«, deren Stiftungsbrief 1433 bestätigt wurde, entstand vermutlich im 15. Jahrhundert die St. Georgs-Bruderschaft der »jungen Schützen«. Beiden Organisationen, die vom Landesherrn finanziell unterstützt wurden, oblag im Wesentlichen die Verteidigung der Stadt. Die Schützenbahn lag zwischen Obertor und Dickem Turm. 1542 konnten 135 bewaffnete Männer aus der Stadt und 49 aus der Außenbürgerschaft zum Wehrdienst aufgeboten werden. Eine große Erleichterung bedeutete es, als Herzog Gerhard II. von Jülich-Berg 1450 den Ratinger Bürgern gestattete, im Kriegsfall die Honnschaft Bracht mit Wagen, Pferden

Kostbarstes Ausstattungsstück von St. Peter und Paul ist die »Ratinger Monstranz« von 1394

Die ältesten Bauteile von St. Peter und Paul sind der Westturm und die beiden kleineren Türme, die sich heute in der Mitte des Bauwerks befinden

und Knechten zum Transport von Proviant und Kriegsgerät aufzubieten.

Die Bewachung der Stadt war durch Wacht- und Quartiersordnungen geregelt. Die Bestimmungen des Reglements von 1595 galten vermutlich im Großen und Ganzen auch für die Zeit davor: Die Stadt war in fünf Quartiere aufgeteilt, jedes Quartier in Rotten, die von Rottmeistern geführt wurden. 1598 bestand jede der 18 Rotten aus zehn Männern. Einwohner, die keine Bürger waren und deshalb nicht zum Wachdienst rekrutiert werden konnten, wie zum Beispiel Juden und Fremde, mussten einen Bürger als Stellvertreter beauftragen.

Im Zentrum der befestigten Stadt lagen die Pfarrkirche, das Bürger- oder Rathaus und der Marktplatz. Das Bürgerhaus war der Ort der kommunalen Selbstverwaltung, der Markt der Schauplatz bürgerlicher Wirtschaftstätigkeit. Im 1338 erwähnten Weinhaus, einem gehobenen Wirtshaus, empfingen die Repräsentanten der Stadt vornehme Gäste und gönnten sich gelegentlich selbst ein üppiges Mahl. Im Grüthaus in der Lintorfer Straße wohnte die »Grütersche«, die das Geheimnis des Kräuterzusatzes für das Grundnahrungsmittel Bier hütete. Gegenüber dem Grüthaus lag die alte Schule, an der der Pfarrer bzw. häufiger der Vikar als Lehrer wirkte. Bereits 1283 wird ein Pfarrer Johannes als »rector scolarum« erwähnt. Später war der Schulmeister, dem ein Unterlehrer zur Seite stand, gleichzeitig als Stadtschreiber und Notar tätig. Ein Gasthaus »Zum Heiligen Geist«, in dem arme, alte, pflegebedürftige und kranke Menschen sowie Fremde äußerst notdürftig untergebracht waren, stand in der Oberstraße. Es wird bereits im Stadtbuch von 1362 als »hospitale« bezeichnet. Ein Krankenhaus war das Gasthaus allerdings nicht, sondern eine Institution der Armenverwaltung.

Das Gasthaus (rechts) zu Beginn des 20. Jahrhunderts. In der Bildmitte das aus dem Mittelalter stammende Fachwerkhaus Oberstraße 23, das damals noch verputzt war

Im mittelalterlichen Ratingen existierten vier Niederlassungen von Bettelorden, die allerdings nicht den Status von Klöstern besaßen; es waren kleine Termin- und Residenzhäuser, in denen die erbettelten Spenden eingesammelt wurden. Die Dominikaner, Karmeliter, Augustinereremiten und die Franziskaner waren in Ratingen präsent. 1362 wird ein Beginenkonvent in der Oberstraße erwähnt. Dort waren auch die Franziskaner/Minoriten untergebracht, die die Frauen geistlich betreuten. Aus dem Jahr 1380 kennen wir die Namen dreier Beginen, die in dem Haus in der Oberstraße lebten: Cilia van Gotschalsberge, Drudekyn van Crumbech und Wyndrut van Hoembergh.

Die meisten Ratinger lebten im Mittelalter bescheiden in strohgedeckten Fachwerkhäusern. Zu den solideren Fachwerkbauten zählt das erhaltene Haus Oberstraße 23. Einen wehrhaften Charakter vermittelt heute noch das versteckt liegende alte Steinhaus in der Bechemer Straße 10, das wohl als Fluchtturm für die in der Nachbarschaft wohnenden Menschen diente. 1444 waren die Eheleute Johann Bronchorst und Zilgen Boyen im Besitz eines steinernen Hauses am Markt. Eine Wasserversorgung, Kanalisation und Straßenbeleuchtung existierte nicht. Die Bürger holten sich ihr Wasser aus Brunnen. Solche Brunnen sind heute noch am alten Steinhaus in der Bechemer Straße, neben der ehemaligen lutherischen Kirche im Martin-Luther-Hof und am Franz-Rath-Platz zu sehen. Lediglich die Hauptstraßen waren Mitte des 15. Jahrhunderts teilweise gepflastert.

Im Stadtbuch von 1472 sind 278 Häuser und Hofstätten nachgewiesen: 111 in der Oberstraße, 68 in der Bechemer Straße, 47 in der Vowinkler (Düsseldorfer) und 52 in der Angermunder (Lintorfer) Straße. Demnach wird man von etwa 1.110 Einwohnern ausgehen können. Über die Bürgerschaft in den Vordörfern haben wir keine Angaben. Wir wissen auch nicht, wie viele Bürger in den im 15. Jahrhundert neu entstandenen Straßen und Gassen wohnten, in der Heegergasse, der Ponynsgasse, der Voesgasse, der »gate in der Averstraten genant die Helle«, der Gasse, die zum Gefangenenturm führte, der Damengasse (später Turmstraße), der Grütstraße und der Straße »im Sack«, der späteren Wallgasse. Im Wesentlichen werden die Hauptstraßen relativ lückenlos besiedelt gewesen sein. Hinter den Häusern befanden sich ausgedehnte Gärten, die der Eigenversorgung der Bürger dienten.

Aspekte der wirtschaftlichen Entwicklung

Nach der Stadterhebung 1276 und infolge weiterer großzügiger Privilegierungen durch den Landesherrn kam es zu einem raschen Aufschwung der Gewerbetätigkeit. Eine große Rolle spielte dabei auch die Anbindung der Stadt an das überörtliche Wegenetz.

Wirtschaftliche Tätigkeit war im Mittelalter stark reglementiert. Die Bauern, Kötter und Pächter waren von ihren Grundherren abhängig und häufig harten Abgabeordnungen unterworfen. Die Träger städtischen Wirtschaftslebens, Handwerker und Kaufleute, schlossen sich zusammen und gaben sich ausgefeilte Reglements. Am besten sind in Ratingen die Handwerker-Genossenschaften, die Zünfte oder Ambachten, fassbar. Es bestand Zunftzwang, d.h. jeder selbständig arbeitende Handwerker musste sich einer Zunft anschließen, die den Rohstoffbezug, den Warenabsatz, die Qualitätskontrolle, vor allem aber auch die Menge der zu produzierenden Waren vorschrieb. Die Zünfte gewährleisteten soziale Sicherheit für ihre Mitglieder, da nur so viel produziert wurde, dass alle ein gutes Auskommen fanden. Überproduktion und damit Preisverfall konnten wirksam bekämpft werden. Allerdings führten die rigide gehandhabten Aufnahmekriterien langfristig zur Entstehung eines weitgehend rechtlosen Handwerkerproletariats. Zu den Zünften gehörten auch die Bruderschaften, sozusagen deren religiöse Abteilungen. Die Bruderschaften dienten der Stärkung und Erhaltung des christlichen Glaubens ihrer Mitglieder, sie leisteten Krankenpflege, waren für die Organisation von Beerdigungen und die Unterstützung von Armen zuständig und widmeten sich nicht zuletzt der Pflege von Geselligkeit. Es bestanden in Ratingen allerdings auch Bruderschaften, die nicht an eine Zunft gebunden waren, wie die St. Sebastianus- und die St. Georgs-Bruderschaft, die »Unser liever Vrauwen Broderschaft an der Heyden« und die Hl.-Kreuz-Bruderschaft. Die Mitglieder der Zünfte wohnten in Ratingen über die gesamte Stadt verteilt. Ob und inwieweit die Zunftmeister danach strebten, Einfluss auf Politik und Stadtregierung auszuüben, ist nicht bekannt.

Die ältesten Ratinger Zünfte waren die der Schmiede und Schleifer, die in ihrer Tätigkeit aufeinander angewiesen waren. Die Schleifer veredelten die Produkte der Schmiede, waren aber von diesen abhängig. Im Stadtbuch von 1362 werden die »fraternitas fabrorum«, die Bruderschaft der Schmiede, und die »provisores lapsatorum de redditibus Slipekoten«, die Verwalter der Einkünfte der Schleiferzunft, erwähnt. Die Informationen aus Ratingen sind die ältesten Angaben zu Eisen verarbeitendem Gewerbe und zur

Existenz von Schleifkotten im Bergischen Land. Im Mittelalter sind sechs Schleifkotten am Angerbach und zwei Betriebe am südlich und südwestlich von Ratingen gelegenen Haarbach/Sandbach nachgewiesen. Es existiert leider keine Zunftordnung der Schleifer. Die erste Amtsordnung der Schmiede stammt aus dem Jahr 1446; sie wurde 1458 ergänzt. Die Schmiede und Schleifer produzierten die Waren, für die Ratingen im Mittelalter berühmt war: Scheren, Trumpen (hier wohl im Sinne von Trompeten), Hämmer und andere Eisenwaren. Für eine gewisse, aber nicht sehr große Bedeutung der Ratinger Waffenproduktion sprechen die mehrmals erwähnten Pfeile, der Export von Donnerbüchsen nach Essen 1390 und die Einstellung eines in Ratingen residierenden Büchsenmeisters durch den Landesherrn im Jahr 1443. Eine Passage im Amtsbrief der Schmiede von 1446 zeigt die Differenzierung der produzierten Waren, insbesondere der Scheren: Es gab »kornscheren« (Sensen), »bartscheren«, »kocherscheren« (Etuischeren für feine Handarbeiten), »eiserne scheren«, »schroderscheren« (Scheren für Schneider), »koperscheren«, »stielen scheren«, daneben »trumpffen« (die Trumpen oder Trompeten), »lemelen« (Messerklingen), Hämmer für Hufschmiede, Sporen, Zangen sowie kleine und große Pfeile. Trumpen, Scheren und Hämmer waren auch willkommene Geschenke an hochgestellte Gäste und Freunde der Stadt.

Die Handwerksmeister organisierten zunächst selbst den Ankauf des Rohmaterials und den Vertrieb ihrer Waren. Später übernahmen Kaufleute den Absatz. Ein Vertrag von 1567 zwischen den zwölf Schmiedemeistern und den Kaufleuten der Stadt Ratingen, der Auseinandersetzungen beendete, regelte die Beschickung der auswärtigen Scherenmärkte, vor allem des Antwerpener Marktes. Aus dem gleichen Quellentext erfahren wir, dass auch die Märkte in Frankfurt und die weiter im Osten gelegenen Märkte beliefert wurden. Ratinger Scheren gelangten gleichfalls nach Frankreich und Spanien. Handwerker, die noch selbst auf Reisen gingen, mussten ihre Werkstätten in dieser Zeit schließen.

Weitere Ratinger Zünfte waren die der Schuhmacher (1440 Zunftordnung), der Schneider (1447), der Fleischhauer (1464

Erneuerung des Amtsbriefs), der Hutmacher (erst 1560 Zunftordnung erwähnt) und der Bäcker (erneuerter Zunftbrief 1712), deren Aktionsradius teilweise über die Stadt hinaus reichte. Eine Bierbrauerzunft existierte in Ratingen nicht, obwohl das Handwerk eine große Bedeutung hatte und sicherlich zahlreiche Bierbrauer in der Stadt tätig waren. Noch 1712 bestätigte der Landesherr zahlreiche Zunftordnungen.

Im Jahr 1341 verliehen Graf Adolf VI. von Berg und seine Gattin Agnes den Ratinger Räten, Schöffen und Bürgern das Biergrüt-Gerechtsam für das gesamte Amt Angermund gegen eine jährliche Abgabe von 14 Mark und freier Lieferung der Grüt an die Bewohner von Schloss Angermund. Alle Bewohner des Amtes Angermund mussten den geheimnisvollen Kräuterzusatz, der für die Herstellung des Grütbieres unerlässlich war, in der Ratinger Grütstraße erwerben. Bestandteile der Grüt waren beispielsweise Getreide (Körnerhülsen), Wiesenschaumkraut, Hirtentäschel, Johanneskraut, Gagelstrauch und Harz. Zu Beginn des 16. Jahrhunderts, als die Gewerbetätigkeit der Stadt Ratingen einen erheblichen Einbruch erlitten hatte, wurde die nicht mehr ertragreiche Grüt (inzwischen hatte sich das Hopfenbier durchgesetzt) durch die Verleihung des Bierbraueramts für das Amt Angermund ersetzt.

Abgesehen von den in Zünften zusammengeschlossenen Handwerkern waren in Ratingen zahlreiche Gewerbetreibende tätig: Sattler, Lohgerber, Dachdecker, Schneider, Weber, Maurer, Steinmetze, Steinbrecher, Kaufleute, Krämer, Kürschner, Fassbinder, Müller, Holzschneider, Kannengießer, Windenmacher, Schreiner, Wirte, Wundärzte, Barbiere etc. Ratinger Kaufleute reisten bis nach Lübeck, Wismar, Stralsund, Danzig, Reval und Brügge.

Für die wirtschaftliche Bedeutung Ratingens spricht zudem, dass Herzog Gerhard II. von Jülich-Berg 1444 dort eine Münzstätte einrichtete.

Große wirtschaftliche Bedeutung hatten die Mühlen. 1343 gaben Graf Adolf VI. von Berg und seine Gattin Agnes der Stadt Ratingen ihre Mühle an der Anger (am Angerhof nordwestlich von Ratingen) mit dem Recht des Mahlzwangs in Erbpacht. Dafür waren jährlich

40 Malter Roggen und 10 Malter Hafermalz an die gräfliche Kellnerei in Angermund zu zahlen. Alle Ratinger und die Bewohner der Honnschaft Heide mussten ihr Getreide in der Stadtmühle mahlen lassen. Über die Einkünfte aus der Mühle konnte die Stadt frei verfügen. Die Abgaben für die Benutzung der Mühle (Molter) machten den weitaus größten Einkünfte-Posten im städtischen Etat aus. Der Molter wurde in Naturalien erhoben, so dass die Stadt einen schwunghaften Handel mit Getreide betreiben konnte. 1466 wird als zweite Stadtmühle die Mühle am Schimmershof westlich der Angermühle erwähnt (Schimmersmühle, auch unterste oder niederste Mühle gegenüber der Angermühle als obere Mühle), die aber vermutlich sehr viel älter war. 1479/80 wurde eine Ölmühle neben der Schimmersmühle erbaut. In Konkurrenz zu den Stadtmühlen stand die Hauser Mühle, die zum Haus zum Haus gehörte und seit 1456 den Mahlzwang für die Honnschaften Rath, Eckamp, Schwarzbach und Hasselbeck innehatte. Weitere Mühlen, die vermutlich bereits im Mittelalter bestanden, waren beispielsweise die Auermühle am Angerbach, die Schönheitsmühle, die Hasselsmühle sowie die Stockmannsmühle am Schwarzbach.

Kalk- und Tonabbau wurden in der Umgebung Ratingens bereits im Mittelalter betrieben. 1419 ist eine »leymkuyle hinter waldesauwen« bezeugt.

Die Ratinger Gewerbetreibenden produzierten im Mittelalter bereits für den überregionalen Markt. Mit speziellen Produkten wie Scheren und anderen Schmiedeerzeugnissen waren sie auch auf internationalen Märkten konkurrenzfähig. Der Ratinger Markt, als Örtlichkeit im Stadtbuch von 1362 bezeugt, war ein reiner Nahmarkt zur Versorgung der Stadtbevölkerung und des Umlandes. Der Markt bestand vermutlich bereits vor der Stadterhebung im Jahr 1276. 1371 verlieh Graf Wilhelm II. von Berg der Stadt Düsseldorf einen Wochenmarkt nach dem Vorbild Ratingens, der von Samstagabend bis Montagmorgen stattfand. Daneben brachten Jahrmärkte – ein Oster- und ein Herbstmarkt – Abwechslung in das Alltagsleben. Als Termin für den Herbstmarkt ist Ende des 15. Jahrhunderts der 11. November überliefert. Auf dem Ratinger Wochenmarkt standen Fleisch- und Fischstände; fauler Fisch durfte nur auf dem »Faulmarkt« verkauft werden. Sicher gab es auch Stände für Obst und Gemüse. Als 1442 die Stadtwaage, die sich im Rathaus befand, an Heyncken Genskens und Ingelbert Krefft verpachtet werden sollte, werden in dem Vertrag auch die Gebühren für das Wiegegut genannt, für Butter, Käse, Scheren, Stahl, Speck, Wolle, Unschlitt (Tierisches Fett, Talg zur Herstellung unter anderem von Seifen, Salben und Kerzen).

Das mittelalterliche Ratingen wies eine blühende und sehr differenzierte Gewerbelandschaft auf. Zahlreiche Städter und vor allem die Bewohner des Umlandes lebten allerdings vorrangig von der Landwirtschaft. Ratinger Bürger besaßen hinter ihren Häusern Gärten, in denen Gemüse, Zwiebeln, Äpfel, Birnen und Trauben angebaut wurden. Außerhalb der Stadt lagen Äcker, Wiesen, Höfe und wiederum Gärten der Bürger. Wichtig war auch der Viehbesitz. Der städtische Hirte trieb das Vieh der Bürger, vor allem die Schweine, in die umliegenden Wälder zur Mast. Auch das Brennholz für die Beheizung der Häuser lieferte der Wald. Allerdings war die Nutzung der Wälder – der Ratinger Mark und der anderen Marken – stark eingeschränkt. Nur die Markgenossen waren Nutzungsberechtigte: man unterschied die vollberechtigten »Erben« und die minderberechtigten Kötter. Das Nutzungsrecht war an Höfe gebunden und wechselte mit diesen die Besitzer. Eigentümer der Mark wurden im Laufe der Zeit die Grundherren, im Ratinger Raum in erster Linie die Herren des Hauses zum Haus, im Angermunder Bereich die Herren von Schloss Heltorf. Die Ratinger Mark geriet schließlich in den privaten Besitz der Grafen von Spee auf Heltorf, die die größten Grundeigentümer im Ratinger Umland wurden.

Die wirtschaftliche Blütezeit der Stadt Ratingen hielt noch im 15. Jahrhundert an. Danach ging die Gewerbetätigkeit zurück, die Stadtentwicklung stagnierte. In der Frühen Neuzeit geriet Ratingen als Ackerbürgerstädtchen in den Schatten der prosperierenden Residenzstadt Düsseldorf.

Niedergang im Zeichen kriegerischer Auseinandersetzungen

Bereits zu Beginn des 16. Jahrhunderts mehrten sich die Krisensymptome im wirtschaftlichen und sozialen Leben der Stadt Ratingen. Auch die Infrastruktur, vor allem die Verteidigungsanlagen und die Wohnhäuser, waren in keinem guten Zustand. Der Landesherr, Herzog Wilhelm III. von Jülich-Berg, erkannte Ende Mai 1510 das Dilemma der Stadt. »So as unse stat van Ratyngen eyn tzyt lanck her an narongen zu rugge gegangen, an portzen, tornen und gehuchten nederfellich ind abouwich worden« (O. R. Redlich, Quellen zur Rechts- und Wirtschaftsgeschichte, 1928, S. 153), privilegierte er den Ort mit dem Bierbraueramt für das gesamte Amt Angermund und einem Wochenmarkt am Dienstag, auf dem alle Einwohner des Amtes Korn und Früchte zuerst anbieten mussten. Die Verleihung des Bierbraueramts ließ sich allerdings in dieser sehr weitgehenden Form aufgrund des Protests der im Amt Angermund tätigen Bierbrauer nicht durchsetzen. Beinahe gleichzeitig bat die Stadt den Herzog, ihr wegen des herrschenden Brot- und Kornmangels hundert Malter Roggen oder auch mehr zu verkaufen. Es muss damals eine schlimme Hungersnot geherrscht haben, »so dat man under den luden vyll ellendes ind jamerss dagelichs sehen mach« (ebd., S. 152). Die Verwaltung begann seit Beginn des 16. Jahrhunderts zudem verstärkt, im Stadtbesitz befindliche Grundstücke zu veräußern.

Bei den Steueranschlägen des Herzogtums Berg stand die Stadt Ratingen – nach Düsseldorf – stets an der Spitze: So zahlte Ratingen 1542 an Landessteuer 641 Goldgulden; auf Düsseldorf entfielen 1.437, auf Wipperfürth 541 und auf Lennep 364 Goldgulden. Diese Zahlungen waren eine große Bürde. 1532 musste die Stadt um Reduktion der Steuerlasten bitten, »dwil es verstorben und die narong entgangen« war (ebd., S. 164). Die Klage hatte Erfolg, denn der Stadt wurden vierzig Goldgulden nachgelassen. Im gleichen Jahr war die Bevölkerung auf 640 Innenbürger und ca. 200 Außenbürger zurückgegangen. Ratingen blieb der Titel der »Bergischen Hauptstadt«, der allerdings nicht viel wert war und den sich die Stadt mit Lennep, Düsseldorf und Wipperfürth teilen musste,

Die Ruine des Dicken Turms zu Beginn des 20. Jahrhunderts

bezeichnete er doch nur die Stellung dieser alten Städte des Herzogtums Berg auf den Landtagen.

Seit Beginn des 16. Jahrhunderts rissen auch die Beschwerden über den ruinösen Zustand der Stadtbefestigung nicht mehr ab. 1598 wurden Teile des Windmühlenturms im Oberdorf, der zur Befestigung des Vordorfs gehörte, abgerissen, um Baumaterial für die Wiederherstellung der Stadtmauern zu gewinnen. Die sich schutzlos fühlenden Bewohner des Oberdorfs beschwerten sich über die Benachteiligung gegenüber den Innenbürgern. Die Landesregierung unterstützte die Stadt wiederholt mit finanziellen Beihilfen zur Wiederherstellung der Befestigungsanlagen – insgesamt ein Tropfen auf den heißen Stein. In einer Bittschrift der Stadt Ratingen, die im Oktober 1563 auf dem in Düsseldorf tagenden Landtag übergeben wurde, wiesen die Verfasser darauf hin, dass Türme, Tore, Mauern sowie Steinwege baufällig seien, dass es vor allem den Schmieden und Schleifern, deren Arbeit früher die Grundlage des Wohlstands der Bürger bildete und die ihre Produkte bis nach Antwerpen und Frankreich absetzen konnten, ausgesprochen schlecht gehe, dass letztlich »sich leyder by uns itziger swerer deurer zeit so groiß armuith und ellendt befindt (ebd., S. 168). Zur Misere trugen auch Auflösungserscheinungen im zünftigen Handwerk bei. Mit dem Verhältnis von Schleifern, Schmieden und Kaufleuten stand es nicht zum Besten. Zu Beginn des 17. Jahrhunderts kontrollierten zwei Kaufleute – Conrad Hammerstein und Anton Kramer – die Ratinger Scherenproduktion und den Absatz der Ware. Jedem Schmied war ein Schleifer zugeordnet; die Handwerker hatten die Kaufleute unter sich aufgeteilt. Die Kaufleute besorgten die Rohstoffe, verteilten sie an die Schmiede, die die Rohlinge an die Schleifer zur Weiterverarbeitung abgaben. Die fertigen Produkte setzten die Kaufleute ab und bezahlten die Handwerker. Einige Scherenschleifer versuchten offenbar, Waren unter Umgehung der Kaufleute selbständig abzusetzen. Das einst so blühende Scherenschleiferhandwerk litt an Verschuldung und Überproduktion. Die Ratinger lebten im 16. und 17. Jahrhundert wieder vorwiegend von der Landwirtschaft. Neidvoll schauten die Bürger auf die Bergischen Städte Solingen und Elberfeld, in denen die Metallwarenproduktion und das Textilgewerbe florierten.

Zu schlechten Ernten, Epidemien und allgemeiner Verarmung traten in der zweiten Hälfte des 16. Jahrhunderts die Auswirkungen kriegerischer Auseinandersetzungen hinzu. Der Spanisch-Niederländische Krieg (seit 1567/68), der Kölner Krieg (1583–1607), der Jülich-Klevische Erbfolgestreit (1609–1614, endgültige Beilegung 1666) und schließlich der verheerende Dreißigjährige Krieg (1618–1648) brachten Flüchtlingsströme mit sich, ständige Besatzungen, Einquartierungen, Kontributionszahlungen und sonstige Ausplünderungen, Zerstörungen der Wohnhäuser, Misshandlung und Tod – auch für die Menschen in Ratingen. Spanische und kaiserliche Truppen, Niederländer, Brandenburger, Schweden und Hessen trugen ihren Teil zum Niedergang der Stadt bei. Besonders hart traf es Ratingen im Dreißigjährigen Krieg. Dass damals bereits alle Heere Europas am Niederrhein ihr Stelldichein gaben, ging insbesondere auf das Konto der Neutralitätspolitik des Pfalzgrafen Wolfgang Wilhelm. Besonders zu leiden hatte Ratingen unter der Einquartierung spanischer und kaiserlicher Soldaten. Bereits 1614 musste die Stadt eine spanische Besatzung hinnehmen. 1635 richteten Truppen des Obersten Johann Ulrich Beisinger, die kaum zwei Monate in der Stadt waren, einen Schaden in Höhe von 6.000 Reichstalern an. 1641/42 hausten die Truppen des kaiserlichen Obersten Meuter sowie Badensische Soldaten in Ratingen. Fünfzehn Kompanien Reiter und Infanterie sowie die Stabsoffiziere wurden in der Stadt einquartiert; der kaiserliche General Hatzfeld logierte im Haus zum

Haus. Der Magistrat musste in kurzer Zeit 1.200 Dukaten aufbringen. Die Soldaten richteten an den Gebäuden schwere Schäden an. In einem Schreiben Wolfgang Wilhelms an Kaiser Ferdinand III. vom 7. Oktober 1645 ist die Rede davon, dass der Oberst Meuter in Ratingen, einer Stadt mit mehr als 300 guten Häusern, »also gehauset, daß die meisten derselben ganz abgebrochen und eingerissen« und nach seinem Abzug seien »nicht drei ganzer ungerissener Häuser« vorhanden gewesen (Stadtgeschichte I, S. 84). Die Dachrinnen des Bürgerhauses wurden entfernt, um Blei für Kugeln zu gießen. Die drei zu Ratingen gehörenden Vordörfer wurden Opfer von Brandschatzungen. Auch die Menschen in den ungeschützten Dörfern der Umgebung hatten viel zu leiden: die Ernte wurde zerstört, eine neue Aussaat war unmöglich.

Auch wenn es zum Charakter von Klageschriften gehört, die Lage in möglichst düsteren Farben zu schildern, so müssen die Verhältnisse in Ratingen am Ende des Dreißigjährigen Krieges geradezu verzweifelt gewesen sein. Am 7. Oktober 1645 beantragten Bürgermeister und Rat bei den in Köln zusammengetretenen Bergischen Landständen eine Reduzierung der Kriegskontributionen. Sie verwiesen auf ein bereits zwei Jahre zuvor vorgetragenes Bittgesuch. Während zum Zeitpunkt der Aufstellung der Steuermatrikel in der blühenden Stadt – sicher eine Übertreibung – mit 600 Bürgern zahlreiche Gewerbetreibende tätig waren, unter ihnen 80 Scherenproduzenten, sei die Stadtbevölkerung nun auf 60 arme und unvermögende Bürger zurückgegangen. Die Bitte hatte wiederum Erfolg, konnte aber nur eine kleine Atempause verschaffen. Noch 1668 war das Stadtbild von Baulücken geprägt. Auch in den 1680er Jahren hatte sich die Lage nicht verbessert. Die Kriege gingen weiter: Nun verwüsteten die Armeen Ludwigs XIV., des französischen »Sonnenkönigs«, das Land. 1686 protestierte der Ratinger Magistrat gegen eine Steuererhöhung, mit der auf Kosten der Stadt die Orte Solingen, Elberfeld und Mettmann entlastet werden sollten. Ratingen sei 1642 »theilß abgebrochen theilß abgebrandt« und »in Untergangh und ruin gerathen«, das Scherenschleiferhandwerk sei völlig ruiniert, nur noch 140 Bürger lebten in der Stadt, die insgesamt nicht so viel Vermögen hätten wie zwei Elberfelder Kaufleute (J.H. Kessel, Urkundenbuch, S. 329). Eine Kopfsteuerliste von 1673 bestätigte das trübe Bild: 39 Knechte, 74 Mägde und 19 Tagelöhner waren in der »inwendigen« und »auswendigen« Stadt zu finden. Nur noch drei Schmiede produzierten, von denen einer ein Lehrling war. Die Anzahl der Wirte, Gerber und Weber war recht hoch; insgesamt arbeiteten die verbliebenen Handwerker für den alltäglichen Bedarf der Bevölkerung. Exportiert wurde nichts mehr; nur noch drei Kleinhändler waren in Ratingen ansässig. Nichts Gutes für die Zukunft verhieß die große Anzahl von »pauperes«, von armen Leuten.

Schauplatz konfessioneller Konflikte

Die Kriege, die seit der zweiten Hälfte des 16. Jahrhunderts große Teile Europas heimsuchten und auch den Niederrhein und das Bergische Land nicht verschonten, waren machtpolitische Auseinandersetzungen und zugleich Glaubenskriege. Die Ausbildung und Stabilisierung der Territorialstaaten war eng mit der konfessionellen Frage verbunden. 1567/68 erhoben sich die mehrheitlich calvinistisch geprägten nördlichen Provinzen der spanischen Niederlande gegen das Schreckensregiment des Herzogs von Alba. Diese Auseinandersetzung ging in den Dreißigjährigen Krieg über und endete erst 1648 mit der internationalen Anerkennung der Republik der Vereinigten Niederlande und vertraglich fixierten Sicherheiten für das evangelische Glaubensbekenntnis.

Der Übertritt des Kölner Erzbischofs Gebhard Truchsess von Waldburg zum Protestantismus 1582 und seine Heirat mit der ehemaligen Gerresheimer Stiftsdame Agnes von Mansfeld im folgenden Jahr führten zum »Kölner Krieg«. Gebhard Truchsess war nicht nur ein hoher geistlicher Würdenträger, er war auch Herrscher eines Territoriums, des Kurfürstentums oder Erzstifts Köln.

Das wollte er auch nach seinem Konfessionswechsel bleiben und das Kölner Erzstift in ein weltliches Fürstentum umwandeln. Nach seiner Exkommunizierung und der Wahl des Herzogs Ernst von Bayern zum Erzbischof 1683 kam es zu kriegerischen Auseinandersetzungen, die auch für die Umgebung Ratingens ständige Truppendurchzüge, Plünderungen und Raubzüge nach sich zogen. Auf Seiten des Gebhard Truchsess standen unter anderen die Grafen von Neuenahr, die auch Herren auf Schloss Linnep bei Breitscheid waren. Ernst von Bayern konnte sich schließlich mit spanischer

Unterstützung durchsetzen, das Kölner Erzbistum und Kurfürstentum blieb katholisch.

Während der langen Herrschaft Herzog Wilhelms V. (»des Reichen«, 1539–1592), der offiziell katholisch blieb, religiösen Reformbestrebungen gegenüber aber nicht abgeneigt war und insgesamt einen religionspolitischen Zickzackkurs verfolgte, entwickelte sich auch in Ratingen eine protestantische Gemeinde. Eine einheitliche Konfessionspolitik im Sinne des im Augsburger Religionsfrieden von 1555 fixierten Grundsatzes »Cuius regio eius religio« (»Wer das Land regiert, soll auch die Religion bestimmen«) konnte sich in den Vereinigten Herzogtümern Jülich, Kleve und Berg niemals durchsetzen. Die konfessionellen Auseinandersetzungen in Ratingen werfen zudem auch interessante Schlaglichter auf die frühneuzeitliche Stadtverfassung.

Es ist bekannt, dass Angehörige des Ratinger Kirchspiels im Jahr 1565 nach Kettwig und Homberg gingen, um die Kommunion in beiderlei Gestalt zu empfangen. Zwei Ratinger lehnten im gleichen Jahr die letzte Ölung ab und wurden ohne Beisein des Pfarrers unter deutschsprachigen Gesängen zu Grabe getragen. 1566/67 versuchten die Ratinger Protestanten erstmals, die Einkünfte der St. Katharinenvikarie in ihre Verfügungsgewalt zu bringen und damit einen lutherischen Prediger, Johann Wischmann, auszustatten, während die katholischen Mitglieder des Magistrats den fünfzehnjährigen Sohn des Schöffen Johann Steinhaus als Vikar-Kandidaten vorgesehen hatten. Die Vergabe der Vikarie lag damals beim Magistrat. Die Anhänger des protestantischen Kandidaten saßen im Ratskollegium der »Sechzehner« und im engeren Rat. Die beiden »Gesellen des Bürgermeisters« (auch »Ratsfreunde« genannt) Dietzmann Driess und Johann von der Beek waren Anhänger der Augsburgischen Konfession, also Lutheraner. In die Verhandlungen über die Katharinenvikarie fielen die Bürgermeisterwahlen: Die »Sechzehn« wählten Driess zum Bürgermeister, zwei weitere Lutheraner wurden wiederum »Ratsfreunde«. Diese politisch-konfessionelle Konstellation führte dazu, dass der evangelische Prediger Wischmann in der Pfarrkirche St. Peter und Paul öffentlich predigen konnte. Pfarrer Arnold Neuenhaus, der ebenfalls ausgeprägte Neigungen zu reformatorischem Gedankengut zeigte, leistete keinen Widerstand. In dieser Zeit kam es sogar zu Prügeleien zwischen den Anhängern der beiden Konfessionen. Die Protestanten mussten schließlich einen Rückzieher machen, da die Katholiken den Landesherrn für ihre Sache gewinnen konnten. Die St. Katharinenvikarie blieb katholisch. Johann Wischmann verließ Ratingen und Pfarrer Neuenhaus wurde 1574 abgesetzt.

Im Jahr 1584 traten reformierte Vertreter aus Ratingen auf einer Synode in Aachen auf. Ein reformierter Prediger betreute im gleichen Jahr die Gemeindemitglieder in Neuss, Düsseldorf, Mettmann und Ratingen. Man kann also zu diesem Zeitpunkt von der Existenz einer reformierten Gemeinde in Ratingen ausgehen. Unter den Protestanten bildeten die Reformierten oder Calvinisten in Ratingen stets die Mehrheit, was sicher auch auf die zahlreichen Flüchtlinge aus den Niederlanden zurückzuführen ist. Seit 1590 nahmen Vertreter aus Ratingen an der Bergischen Synode teil. 1597 bildete die Ratinger reformierte Gemeinde zusammen mit Düsseldorf, Mettmann und später Solingen den Kern der sogenannten »unierten Quartiere« oder »heimlichen Gemeinden«. Um 1600 suchten von einstmals 800 bis 1.500 katholischen Kommunikanten, die die Osterkommunion nahmen, nur noch 100 bis 200 die katholische Pfarrkirche auf. Die Ratinger Bürger bekannten sich mehrheitlich zu den Kirchen der Reformation. Dennoch konnten auch weiterhin nur private Hausgottesdienste in der Stadt oder auf Gut Rommeljan in Bracht, in Kettwig oder Mettmann gefeiert werden.

Im Jahr 1609 änderte sich diese Situation, als am 25. März mit Johann Wilhelm I. der letzte Herzog von Jülich-Kleve-Berg in Düsseldorf in geistiger Umnachtung und ohne Erben starb. Die Erbfolge beanspruchten sogleich die Schwäger des verstorbenen Herzogs, in erster Linie Kurfürst Johann Sigismund von Brandenburg-Preußen und Pfalzgraf Philipp Ludwig von Neuburg bzw. sein Sohn Wolfgang Wilhelm. Beide Prätendenten waren damals lutherisch. Angesichts dieser Konstellation war es nicht verwunderlich, dass Kaiser Rudolf II. als oberster Lehnsherr erwog, die Vereinigten Herzogtümer als erledigtes Lehen einzuziehen. 1613 wechselten beide Kandidaten ihre Konfession, Pfalzgraf Wolfgang Wilhelm wurde katholisch und Kurfürst Johann Sigismund konvertierte zur reformierten Version des Protestantismus. 1614 wurde im Xantener Vertrag die Erbmasse geteilt: Jülich, Berg und die kleine Herrschaft Ravenstein kamen an Pfalz-Neuburg; Kleve, Mark und Ravensberg gehörten fortan zu Brandenburg-Preußen. Beide Fürsten erhielten indessen ihren Anspruch auf die Herrschaft im gesamten Territorium aufrecht. Zu einer endgültigen Regelung der Jülich-Klevischen Erbfolgefrage kam es erst 1666.

Pfalzgraf Wolfgang Wilhelm, Herzog von Jülich-Berg (1578-1653), zu Pferde vor der Düsseldorfer Rheinfront, Kupferstich von Abraham Hogenberg, um 1614

Die große Politik spiegelte sich auch in den Ereignissen in Ratingen wider. Die Ratinger Protestanten sahen sich seit 1609, bedingt durch die neuen Machtverhältnisse, im Aufwind. Die reformierte Gemeinde erhielt im gleichen Jahr mit Daniel Goldbach einen eigenen Prediger. Die Stadtregierung gestand ihr zu, mittwochs öffentliche Gottesdienste im Bürgerhaus zu feiern. 1610 hören wir auch erstmals von einer kleinen lutherischen Gemeinde, deren Prediger Theodor Stricker war. Zum Eklat kam es, als die Reformierten 1611 den Sonntagsgottesdienst im Bürgerhaus, den sie bereits seit einiger Zeit dort feierten, langfristig gesichert sehen wollten. Dagegen protestierten die katholischen Bürger, und auch die lutherischen Gemeindemitglieder fühlten sich nun durch den Gottesdienst gestört. Die Regierung in Düsseldorf schickte daraufhin eine Untersuchungskommission nach Ratingen, die alle Parteien hören und die Sachlage klären sollte. Die Kommission kam schließlich zu dem Schluss, dass der alte, von den Reformierten bislang benutzte Gottesdienstraum viel zu klein geworden sei und dass Richter, Bürgermeister, die katholischen Ratsmitglieder, die Zunftmeister, die im Bürgerhaus zusammenkamen, und letztlich auch die Lutheraner keine Einwände gegen reformierte Gottesdienste im Rathaus hätten. Besonders beeindruckt zeigte sich die Düsseldorfer Abordnung von der fast 1.000 Personen zählenden Menge reformierter Gläubiger, die ihren Gottesdienst auf dem Marktplatz feierten, weil das Rathaus die Menge nicht mehr aufnehmen konnte. Auch einige Adelige gehörten dazu. Die Untersuchungen der Kommission machten deutlich, dass sich damals die Mehrheit der Ratinger – etwa 60 Prozent – zu den Kirchen der Reformation bekannte: 238 Haushalte waren evangelisch, 179 katholisch. Auch die große Mehrheit der Stadtregierung war evangelisch-reformiert: Der Bürgermeister Johann Offerkamp sowie die beiden Ratsverwandten Thöniß Krämer und Wilhelm Colendail. Im erweiterten Rat, der damals 24 Mitglieder (»Vierundzwanziger«) hatte, waren 19 Mitglieder reformiert, drei katholisch und zwei – darunter der Stadtschreiber Hermannus ab Hagen – lutherisch. Von den Schöffen, deren damalige Anzahl wir nicht kennen, waren zwei katholisch, einer lutherisch und der Rest reformiert. Auch unter den Zunftmeistern gab es zahlreiche Reformierte, bei den Hutmachern gehörten offenbar neun von zehn Meistern zu den Reformierten. Als Reaktion auf den Bericht der Kommission entschied die Landesregierung in Düsseldorf, dass das Bürgerhaus fortan Reformierten und Lutheranern auch für Gottesdienste am Sonntag zur Verfügung stehen sollte.

In einer anderen Angelegenheit mussten die beiden evangelischen Gemeinden eine Niederlage einstecken. Sie scheiterten bei dem erneuten Versuch, in den Genuss der Einkünfte der St. Katharinenvikarie zu kommen. 1612 entschied die Düsseldorfer Regierung endgültig zugunsten des katholischen Bewerbers, des Geistlichen Conrad Obmers, der auch das Amt des Schulmeisters bekleidete.

Mit dem Konfessionswechsel des Pfalzgrafen Wolfgang Wilhelm kam es zu einer energischen Rekatholisierungspolitik, deren Durchsetzung vor Ort immer auch von der militärischen Lage abhing. Ab 1614 erhielt Ratingen eine spanisch-katholische Besatzung. 1625 trat der lutherische Prediger zum Katholizismus über. 1624/25 schlossen die spanischen Besatzungstruppen das Bürgerhaus für den reformierten Gottesdienst. Die Reformierten waren erneut auf eine heimliche Ausübung ihres Kultus verwiesen. Bereits 1618 hatte Wolfgang Wilhelm versucht, die konfessionellen Verhältnisse in den Selbstverwaltungsgremien der Stadt Ratingen per

Dekret zu verändern. Er wies den Richter des Amtes Angermund an, dafür Sorge zu tragen, dass solange katholische Bürger in den Rat gewählt würden, bis die Parität mit den anderen Konfessionen erreicht sei. 1622 ordnete Wolfgang Wilhelm an, bei einer Neuwahl nur katholische Kandidaten zu berücksichtigen, während sich die »Vierundzwanziger« dafür ausgesprochen hatten, die bisherigen Bürgermeister, Schöffen und Ratsmitglieder im Amt zu belassen. 1627 erließ der Landesherr ein Verbot der öffentlichen und privaten nichtkatholischen Religionsausübung. Heimliche Gottesdienste fanden auf Gut Rommeljan, im Haus des Johann Bercks am Markt sowie in Homberg statt. 1634 ließ Wolfgang Wilhelm den gewählten Ratinger Bürgermeister Johann Hafen durch einen Katholiken ersetzen.

Als niederländische Truppen 1629 den Niederrhein besetzten, änderte sich die Situation für kurze Zeit. Die reformierte Gemeinde trug sich damals sogar mit Plänen, ein eigenes Gotteshaus zu erbauen. Mit der Besetzung Ratingens durch kaiserlich-habsburgische und somit katholische Truppen zu Beginn der 1640er Jahre setzte sich die Gegenreformation durch. Zwar sicherte der Westfälische Friedensvertrag, der 1648 den Dreißigjährigen Krieg beendete, allen christlichen Konfessionen, die im Normaljahr 1624 an einem Ort existierten, das Recht der öffentlichen Religionsausübung zu – die Realität sah allerdings weitgehend anders aus. Noch 1648 erzwang Wolfgang Wilhelm die Wahl eines katholischen Bürgermeisters in Ratingen, was dazu führte, dass die reformierten Ratsmitglieder die Durchführung der Wahl verweigerten. In der Folgezeit setzte sich der Ratinger Rat aus 18 katholischen und sechs evangelischen Mitgliedern zusammen, was die städtische Konfessionsstatistik insgesamt widerspiegelte.

Die evangelischen Gemeinden blieben allen Diskriminierungen zum Trotz bestehen. Im Zuge der Konfessionalisierung kam es nach dem Ende des Dreißigjährigen Krieges zu einer organisatorischen und geistigen Verfestigung der verschiedenen christlichen Bekenntnisse. Im Laufe der 1680er Jahre konnte die reformierte Gemeinde nach jahrzehntelangen Behinderungen und Beeinträchtigungen ihre Kirche an der Lintorfer Straße einweihen. Die kleine lutherische Gemeinde folgte nach 1685.

Die evangelische Stadtkirche von der Grütstraße aus gesehen: das schlichte Kirchengebäude rechts wurde Ende des 17. Jahrhunderts errichtet. Man erkennt noch die zugemauerte Öffnung für die Apsis, deren Bau sich nicht realisieren ließ

Ein Instrument der Rekatholisierungspolitik Wolfgang Wilhelms war die Heranziehung von geistlichen Orden, von denen eine Reform der katholischen Lehre, der Seelsorge, eine Verbesserung der Struktur des Klerus sowie eine weit ausgreifende Missionstätigkeit in der Bevölkerung zu erwarten waren. In der Landeshauptstadt Düsseldorf förderte der Pfalzgraf die Kapuziner und vor allem die Jesuiten. Mitte des 17. Jahrhunderts ließen sich in Ratingen Minoriten nieder, die bereits im Mittelalter dort für einige Zeit gewirkt hatten. Die Initiative ging von dem Ratinger Pastor Philipp Baden aus, der, unterstützt durch den Rat, am 30. Januar 1651 an den Vikar des Duisburger Minoritenklosters, Pater Bernardin Scriba, die Bitte übermittelte, eine Ordensniederlassung in Ratingen in die Wege leiten zu dürfen. Daraufhin besuchte Pater Honorius von der Ehren, der Kölner Ordensobere, Ratingen, um die Lage vor Ort zu untersuchen und sich anschließend um die Genehmigung des Landesherrn zu bemühen, die bereits am 9. März 1651 vorlag.

Die ersten Patres, die aus Duisburg, Bonn, Kleve und Lennep kamen, bezogen zunächst eine Mietwohnung in der Stadt. Der erste Ratinger Guardian (Vorsteher der Ordensniederlassung) war Franz Probsting aus Bonn. 1656 konnte der Klosterneubau in der heutigen Minoritenstraße Ecke Lintorfer Straße eingeweiht werden. 1668 war die Klosterkirche fertiggestellt. Die Minoriten beteiligten sich auch an der Seelsorge im Pfarrbezirk Ratingen. Sie übernahmen die Verpflichtungen, die mit einigen Vikarien an der Pfarrkirche St. Peter und Paul verbunden waren, und feierten

Im linken Teil des ehemaligen Minoritenklosters befand sich die Klosterkirche

in Lintorf und Hubbelrath Gottesdienste. 1781 eröffneten sie am Markt eine Lateinschule, die die Anfänge des höheren Schulwesens in Ratingen markiert.

In Ratingen lebten in der Frühen Neuzeit Angehörige einer religiösen Minderheit, die häufig diskriminiert und verfolgt wurden – die Juden. 1424 wurde mit der Vertreibung der Juden in Köln die größte jüdische Gemeinde im Rheinland aufgelöst. Die Ausgewiesenen versuchten zunächst, sich in denjenigen Großstädten, die ihnen noch offen standen, eine neue Existenz aufzubauen. Erst hundert Jahre nach der Vertreibung aus Köln, als urbanes Leben für Juden fast nirgendwo mehr möglich war, kam es im Erzstift zu einer erneuten Ansiedlung der jüdischen Bevölkerung in Dörfern und Kleinstädten. Die Mitglieder dieser isolierten Kleingemeinden fristeten ein Dasein in »Nischen« am Rande bzw. außerhalb der ständischen Gesellschaft. Die Juden waren keine Bürger, sie besaßen einen minderen rechtlichen Status. Vom Landesherrn gewährte und für diesen sehr lukrative Schutz- und Geleitbriefe verschafften ihnen ein zeitlich befristetes Niederlassungsrecht und regelten die Wirtschaftstätigkeit und den Kultus. Rechtliche Unsicherheit, Restriktionen, Vorurteile und Vorbehalte prägten die Lebensumstände der Juden und Jüdinnen.

Juden werden in Ratingen erstmals im Jahr 1593 erwähnt. In den Ratsprotokollen wird in Erinnerung gebracht, dass Juden keine Wachdienste auf den Stadtmauern leisten dürfen, da sie keine Bürgerrechte besitzen. Es werden immer nur wenige Personen gewesen sein, die es nach Ratingen zog. In einer Steuerliste aus dem Jahr 1673 werden Jacob Judt und seine Ehefrau Gudtgen erwähnt. 1698 lebten zwei jüdische Familien in Ratingen. 1722 kam es bei der Überprüfung der jüdischen Geleitpatente zu emotional ziemlich aufgeladenen Szenen. Der Stadtdiener Johannes Willich wurde damit beauftragt, die Juden zu benachrichtigen, dass sie ihre Geleitbriefe auf dem Bürgerhaus vorlegen sollten. Der alte Jacob Levi fuhr ihn allerdings an, »Bürgermeister und Rath hätten keinem Juden Hunde weniger einem Juden zu befehlen, ein anderer Jud N. Francken aber hätte Johann stattdiener ahngefahren, daß wan er noch einmahl käme, Johann mit stockschlägen abfertigen wollte.« (E. Münster (Bearb.), Juden in Ratingen, 1996, S. 10) Der Jude Franck gab an, kein Patent zu besitzen, Joseph Levi weigerte sich, seins vorzulegen. Die Weisungsbefugnis der Ratinger Behörden wurde bestritten, die Patente lägen in Düsseldorf. Schließlich wies Joseph Levi aber doch seinen Geleitbrief auf dem Bürgerhaus vor. Hintergrund der Aktion war offenbar die Befürchtung der Behörden, dass sich Personen ohne Niederlassungsrecht illegal in Ratingen aufhalten könnten. Mitte des 18. Jahrhunderts wird der jüdische Friedhof am »Juden Lintgen« im Stadtbuch erwähnt. 1768 legte Joseph Davidt dem Magistrat seinen Geleitbrief vor und erhielt gegen Zahlung von zwei Reichstalern und 20 Stübern »burgerschutz«. Ein Jahr später konnte er das Haus Lintorfer Straße 8 erwerben, in dem vermutlich bis zum Bau der Synagoge in der Bechemer Straße 1817/18 ein Betsaal bestand. 1777 und 1781 lebten fünf Juden in Ratingen, die nicht das Bürgerrecht besaßen. Einblicke in das Gemeindeleben gibt es kaum.

Die Stadt im 18. Jahrhundert und die Baumwollspinnerei des Johann Gottfried Brügelmann in Cromford

Auch nach Beendigung des Dreißigjährigen Krieges rissen die Waffengänge nicht ab. Die durch den französischen König Ludwig XIV. seit 1672 provozierten Kriege brachten auch für den Niederrhein und die Ratinger Gegend Plünderung, Raub und Brandschatzung. Die Stadt litt wiederum unter Einquartierungen feindlicher und verbündeter Truppen. Zwischen dem Frieden von Rastatt 1714 und dem Ausbruch des Siebenjährigen Krieges gegen Preußen (1756–1763) herrschte ein labiler Frieden. Mit Beginn des Siebenjährigen Krieges wurde das Bergische Land erneut sowohl von den mit dem Herzogtum Jülich-Berg verbündeten Franzosen als auch von brandenburg-preußischen Truppen samt ihren Bundesgenossen heimgesucht. Landwirtschaft, Handel und Gewerbe lagen danieder. Maßlose Kontributionen belasteten erneut das Land: allein die Preußen und ihre Verbündeten forderten von Ratingen 5.544 Reichstaler. Als dann die Waffen schwiegen, begann für das Herzogtum Jülich-Berg und die Stadt Ratingen eine jahrzehntelange Phase der Regeneration.

Die Wirtschaft erholte sich langsam, in der Stadt wurde wieder gebaut. Die Bevölkerung wuchs von 383 Personen in »inwendiger« und 182 in »auswendiger« Bürgerschaft im Jahr 1713 auf 1.655 Personen im Jahr 1775. 1781 wohnten 1.929 Menschen in Ratingen. 1740 befanden sich etwa 160 Häuser in Innen- und Außenbürgerschaft, bis zum Ende des 18. Jahrhunderts waren es nicht sehr viel mehr, nämlich 134 Häuser in der Stadt und 63 in der Außenbürgerschaft. Die Wohnhäuser lagen nach wie vor an den Hauptstraßen, dahinter befanden sich bis zur Stadtmauer hin Gärten, in denen Obst und Gemüse für die Eigenversorgung gediehen.

In der Stadt wurde zwischen 1749 und 1752 das Bürgerhaus durch umfangreiche Umbau- und Restaurierungsarbeiten modernisiert. Für den Westturm der Pfarrkirche St. Peter und Paul schuf Mitte der 1770er Jahre der Zimmermann Gerhard Louwen eine neue Haube in barocken Formen, die bis heute das Stadtbild prägt. In den folgenden Jahren ließ die Gemeinde das gesamte Gotteshaus gründlich restaurieren. 1758 wurde endlich das neue Pfarrhaus an der Grütstraße erbaut. 1781 begann mit der Gründung der Lateinschule am Markt die Entwicklung des Höheren Schulwesens in Ratingen. 1786 erfolgte vor dem Lintorfer Tor die Anlage neuer Begräbnisplätze für die evangelischen und katholischen Bürger. Im Innenstadtbereich wurden neue Straßen angelegt und gepflastert. Außerhalb des Ortskerns erleichterten seit 1764 auch die Mett-

Haus »In der Krone« in der Lintorfer Straße 2 mit Hauszeichen (mitte)

manner und vor allem die Chaussee von Düsseldorf über Ratingen nach Mülheim an der Ruhr die Verbindungen in die Nachbarstädte. Einige Stadthäuser, die heute noch beeindrucken, wurden um- und ausgebaut und erhielten ihre Namen: 1752 »Im Schwarzen Adler«

Haus »Zu den Drei Königen« in der Düsseldorfer Straße 1

in der Oberstraße 30 und »Im goldenen Pflug« in der Düsseldorfer Straße 15, 1762 »Zu den Drei Königen« in der Düsseldorfer Straße 1, »Zu den vier Winden« gegenüber am Marktplatz und 1776 »In der Krone« in der Lintorfer Straße 2. Andere Bürgerhäuser in den Hauptstraßen erhielten modernere Fassaden.

Hauszeichen am Haus »Im Schwarzen Adler« in der Oberstraße 30

Dem Karthographen und Mathematiker Erich Philipp Ploennies verdanken wir die einzige gestochene Stadtansicht Ratingens, die er 1715 im Rahmen einer vom Kurfürsten Johann Wilhelm in Auftrag gegebenen Landesbeschreibung »Topographia Ducatus Montani« schuf. Im Textteil behandelte Ploennies Ratingen sehr kursorisch. Er stellte fest, dass die Lebensgrundlage der Einwohner noch immer der Ackerbau sei, »dieweilen die Situation zu handel und wandel ganz unbequem, auch kein wasser oder fluß sich dabey findet, welchen die bürger in solchem fall nuzzen könnten.« (E. Ph. Ploennies, Topographia Ducatus Montani (1715), hg. u. bearb. v. B. Dietz, T. 1, 1988, S. 54 f.) Der Rhein sei zu weit entfernt, um den Ratingern wirtschaftliche Vorteile zu bringen. Beeindruckend war anscheinend nur die erhaltene Stadtbefestigung. Die Bemerkung über die Gewässer und ihre Nutzung ist sicherlich falsch, wenn man an die zahlreichen Schleifkotten, Mühlen und Hammerwerke rund um Ratingen denkt. Ploennies zeichnete das Bild eines bedeutungslosen Ackerbürgerstädtchens und diese Wahrnehmung blieb für lange Zeit gültig.

1785 schrieb der Nationalökonom Konrad Frohn in der »Neuesten Staatskunde von Deutschland«: »Die Stadt Ratingen ist ohngeachtet des Vorrechtes, als die zweite Hauptstadt des Herzogtums dem Landtag beizusitzen, ein geringes, gewerbloses und mit Schul-

Ansicht der Stadt Ratingen nach der »Topographia Ducatus Montani« von Erich Philipp Ploennies, 1715

den behaftetes Landstädtchen. Inzwischen eröffnen sich der Stadt Ratingen durch die in dessen Nähe angelegte Manufaktur gute Aussichten zur baldigen Verbesserung seiner Nahrungsumstände.« (zit. nach: J. Engelbrecht, Die Familie Brügelmann als »Agrarunternehmer« im Raum Ratingen-Angermund. In: Ratinger Forum 2, 1991, S. 59). Mit der von Frohn so bezeichneten Manufaktur ist eine für die Wirtschaftsgeschichte des Rheinlandes wegweisende Innovation gemeint: die von Johann Gottfried Brügelmann gegründete mechanische Baumwollspinnerei.

1783 pachtete der Elberfelder Kaufmann Johann Gottfried Brügelmann von Ambrosius Franz Reichsgraf von Spee eine nördlich von Ratingen an der Anger gelegene Getreide- und Ölmühle. Dort errichtete er eine »Baumwollspinnerei auf englische Art«, die heute als »erste Fabrik auf dem Kontinent« gilt.

Vorbild für Brügelmann war die 1769 von Richard Arkwright in Cromford/Derbyshire begründete erste mechanische Spinnerei in England, die auf der Grundlage von mit Wasserkraft betriebenen Spinnmaschinen, den berühmten »Water Frames«, und einer systematischen Arbeitsteilung produzierte. Infolge von Mechanisierung und innovativer Arbeitsorganisation konnten erstmals Garne in Massenproduktion hergestellt werden. Auf dem Wege erfolgreicher Industriespionage und durch Vermittlung des Bielefelders Carl

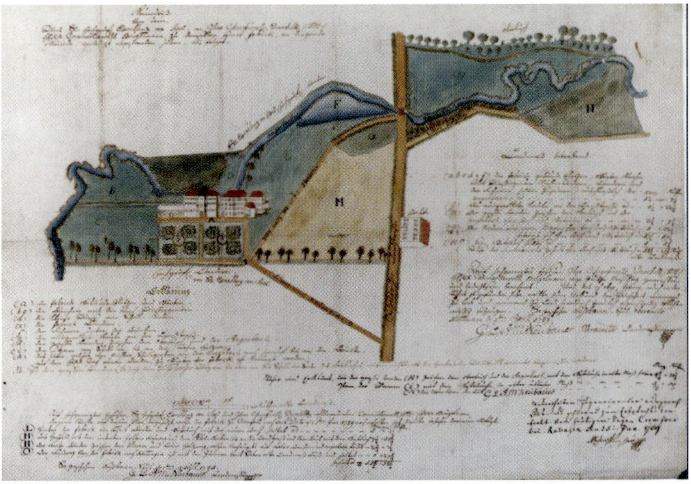

Lageplan der Bauten in Cromford von 1789

Johann Gottfried Brügelmann

Johann Gottfried Brügelmann wurde 1750 in Elberfeld als Sohn des Leinen-, Garn- und Webwarenhändlers Johann Wilhelm Brügelmann und der Kaufmannstochter Anna Gertrud, geborene Kühnen, geboren. Es ist nur das Datum der Taufe bekannt, der 6. Juli. Brügelmann wuchs in einer angesehenen und wohlhabenden Familie auf. Sein Vater und später er selbst waren Mitglieder der Elberfelder »Garnnahrung«, einem kartellähnlichen Zusammenschluss von Verleger-Kaufleuten, die das lukrative Geschäft der Garnveredelung und -weiterverarbeitung monopolisiert hatten und gegenüber Konkurrenten abschotteten. Die Mitglieder der »Garnnahrung« stellten die Stadträte und Bürgermeister. So war Johann Wilhelm Brügelmann mehrmals Ratsverwandter und 1762 Elberfelder Bürgermeister. 1754 starb Johann Gottfrieds Mutter bei der Geburt ihres vierten Kindes; ein Jahr später ging der Vater eine erneute Ehe mit Maria Kersten ein. Mit 17 Jahren trat Johann Gottfried ins väterliche Geschäft ein und begab sich auf Reisen – der übliche Ausbildungsgang eines jungen Kaufmanns seiner Zeit. Unter anderem reiste er nach Basel, einem Zentrum der Baumwoll- und Seidenindustrie.

1774 heiratete Johann Gottfried Brügelmann die vermögende Witwe Anna Christina Ochsen, geborene Bredt (1745–1805). Aus dieser Ehe gingen zwei Söhne hervor: Jakob Wilhelm (1776–1826) und Johann Gottfried (1777–1808). Mit der erheblichen Mitgift seiner Frau gründete er in Elberfeld eine Handlung für Baumwollartikel, Kattunen und Siamosen. Letztere sind karierte oder gestreifte Baumwollstoffe, die für Kleider, Schürzen und Dekorationen Verwendung fanden; aus Siamosen wurde unter anderem auch im Herzogtum Berg Kleidung für die Sklaven Nordamerikas angefertigt.

Johann Gottfried Brügelmann nahm durchaus am gesellschaftlichen Leben seiner Heimatstadt teil; so gehörte er zu den ersten Mitgliedern der Elberfelder »Ersten Lesegesellschaft«. Brügelmann war sich seiner sozialen und ökonomischen Stellung sehr bewusst; er verkörperte den Typus des autoritären und gleichzeitig paternalistischen Arbeitgebers. 1781 fungierte er als Sprecher der

Johann Gottfried Brügelmann (1750-1802)

Kaufmannschaft während eines Arbeitskonflikts mit den Elberfelder Webern. »Was sind das für Herren von der Zunft? Sind es Herren? Leineweber sind es, Handwerksleute, die von mir und anderen Kaufleuten ihr Brot haben«, mit diesen Worten wies Brügelmann die Weber ab, die in der Auseinandersetzung die Verlierer waren und sich mit der Auflösung ihrer Zunft abfinden mussten.

Johann Gottfried Brügelmann wurde nie Ratinger Bürger. 1798 verlegte er seinen Wohnsitz nach Düsseldorf. Im gleichen Jahr wurde er Mitglied im Handlungsvorstand der Düsseldorfer Kaufmannschaft, einer einflussreichen Unternehmerorganisation. Um diese Zeit übertrug er auch Teile des Geschäfts an seine Söhne. Neben seinen erfolgreichen Unternehmungen gelang ihm der Erwerb umfangreichen Landbesitzes und zahlreicher Rittergüter (z. B. Bockum und Gräfgenstein). Als Johann Gottfried Brügelmann am 27. Dezember 1802 starb, hinterließ er ein beachtliches Vermögen von 380.000 Mark – ohne Haus- und Grundbesitz und Maschinen. Seine Witwe Anna Christina und die beiden Söhne führten das Unternehmen zunächst gemeinsam fort. Unter seinem Enkel Moritz Brügelmann erlebte die Cromforder Textilfabrik einen erneuten Aufschwung.

Albrecht Delius gelang der Technologietransfer ins Bergische Land. Englische Facharbeiter setzten die nachgebauten Maschinenteile zusammen. Den Namen Cromford übertrug Brügelmann auf seine neue Gründung. Der Standort Ratingen wurde bewusst gewählt, weil hier die Grundstücke im Vergleich zu Elberfeld günstiger zu erwerben waren, weil ein Wasserrecht am Angerbach vorhanden und zum Betrieb der Wasserräder genutzt werden konnte, weil es im verarmten Ackerbürgerstädtchen Ratingen zahlreiche preiswerte nichtzünftige Arbeitskräfte gab und weil der Ort nicht weit vom Verwaltungszentrum Düsseldorf und vom Rhein entfernt war. Zudem konnte der Unternehmer die Widerstände der Elberfelder »Garnnahrung« umgehen. Auch Brügelmann bediente sich des damals bereits etwas altmodischen Instruments des landesherrlichen Privilegs, das ihm Kurfürst Karl Theodor am 8. Juli 1784 auf Grund seines Gesuchs erteilte. Dem Privileg verdankte Brügelmann eine monopolähnliche Stellung als Fabrikant, die auf zwölf Jahre und das Gebiet des Herzogtums Berg beschränkt war und den vehementen Protest der »Garnnahrung« hervorrief.

Vermutlich 1797 wurde die »Alte Fabrik« durch die fünfgeschossige »Hohe Fabrik« mit dem Wasserrad im Innern ersetzt. Um 1799 erfolgte die Errichtung der Arbeiterwohnungen und des Kontoranbaus. In Düsseldorf, Köln, Rheydt und München entstanden Nebenbetriebe. Nach 1787 wurde das spätbarocke Herrenhaus errichtet. Mitte der 1790er Jahre arbeiteten in Cromford etwa 400 Menschen. Zeitweise waren zwei Drittel der Beschäftigten Kinder. Zahlreiche Weber arbeiteten in Heimarbeit für Brügelmann. Die Baumwollspinnerei wurde 1793 durch eine Färberei und zwischen 1796 und 1799 durch eine Strumpffabrik erweitert. Kurz vor 1800 konnte in Obercromford eine neue Produktionsstätte, die »Fabrik am Teich«, sowie das klassizistische Herrenhaus errichtet werden.

Die Brügelmann'sche Baumwollspinnerei in Cromford verwirklichte technischen Fortschritt und Innovationen in der Arbeitsorganisation, zog auch zahlreiche ungelernte Arbeitskräfte an, brachte insgesamt aber nur langfristig nachhaltige Impulse für die ökonomische und soziale Entwicklung der Stadt Ratingen. Eckhard Bolenz, der langjährige Leiter des Rheinischen Industriemuseums in Cromford, beschrieb die Langzeitwirkung der Brügelmann'schen Gründung sehr plastisch: »Wie ein Virus sich auf die Wand einer Zelle setzt und seine genetischen Informationen in diese Zelle abgibt, sodass sie sich verändert, so ist die Fabrik vor den Stadtmauern als neues, nach anderen Regeln arbeitendes Sozial- und Wirtschaftsorgan zu sehen, das nun beginnt, durch seine Impulse die nach altständischen Regeln funktionierende Stadt nach und nach zu verändern. Dieser Virus war Teil einer Epidemie.« (Stadtgeschichte II, S. 59)

Erhalten blieb in Cromford bis heute mit der »Hohen Fabrik«, dem Herrenhaus und den Arbeiterwohnungen ein einzigartiges bauliches Zeugnis der Frühindustrialisierung, das Standort des LVR-Industriemuseums – Rheinisches Landesmuseum für Industrie- und Sozialgeschichte ist.

Im Zeichen von Modernisierung und Industrialisierung: Von der Französischen Revolution bis zum Ende des Kaiserreichs

Franzosenzeit, Vormärz und Revolution von 1848/49

Im Jahr 1794 besetzte die französische Revolutionsarmee das Herzogtum Jülich-Berg und beschoss die Hauptstadt Düsseldorf, die ein Jahr später eingenommen wurde. Die Stadt Ratingen musste wieder einmal die Einqartierung ausländischer Truppenkontingente hinnehmen: Im November 1794 kamen zunächst kaiserlich-österreichische Militärs und seit der zweiten Hälfte des Jahres 1795 quartierten sich bis 1801 (Frieden von Lunéville) französische Soldaten dort ein. Von den Ratinger Bürgern wurde erwartet, dass sie 2.550 Reichstaler zur Versorgung der Einquartierten aufbrachten. Ob die Ratinger mit der vielfach als »Zeitenwende« begrüßten Französischen Revolution positive Erwartungen oder eher Ängste verbanden, ist aufgrund der dürftigen Überlieferung nicht bekannt. Jedenfalls machten sich die Militärs mit ihren Forderungen nicht gerade Freunde.

Das alte Regime blieb zunächst unangetastet. Nach dem Tod des Kurfürsten Karl Theodor von Pfalz-Sulzbach 1799 übernahm Maximilian Joseph aus einer anderen Pfälzer Nebenlinie die Regierung im Herzogtum Berg, an der er wie bereits seine Vorgänger als

Einzug Napoleons in Düsseldorf am 3. November 1811, Aquarell von Johann Petersen

bayerische Kurfürsten nur schwaches Interesse zeigte. 1803 trat er das Herzogtum an seinen Vetter und Schwager Herzog Wilhelm in Bayern ab, ohne auf seine Position als Landesherr zu verzichten. Düsseldorf wurde kurzzeitig wieder Residenz.

1806 überließ Maximilian Joseph das Herzogtum Berg Napoleon und erhielt im Gegenzug eine Königskrone für Bayern sowie das preußische Ansbach. Während Napoleon die linksrheinischen Gebiete der »Grande Nation« eingliederte, gestaltete er aus dem Herzogtum Berg, den rechtsrheinischen Teilen des Herzogtums Kleve und anderen Gebieten das Großherzogtum Berg, einen von Frankreich beeinflussten Modellstaat unter der Herrschaft seines Schwagers Joachim Murat, der es allerdings zwei Jahre später vorzog, König von Neapel zu werden. Napoleon unterstellte daraufhin 1808 das Großherzogtum Berg seiner direkten Herrschaft.

Reformen wie die Aufhebung des Lehnswesens und der Feudalherrschaft, der Leibeigenschaft, die Einführung der Gewerbefreiheit, des französischen Zivilgesetzbuches, des »Code Napoléon«, sowie die Abschaffung der Patrimonialgerichtsbarkeit kamen nicht immer und vor allem nicht immer zügig in der Wirklichkeit des Alltagslebens an. Insgesamt wurde damals allerdings ein überaus nachhaltiger Modernisierungsprozess angestoßen. Mitgetragen wurde die Reformpolitik von der schmalen, aber immer einflussreicher werdenden Schicht des rheinischen Wirtschaftsbürgertums. Widerstand kam von Seiten des Adels und der katholischen Kirche. 1809 wurden die Zünfte, die sich bereits lange überlebt hatten, aufgelöst, und die bereits während des Ancien Régime in die Wege geleitete Säkularisation des Kirchengutes fortgeführt. Aus den Schutzjuden des Alten Reiches wurden gleichberechtigte Staatsbürger. Die rechtsrheinische jüdische Bevölkerung war auch nicht dem diskriminierenden »Schändlichen Dekret« von 1808 unterworfen, mit dem Napoleon die Emanzipationsgesetzgebung in wichtigen Aspekten wie der Niederlassungsfreiheit und der Freiheit der Erwerbstätigkeit wieder einschränkte. Die rechtsrheinischen Juden mussten allerdings noch bis 1845/46 warten, bis sie fest bestimmte Familiennamen annehmen konnten.

Eine umfassende Verwaltungsreform brachte seit 1806 eine einheitliche Organisation für alle Städte und Gemeinden. Sie verfolgte das Ziel, die Verwaltung von der Justiz zu trennen und die Kontrolle über die städtischen Finanzen zu gewinnen. Ratingen wurde zur Munizipalität. An die Stelle des Bürgermeisters trat der Maire, dem zwei Beigeordnete und ein fünfzehnköpfiger Munizipalrat zur Seite standen. Der Maire wurde als Beamter von der Regierung in Düsseldorf ernannt. Die Mairie Ratingen war zusammen mit den anderen Mairien Eckamp, Mintard, Angermund und Kaiserswerth Teil des Kantons Ratingen, der zum Arrondissement Düsseldorf im Departement Rhein gehörte. Johann Gottfried Brügelmann jun. war der erste Ratinger Maire, nach seinem Tod 1808 übernahm für kurze Zeit sein Bruder Jakob Wilhelm diese Aufgabe. Dieser wurde später Maire von Eckamp, wo auch die wichtigsten Unternehmen der Familie lagen.

Für die Stadt Ratingen brachte die französische Reformgesetzgebung keine substanziellen Entwicklungsfortschritte. Die Einwohnerschaft stieg von 2.624 im Jahr 1807 auf 3.026 Personen im Jahr 1812. Innerhalb der Stadtmauern befanden sich 1806 26 »gute« und 118 »schlechte« Häuser sowie 14 Pferdeställe. In der Außenbürgerschaft waren 12 »gute« und 124 »schlechte« Häuser sowie 51 Pferdeställe vorhanden. Das Gebiet des früheren Herzogtums Berg galt als Vorreiter der Frühindustrialisierung, wovon vor allem Städte wie Elberfeld, Remscheid und Solingen profitierten. Dem konnte Ratingen nichts entgegensetzen. Es existierte dort keine Bevölkerungsschicht, die zum Wegbereiter wirtschaftlichen Fortschritts werden konnte. 65 Prozent der Stadtbevölkerung gehörten zur Unterschicht. Eine Aufstellung von 1807 beschrieb die soziale Zusammensetzung der in Ratingen ansässigen Familien: 35 »Räte und Vorstände«, 55 Handelsleute, 180 Handwerksleute, 70 Ackersleute und Tagelöhner, wobei zu berücksichtigen ist, dass auch zahlreiche kleine Handwerker Landwirtschaft im Nebenerwerb betrieben. Die Handelsleute waren mit Sicherheit überwiegend Kleinhändler, 1807 sind in Ratingen nur drei Großhändler bezeugt.

Im Grunde war Ratingen nicht unvorteilhaft in das überörtliche Straßennetz eingebunden; die Stadt konnte diesen Vorteil allerdings nicht nutzen. Folgende noch aus dem Ancien Regime stammende Chausseen berührten Ratingen: Die Straße von Derendorf nach dem Duisburger Wald, von Derendorf nach Kettwig, von Pempelfort nach Elberfeld und schließlich die Straße von Krummenweg nach Mülheim an der Ruhr. Allerdings waren die Zuwegungen von der Stadt in Richtung der Chausseen in einem desolaten Zustand, da die Stadt sich keine kostspieligen Instandhaltungsarbeiten leisten konnte. Die Anbindung an den wichtigen Transportweg Rhein ließ zu wünschen übrig.

Gewerbebetriebe waren in Ratingen nur wenige vorhanden: Die Brügelmann'sche Baumwollspinnerei lag – wie bereits betont – auf Eckamper Gebiet. Die bereits 1814 angestellten Überlegungen, Ratingen mit dem wirtschaftlich und finanziell stärkeren Eckamp zu vereinigen, scheiterten und konnten erst etwa hundert Jahre später realisiert werden. Die meisten Ratinger Betriebe arbeiteten traditionell in den Bereichen Kalk- und Tonabbau und der Produktion von Ziegeln. Im Oberbusch am heutigen Blauen See lagen der Kalksteinbruch und die Kalköfen des Reichsgrafen von Spee; hier wurde bereits 1806 eine Dampfmaschine zum Abpumpen des Grundwassers eingesetzt. Im Jahr 1807 lieferten die Kalkgilde Angermund und ein Ratinger Kaufmann Kalk zum Festungsbau nach Wesel und Büderich, der über den Rhein verschifft wurde. In der Nähe der Ratinger Stadtmauern wurde 1802 eine Rotgerberei angelegt, gegen die erhebliche Umweltbedenken geltend gemacht wurden. 1816 nahm eine Seilspinnerei an der Stadtmauer zwischen Grütstraße und Dickem Turm ihren Betrieb auf.

Die wirtschaftliche Entwicklung und Reformgesetzgebung zu Beginn des 19. Jahrhunderts wurden durch die kriegerischen Auseinandersetzungen insgesamt erheblich gebremst. Allerdings hatte die französische Kontinentalsperre gegen England gerade das Bergische Textilgewerbe geschützt und gefördert.

Nach der verheerenden Niederlage 1813 in der »Völkerschlacht« bei Leipzig räumten die Franzosen die rechtsrheinischen Gebiete. Diejenigen Landesteile, die vor der Französischen Revolution bereits preußisch gewesen waren, fielen an Preußen zurück, die anderen wurden als Generalgouvernement 1813 bis 1815 kommissarisch verwaltet. Aus den Maires wurden wieder Bürgermeister, die Munizipalräte hießen wie früher Stadträte. 1815 kam das Gebiet des ehemaligen Herzogtums Jülich-Berg endgültig zu Preußen. Die

Bürgermeisterei Ratingen war fortan Teil des Kreises Düsseldorf-Land im Regierungsbezirk Düsseldorf. 1822 wurde Anton Klein aus Essen zum Ratinger Bürgermeister berufen. Er bekleidete dieses Amt dreißig Jahre lang und war zeitweise auch für Eckamp und Mintard zuständig. Die Kommunalverfassung nach französischem Vorbild, die Stadt und Land auf gleiche Weise erfasste, blieb im Rheinland zunächst bestehen. Sie zementierte die starke Stellung des Bürgermeisters, der die Kandidaten für den Rat vorschlug, sowie die weitreichenden Eingriffs- und Kontrollrechte der Düsseldorfer Regierung.

Die Gemeindeordnung vom 23. Juli 1845 brachte dann durch Einführung des Dreiklassenwahlrechts die direkte und ungleiche Wahl des Kommunalrates. Das Dreiklassenwahlrecht war eine Variante des Zensuswahlrechts, wonach die Wähler gemäß ihrer Steuerleistung in drei Abteilungen oder Klassen eingeteilt wurden und ein abgestuftes Stimmengewicht besaßen. Jede Abteilung wählte ein Drittel des Gemeinderates. Die erste Klasse umfasste nur sehr wenige wohlhabende Bürger, in der dritten Klasse wählten die zahlreichen weniger Begüterten. Ein Beispiel: Die vier bis sechs Wähler der ersten Abteilung ernannten ein Drittel des Rates, während in der zweiten Klasse 100 Personen ein weiteres Drittel, in der dritten Abteilung aber 1.000 Bürger das letzte Drittel wählten. Wählen konnten ohnehin nur die sogenannten Meistbeerbten oder Meistbesteuerten, d. h. selbständige männliche Personen über 25 Jahren, die eine bestimmte, von der Gemeinde festgesetzte Mindeststeuerleistung erbrachten. In Ratingen gehörten diejenigen Bürger zu diesem Personenkreis, die mindestens drei Taler Grundsteuer oder fünf Taler Klassensteuer zahlten. Frauen waren vom Wahlrecht ausgeschlossen. Da in Ratingen schlichtweg keine ausreichende Anzahl wohlhabender Bürger vorhanden war, fanden sich in der ersten Klasse gelegentlich nicht genügend Wähler. Der Gemeinderat für eine Stadt von der Größe Ratingens bestand aus 18 Mitgliedern – Handwerker, kleine Kaufleute und Beamte. Der Bürgermeister wurde weiterhin nach einem Vorschlag des Landrats von der Regierung ernannt.

Die Stadt Ratingen begann im Vormärz, in der Zeit zwischen dem Wiener Kongress 1815 und der Revolution von 1848/49, langsam ihr Gesicht zu verändern. Wie in zahlreichen anderen Orten wurde auch in Ratingen die Stadtmauer, die die Ausdehnung der Stadt behinderte, nach und nach abgetragen. Infolge ihres ruinösen Zustands besaß die Stadtbefestigung schon lange keine militärische Funktion mehr, umso weniger, als die französischen Besatzer angeordnet hatten, sie bis auf eine Höhe von rund 2,20 Metern zu reduzieren. 1816 stürzte die Mauer zwischen Dickem Turm und Bechemer Tor ein. Obertor, Bechemer Tor und Düsseldorfer Tor wurden bis 1839 abgebrochen, das Lintorfer Tor diente noch bis

Lintorfer Tor

1873 als Gefängnis. Die Steine der Stadtbefestigung veräußerte man als Baumaterial. 1816 wurde der Stadtgraben aufgeteilt und verpachtet; dort entstanden Häuser und Gärten.

Während sich das Rathaus und die Pfarrkirche St. Peter und Paul in keinem guten baulichen Zustand befanden, entstanden einige neue Einrichtungen. Vermutlich 1817 oder 1818 errichteten die Ratinger Juden eine Synagoge an der Bechemer Straße. Die Außenbürgerschaft Tiefenbroich bekam 1825 eine Elementarschule, und 1838 wurden im ehemaligen, nunmehr städtischen Gebäude des Minoritenklosters nach einem gründlichen Umbau die katholische und die evangelische Volksschule untergebracht. Insgesamt war es um die Qualität des Volksschulwesens eher schlecht bestellt. Den Beginn der Mädchenbildung markiert die Gründung einer Handarbeitsschule, die von katholischen Frauen aus den tonangebenden Kreisen in den 1830er Jahren ins Leben gerufen wurde. 1832 besaß

Die Synagoge in der Bechemer Straße, 1930er Jahre (mitte)

Innenansicht der Synagoge: Blick auf den Tora-Schrein im Osten, in dem die Tora-Rollen aufbewahrt werden, und den Almemor, der zur Lesung aus der Tora während des Gottesdienstes dient

Ratingen neben sieben kirchlichen und drei öffentlichen Gebäuden 196 Wohnhäuser, zwei Fabriken und Mühlen sowie 101 landwirtschaftlich genutzte Bauten. In der Außenbürgerschaft bestanden 142 Wohnhäuser und 76 Gebäude, die landwirtschaftlichen Zwecken dienten. Bis 1849 stieg die Zahl der Häuser auf 474. 1812 wohnten 3.026 Personen in Ratingen. 1849 zählte die Stadt 4.335 Einwohner, von denen 3.756 katholisch, 486 evangelisch und 93 jüdisch waren. In der Außenbürgerschaft war die Zahl der evangelischen Bürger deutlich höher.

Die wirtschaftliche und soziale Entwicklung nahm langsam Fahrt auf. Eckhard

Bolenz charakterisierte die Zeit vor der Revolution von 1848/49 sehr prägnant: »Die Vormärzjahre kennzeichneten sich durch ein bisher nicht gekanntes Maß an sozialer und räumlicher Mobilität der Bevölkerung. Soziale Mobilität und die – oft erzwungene – räumliche Mobilität standen in einem Zusammenhang: Die Auflösung der herkömmlichen Agrarstruktur, Landflucht, einschneidende Veränderungen im städtischen Gewerbe sowie das Aufkommen des Fabrikwesens sind als Ankerpunkte einer sozialen und wirtschaftlichen Entwicklung zu nennen, die politische Folgen mit sich brachte, wie besonders die 1848/49er-Jahre zeigten.« (Stadtgeschichte II, S. 47 f.)

Der Erwerb ehemals grundherrschaftlichen Bodens und die Ablösung der mit diesem Boden verbundenen Lasten und Pflichten, die Auflösung der gemeinen Marken oder Allmenden, die mit dem Ende der Feudalherrschaft einsetzten, wurden letztlich zugunsten der Großgrundbesitzer realisiert. Das waren im Ratinger Raum in erster Linie die Grafen von Spee und die Familie Brügelmann. Die armen Kötter, die bestimmte mindere Rechte an den Marken besaßen, gingen weitgehend leer aus. Für sie bot die Landwirtschaft bald keine ausreichende Lebensgrundlage mehr. Sie mussten fortan in der ländlichen Protoindustrie oder in der Stadt als Lohnarbeiter ein mehr als karges Auskommen finden. Zählte die Berufs- und Gewerbestatistik für 1807 74 Tagelöhner in Ratingen, so waren es 1849 bereits 640 (darunter 50 weibliche) und 1858 gar 960. Für die auf Eckamper Gemeindegebiet liegende Baumwollspinnerei Brügelmann begann eine Phase der Modernisierung und des Aufschwungs. Die Zeit des Niedergangs, als die Fabrik infolge der Aufhebung der Kontinentalsperre und der Konkurrenz durch englische Waren sowie aufgrund eines erheblichen technischen Rückstandes knapp vor dem Ruin stand, war überwunden. Moritz Brügelmann, der Enkel des Firmengründers, führte 1846 die Dampfmaschine als Antriebsart ein und stellte die Produktion auf leistungsfähigere Feinspinnmaschinen um. 1853 kam zur Spinnerei eine Weberei hinzu, die später in ausgedehnten Shed-Hallen untergebracht wurde. 1849 waren bei Brügelmann 350 Arbeitskräfte beschäftigt. Auch der Großgrundbesitzer Graf Spee dehnte seine gewerblichen Engagements aus. Zusätzlich zu den Kalksteinbrüchen und Kal-

Die Spee'sche Papierfabrik auf dem Gelände der früheren städtischen Angermühle, Ölbild von Leonhard Rausch

köfen im Oberbusch (am heutigen »Blauen See«) erwarb er 1841 die auf dem Gelände der Angermühle, der ehemaligen Stadtmühle, liegende Papierfabrik. Die bereits lange in Ratingen ansässige Gutsbesitzerfamilie Linden erwarb nach 1830 am Voisweg (»Schwarzes Loch« und »Grieses Loch«) Kalksteinbrüche. Das »Lindsche Etablissement« entwickelte sich zur größten lokalen Dachziegelei mit Kalk- und Marmorbrüchen. 1833 wurde die Keramikfabrik Gorris in der späteren Suitbertusstraße gegründet, die erst 1992 ihren Betrieb einstellte.

Auch wenn die sozioökonomische Lage in Ratingen und um Ratingen herum in den 1840er Jahren erstmals seit langer Zeit Wachstumsimpulse erhielt, war die Periode europaweit doch von einer krisenhaften Entwicklung geprägt. Die Negativfolgen der Industrialisierung wie Arbeitslosigkeit, niedrige Löhne, lange Arbeitszeiten bei gleichzeitigem Bevölkerungswachstum, Umweltzerstörungen, auch Missernten und hohe Brotpreise nährten eine tiefe Unzufriedenheit in der Bevölkerung, die eine revolutionäre Dynamik in Gang setzte. Insbesondere die Ernährungskrise spürte man auch in Ratingen. Neben der Entwicklung von Lösungsansätzen für die »soziale Frage« beschäftigten die Menschen auch politische Probleme: Die Forderungen nach einer Demokratisierung der verkrusteten halbabsolutistischen Herrschaftsstrukturen, die Teilhabe der Bürger am politischen Entscheidungsprozess, die Überwindung der deutschen Kleinstaaterei durch die Schaffung eines

Nationalstaates wurden immer lauter. Konkretisiert fanden sich die politischen Forderungen in folgendem Programm: Volksbewaffnung, Pressefreiheit, Schwurgerichte nach englischem Vorbild sowie die sofortige Bildung eines deutschen Parlaments.

Nachdem es in Berlin und auch im nahen Düsseldorf zu Unruhen gekommen war, reagierten die Ratinger Bürger mit der Bildung einer bewaffneten Bürgergarde, die für die Aufrechterhaltung von Ruhe und Ordnung zu sorgen hatte. Geführt wurde die Bürgergarde von dem Notariatskandidaten Jakob Schlippert, der bei den Wahlen zur preußischen Nationalversammlung im Mai 1848 zum Stellvertreter eines Abgeordneten gewählt wurde. Der zweite Mann in der Ratinger Bürgergarde war der Arzt Dr. Wilhelm Küpper, Tambour wurde der Weber Johann Buschmann. Die Bürgerwehrmänner trugen grüne Kittel, die mit schwarz-rot-goldener Kordel besetzt waren und als Kopfbedeckung die Landwehrmütze mit deutscher Kokarde. Die Cromforder Arbeiter, von denen zunächst Gewalttaten befürchtet wurden, bildeten das nach der Art ihrer Bewaffnung so genannte »Sensencorps«, dessen Verhältnis zur Bürgergarde nicht eindeutig war.

In Ratingen blieb die Lage ruhig. Am 3. September 1848 wurde in der Pfarrkirche St. Peter und Paul die feierliche Weihe der Bürgerwehrfahne vollzogen, die Ratinger Frauen unter der Anleitung der Handarbeitslehrerin Matheisen bestickt hatten. Die Fahne zeigte die Farben der Revolution: Schwarz-Rot-Gold. Im schwarzen Stoffteil war die Inschrift »Freiheit – Einheit – Ordnung und Recht« aufgebracht, im roten Teil prangte das Ratinger Stadtwappen, eingestellt in einen grünen Eichenkranz, im goldenen Teil die Widmung »Der Ratinger Bürgerwehr 1848«. Unruhe kam für einige Momente auf, als das Cromforder »Sensencorps« zur Fahnenweihe anrückte und die schwarz-weißen preußischen Farben, die Symbole der politischen Reaktion, präsentierte. Um befürchtete Zusammenstöße zu verhindern, forderten die anwesenden Frauen, dass die Fahnenweihe erst stattfinden

Fahne der Ratinger Bürgerwehr von 1848

sollte, nachdem »jene Abtheilung der Sensenmänner« abgezogen sei. Das geschah auch.

Am 13. September 1848 kam es in Ratingen zur Gründung eines »Demokratischen Vereins«. Der erste Paragraph des Statuts, der nicht geändert werden konnte, schrieb als Ziel des Zusammenschlusses fest, »über den Grundsatz der Volksherrschaft, mit einem Fürsten an der Spitze, nach Innen und Außen zu belehren und denselben zu verbreiten«. Ziel der Vereinsgründung war es also, für eine parlamentarische Monarchie zu werben. Das Gründungsstatut des »Demokratischen Vereins« wurde von 171 angesehenen Ratinger Bürgern unterschrieben. Auch die beiden Familien Brügelmann waren Mitglieder. Vereinsvorsitzender war wiederum Jakob Schlippert, sein Stellvertreter Dr. Küpper. Bürgerwehr und »Demokratischer Verein« waren also an der Spitze personell miteinander verzahnt, zudem saßen einige Mitglieder im Stadtrat. Besonders aktiv war der Ratinger Lehrer Lambert Herlitschka.

Als im Herbst 1848 die Reaktion wieder ihr Haupt erhob, die Preußische Nationalversammlung in die Provinzstadt Brandenburg verlegt und ein Ministerium unter dem konservativen Ministerpräsidenten Friedrich Wilhelm Graf Brandenburg berufen wurde, erhob sich im Volk der Ruf nach Steuerverweigerung, mit der die Regierung zum Einlenken gezwungen werden sollte. Auch die Bürgerwehren forderten eine Steuerverweigerung und den Schutz der bestehenden Parlamente – so geschehen während einer Parade der Bürgerwehren in Düsseldorf am 19. November 1848, an der auch die Ratinger teilnahmen. Der Ratinger Stadtrat schloss sich gleichfalls der Steuerverweigerungskampagne an. Am Abend des 19. November fand in der Ratinger Minoritenschule eine viel besuchte Bürgerversammlung statt, auf der auch Ferdinand Lassalle sprach, einer der Gründungsväter der deutschen Arbeiterbewegung. Letztlich ging dann aber alles sehr schnell: Am 5. Dezember wurde die Preußische Nationalversammlung aufgelöst und eine Verfassung oktroyiert, am 13. Dezember 1848 löste König Friedrich Wilhelm IV. die Ratinger und die Gerresheimer Bürgerwehr auf. Der »Demokratische Verein« bestand zunächst weiter, begleitete die Entwicklung in Preußen kritisch und versuchte, der Frankfurter Nationalversammlung, dem deutschen Zentralparlament, den Rücken zu stärken. Als aber der ersten deutschen Revolution in Barrikadenkämpfen, Belagerungszustand und durch die zunehmende militärische Machtentfaltung der Regierung eine Niederlage drohte, verließen auch in Ratingen zahlreiche – vor allem gemäßigte – Mitglieder den »Demokratischen Verein«, der im Mai 1849 von der politischen Bühne verschwand. Auch in Ratingen siegte schließlich die Gegenrevolution.

Die zweite Stadtwerdung: Infrastruktur und Wachstum

Bereits seit dem Mittelalter war Ratingen vorteilhaft in das überörtliche Wegenetz eingebunden. Aber erst die technische Entwicklung in der zweiten Hälfte des 19. Jahrhunderts sowie eine Veränderung der sozialen Strukturen schufen die Voraussetzungen für große Industrieansiedlungen und einen deutlichen Urbanisierungsschub. Ein entscheidender Impuls für die wirtschaftliche Dynamik ging vom Eisenbahnbau und dem Ausbau des Straßennetzes aus. Als die Düsseldorf-Elberfelder Eisenbahngesellschaft 1846 die Trasse von Düsseldorf nach Duisburg fertig stellte, fand sich Ratingen noch unberücksichtigt. Der Bahnhof lag in der Nähe von Kalkum. Dorthin gelangten die Ratinger ganz traditionell durch eine regelmäßig verkehrende Personenpost, d. h. per Kutsche über die fast zeitgleich fertig gestellte Chaussee nach Kaiserswerth. Einen eigenen Eisenbahnanschluss erhielt Ratingen, als die Bergisch-Märkische Eisenbahngesellschaft 1872 die Strecke von Düsseldorf-Rath bis Ratingen-Ost und weiter über Hösel nach Kettwig, Werden und Kupferdreh eröffnete. 1877 wurde die Untere Ruhrtalbahn bis Essen weitergeführt. Um 1900 stand der Ostbahnhof zur Verfügung. 1874

Bahnhof in Ratingen-Ost, um 1908

brachte die von der »Rheinischen Eisenbahngesellschaft« errichtete »Rheinische Eisenbahn«, die Strecke von Troisdorf über Ratingen-West und weiter nach Lintorf und Mülheim an der Ruhr (Speldorf), den Zugang nach Duisburg und ins Ruhrgebiet sowie über Opladen in die rheinische Metropole Köln. Die »West-Bahn« wurde zunächst nur für den Güterverkehr genutzt, seit 1876 auch für den Personenverkehr. 1903 erfolgte die Inbetriebnahme der Angertalbahn (Kalkbahn) von Ratingen-West nach Wülfrath, die Kalk von den Steinbrüchen nahe Ratingen zu den Industriebetrieben im Ruhrgebiet transportierte. Ein Blick auf die topografischen Karten der Jahrhundertwende zeigt, dass Ratingen weiträumig gänzlich von Eisenbahnlinien umgeben war. Seit 1897 fuhr eine in privater Regie betriebene Straßenbahn nach Düsseldorf, die 1901 von der

Endstation der Straßenbahn nach Düsseldorf in der Düsseldorfer Straße, um 1915

Stadt Düsseldorf übernommen wurde. Ebenfalls 1897 wurde die Posthalterei aufgegeben. Das Kutschenzeitalter ging auch in Ratingen zu Ende.

Die Eisenbahn und die »Elektrische« brachten mehr Mobilität für Güter und Menschen. Die günstige Lage Ratingens zwischen den Großstädten an Rhein und Ruhr, zwischen Düsseldorf, Duisburg, Mülheim an der Ruhr und Essen konnte jetzt erst für die Stadtentwicklung fruchtbar gemacht werden. Zahlreiche Firmen siedelten sich in Ratingen an und schufen Arbeitsplätze. Der Wohlstand der Bevölkerung wuchs. 1858 lebten in der Bürgermeisterei Ratingen 5.220 Menschen, 1871 war kaum eine Veränderung festzustellen, 1905 zählte die Stadt 11.741 und 1914 14.514 Einwohner. Anne Momm stellte in ihrem wichtigen Aufsatz »Sozialgeschichte der Stadt Ratingen in der Kaiserzeit« fest, dass die Ratinger Bevölkerung zwischen 1871 und 1914 um 175,40 Prozent wuchs, während es im Deutschen Reich im gleichen Zeitraum lediglich 65,85 Prozent waren. Vor allem nach 1885 setzte ein regelrechter Boom ein. Zuwanderung, ein höherer Geborenenüberschuss, die Verbesserung der Hygiene und des Gesundheitszustands der Bevölkerung sowie als deren Folge ein Rückgang der Sterblichkeit, insbesondere eine verminderte Säuglingssterblichkeit, trugen zu dieser positiven Entwicklung bei. Und die Ratinger Stadtbevölkerung war relativ jung: Um 1900 bildeten Personen unter 14 Jahren etwa ein Drittel der Einwohnerschaft.

Bereits 1861 arbeiteten drei Viertel aller Beschäftigten in den Bereichen Industrie und Handwerk. Immer weniger Menschen fanden in der Landwirtschaft ihr Auskommen. 1914 gehörten 41,59 Prozent der Bevölkerung zu den unteren Einkommensstufen, 57,17 Prozent zu den mittleren und 1,24 Prozent zu den höheren Einkommensstufen. Die signifikante Zunahme der Mittelschicht kann als Indiz für den wachsenden Wohlstand der Stadt gelten. Mit dem Ausbau der Infrastruktur stieg der Lebensstandard. Bis 1880 erfolgte die Wasserversorgung durch fünfzehn Nachbarschaftsbrunnen, die häufig in keinem guten Zustand waren und für die Ausbreitung von Krankheiten verantwortlich gemacht wurden. Erst um 1850 gab es hier einen Fortschritt, worüber der Schlossermeister Johann Kirchgaesser in seiner Autobiografie berichtet: »Zu der Zeit sollten auch die an der Hauptstraße bestehenden Ziehbrunnen, welche den betreffenden Nachbarschaften gehörten, durch freistehende Pumpen ersetzt werden. Mein Nachbar und Gönner Gottfr. Strucksberg, noch mit meiner Schwiegermutter durch seine Frau verwandt, bemühte sich für mich, daß ich die Pumpe in unsrer Nachbarschaft machen sollte und zwar in der Art, wie heute noch viele in den Kölner Straßen stehen. Er hatte eine Schwester in Köln wohnen, dieselbe wohnte in einer wegen der dort herrschenden Cholera [gesperrten Straße]. Wir gingen aber zu ihr. Ich zeichnete mir eine Pumpe ab, machte dann zu Hause einen Kostenanschlag, womit ich bestehen konnte. Mit dem Kupferschläger Rotkopf hatte ich mich auch über den Preis geeinigt. Ich legte nun den Anschlag in einer Versammlung der Nachbarschaft vor, wovon er genehmigt wurde und mir übertragen. Ich fertigte nun das Gestelle mit allem zur Pumpe gehörigen Eisenwerk an, Rotkopf machte die Pumpe, und als dieselbe zum Gebrauche fertig war, fand sie allgemeinen Beifall.« (J. Kirchgaesser, Aus meinem Leben, Ratingen 1990, S. 52 f.)

Im Jahr 1893 wurden das städtische Wasserwerk an der Kaiserswerther Straße eröffnet und in den Folgejahren das Wasserrohrnetz und die Anschlüsse der Privathaushalte ausgebaut. 1900 beschloss die Stadtverordnetenversammlung den Bau einer unterirdischen Kanalisation, der bis 1907 realisiert wurde. Seit 1904 sorgten zwei Klärbecken am Sandbach für die Reinigung der Abwässer. 1896 wurden an der Sandstraße eine Gasanstalt eröffnet und die Straßenbeleuchtung durch Gaslicht eingeführt. 1909 standen in Ratingen 151 Laternen. In diesem Jahr wurde auch das von der Rheinisch-Westfälischen Elektrizitätswerk AG (RWE) betriebene Elektrizitätswerk fertig gestellt. Seit 1898 sorgte eine öffentliche Müllabfuhr dafür, dass die Wohnplätze und Straßen sauberer wurden. 1903 öffnete die Badeanstalt an der Anger ihre Pforten, die nicht nur dem Spaß, sondern auch der Gesundheitsfürsorge diente.

Katholisches St. Marienkrankenhaus

1854 übernahm die »Genossenschaft der Armen Schwestern vom hl. Franziskus« aus Aachen das seit dem Mittelalter in der Oberstraße bestehende Gasthaus, das nach mehreren Baumaßnahmen und Erweiterungen zunächst zu einem Armenhospital und dann Schritt für Schritt zu einem modernen katholischen Krankenhaus (St. Marienkrankenhaus) entwickelt wurde. 1856 erfolgte die Einrichtung eines Waisenhauses und einer Kinderbewahrschule. 1903/04 wurde ein Krankenhausneubau fertig gestellt. 1897 öffnete das evangelische Krankenhaus in der Ecke Hoch-/ Rosenstraße seine Pforten, eine Stiftung des Kaufmanns Friedrich Wilhelm Schlippert. Als Pflegekräfte wirkten dort Krankenschwestern des Diakonissenmutterhauses in Kaiserswerth. 1908 wurde neben der Apotheke am Markt eine zweite Apotheke konzessioniert.

Evangelisches Krankenhaus in der Rosenstraße

Ein Schwerpunkt der Modernisierungsbestrebungen lag in der Ausdifferenzierung des Bildungswesens und vor allem im Aufbau eines höheren Schulwesens. Bildung verbesserte die Chancen, mit den umfassenden Veränderungen im sozialen und wirtschaftlichen Bereich klarzukommen. 1868 erfuhr die katholische Elementarschule an der Minoritenstraße eine Erweiterung, 1892 wurde wiederum ein neues Schulgebäude auf dem Grundstück eingeweiht (»Mädchengebäude«). Langjähriger Leiter der Minoritenschule war der engagierte Pädagoge und Schriftsteller Adam Joseph Cüppers.

Adam Joseph Cüppers

Adam Joseph Cüppers wurde am 14. Juni 1850 in Doveren im Kreis Erkelenz als vorletztes von vierzehn Kindern einer Bauernfamilie geboren. Der Vater starb sehr früh. Wie zwei seiner Brüder wählte Adam Joseph Cüppers den Beruf des Lehrers. Bereits mit sechzehn Jahren wurde er Schulmeister in einem kleinen Dorf in der Nähe von Geldern. Für seine Tätigkeit, die ihm sehr viel Freude bereitete, erhielt er den kargen Lohn von 100 Talern. Der junge Pädagoge legte sehr viel Wert auf seine Weiterbildung vor allem in den Bereichen Sprachen, Literatur und Musik. 1869 bis 1871 besuchte er das Lehrerseminar in Kempen. Die dort vermittelten Methoden und Kenntnisse kritisierte er harsch als »Verblödungspolitik«, die kein selbständiges Denken erlaube. 1871 bis 1874 arbeitete er als Lehrer an der städtischen Volksschule in Straelen. 1872 legte er die Mittelschullehrerprüfung ab. 1873 erfolgte die Heirat mit Maria Gertrud Mones. 1874 wurde er Lehrer an der höheren Schule in Essen-Borbeck, wo er infolge seines Engagements für die katholische Zentrumspartei in Konflikt mit seinen schulischen Vorgesetzten geriet.

Um aus Borbeck fortzukommen, bewarb er sich auf die Hauptlehrerstelle in Ratingen, die für ihn besonders attraktiv war, weil die Stadtverwaltung plante, die Volksschule zu einer Mittelschule aufzustocken. 1876 siedelte Cüppers nach Ratingen um, wo es ihm in der Folgezeit

Adam Joseph Cüppers (1850–1936)

gelang, das völlig heruntergekommene Volksschulwesen neu zu strukturieren. 1878 bestand er die Rektorenprüfung für höhere Bürger- und Töchterschulen. Zu seinem Leidwesen scheiterte in Ratingen die Gründung einer Mittelschule. Obwohl sich seine pädagogischen Ambitionen nicht erfüllten, blieb er lange Jahrzehnte auf seinem Posten als Rektor der Minoritenschule. Daneben gründete er 1892 die freiwillige Fortbildungsschule für männliche Jugendliche, eine Art Berufsschule, die 1900 in eine Pflichtfortbildungsschule umgewandelt wurde, sowie die Stadtbücherei und die Volkshochschule. 1925 wurde er der erste Vorsitzende des neu gegründeten Vereins für Heimatkunde und Heimatpflege. Er war in zahlreichen schulpolitischen Gremien tätig, gestaltete neue Schulwandkarten und verfasste Schulbücher (z. B. »Kleine Weltgeschichte für die mittleren Klassen höherer Schulen«, »Rheinisches Realienbuch«, »Übungsbuch für den Unterricht im Rechtschreiben in Volksschulen«). Neben seinem sozialpädagogischen Engagement, vor allem im »Vinzenzverein« und im »Bergischen Verein für Gemeinwohl«, stand seine umfangreiche schriftstellerische Tätigkeit, die ihn zu Lebenszeiten auch über Ratingen hinaus bekannt machte.

Sein erstes Werk, noch in Borbeck entstanden, war »Arminius. Oratorium für Chor, Solostimmen und Orchester«, das von Max Bruch vertont und am 4. Dezember 1875 in Barmen uraufgeführt wurde. Cüppers verfasste historische Romane, Epen, Dramen, Novellen und Gedichte, die in renommierten Verlagen wie Bachem in Köln, Schwann und Bagel in Düsseldorf, Herder in Freiburg und Schöningh in Paderborn erschienen. Titel wie »Die heilige Cäcilia« (1895), »Im Banne der Wiedertäufer« (1897), »Die Königin von Palmyra« (1905), »Die Märtyrer von Lyon« (1908) oder »Die Sansculotten im Bergischen Land« (1913) sagen uns heute kaum noch etwas. Cüppers Werke spiegeln seine nationalen und konservativen Einstellungen wider. Vor allem sind sie Vehikel für die Vermittlung katholischer Glaubensinhalte, die in seinem Leben die zentrale Rolle spielten. Man hat ihn deshalb sehr treffend als einen katholischen Volksschriftsteller bezeichnet.

Am 31. März 1921 wurde Cüppers einstimmig zum ersten Ehrenbürger seiner Heimatstadt gewählt. 1928 schrieb er »Aus zwei Jahrhunderten. Lebenserinnerungen eines Schulmannes und Schriftstellers«, die heute noch eine wichtige stadtgeschichtliche Quelle darstellen. Der verdiente Pädagoge starb am 20. Juli 1936 an den Folgen eines Schlaganfalls. Seit 1997 trägt das Berufskolleg (Berufsbildende Schule) der Stadt Ratingen seinen Namen.

1892 entstand eine zweite katholische Volksschule in der Graf-Adolf-Straße. 1874 erhielt die Außenbürgerschaft Tiefenbroich ein neues Schulgebäude, die heutige Martinschule. Waren die evangelischen Schüler zunächst ebenfalls in der Minoritenschule untergebracht, so konnte 1871 ein eigenes Schulgebäude in der Mülheimer Straße eingeweiht werden. Der jüdischen Gemeinde misslang in Ratingen die Einrichtung einer eigenen Schule: die Kinder besuchten stets die allgemeinen Schulen.

Bereits 1845 war in der Rosenstraße eine private Vorbereitungsschule für das Gymnasium eingerichtet worden, die zwanzig

Jahre später ihre Pforten wieder schließen musste. In der Folgezeit scheiterten alle Initiativen, eine Knabenmittelschule einzurichten, die im Grunde eine Aufbauklasse der Volksschule darstellte. Das Unvermögen der Beteiligten, der Schule einen überkonfessionellen Charakter zu geben, und der geringe Anspruch einer erweiterten Elementarschule standen dem Gelingen des Projekts zunächst entgegen. Erst 1900 kam es zur Gründung einer Höheren Lehranstalt für Knaben, die drei Jahre später als Progymnasium anerkannt wurde und 1904 in das neue Schulgebäude in der Speestraße, der heutigen Poststraße, einzog.

Auch für die Mädchenbildung wurde um die Jahrhundertwende einiges getan. Im Jahr 1899 kam es – nach gescheiterten Versuchen Mitte des Jahrhunderts – auf Initiative von 45 evangelischen Bürgern und des Pfarrers zur Einrichtung einer »Höheren Privat-Mädchenschule«. In der »Luisenschule« wurden auch jüdische Schülerinnen und in den unteren Klassen Jungen unterrichtet. Bis 1908 entwickelte sich die Einrichtung zu einer Mädchen-Mittelschule, die zwei Jahre später ein Gebäude in der Friedrichstraße, der

Luisenschule, 1920er Jahre

heutigen Hans-Böckler-Straße, beziehen konnte. Eine katholische höhere Mädchenschule nahm 1901 ihren Betrieb auf, seit 1910 in Trägerschaft des Ordens der Schwestern »Unserer Lieben Frau« aus Mühlhausen bei Kempen. 1908 erhielt die Liebfrauenschule den Status eines Lyzeums, dem auch ein Pensionat und eine vierklassige Grundschule angegliedert waren. 1912 erfolgte der Umzug in das

Schülerinnen der katholischen höheren Mädchenschule 1905, die sich damals noch in der Grabenstraße befand

großzügige Gebäude in der Schwarzbachstraße. Insgesamt besuchte um die Jahrhundertwende nur eine kleine Minderheit von neun Prozent der Bevölkerung höhere Schulen.

Auf die Initiative Adam Joseph Cüppers ist 1892 die Gründung einer Fortbildungsschule für junge Facharbeiter zurückzuführen, die seit 1900 als Pflichtfortbildungsschule arbeitete. Eine entsprechende Einrichtung für Mädchen konnte erst in der Weimarer Zeit eingerichtet werden. Die berufstätigen Mädchen mussten sich zunächst mit einer 1896 eingerichteten Koch- und Nähschule zufrieden geben, für die der »Bergische Verein für Gemeinwohl« verantwortlich war. Für die Weiterbildung der im landwirtschaftlichen Bereich tätigen Jugend sorgte seit 1908 eine Landwirtschaftsschule (»Winterschule«), der erst viel später eine Mädchenabteilung angegliedert werden konnte.

Im Jahr 1908 gelang es, eine Bildungseinrichtung von überregionaler Bedeutung nach Ratingen zu holen: das Königliche Lehrerseminar mit Präparandenanstalt, für das seit 1914 der Neubau an der Ecke Mülheimer Straße/Hauser Ring zur Verfügung stand.

Den Bedürfnissen der zunehmend berufstätigen Frauen kam die Einrichtung von Kindergärten entgegen, damals Kleinkinderbewahrschulen genannt. Der katholische Kindergarten wurde 1892 unter der Leitung der Genossenschaft der Franziskanerinnen ins

Leben gerufen. Die im gleichen Jahr gegründete evangelische Einrichtung zog 1893 in das Gemeindehaus in der Turmstraße um.

Das kulturelle Leben fand auch in Ratingen vor allem in Vereinen statt. Entsprechend der religiösen Orientierung der überwiegenden Mehrzahl der Ratinger waren die katholischen Vereine besonders stark vertreten, allen voran der 1854 gegründete »Katholische Leseverein«, dessen Bibliothek 1886 764 Bücher zählte. In diesem Verein wurde aber nicht nur gelesen, dort wurden auch Gesang und soziales Engagement gepflegt. Auch die politische Einflussnahme war dem Leseverein nicht fremd, denn aus ihm ging schließlich 1906 der »Katholische Arbeiterverein« hervor. Andere Vereine, die im katholischen Milieu agierten, waren der »Katholische Gesellenverein« (1886 gegr.), der »Cäcilien-Verein« (musikalische Abteilung des »Katholischen Lesevereins«, 1900 selbständig), die »Marianische Jungfrauenkongregation« (1905), der »Fürsorgeverein für Mädchen, Frauen und Kinder« (1908) und der »Müttervereín« (1909). Diese Vereine standen selbstverständlich der Zentrumspartei nahe, der Vertretung des politischen Katholizismus. 1897 wurde ein evangelischer Frauenverein gegründet. Vereine, in denen sich Sozialdemokraten engagieren konnten, die erst in den 1880er Jahren in Ratingen aktiv wurden, waren der 1898 gegründete »Arbeiter- und Gesangverein Liederlust«, 1919 als »Volkschor«

Mitglieder des Städtischen Männer-Gesang-Vereins Ratingen, um 1885

neu gegründet, sowie die Ratinger Ortsgruppe des »Arbeiter-Radfahrer-Bundes Solidarität«. Der älteste Verein überhaupt war der »Städtische Männer-Gesang-Verein Ratingen«, 1846 gegründet. Daneben gab es Turn- und Wandervereine und einen 1904 gegründeten Fußballverein. 1867 wurde in Ratingen ein Kriegerverein gegründet, der sich auch für die Aufstellung eines Kriegerdenkmals stark machte, das 1899 auf dem Marktplatz eingeweiht wurde. 1907 kam der »Artillerieverein« hinzu.

1912 eröffnete ein erstes Kino in der Oberstraße 10.

Kriegerdenkmal auf dem Marktplatz mit dem Königlichen Amtsgericht im Bürgerhaus, um 1910

Das Stadtbild veränderte sich langsam. Die mittelalterliche Stadtbefestigung, deren Abtragung die Stadtväter bereits in der ersten Hälfte des 19. Jahrhunderts betrieben hatten, verschwand fast gänzlich – mit Ausnahme derjenigen Überreste, die heute noch zum Charme der Ratinger Innenstadt beitragen.

Die größte Baumaßnahme im historischen Stadtkern war der Umbau der Pfarrkirche St. Peter und Paul 1892 bis 1894. Nach Plänen der Kölner Architekten Heinrich Wiethase und Edmund Renard wurden umfassende Restaurierungsmaßnahmen sowie ein Erweiterungsbau realisiert, der den alten Baukörper um hundert Prozent vergrößerte. Damals wurde auch die südlich der Pfarrkirche gelegene und in die Oberstraße hineinragende Häuserzeile niedergerissen. Der Marktplatz erhielt seine heutige Gestalt.

Die Bebauung dehnte sich über den historischen Stadtkern langsam vor allem in Richtung Ost-Bahn aus. 1901 wurden die Karl-Theodor- und die Friedrichstraße (heute Hans-Böckler-Straße) ausgebaut, um den Fuhrverkehr zwischen Ratingen und Düsseldorf von der engen Ober- und Düsseldorfer Straße abzuleiten. Im gleichen Jahr wurde die straßenweise Nummerierung der Häuser

durchgeführt. Auch die Kaiser- (heute Poststraße), Kronprinzen- (heute Poststraße), Bismarck- (heute Beethovenstraße), Hohenzollern- (heute Freiligrathring), Moltkestraße (heute Röntgenring) sowie der Kaiserplatz wurden bis zum Ersten Weltkrieg angelegt. Damals entstanden die schönen, vom Historismus und Jugendstil geprägten Häuserreihen an der oberen Poststraße, der südlichen Bahnstraße und der Graf-Adolf-Straße, die heute noch von dieser wichtigen Phase der Stadterweiterung zeugen. 1896 wurde an der Graf-Adolf-Straße für Fest-

St. Peter und Paul nach dem Umbau von 1892–1994, um 1911

Häuser in der früheren Kaiserstraße, der heutigen Poststraße, Anfang 1920er Jahre

Kaiserplatz, heute Poststraße, um 1915

Lintorfer Straße mit der Gastwirtschaft »Kaiserburg«, um 1918

Kaiser-Wilhelm-Halle in der Graf-Adolf-Straße

und Sportveranstaltungen die »Kaiser-Wilhelm-Halle« erbaut. Im Franken-Viertel, so genannt nach dem früheren Grundeigentümer Theodor Franken, lagen das neue Postgebäude und das Progymnasium. Dorthin sollte auch das Rathaus verlegt werden, das bislang im ehemaligen Minoritenkloster recht beengt untergebracht war. 1914 wurde ein Architektenwettbewerb ausgeschrieben, die Realisierung der Baupläne scheiterte jedoch am Ausbruch des Ersten Weltkrieges. Zwischen 1899 und 1902 wurden in Ratingen 232 Baugenehmigungen für Wohnhäuser erteilt. Das waren für die damalige Zeit nicht sehr viele, aber es war ein Anfang. 1909 wurde der Posten eines Stadtbaumeisters geschaffen. Die Bebauungs- und Fluchtlinienpläne wurden mehr und mehr ausgefeilt.

Neben dem Ausbau der Stadt spielte auch die Stadterweiterung eine große Rolle. Auch diesmal war die Landgemeinde Eckamp das von Ratingen ins Auge gefasste Eingemeindungsobjekt. Eckamp ragte in das Ratinger Stadtgebiet hinein und besaß zudem zahlreiche wichtige Industriebetriebe. Die Bürgermeisterei Eckamp wehrte sich vehement gegen eine Eingemeindung und jede Grenzkorrektur, so dass 1910 eine Kabinettsorder Kaiser Wilhelms II. eine neue Grenzlinie zwischen beiden Gemeinden festlegen musste. Ratingen verlor mehr als 340 ha seines Stadtgebietes an die Gemeinden Eckamp, Schwarzbach, Hasselbeck-Crumbach, Meiersberg und Eggerscheidt. Zu diesen abgetretenen Gebieten gehörten auch die eher ländlichen Gebiete Tiefenbroichs, die seit dem Mittelalter zu Ratingen gehörten, und nun auf Betreiben des Grafen von Spee Teil der Bürgermeisterei Eckamp wurden. Ratingen gewann allerdings – und das war wichtiger – die industrialisierten, dichter bebauten Gebiete Eckamps, die insbesondere in der Nähe des Westbahnhofs lagen. Auch die Brügelmann'sche Textilfabrik in Cromford kam damals zu Ratingen. Es entstand nunmehr ein geschlossenes Stadtgebiet. Die Position Ratingens gegenüber den umliegenden Großstädten, vor allem Düsseldorf, wurde gestärkt. Eingemeindungsabsichten der Düsseldorfer Stadtoberen wurde zunächst ein Riegel vorgeschoben.

Auf dem Weg zur Industriestadt

Eine entscheidende Voraussetzung für die verstärkte Ansiedlung von Industriebetrieben in Ratingen war der Eisenbahnbau, der die immer schon günstige Lage Ratingens zwischen den Großstädten an Rhein und Ruhr optimierte. Industriegebiete entstanden in der Nähe der beiden Bahnhöfe im Osten und Westen. Ende des 19. Jahrhunderts begannen auch bereits die Umzüge vor allem Düsseldorfer Firmen in die benachbarte Kleinstadt, wo Grundstücke und Arbeitskräfte weitaus kostengünstiger zu haben waren. Anne Momm betont mit Recht auch die große Bedeutung der günstigen Geländeverhältnisse und natürlichen Gegebenheiten in Ratingen für die industrielle Entwicklung. Das relativ ebene Gelände der Mittel- und Niederterrasse begünstigte die Errichtung ausgedehnter Produktionsstätten und Verwaltungsbauten. Der Gewässerreichtum förderte den Aufbau einer Textil- und Papierindustrie und die Vorkommen an Kalksteinen, Lehm, Ton, Sand und Kies begünstigten die Industrie der Steine und Erden, die beide traditionell in und um Ratingen stark vertreten waren. Das »Lindsche Etablissement« – die Familie Linden hatte nach 1830 einen Kalksteinbruch am Voisweg (»Schwarzes Loch« und »Grieses Loch«) erworben – entwickelte sich zur größten Dachziegelei mit Kalk- und Marmorbrüchen in der Stadt. 1856 veräußerte Gustav Linden die Kalksteinbrüche und Kalköfen am Voisweg und am Pfaffenhof an eine Gruppe holländischer Geschäftsleute, die ein neues Unterneh-

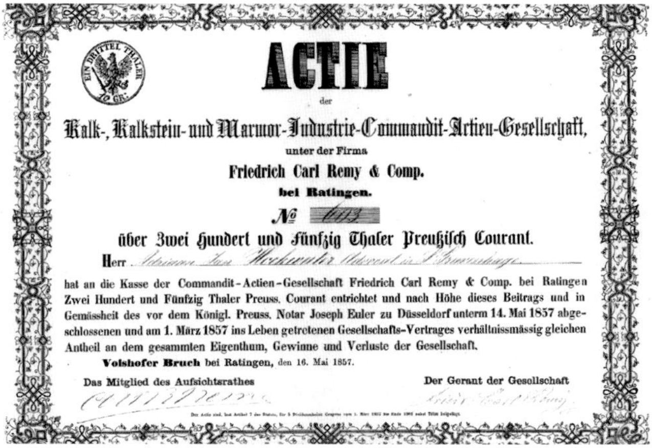
EIN DRITTEL THALER 10 GR.

ACTIE

der

Kalk-, Kalkstein- und Marmor-Industrie-Commandit-Actien-Gesellschaft,

unter der Firma

Friedrich Carl Remy & Comp.

bei Ratingen.

№

über Zwei Hundert und Fünfzig Thaler Preußisch Courant.

Herr

hat an die Kasse der Commandit-Actien-Gesellschaft Friedrich Carl Remy & Comp. bei Ratingen Zwei Hundert und Fünfzig Thaler Preuss. Courant entrichtet und nach Höhe dieses Beitrags und in Gemässheit des vor dem Königl. Preuss. Notar Joseph Euler zu Düsseldorf unterm 14. Mai 1857 abgeschlossenen und am 1. März 1857 ins Leben getretenen Gesellschafts-Vertrages verhältnissmässig gleichen Antheil an dem gesammten Eigenthum, Gewinne und Verluste der Gesellschaft.

Voishofer Bruch bei Ratingen, den 16. Mai 1857.

Das Mitglied des Aufsichtsrathes | Der Gerant der Gesellschaft

Aktie der Kalk-, Kalkstein- und Marmor-Industrie-Commandit-Actien-Gesellschaft von 1857 men, die Ratinger Kalk-, Kalkstein- und Marmorindustrie gründeten. Die von Anfang an geplante Schleppbahn von den Steinbrüchen über den Kalkofen zum Bahnhof Kalkum wurde 1859 verwirklicht. Gustav Linden arbeitete weiterhin in der Branche Dachziegelei und Wegebau. 1887 baute die Familie Höltgen den ersten Ringofen für normale Ziegel am Kleinen Rahm in Eckamp, in dem jährlich eine Million Ziegel gebrannt werden konnten.

Ziegelbrennofen von August Höltgen in Eckamp, Bauzeichnung von 1896

Im Jahr 1882 befanden sich die folgenden eher kleinindustriellen Betriebe in Ratingen: Das größte Unternehmen war die Papierfabrik Geldmacher mit 80 Beschäftigten, daneben bestanden die Papierfabrik des Grafen von Spee mit 35 Arbeitern und die Maschinen-Pappenfabrikation Thomashoff mit 22 Arbeitern sowie zwei Wattefabriken. Auf Eggerscheidter Gebiet produzierte damals schon lange eine weitere Papierfabrik, die 1852 von Peter August Bagel übernommen worden war. Daneben arbeiteten die Holzschneidemühle Caiser mit 17 Arbeitern sowie zwei weitere kleinere Mühlenbetriebe. Die Dachziegelei »Tonwerk Ratingen« beschäftigte 50 Arbeiter und die viel kleinere Dachziegelei der Gebrüder Wolff 12 Arbeiter. 1859 wurde die Eisengießerei und Maschinenfabrik Nöckel gegründet, die 1882 25 Arbeiter beschäftigte und der erste Betrieb des Leitsektors Eisen und Stahl in Ratingen war.

Der entscheidende Schub für die Industrialisierung Ratingens kam 1883, als der Ingenieur Gustav Dürr zusammen mit seinem Bruder Walther die »Düsseldorf-Ratinger Röhrenkesselfabrik Dürr & Co.« gründete. Hauptprodukt war der von Gustav Dürr erfundene Einkammer-Wasserrohrkessel (»Dürr-Kessel«), der die Dampferzeugung ganz entschieden verbesserte. Direkt an der damaligen Ruhrtalbahn, der heutigen S-Bahn-Strecke in Ratingen-Ost, entstanden Fabrikationsanlagen, die sich immer weiter ausdehnten. 1890 waren bereits 270 Arbeiter bei Dürr & Co. beschäftigt. Seit 1891 produzierte die 1889 gegründete Rheinische Spiegelglasfabrik in Eckamp an der Grenze zu Ratingen, die sich zu einem der

Mitarbeiter der Dürr-Werke, um 1900

Düsseldorf-Ratinger Röhrenkesselfabrik Dürr & Co., um 1890

bedeutendsten Unternehmen in der Gemeinde entwickelte. Die Spiegelglasfabrik stellte auf einem 600.000 qm großen Gelände an der Westbahn Kristallspiegel her. In den folgenden Jahren siedelten sich in Ratingen und Umgebung in erster Linie schwerindustrielle Unternehmen an: 1893 die Maschinenfabrik Hentschel & Co., die fünf Jahre später in die Maschinenfabrik und Apparate-Bau-Anstalt, Eisen- und Metallgießerei Ulrich & Hinrichs AG und schließlich in der Weimarer Zeit in die Düsseldorf-Ratinger Maschinen & Apparatebau AG an der Homberger Straße überging. 1896 folgte die Metall- und Phosphorbronzegießerei C. und A. Memmler an der Düsseldorfer Straße, die seit 1913 als Metallwerk Siebeck firmierte. 1898 wurde im Ratinger Westen die Nietenfabrik Leurs & Hempelmann gegründet. 1901 siedelte sich zwischen Industriestraße und der Ruhrtalbahn die Mittelrheinische Glas- und Spiegelmanufaktur W. Steenebrügge & Co. als Zweigniederlassung der Neuwieder Stammfirma an. 1903 verlegte die Düsseldorfer Eisenhütten AG ihre Nieten- und Schraubenfabrikation nach Ratingen. Die Produktionshallen entstanden nördlich der Homber-

Arbeiter an einer Nietenmaschine in der Düsseldorfer Eisenhütten AG, um 1900

ger Straße gegenüber der Maschinenfabrik. 1906 entschloss sich die Eschweiler Metallwerke AG, in Ratingen eine Zweigniederlassung zu gründen, die Eschweiler-Ratinger Metallwerke AG (ERMAG) an der Kaiserswerther Straße, die später noch die Eisengießerei und Maschinenfabrik Koch & Wellenstein OHG übernahmen. 1908/09 wurde die Eisengießerei nach Eschweiler verlegt, zum Ausgleich kam die Produktion von Kupfer- und Messingröhren nach Ratingen. 1907 verlegte der Schlossermeister Peter Adolphs seine einige Jahre zuvor gegründete Düsseldorfer Geldschrankfabrik in die Neanderstraße in Ratingen-Süd.

Zum größten Arbeitgeber entwickelte sich seit 1910 die Deutsche Last-Automobil-Fabrik (DAAG), deren Produktionsstätten und Verwaltung an der Bahnstraße und der Kaiser-Wilhelm-Straße (Wilhelmring) entstanden. Neben einem Einheits-Lastkraftwagen wurden bald auch Omnibusse und während des Ersten Weltkriegs Heeresfahrzeuge hergestellt. 1916 beschäftigte die DAAG 900 Arbeiter und Angestellte. Ebenfalls 1910 wurde die Spezialfabrik für Ziegeleimaschinen GmbH in Ratingen gegründet, später als Maschinenfabrik Besta fortgeführt.

Ein wichtiges Unternehmen, das nicht der Branche Eisenverarbeitung und Maschinenbau angehörte, entstand 1902/03 an der Sandstraße in der Nähe der Westbahn: Damals gründete der aus dem englischen Hanley stammende Thomas William Twyford eine

Feuertonfabrik, die Sanitärkeramik produzierte. 1914 waren hier 550 Arbeiter beschäftigt. 1917 übernahmen die Keramischen Werke AG die Twyford-Werke. Die »Keramag« wurde später zum Marktführer für Sanitärkeramik in Deutschland.

Aus dem Verwaltungsbericht der Stadt Ratingen geht hervor, dass im Jahr 1909 302 Personen im Bereich Baumwollspinnerei und -weberei, 111 in der Papierherstellung, 288 in der Industrie der Steine und Erden, sowie 905 Personen im Bereich Metallerzeugung, Metallbearbeitung und Maschinenbau tätig waren. Weitere Betriebe mit mehr als 40 Beschäftigten waren eine Holzwarenfabrik und eine Schokoladen- und Zuckerwarenfabrik. Letzte stellte wenig später ihre Produktion wieder ein. Infolge des Überwiegens von schwerindustriellen Betrieben lag die Beschäftigung von Frauen unter dem Reichsdurchschnitt. Die zugezogenen Industriearbeiter siedelten sich im Osten der Stadt in der Nähe der Fabriken oder im Westen an der Grenze zu Eckamp an. Auch zahlreiche in den Orten Düsseldorf, Rath oder Lintorf beschäftigte Arbeiter zogen nach Ratingen.

Um 1900 waren etwa 400 Handwerker – Meister, Gesellen und Lehrlinge – in Ratingen tätig. Am größten war die Zahl der Bäcker, Schneider und Schuhmacher, dann folgten Tischler, Schlosser, Fleischer und Friseure, allesamt Handwerker, die die Alltagsbedürfnisse der Menschen vor Ort befriedigten. Zudem standen den Ratingern in ihren Mußestunden 38 Gast- und Schankwirtschaf-

Mitarbeiterinnen vor dem Geschäft des Allgemeinen Consum-Vereins für Düsseldorf und Umgebung in der Bechemer Straße 6–8, um 1907

Fuhrunternehmer Bennighoven mit einer Kohlenfuhre unterwegs nach Cromford, um 1900

Geschäft für Pelze, Mützen und Schirme von Wilhelm Thomas an der Ecke Markt/Bechemer Straße, um 1909

ten, zwei Weinwirtschaften, drei Cafés, ein Likörausschank sowie drei Trinkhallen zur Verfügung.

Um die Jahrhundertwende waren in der von der katholischen Zentrumspartei geprägten Stadt Ratingen zahlreiche Interessenvertretungen der Beschäftigten aktiv, so der »Deutsche Metallarbeiterverband«, der »Christlich-soziale Metallarbeiterverband«, der »Gewerkverein der deutschen Maschinenbau-Metallarbeiter Hirsch-Duncker«, der »Deutsche Holzarbeiterverband« und der »Zentralverband der Töpfer und Berufsgenossen Deutschlands«. Aktivitäten der Sozialdemokratischen Partei Deutschlands waren erst nach der Jahrhundertwende verstärkt wahrnehmbar. Seit 1903 war ein sozialdemokratischer Wahlverein in Ratingen aktiv, der allerdings zunächst noch von den als radikal geltenden Düsseldorfer Parteimitgliedern entscheidend beeinflusst wurde. Bei den Reichstagswahlen 1912 – wie bereits ein Jahr zuvor in Nachwahlen im Wahlkreis Düsseldorf Stadt und Land – wurde die SPD in diesem Bezirk die stärkste Partei, dicht gefolgt vom Zentrum. Frauen konnten sich erst nach 1908, nach der Abschaffung eines restriktiven Vereinsrechts, politisch engagieren. Sie taten das in Ratingen vor allem in der 1911 gegründeten Frauenabteilung der Zentrumspartei. Das Wahlrecht zu den Parlamenten auf allen Ebenen erhielten sie erst nach dem Ende des Deutschen Kaiserreichs.

Ratingen im Ersten Weltkrieg

Der Ausbruch des Ersten Weltkriegs 1914 beendete die wirtschaftliche Aufwärtsentwicklung und führte zu tief greifenden politischen und sozialen Veränderungen.

Ratinger Bürger lesen die Bekanntgabe der Mobilmachung am Rathaus, 1. August 1914

Die Mobilmachung am 1. August 1914 wurde vom Bürgertum weitgehend begeistert begrüßt. Große Teile der Bevölkerung waren der offiziellen Propaganda aufgesessen, wonach das Deutsche Reich einen Verteidigungskrieg führe, somit das Recht und Gottes Segen auf seiner Seite habe. Patriotische Demonstrationen prägten in diesen Augusttagen das Alltagsleben der Menschen. Die Zeichnung von Anleihen zur Kriegsfinanzierung wurde vielfach als Verpflichtung betrachtet. In Ratingen meldeten sich vierzig junge Männer freiwillig zum Militär. Die Innenpolitik im Reich stand ganz im Zeichen des »Burgfriedens«. Politische und soziale Auseinandersetzungen und Streitpunkte wurden von nationaler Solidarität überlagert. Auch die SPD schwenkte zunächst reichsweit auf die Politik des »Burgfriedens« ein, weil ihre Führer glaubten, durch die Demonstration nationaler Zuverlässigkeit eine Modernisierung des überlebten undemokratischen politischen Systems erreichen zu können. Die Düsseldorfer und vermutlich auch die Ratinger Sozialdemokraten lehnten den »Burgfrieden« ab. Sie engagierten sich für eine Verständigung der Kriegsgegner und organisierten am 29. Juli 1914 in Düsseldorf Antikriegskundgebungen, an denen bis zu 20.000 Menschen teilnahmen.

Vereidigung von Truppenteilen auf dem Schulhof des Lehrerseminars an der Hauser Allee, 1914

In Ratingen wurden immer mehr Männer zum Militär einberufen. Insgesamt waren es 3.000 Kriegsteilnehmer, die aus dem Erwerbsleben herausgerissen wurden. Frauen und Kinder waren zunehmend auf die karge staatliche Unterstützung angewiesen. Zahlreiche Frauen mussten eine – schlecht bezahlte – Erwerbstätigkeit aufnehmen, um die materielle Versorgung ihrer Familien zu verbessern. Erika Stubenhöfer hat darauf hingewiesen, dass in Ratingen die Zahl der beschäftigten Dienstmädchen während des Krieges im Gegensatz zum Reichsdurchschnitt ganz enorm anstieg. Ehefrauen eingezogener Geschäftsleute und Handwerker führten die Betriebe fort und mussten im Haushalt entlastet werden. Die zunehmende Beschäftigung von Dienstmädchen war auch ein Indiz für das Vorhandensein einer recht breiten wohlhabenden Schicht in Ratingen.

Die Metall verarbeitenden Betriebe in Ratingen wurden mit der Produktion von Rüstungsgütern in die Kriegswirtschaft einbezogen. Die Dürr-Werke stellten beispielsweise Großkessel für Betriebe her, die Schießpulver produzierten. Die DAAG produzierte Transportfahrzeuge für das Militär. Die englischen Twyford-Werke wurden beschlagnahmt und später von der Keramag übernommen. Auch im schwerindustriellen Bereich wurden nun Frauen als Arbeitskräfte angestellt. Der Mangel an gut ausgebildeten Arbeitskräften blieb allerdings ein Problem und ließ sich auch durch den Einsatz von Zwangsarbeitern und Kriegsgefangenen aus Belgien, Frankreich und Italien sowie von zivilen ausländischen Arbeitskräften nicht beheben. 1915 wurden in Ratingen 71 Kriegsgefangene gegen Zahlung sehr niedriger Löhne in den Industriebetrieben beschäftigt, die sich naturgemäß nicht als besonders hoch motivierte Arbeitskräfte erwiesen. Sie waren überwiegend in mit Stacheldraht abgegrenzten Lagern in der Nähe der Firmen untergebracht. Anders als im Zweiten Weltkrieg erfuhren die ausländischen Arbeiter insgesamt eine relativ humane Behandlung.

Im Verlauf der Kriegshandlungen war die Lage der Bevölkerung zunehmend von Lebensmittelknappheit, Verschlechterung und Zwangsbewirtschaftung der Nahrungsmittel, Krankheiten und Unterernährung, Arbeitslosigkeit, Preissteigerungen und sinkenden Reallöhnen geprägt. Bis Ende 1915 waren beinahe 100 Tote aus Ratingen zu beklagen. Seit 1916 nahm die Antikriegsstimmung in der Bevölkerung zu. Daran änderten auch die zahlreichen Hilfsmaßnahmen nichts. Der »Vaterländische Frauenverein« in Ratingen verschickte »Liebesgaben« an die Soldaten, organisierte die Einrichtung von Lazaretten und engagierte sich in Sachen Säuglings- und Jugendfürsorge und bei der Einrichtung von Kinderkrippen, die den berufstätigen Frauen das Leben erleichtern sollten. Seit 1916 wurden in der Minoritenschule, in der »Kaiserburg«, einem Lokal an der Lintorfer Straße, und schließlich im Gaswerk an der Sandstraße Suppenküchen eingerichtet. Die Stadt Ratingen beschaffte verstärkt Lebensmittel in Eigenregie. Heinrich Hermanns, ehemaliger Lehrer an der Graf-Adolf-Schule und während des Krieges Leiter des städtischen Lebensmittelamtes, berichtete später über die Organisation des Mangels: »Es galt, die im Lande

Vor dem Gebäude der Bürgermeisterei Eckamp an der Ecke Mülheimer Straße/Hauser Ring warten Menschen auf die Lebensmittelausgabe, 1916

vorhandenen Fettvorräte für die zu erwartende Zeit der Knappheit aufzuheben. Die hiesigen Metzger erklärten sich bereit, so viel Fettschweine wie nur möglich aufzukaufen und zu schlachten. Allgemein setzte damals ein großes Schweineschlachten ein, zumal die Futtermittel knapp wurden. Die Speckseiten, die Schinken und ein Teil des zu Dauerwurst verarbeiteten Fleisches wurden in zwei Schulsälen der Schule I aufbewahrt. Die Pflege und Beaufsichtigung übernahm ein städtischer Beamter, der täglich für Durchlüftung der Räume durch eingebaute Ventilatoren sorgte. Die Ware hielt sich vorzüglich. Sie wurde den Metzgern, als die Fettknappheit immer fühlbarer wurde, zurückgegeben, um sie an die Bevölkerung zu verkaufen. Ein Posten Würste wurde zurückbehalten, um Urlauber zu beschenken. Der Aktion war voller Erfolg beschieden. Leider konnte sie nur für Monate Erleichterung bringen.« (Die Quecke 59, 1989, S. 5) Im Hungerwinter 1916/17 litten auch die Ratinger unter der Lebensmittelknappheit und der bitteren Kälte, sie mussten aber nicht – wie andernorts – vorwiegend von Steckrüben leben, die hier immer noch als Viehfutter dienten.

Von Februar 1915 bis Ende 1917 war Ratingen Garnisonsstadt. Dort war das 2. Ersatz-Bataillon des Füsilier-Regiments Nr. 39 stationiert – die Verwaltung im neuen Amtsgerichtsgebäude in der Düsseldorfer Straße, die Offiziere in Privatunterkünften und die Mannschaften in Lagerhallen der Twyford-Werke, in Schulen und Gaststätten. Zeitweise wurde auch die Graf-Adolf-Schule als Quartier genutzt. Eine zweite kleinere Garnison bestand in Lintorf. Da es sich bei den Militärangehörigen im Wesentlichen um verwundete oder erschöpfte Männer handelte, die wieder »kriegstauglich« gemacht werden sollten, herrschte eine ständige Fluktuation. Die Bevölkerung nahm die Soldaten freundlich auf, halfen sie doch beispielsweise bei der Feldarbeit. Dies war umso notwendiger, als durch das Ende 1916 beschlossene »Gesetz über den vaterländischen Hilfsdienst«, das den Einsatz aller nicht zum Kriegsdienst eingezogenen Männer zwischen 17 und 60 Jahren in der Rüstungsindustrie und anderen kriegswichtigen Einrichtungen vorsah, der Landwirtschaft Arbeitskräfte entzogen wurden.

Soldaten vor den Wohnhäusern an der Ecke Hauser Ring/Goethestraße, nach 1914

Die militärische Niederlage des Deutschen Reiches und seiner Verbündeten zeichnete sich schon recht früh ab. Im November 1918 war der Krieg verloren, Deutschland wurde eine Republik, die Lage der Bevölkerung war von tiefer Verzweiflung, Verunsicherung und Not gekennzeichnet. In Ratingen waren 282 Kriegstote zu beklagen. 500 Kriegsbeschädigte und 110 Kriegerwitwen mit 179 Waisen sahen einer ungewissen und besorgniserregenden Zukunft entgegen.

Von der demokratischen Weimarer Republik bis zum Ende des Zweiten Weltkrieges

Zwischen Revolution und Weltwirtschaftskrise

Die im Anschluss an die umfassende militärische Niederlage des Deutschen Reiches im November 1918 entstehende revolutionäre Bewegung ging von meuternden Kieler Matrosen aus, die Plänen der Seekriegsleitung entgegentraten, die deutsche Hochseeflotte in einem sinnlosen Akt zu opfern. Die politischen Ziele der sich mit den Werftarbeitern verbündenden Matrosen, die umgehend Arbeiter- und Soldatenräte gründeten, verbreiteten sich im Land. Das deutsche Kaiserreich war am Ende, Kaiser Wilhelm II. verließ das Land in Richtung Holland und auch in den anderen deutschen Staaten wurden die Dynasten hinweggefegt. Deutschland wurde eine demokratische Republik.

In der Nacht vom 8. auf den 9. November 1918 erreichten die revolutionären Unruhen Ratingen. Das Gefängnis in der Wiesenstraße wurde gestürmt, die Gefangenen befreit. Ansonsten blieb es ruhig. Am 9. November 1918 fand in der Wirtschaft Peltzer in der Düsseldorfer Straße eine USPD-Versammlung statt, die von 230 Männern und 140 Frauen besucht wurde. Die Unabhängige Sozialdemokratische Partei Deutschlands war aus einer SPD-Opposition gegen die »Burgfriedenspolitik« hervorgegangen und hatte sich 1917 als selbständige Partei konstituiert. Im Anschluss an die Versammlung bei Peltzer wurde ein Arbeiterrat ins Leben gerufen, dem Karl Kleindick, Karl Montini, Ludwig Hahn und Paul Todt angehörten. Der Ratinger Arbeiterrat setzte sich ausschließlich aus USPD-Mitgliedern zusammen, während sich in anderen Orten häufig beide Arbeiterparteien zusammenfanden. Bürgermeister Peter Jansen blieb nichts anderes übrig, als die Stadtverwaltung der Kontrolle des Arbeiterrats zu unterstellen, der die gesamte Exekutivgewalt an sich zog.

Zu den wichtigsten Aufgaben der Räte gehörten die Gewährleistung von Sicherheit, Ruhe und Ordnung – zu diesem Zweck wurde eine 14-köpfige Bürgerwehr ins Leben gerufen – und die Linderung der sozialen Not der Einwohner. Die Versorgung der Menschen mit Lebensmitteln, Brennstoff und Wohnraum, die Integration der zurückkehrenden Truppenteile und die Unterbindung des Schwarzhandels waren drängende Aufgaben. Eine Maßnahme der Ratinger Arbeiterräte wurde sogar in der Berliner Nationalversammlung thematisiert. Ministerpräsident Philipp Scheidemann kritisierte scharf die angebliche Beschlagnahme und Abholzung des dem Grafen Spee gehörenden Hochwalds im Junkernbusch. Tatsächlich waren lediglich acht Bäume gefällt worden, um die Bevölkerung mit Brennholz zu versorgen, wobei die Bedürftigen lediglich das Astwerk, die Spee'sche Verwaltung aber die Stämme erhielten. Das war wahrlich kein revolutionärer Akt!

Während des Wahlkampfes zur Nationalversammlung, die am 19. Januar 1919 erstmals nach dem gleichen, geheimen und allgemeinen Verhältniswahlrecht aller Männer und Frauen ab 20 Jahren gewählt werden sollte, kam es zu einer Radikalisierung der politischen Landschaft: Revolten, Streiks und politische Morde waren an der Tagesordnung. Auch im Keller des Wohnhauses von Bürgermeister Jansen explodierte eine Handgranate, die aber keinen großen Schaden anrichtete. Das Wahlergebnis für Ratingen sah folgendermaßen aus: die Mehrheitssozialdemokratie erhielt hier 3,7 Prozent der Stimmen, während die USPD auf 38,2 Prozent kam. Stärkste Partei wurde das Zentrum mit 42,9 Prozent. Die konservative Nationale Vereinigung (DNVP und DVP) erhielt 9,5 Prozent und die liberale DDP 5,6 Prozent. Der Wahlausgang spiegelte die Spaltung der Ratinger Bevölkerung in zwei starke Lager: das Arbeitermilieu und das katholische Milieu.

Der Ruhrkampf, die blutige Niederschlagung der Sozialisierungsbewegung im Bergbau des Ruhrgebiets durch Regierungstruppen und reaktionäre Freikorps, strahlte auch bis Ratingen aus. Am 28. Februar 1919 rückten Truppen in die Stadt ein und entwaffneten die Bürgerwehr. Im Zuge der Aufspürung eines Waffenlagers am Stinkesberg kam es zur Ermordung des Arbeiters Kornblum und – in einem Racheakt – des Polizei-Sergeanten Johann Zöller. Die Mitglieder des Arbeiterrats Karl Zöllig und August Rosendahl wurden daraufhin verhaftet. Als im Ruhrgebiet erneut Streiks ausbrachen, traten auch in Ratingen am 8. April 1919 Arbeiter und Angestellte in einen Generalstreik, der allerdings nach 17 Tagen scheiterte. Aus den Ratinger Gemeinderatswahlen vom 2. März

1919, den ersten nach dem Zusammenbruch des Kaiserreichs, ging wiederum das Zentrum mit 46,2 Prozent der Stimmen als stärkste Partei hervor. Die USPD erhielt 35,1 Prozent, die Nationale Vereinigung 11,9 Prozent und die Angestelltenliste 6,8 Prozent.

Mit Johanna Flinck und Elisabeth Neuhaus saßen erstmals zwei Frauen im Stadtrat. Anna Schlinkheider wurde als erste Frau in den Eckamper Gemeinderat gewählt. Obwohl die SPD vor 1918 die einzige Partei war, die das Frauenwahlrecht uneingeschränkt propagiert hatte, kam es nach seiner Einführung vor allem den bürgerlichen Parteien zu Gute. Hauptsächliches Betätigungsfeld der Ratsfrauen war die Sozialpolitik. So unterstützte Johanna Flinck 1919 die Forderung der USPD, dass die Stadt das Wiesengelände zwischen den westlichen Bahngleisen und der Düsseldorfer Straße pachten solle, um dort Kartoffeln und Gemüse für bedürftige Menschen anzubauen.

Ratingen in der Zeit der Weimarer Republik, Luftaufnahme mit Blick von der Schützenstraße nach Norden, 1920er Jahre

Mit der Konstituierung des neu gewählten Stadtrats begann die stufenweise Entmachtung des Arbeiterrats. Am 25. Juli 1919 beschloss die Stadtverordnetenversammlung, sich nicht mehr der Kontrolle des Arbeiterrats zu unterstellen. Damit war auch in Ratingen die revolutionäre Bewegung zugunsten der parlamentarischen Demokratie entschieden. Im Frühjahr 1919 schied der langjährige Bürgermeister Peter Jansen aus dem Dienst aus, sein Nachfolger wurde Dr. Hubert Kalvelage. Die sozialpolitischen Aufgaben des Arbeiterrats übernahm das neu geschaffene Wohlfahrtsamt, das sich mit der Not der Kriegsteilnehmer, den Folgen der Verarmung breiter bürgerlicher Schichten, der Arbeitslosigkeit, den sinkenden Reallöhnen und Preissteigerungen konfrontiert sah. Die Lebensmittelknappheit äußerte sich in zunehmenden Feld- und Forstdiebstählen. Der wachsenden Wohnungsnot sollte das städtische Wohnungsamt entgegensteuern.

Die politischen Unruhen rissen indessen nicht ab. Im März 1920 putschte der ostpreußische Generallandschaftsdirektor Wolfgang Kapp mit Unterstützung der Freikorps gegen die legitime Reichsregierung. Der Aufruf der SPD-Mitglieder der Regierung und des Parteivorstands der SPD zum Generalstreik wurde fast überall befolgt und zeitigte schnelle Erfolge: der Spuk war bald vorbei. Im Ruhrgebiet allerdings wurde der Generalstreik fortgesetzt. Dieser Ausstand radikalisierte sich bis zur Aufstandsbewegung, die auch nach Ratingen ausstrahlte. Am 3. Mai 1920 rückten Reichswehrverbände in Ratingen ein. Die »Rote Ruhrarmee« musste bald im Kampf gegen die Regierungstruppen die Waffen strecken. Aus den Wahlen vom 6. Juni 1920 ging in Ratingen die USPD mit 40,9 Prozent der Stimmen als stärkste Partei hervor – auch ein Zeichen der politischen Radikalisierung.

Als Sanktion gegen die Weigerung der Reichsregierung, die im Londoner Ultimatum festgelegten hohen Reparationszahlungen zu leisten, wurde das rechtsrheinische Gebiet um Duisburg, Düsseldorf und Ruhrort durch alliierte Truppen besetzt. Am 9. März 1921 marschierten französische Militäreinheiten in Ratingen ein. Mit der Verhängung des Belagerungszustandes ging eine nächtliche Ausgangssperre, die Einschränkung des Versammlungsrechts und anderer persönlicher Freiheiten einher. Große Schwierigkeiten und Unannehmlichkeiten für die Bevölkerung brachte die zwangsweise Requirierung von Wohnraum und Ausstattungsstücken für die Truppenteile und die Unterbringung der Pferde. Durch die Leistung von Entschädigungszahlungen verbesserte sich die Situation kaum. In der ersten Zeit der Besatzung gab es nur unzureichende Absprachen zwischen den französischen Militärs und der Stadtverwaltung. 25 Offiziere, 60 Unteroffiziere, 500 Soldaten und 32 Pferde eines Infanterieregiments mussten untergebracht werden. Im Mai 1921 wurde dieses Regiment durch Kavallerietruppen mit bis zu

300 Pferden abgelöst. Die französische Ortskommandantur und das Besatzungsamt wurden im Erdgeschoss des Rathauses untergebracht. Die Soldaten und Offiziere nahmen in Gaststätten, Schulen und Privathaushalten Quartier, für die Pferde mussten landwirtschaftliche Ställe und Lagerhallen zur Verfügung gestellt werden. Im Frühjahr 1921 wurde die DAAG verpflichtet, den Besatzern 40 Lastautos zu überlassen. Vom September 1921 bis zum Ruhreinmarsch im Januar 1923 verblieb nur ein etwa 30 Mann umfassendes Wachkommando in Ratingen, was zur Beruhigung der Lage beitrug.

Eine Maßnahme der Besatzer mit schlichtweg katastrophalen Folgen war die Einrichtung einer Zollgrenze entlang der Bahnlinie zwischen Düsseldorf und Ratingen-Ost, mit der der größte Teil der Stadt in das französische Zollgebiet einbezogen wurde. Die großen Industriebetriebe im Osten der Stadt blieben außerhalb des französischen Zollgebiets. Die Zollgrenze, die Ratingen von den Rohstoffen an der Ruhr und den Hauptabsatzmärkten abschnitt, führte zu einer Verteuerung der Waren und brachte zahlreiche Firmen in Schwierigkeiten. Beispielsweise musste die Ratinger Papierfabrik ihren Betrieb zeitweise stilllegen. Im November 1921 wurde die Zollgrenze aufgehoben, mit der Ruhrbesetzung 1923 aber erneut eingeführt. Sie wurde allerdings aus dem Ratinger Stadtgebiet hinausverlegt. Endgültig fiel die Zollgrenze erst im September 1924.

In diesen schwierigen Zeiten erfolgte am 20. Februar 1922 die Wahl des Technischen Beigeordneten der Stadt Ratingen Max Scheiff zum Bürgermeister. Scheiff, der Kandidat von Zentrum und Nationaler Vereinigung, blieb bis 1933 im Amt. Er sah sich sehr schnell mit der wirtschaftlichen Notlage, dem sozialen Unfrieden in der Bevölkerung und den Schwierigkeiten der Besatzung konfrontiert. Als am 11. Januar 1923 französische und belgische Truppen ins Ruhrgebiet einmarschierten, spitzte sich die Situation dramatisch zu. Frankreich und Belgien unterstellten dem Deutschen Reich bewusste Nichterfüllung der im Versailler Friedensvertrag fixierten Reparationszahlungen, insbesondere bei den Holz- und Kohlelieferungen an die Alliierten. In Wirklichkeit kam es den Besatzern darauf an, das Ruhrgebiet als Wirtschaftszentrum Deutschlands sowie die Transportwege unter Kontrolle zu bekommen. In Ratingen waren nun zeitweise bis zu 1.400 Soldaten stationiert und zahlreiche öffentliche Bauten beschlagnahmt. Die Stadt war Durchgangsstation und Aufmarschgebiet für die Besatzer. Die militärischen Einheiten wechselten ständig und das Verhältnis zur Bevölkerung wurde zunehmend feindseliger.

Die Ruhrbesetzung und der von der Reichsregierung ausgerufene Generalstreik legten das Wirtschaftsleben Ratingens völlig lahm. Von April 1923 bis Januar 1924 stieg die Zahl der Arbeitslosen in Ratingen von 218 auf 3.138 Personen. Die Unternehmen versuchten zunehmend, die Rechte der Arbeiter, vor allem den Achtstundentag, zu beschneiden. Die enorme Geldentwertung traf vor allem die bürgerlichen Mittelschichten: Lohn- und Gehaltsempfänger und Rentner. Große Teile der Bevölkerung litten weiterhin unter der schlechten Versorgungslage, unter Kurzarbeit, Betriebsstilllegungen und Wohnungsnot. Erneut sollte auch in Ratingen durch die Einrichtung von Notküchen der elementarste Mangel beseitigt werden. In den Zeiten der Krise wurde die »weltliche Schule« für Kinder ohne Religionszugehörigkeit eingeführt, die nun neben den beiden konfessionellen Schulen bestand; dieses Angebot nahmen aber nur 9,38 Prozent der Volksschüler wahr.

Gegen Ende des Jahres 1923 kam es dann zu einer vorübergehenden Beruhigung der Lage. Mit der Einführung der Rentenmark gelang die Eindämmung der Inflation. Der Dawes-Plan vom August 1924 brachte Erleichterungen bei den Reparationszahlungen. Eine Stabilisierung der politischen Verhältnisse und ein kurzer wirtschaftlicher Aufschwung setzten ein. Im November 1924 zeichnete sich ein weitgehender Abzug der französischen Truppen ab, in Ratingen war wiederum nur noch ein Wachkommando stationiert. Am 25. August 1925 ging schließlich für Ratingen eine mehr als vierjährige Besatzungszeit zu Ende.

Begannen jetzt auch für Ratingen die »Goldenen Zwanziger«? Zunächst einmal wurden Pläne für ein großes Fest geschmiedet. Am 11. Dezember 1926 war es 650 Jahre her, dass Graf Adolf V. von Berg und seine Gemahlin Elisabeth das Dorf Ratingen zur Stadt erhoben hatten. Auf Initiative des Bürgermeisters Max Scheiff wurde am 16. Februar 1925 der »Verein für Heimatkunde und Heimatpflege

Ratingen« gegründet, der in Zusammenarbeit mit der Stadtverwaltung das Stadtjubiläum vorbereiten sollte. Erster Vorsitzender wurde Rektor Adam Joseph Cüppers. Der Verein wandte sich aus Anlass der »Tausend-Jahr-Feier der Rheinlande« im Juli 1925 (seit 925 gehörte das Rheinland als Teil des lotharingischen Mittelreichs zum ostfränkischen Reich, aus dem sich das »Reich der Deutschen« entwickelte) erstmals an die Öffentlichkeit. Der Ratinger Bürgermeister machte sich auch für die Erarbeitung einer wissenschaftlichen Stadtgeschichte stark, die Anfang 1926 veröffentlicht wurde. Professor Dr. Otto R. Redlich, Direktor des Staatsarchivs in Düsseldorf, verfasste den allgemeinen historischen Überblick »Äußere Geschichte der Stadt Ratingen«, das Kapitel »Rechts- und Wirtschaftsgeschichte« und die »Geschichte der evangelischen Gemeinde Ratingen«. Er konnte dabei auf Vorarbeiten der Brüder Heinrich und Peter Eschbach zurückgreifen. Dr. Johannes Petry, Leiter des Progymnasiums, war für den Abschnitt über das Schulwesen und der stellvertretende Leiter Professor Arnold Dresen für das Kapitel »Geschichte der katholischen Pfarre Ratingen« verantwortlich. Die Stadtgeschichte, 2004 vom Verein für Heimatkunde und Heimatpflege Ratingen e. V. neu herausgegeben, ist trotz zahlreicher neuer Forschungsergebnisse in Teilbereichen und trotz der heute recht antiquiert erscheinenden Ereignisgeschichte im

Stadtjubiläum 1926: Der Standort des mittelalterlichen Stadttors an der Oberstraße am St. Marienkrankenhaus wurde festlich geschmückt

Stadtjubiläum 1926: Teilnehmer des Festzugs

ersten Band immer noch eine wichtige Publikation. Sie wurde im Jahr 2000 durch einen Band ergänzt, in dem die Ratinger Geschichte von 1780 bis 1975 dargestellt ist. Mittelpunkt des Stadtfestes im September 1926 war ein Festzug, in dem die Protagonisten – in historische Kostüme gekleidet – Stationen der Stadtgeschichte darstellten. Ein großer Erfolg war die Einbeziehung der Schulen in das Stadtfest. Gottesdienste, Sport-, Musik- und andere kulturelle Veranstaltungen waren Teil der Festlichkeiten. Neben der wissenschaftlichen Stadtgeschichte zeitigte das Jubiläum noch einige weitere bleibende Errungenschaften: den Ausbau der Flussbadeanstalt an der Anger, das Sportstadion an der West-Bahn, die »Jubiläumssiedlung« in der Eschbachstraße, das 1945 zerstörte Gefallenenehrenmal am Ehrenfriedhof an der Werdener Straße und das Heimatmuseum, das am 14. September 1926 im Bürgerhaus eingeweiht wurde. Als vorbildliche Genossenschaftsbauten wurden 1926 die Siedlungsreihenhäuser für Arbeiter und kleine Beamte in der Weststraße fertiggestellt, die vom Düsseldorfer Spar- und Bauverein in Zusammenarbeit mit dem bereits vor dem ersten Weltkrieg gegründeten Ratinger Spar- und Bauverein seit 1919 errichtet wurden.

Das Stadtjubiläum stieß auf großes Interesse in der Bevölkerung, aber auch auf Skepsis und Ablehnung. Die KPD, die es auch in Ratingen nach dem Zusammenschluss mit den USPD-Linken zu einigem Einfluss gebracht hatte, sowie die SPD lehnten die Festveranstaltungen als unangemessen ab, war es doch im Sommer 1925 zu einem erheblichen wirtschaftlichen Einbruch gekommen, der sich bis Ende 1926 hinzog. Betroffen war vor allem die exportabhängige Metallindustrie. 1926/27 erfolgte der Zusammenbruch der Eschweiler-Ratinger Metallwerke und des Eisenwerks. 390 Beschäftigte wurden arbeitslos. Die DAAG geriet in Schwierigkeiten, musste Kurzarbeit anmelden und schließlich die Belegschaft reduzieren. Das Walzwerk der Eisenhütte wurde stillgelegt. In der Geschäftsleitung der Dürr-Werke wurde die Schließung des Standortes Ratingen diskutiert, wozu es glücklicherweise nicht kam. Der in Schwierigkeiten geratenen Düsseldorf-Ratinger Maschinen- und Apparatebau AG an der Homberger Straße gewährte die Stadt eine heftig umstrittene Bürgschaft für ein Darlehen über 250.000 Reichsmark.

Ende 1926 setzte ein Aufschwung ein, der bis 1928/29 andauerte. Allerdings blieb die Arbeitslosigkeit sehr hoch. Die Kommunen hatten ernorme Summen für die Erwerbslosenfürsorge aufzubringen,

Bauen im neuen Stil: Das Werkjugendheim in der Angerstraße, 1920er Jahre

was den finanziellen Spielraum erheblich einengte. Das »Gesetz über Arbeitsvermittlung und Arbeitslosenversicherung« vom Oktober 1927 verschlechterte die Lage der Erwerbslosen, brachte es doch unter anderem kürzere Bezugszeiten und geschmälerte Unterstützungszahlungen mit sich. Ende der 1920er Jahre verstärkte sich die Krisenstimmung, die sozialen Unterschiede zwischen Arm und Reich wurden immer größer. Es waren aber auch einige positive und für die Zukunft wichtige Entwicklungen in Ratingen zu verzeichnen: 1928 der Neubau eines Patienten- und Behandlungstraktes

Neubau des St. Marienkrankenhauses, 1920er Jahre

des St. Marienkrankenhauses zwischen Angerstraße und Werdener Straße, 1928/29 der Erweiterungsbau für das evangelische Krankenhaus, 1927 der Bau der Kirche St. Joseph in der Bachstraße in Eckamp und 1929 der Herz Jesu-Kirche in der Rosenstraße in Ratingen-Ost sowie die Realisierung des lange geforderten Ausbaus des Progymnasiums zur Vollanstalt Anfang 1929. 1928 konnten die Zweifamilienhäuser in der Talstraße, die sich mit ihrer gehobenen Ausstattung vor allem an Beamte der Stadtverwaltung wandten, bezogen werden. Der Spar- und Bauverein Ratingen stellte 1930 sein Bauprojekt an der neuen Straße »An den Bleichen« fertig. Die Wohnungen dieser Siedlung hatten eine eingerichtete Kochnische und vor allem eine moderne Zentralwäscherei, die ausgestattet war mit elektrischer Waschmaschine, Zentrifuge (Schleuder), verschließbaren Einweichbottichen und einem Raum mit einer Muldenplättmaschine – Kleinwohnungsbau auf dem damals höchstem Niveau.

Arbeiter der »Bahnbetriebswerkstatt Ratingen-West« der Deutschen Reichsbahn vor einer Lokomotive, ca. 1929

1928 siedelte sich die Großschlachterei Ruwa-Fleischwerke in Ratingen an und die Keramag expandierte.

Die umfassende kommunale Neugliederung 1929/30, die durch das enorme Bevölkerungswachstum im rheinisch-westfälischen Industriegebiet notwendig geworden war, sah Ratingen auf der Gewinnerseite. Die Eingemeindungswünsche Düsseldorfs konnten wieder einmal erfolgreich abgewehrt werden. Gegner der Eingemeindung Ratingens nach Düsseldorf waren die Ratinger Wirtschaftsunternehmen, entscheidend war aber die ablehnende Stellungsnahme der oberen Verwaltungsbehörden, des Landrats des Kreises Düsseldorf und des Düsseldorfer Regierungspräsidenten. Ratingen verfolgte selbst einen Expansionskurs, der vor allem die Eingemeindung Eckamps und Schwarzbachs vorsah: »Im Süden, Westen, Norden und Osten schließt sich wie eine Zange die Bürgermeisterei Eckamp – fast ausschließlich mit der Gemeinde Eckamp, im Nordosten mit Eggerscheidt und im Osten Bracht – um die Stadt, und nur im Südosten grenzt auf eine kurze Strecke die Bürgermeisterei Hubbelrath mit der Gemeinde Schwarzbach an Ratingen; zwischen diesen Nachbarn liegt die Stadt wie das Dotter im Ei. Der Stadtkern wird von einigen 20 industriellen Werken, meist bedeutenden Unternehmen umkränzt. Die Eigenschaft als Industriestadt hat zur Folge, dass die Einwohnerschaft zum weitaus größten Teil aus Arbeitern besteht. Die Industrie hat ein reges Bedürfnis nach Ausdehnung. Nur ein verschwindend geringer Bestand an landwirtschaftlich nutzbarem und siedlungsfähigem Gelände liegt im Stadtbereich. Die Stadt kann daher weder den Ausdehnungs-Bestrebungen der Industrie gerecht werden, noch eine einigermaßen fruchtbare Siedlungspolitik treiben, noch das immer dringlicher werdende Verlangen, hauptsächlich der im Stadtinnern wohnhaften Arbeiterbevölkerung, nach Kleingartenland stillen.« (Stadtarchiv Ratingen, E 191) So äußerte sich Bürgermeister Scheiff in einer in den 1920er Jahren entstandenen Denkschrift. Besonderes Objekt der Begierde waren die Steuergelder der Rheinischen Spiegelglasfabrik, die auf Eckamper Gebiet lag. 54 Prozent der Belegschaft, die 593 Beschäftigte umfasste, wohnten in Ratingen und profitierten von der dortigen Infrastruktur. Am 15. Mai 1930 war klar, dass die Pläne der Stadt Ratingen von Erfolg gekrönt sein würden. Die Gemeinde Eckamp mit Tiefenbroich und Teilen der Gemeinden Schwarzbach, Homberg-Bracht-Bellscheidt und Eggerscheidt kam zur Stadt Ratingen, deren Stadtgebiet sich von 700 auf 2.200 ha mehr als verdreifachte. Die Einwohnerschaft stieg von ca. 16.000 auf 18.500.

Die verbliebenen kleinen Landgemeinden wurden in zwei Ämtern zusammengefasst: Das Amt Ratingen-Land vereinigte Wittlaer, Angermund, Lintorf, Breitscheid, Hösel und Eggerscheidt. Amtssitz wurde der ehemalige Verwaltungssitz der Bürgermeisterei Eckamp an der Kreuzung Mülheimer Straße und Hauser Allee in Ratingen. Homberg-Meiersberg, Schwarzbach und Crumbach gehörten fortan zum Amt Hubbelrath. Die Großstädte konnten sich erheblich – wenn auch nicht in den gewünschten Größenordnungen – ausdehnen. Was von den früheren Landkreisen Düsseldorf-Land und Mettmann übrig blieb, wurde unter Einschluss Kettwigs zum neuen Kreis Düsseldorf-Mettmann zusammengelegt.

Die durch den Zusammenbruch der New Yorker Börse am 24. Oktober 1929, dem »Schwarzen Freitag«, eingeleitete Weltwirtschaftskrise versetzte auch dem stets labilen politischen System der Weimarer Republik den Todesstoß. Die positiven Ansätze der »Goldenen Zwanziger« erwiesen sich als nicht entwicklungsfähig. Der Zusammenbruch von Unternehmen und Banken sowie eine verheerende Massenarbeitslosigkeit prägten fortan das Alltagsleben der Menschen. Erstes Opfer der Wirtschaftskrise in Ratingen war die DAAG, für die die Stadt eine Bürgschaft übernommen hatte. Sie wurde Ende 1929 von der Friedrich Krupp AG übernommen, die das Konkurrenzunternehmen im folgenden Jahr liquidierte. 1930 erfolgte die Schließung der Nietenfabrik von Gahlen und ein Jahr später stellte die Brügelmann'sche Textilfabrik vorübergehend und das Ratinger Tonwerk endgültig die Produktion ein. Fast alle noch bestehenden Betriebe fuhren starke Verluste ein und entließen Beschäftigte. Die Menschen, die noch Arbeit hatten, mussten wiederum Kurzarbeit und Lohnkürzungen hinnehmen. Die Lage der Erwerbslosen verschlechterte sich durch die ständige Kürzung der Unterstützungsbeiträge. Ende 1932 lag die Arbeitslosenquote in Ratingen offiziell bei 32,7 Prozent, in Wirklichkeit war sie viel höher. Im Bereich Industrie und Handwerk wurde mehr als die Hälfte der Arbeitsplätze abgebaut. Ein Streik der Pflichtarbeit leistenden Wohlfahrtserwerbslosen im Mai 1930, den die KPD unterstützte, scheiterte nach kurzer Zeit an den von der Stadtverwaltung verhängten Sanktionen.

Die hohen Ausgaben für die kommunale Wohlfahrtsunterstützung und die Steuerrückgänge reduzierten den finanziellen Spielraum der Städte auf Null. Auch die Stadt Ratingen war hoch verschuldet. Private Initiativen mussten mit ihren Bemühungen scheitern, die Not und das Elend der Bevölkerung in den Griff zu bekommen. Dennoch begannen 1931/32 die Planungen für die Erwerbslosensiedlung An den Dörnen und Am Söttgen, für die die Stadt die Grundstücke kostenlos zur Verfügung stellte. Vorwiegend in Eigenleistung der späteren Bewohner entstanden 32 Häuser. Eine zweite Siedlung wuchs am Noldenkothen zwischen Homberger Straße und Rosenstraße. Für viele obdachlose Menschen wurde allerdings das Vegetieren in den barackenmäßigen Notunterkünften an der Kaiserswerther Straße und der Oststraße eine schmerzliche Realität.

Die sozialpsychologischen Auswirkungen der wirtschaftlichen Depression, die Hoffnungs- und Orientierungslosigkeit und die Angst vor dem sozialen Abstieg hatten eine zunehmende Radikalisierung und eine Destabilisierung des politischen Systems der Weimarer Republik zur Folge. Die Verlierer waren die Parteien der

Weimarer Koalition (SPD, Zentrum, DDP), die Gewinner die radikalen Parteien, die KPD und die aufstrebende NSDAP. Vor allem letztere bekämpften sich hasserfüllt und gewalttätig, während die Reichsregierung in den auf der Basis von Notverordnungen regierenden Präsidialkabinetten in der Endphase der Weimarer Republik mehr und mehr autoritäre Formen annahm. Eine am 25. August 1931 erlassene Notverordnung schwächte auch die kommunalen Parlamente zugunsten der Entscheidungsgewalt des Bürgermeisters. In den bürgerlichen Parteien nahm die Unterstützung der NSDAP zu. In Ratingen trat die NSDAP, die Unzufriedene aus allen Bevölkerungsschichten ansprach, erstmals am 19. November 1925 mit einer Veranstaltung an die Öffentlichkeit. 1929 wurde ein NSDAP-Stützpunkt in Ratingen gegründet, aus dem im Februar 1930 eine Ortsgruppe hervorging, die sich bis 1932 von 40 auf 84 Mitglieder vergrößerte. Der Aufbau der lokalen NSDAP ging also nur recht schleppend vonstatten. Auch nationalsozialistische Formationen wie SA, SS, HJ und NS-Frauenschaft wurden in Ratingen ins Leben gerufen. Bei den Stadtverordnetenwahlen vom 13. Juli 1930 errang die NSDAP 7,0 Prozent der Stimmen und sandte zwei Mitglieder in den Stadtrat. Bei den Reichstagswahlen von 1930 erhielt sie in Ratingen 11,0 Prozent, im Juli 1932 bereits 21,7 Prozent, im November 1932 erfolgte ein Rückgang auf 18,8 Prozent. Die gegenüber den Ergebnissen im Reich geringere Stimmabgabe für die NSDAP wird gemeinhin auf das Beharrungsvermögen der katholischen Zentrumspartei und ihrer Anhänger und auf der anderen Seite des Arbeitermilieus zurückgeführt.

Auch die Kommunisten, die Partei der Erwerbslosen, profitierten von der Weltwirtschaftskrise und zogen zahlreiche SPD-Anhänger in ihr Lager. 1931 trat die traditionell linksorientierte Ratinger SPD – alle sechs Ratsmitglieder und fast die gesamte Mitgliedschaft unter Führung Karl Zölligs – zur Sozialistischen Arbeiterpartei (SAP) über, einer einflusslosen Splittergruppe, die vergeblich auf eine Zusammenarbeit mit der KPD hoffte. Die tief greifende Spaltung der Arbeiterbewegung leitete Wasser auf die Mühlen der rechtsradikalen NSDAP. Die KPD sah mehrheitlich in den Sozialdemokraten, die als »Sozialfaschisten« verhöhnt wurden, das – gegenüber den Nationalsozialisten – größere Übel.

KPD und NSDAP beherrschten mit ständigen Kundgebungen und geräuschvollen Propagandamaßnahmen die Straße. Es kam auch zu ersten gewaltsamen Auseinandersetzungen. Am 7. Juni 1931 überfielen SA-Leute am »Blauen Loch«, dem heutigen Blauen See, eine Gruppe katholischer Pfadfinder und einen »Reichsbanner-Mann« (»Reichsbanner« war ein republikanisches Schutzbündnis unter sozialdemokratischer Führung). Ebenfalls im Juni lauerten einige NSDAP-Leute den Kommunisten in den Sandgruben an der Homberger Straße auf, und im Juli verwüsteten NSDAP-Anhänger das Landheim des katholischen »Wandervogels« im Angertal. Weitere Zusammenstöße folgten. Am 23. Juni 1932 wurden bei einem Feuergefecht zwischen Kommunisten und Nationalsozialisten in der Nähe der Ratinger Maschinenfabrik an der Homberger Straße zwei kommunistische Arbeiter verletzt. Artur Witkowski, einer der Angeschossenen, starb einige Tage später. Die Auseinandersetzungen spitzten sich weiter zu.

Wenige Monate später war die ungeliebte Weimarer Demokratie am Ende. Auch in Ratingen wehten die Hakenkreuzflaggen.

Die nationalsozialistische Diktatur

Anfang der 1930er Jahre wurden in der Stadt Ratingen etwa 19.000 Einwohner gezählt, von denen rund 70 Prozent katholisch waren. Die katholische Zentrumspartei bildete bis 1933 stets die stärkste Fraktion im Stadtrat, auch wenn sie fortlaufend Verluste hinnehmen musste: Sie erreichte im November 1929 31,2 Prozent, im Juli 1930 29,4 Prozent bei den Stadtverordnetenwahlen und noch bei den Reichstagswahlen im November 1932 31,8 Prozent der Stimmen im Ratinger Stadtgebiet (Reich 11,9 Prozent). Das katholische Milieu mit seinem dichten Netzwerk von Organisationen und Vereinen – vom »Katholischen Arbeiterverein« über den »Mütterverein«, den Sport- und Jugendvereinen zur St. Sebastiani-Schützenbruderschaft – prägte das Alltagsleben der Bevölkerungsmehrheit.

Ratingen war auch eine Industriestadt: Etwa zwei Drittel der Erwerbstätigen waren in den zahlreichen Industriebetrieben beschäftigt. In der Ratinger Industriearbeiterschaft war eine linkssozialistisch-kommunistische Orientierung weit verbreitet. Auch in diesem Milieu strukturierte die Mitgliedschaft in Nebenorganisationen der Parteien und in Vereinen das alltägliche Leben.

Die NSDAP konnte zunächst – trotz der großen sozialen und wirtschaftlichen Probleme – in Ratingen nur mühsam Fuß fassen. Darauf wurde bereits hingewiesen. Nach der Ernennung Adolf Hitlers zum Reichskanzler am 30. Januar 1933 erfolgte auch in Ratingen sehr schnell die Machtübernahme durch die Nationalsozialisten und die Gleichschaltung der Verwaltung, begleitet von einem eskalierenden Straßenterror. Reichstag, preußischer Landtag und Kommunalparlamente wurden am 31. Januar 1933 aufgelöst. Die Neuwahlen fanden schon nicht mehr unter demokratischen Vorzeichen statt. Bei den Reichstagswahlen am 5. März erhielt die NSDAP 47 Prozent der abgegebenen Stimmen. Bei den Kommunalwahlen am 12. März 1933 verlor die Zentrumspartei in Ratingen 18 Prozent ihrer Wähler und bildete mit 8 Sitzen erstmals nicht mehr die stärkste Fraktion im Stadtrat. Die Nationalsozialisten konnten bei den Neu- und Nichtwählern und vor allem im bürgerlich-konservativen Ordnungsblock Stimmen fangen und gewannen 11 Sitze. Die SPD errang zwei und die KPD vier Sitze. Die NSDAP und der mit ihr zur Zusammenarbeit bereite Ordnungsblock verfügten über 14 von 28 Sitzen, hatten also keine absolute Mehrheit. Der amtierende Bürgermeister Max Scheiff, der in den vergangenen Monaten in einer Schmutzkampagne mürbe gemacht worden war und sich ohne Frage unklug verhalten hatte, ließ sich am 20. März beurlauben. Am gleichen Tag besetzten SA, SS und Stahlhelm-Leute das Rathaus.

Aufmarsch der SA in der Oberstraße

Am 21. März 1933 wurde anlässlich der Eröffnung des Reichstags in Berlin der »Tag von Potsdam« inszeniert, mit dem die neuen Machthaber scheinbar preußische Traditionen zwecks Legitimierung ihrer Herrschaft für sich reklamierten. Auch in Ratingen wurde dieser Tag gefeiert, dort nahm die St. Sebastiani-Schützenbruderschaft an einem festlichen Fackelzug teil.

Seinen sinnfälligen Ausdruck fand die nationalsozialistische Machtübernahme in der Eröffnungssitzung des neuen Stadtrats am 2. April 1933, die in der Aula des ehemaligen Lehrerseminars in der Mülheimer Straße (heute Anne-Frank-Schule und Stadtarchiv) stattfand. Wie im Reich waren die kommunistischen Abgeordneten bereits verhaftet worden und durften ihre Mandate nicht mehr ausüben. Wie anderswo waren auch in Ratingen Hakenkreuzfahnen allgegenwärtig, marschierten SA und SS auf, zeigten NSDAP-Stadträte in Uniform ihre Gesinnung. Die beiden SPD-Stadträte Peter Kraft und August Wendel wurden, als sie das Wort ergreifen wollten, demonstrativ aus dem Saal geführt. Erst nach der Ausschaltung der Vertreter von KPD und SPD verfügten NSDAP und Ordnungsblock über eine Mehrheit im Stadtparlament. Max Scheiff wurde als Bürgermeister abgewählt, wobei sich das Zentrum, seine eigene Partei, der Stimme enthielt. Der SA-Mann Adolf Pott, städtischer Angestellter in Düsseldorf, wurde zum kommissarischen Bürgermeister gewählt. Der Stadtrat wurde in der Folgezeit entmachtet, der Bürgermeister agierte fortan als »Führer« im kommunalen Bereich.

Die Oberstraße hieß zwischen 1933 und 1945 Adolf-Hitler-Straße

Die Zentrumspartei biederte sich in den folgenden Wochen an die NSDAP an, da ihre Funktionsträger hofften, durch Einlenken die eigene Organisation erhalten zu können. Diese Politik erwies sich als eklatante Fehleinschätzung: Am 5. Juli 1933 erfolgte die Auflösung der Zentrumspartei und der christlichen Gewerkschaften. Bereits am 2. Mai waren der Ordnungsblock in die NSDAP integriert und die Freien Gewerkschaften aufgelöst worden. SPD und KPD konnten schon längst nicht mehr legal agieren. Die NSDAP hatte sich als Staatspartei mit totalitärem Anspruch durchgesetzt.

Eine der ersten Unterdrückungsmaßnahmen galt den etwa 25 in Ratingen lebenden Juden und Jüdinnen. Der Boykott vom 1. April 1933 gegen jüdische Geschäfte, Ärzte und Rechtsanwälte wurde auch in Ratingen durchgeführt. So ist überliefert, dass SA-Männer vor der Praxis der Kinderärztin Dr. Hilde Bruch am Markt 12a und vor jüdischen Geschäften Posten bezogen. Infolge der gegen sie gerichteten gehässigen Propaganda sah sich die junge Medizinerin bald gezwungen, aus Ratingen fortzuziehen. Das am 7. April 1933 erlassene Gesetz »Zur Wiederherstellung des Berufsbeamtentums« richtete sich vor allem gegen politische Gegner des Regimes, die aus dem öffentlichen Dienst verdrängt wurden. Widerstand gegen die neue Regierung ging in Ratingen vor allem von der KPD aus, die dort in den letzten Jahren der Weimarer Republik zweitstärkste Kraft geworden und durch zahlreiche Nebenorganisationen fest im Alltagsleben der Menschen verankert war. Die KPD-Aktivisten mussten sehr schnell und unvorbereitet in den Untergrund gehen, von wo aus sie ihre Propagandatätigkeit fortzusetzen versuchten. Schriften, in denen zum Widerstand gegen das Regime aufgerufen wurde, wurden häufig von Holland über den Rhein nach Kaiserswerth und weiter mit dem Fahrrad nach Ratingen transportiert, wo sie während der täglichen Arbeitslosentreffs auf dem Marktplatz zur weiteren Verteilung gelangten. Die KPD-Führer hielten hartnäckig an der Prognose fest, dass die nationalsozialistische Herrschaft nur von kurzer Dauer sein werde. Diese Fehleinschätzung verhinderte die Ausbildung einer tragfähigen Widerstandsstrategie. Zudem reduzierte der Rückgang der Arbeitslosigkeit die Anhängerschaft der Kommunisten. 1934/35 wurde auch in Ratingen dem KPD-Widerstand eine entscheidende

Niederlage bereitet. Josef Schappe, Fritz Zeugmann und Anton Wehres wurden verhaftet und schwer misshandelt. Heinrich Röder erhängten Gestapoleute unter Vortäuschung eines Selbstmordes in seiner Zelle. Im September 1935 wurden Zuchthaus- und Gefängnisstrafen gegen 17 Ratinger verhängt. Josef Schappe war nach Verbüßung einer dreieinhalbjährigen Zuchthausstrafe bis zu seiner Befreiung 1945 im KZ Buchenwald interniert. Seit Mitte der 1930er Jahre gab es keinen kommunistischen Widerstand mehr in Ratingen. Bereits im Januar 1934 wurde eine Gruppe ehemaliger Mitglieder der sozialistischen Arbeiterpartei (SAP) zerschlagen, die sich zu geheimen Gesprächsrunden getroffen hatten. Auch von der Ratinger SPD gingen keine Aktivitäten aus. Ihre führenden Mitglieder – Karl Zöllig und Peter Kraft etwa – wählten die innere Emigration.

Für die evangelischen Christen, die reichsweit in 28 selbständigen Landeskirchen organisiert waren, geriet die nationalsozialistische Machtübernahme zur Zerreißprobe. Unter den verschiedenen theologischen Richtungen waren es die »Deutschen Christen«, die sich am ehesten als Handlanger der Nationalsozialisten anboten. Mit Hilfe der »Deutschen Christen« versuchte die nationalsozialistische Regierung, eine einheitliche »Reichskirche« mit einem gut zu kontrollierenden Reichsbischof an der Spitze aufzubauen. Im September 1933 wurde der Wehrkreispfarrer und Gauführer der »Deutschen Christen« in Ostpreußen Ludwig Müller zum Reichsbischof gewählt, nachdem die »Deutschen Christen« bei den Kirchenwahlen große Erfolge erringen konnten. Müller forderte die Durchsetzung des »Führerprinzips« und des »Arierparagraphen«, ja die Abschaffung des Alten Testamentes und insgesamt letztlich die Gleichschaltung der evangelischen Kirche. In Ratingen gelang es den »Deutschen Christen« nicht, Mehrheiten in den kirchlichen Vertretungskörperschaften zu erlangen. Allerdings trat der Ratinger evangelische Pfarrer Johannes Sjuts 1933 den »Deutschen Christen« bei, um ein Jahr später die Gruppierung enttäuscht wieder zu verlassen. Gegen die undemokratischen und rassistischen Vorstellungen der »Deutschen Christen«, gegen die Instrumentalisierung des Christentums für politische Zwecke regte sich bald eine Opposition, die sich im »Pfarrer-Notbund«

zusammenfand, den Pfarrer Martin Niemöller im September 1933 in Berlin gegründet hatte und aus dem 1934 die »Bekennende Kirche« hervorging. In Homberg schloss sich Pfarrer Hans Haring der »Bekennenden Kirche« an. Nachdem immer mehr Gläubige den »Deutschen Christen« den Rücken gekehrt hatten, ließ Hitler diese Bewegung sehr schnell fallen. Auch in Ratingen kam es zu zermürbenden Auseinandersetzungen zwischen den Anhängern beider Richtungen. Insgesamt scheinen die Gemeindemitglieder allerdings ein Eindringen nationalsozialistischer Vorstellungen in christliche Glaubensinhalte abgelehnt und gleichzeitig vielfach das neue politische System begrüßt zu haben.

Von den Mitgliedern der ehemaligen Zentrumspartei und der katholischen Kirche war kein ernsthafter Widerstand gegen das nationalsozialistische Regime zu erwarten. Allerdings widersprach bereits die bloße Existenz einer selbständigen Kirche der Ideologie der Nationalsozialisten und ihrem Anspruch auf totale Herrschaft. Hohe Erwartungen setzten die katholischen Christen und ihre Kirche in das am 20. Juli 1933 abgeschlossene Konkordat zwischen dem Vatikan und dem Deutschen Reich. Für die Gewährleistung der freien Religionsausübung und die Sicherung des Besitzstandes der katholischen Kirche war man nunmehr bereit, die nationalsozialistische Ideologie mitsamt dem zentralen Antisemitismus und die Zerschlagung des demokratischen Staates zu akzeptieren. Daran änderte auch die baldige und kontinuierliche Durchlöcherung des Konkordats nichts. Nach der Auflösung der Zentrumspartei und der Christlichen Gewerkschaften im Juli 1933 ging das Regime zur Unterdrückung aller konfessionellen Vereine über. In Ratingen durfte nur der völlig unpolitische »Mütterverein« unverändert weiter existieren. Die St. Sebastiani-Schützenbruderschaft wurde zu einem rein weltlichen Verein umgestaltet. Ein Verbot der Doppelmitgliedschaft in katholischen berufsständischen Vereinen wie dem katholischen Arbeiterverein (KAV) oder dem Kolping-Verein auf der einen sowie der nationalsozialistischen Deutschen Arbeitsfront (DAF) auf der anderen Seite bedeutete eine entscheidende Schwächung der konfessionellen Vereine, die sich ausschließlich auf religiöse Aktivitäten zurückziehen mussten. Der Ratinger Bürgermeister Arthur Wendt übte erheblichen Druck auf die städtischen Bediensteten aus, ihre Mitgliedschaft in konfessionellen Vereinen aufzugeben und die von ihnen abonnierten konfessionellen Tageszeitungen abzubestellen oder zumindest NS-Blätter zusätzlich zu beziehen. Die kirchliche Arbeit war mannigfachen Schikanen ausgesetzt. So wurde zum Beispiel die Sozialarbeit der »Caritas« stark eingeschränkt und das Erscheinen der Kirchenzeitung behindert. Der Kirchenchor »Cäcilia« der Pfarre St. Peter und Paul durfte nur noch im kirchlichen Rahmen auftreten. Reger Beteiligung erfreuten sich die kirchlichen Feste. Pozessionen und Wallfahrten waren beliebt. Eine eklatante Niederlage für die katholische Kirche bedeutete die Abschaffung der Konfessionsschulen, die 1939 abgeschlossen war. Gegen diese Verletzung des Konkordats sprachen sich vergeblich mehrere Millionen Gläubige in Abstimmungen aus, die in den Gotteshäusern durchgeführt wurden. Auch der Religionsunterricht in den höheren Schulen wurde immer weiter eingeschränkt. Durch die Gewinnung der Jugend wollte sich das nationalsozialistische Regime auch für die Zukunft absichern. Daher war der Zugriff auf die Schulen und die bestehenden Jugendverbände besonders wichtig. Die Schaffung einer straff durchorganisierten Staatsjugend ließ keine weiteren selbständigen Organisationen zu. Nachdem bereits im Frühsommer 1933 die »Bündische Jugend« verboten worden war, erfolgte bald das Verbot der Doppelmitgliedschaft in der »Hitlerjugend« (HJ) und den konfessionellen Vereinen, womit ein erheblicher Druck auf die kirchlich gebundenen Jugendlichen ausgeübt wurde. Den katholischen Jugendvereinen in Ratingen wurde im Juli 1933 eine wichtige Grundlage entzogen, als das katholische Jugendheim am Eisenwerk im Schwarzbachtal ausgeräumt und geschlossen wurde. Die evangelischen Vereine wurden Ende 1933 in die HJ überführt. Anfang 1934 erfolgte ein weiterer schwerer Schlag gegen die noch bestehenden katholischen Jugendverbände: Das gemeinsame öffentliche Auftreten, Wandern, Sportveranstaltungen, Fahrten, das Tragen von Uniformen und Abzeichen – schlichtweg alles, was das Alltagsleben der Jugendlichen spannend gemacht hatte – wurden verboten. 1936 erfolgte die Eingliederung aller Jugendverbände in die HJ. In Ratingen zählte die HJ im Juli 1933 nur 120 Mitglieder, 1937 dagegen waren etwa

1.500 Jungen und Mädchen Mitglieder in der HJ und im »Bund Deutscher Mädchen« (BDM). Innerhalb der katholischen Kirche gingen von den ehemals in Vereinen gebundenen Jugendlichen am ehesten systemfeindliche Verhaltensweisen aus, die mit den Begriffen Nonkonformität, Renitenz oder Dissidenz gekennzeichnet werden können. Beliebter Treffpunkt der Jugendlichen – unabhängig von der weltanschaulichen Orientierung – war der Blaue See. Auch in Ratingen kursierte das »Lied deutscher Jugend«, allerdings mit einem sehr veränderten, radikaleren Text:

> *»Wir traben in die Weite, das Fähnlein steht im Spind. Viel tausend uns zur Seite, die auch verboten sind. Die Freiheit uns genommen, dazu das Ehrenkleid. Das macht uns nicht beklommen, sie taten's nur aus Neid.*
> *Auf grünem Wiesenplane, dort trifft sich nun die Schar. Es flattert stolz die Fahne, die doch verboten war. So soll sie immer wehen, geschützt durch unseren Mut. Es wird der Feind zergehen an seiner eigenen Wut.*
> *Steh'n wir auf deutscher Erde, dann wollen frei wir sein. Daß uns die Freiheit werde, des sollt gewiß ihr sein. Bald hallen alle Höhen das Echo uns'rem Schritt. Dann wird die Welt den sehen, der für die Freiheit stritt.*
> *So stehen wir in Treuen zum Christus-Banner hehr. Und mag man uns auch dreuen, uns gilt: Viel Feind, viel Ehr. St. Michel ist der Feldherr, die Kämpfer sein sind wir. So zwingen wir zu Boden des Hasses fahl Panier.«*
> (A. Feldkamp, Jugendliche Widerstandsformen im katholischen Milieu 1933 bis 1945. Das Beispiel Ratingen. In: Ratinger Forum 5, 1997, S. 89 f.)

Aus Anlass einer Marienfeier trafen sich im Mai 1934 etwa 15.000 Jugendliche auf Schloss Heltorf bei Angermund, das der Familie der Grafen von Spee gehörte. Zahlreiche Jugendliche nahmen auch weiterhin heimlich an Fahrten und Wanderungen teil. Auch das Tragen verbotener Abzeichen war nicht selten. Eine Galionsfigur des katholischen Widerstands in Ratingen – vor allem im schulischen Bereich – war der spätere Prälat Karl Josef Mücher, damals Lehrer am Städtischen Progymnasium. Besonderen Mut zeigte Johanna Schorn, die Vorsitzende der Marianischen Jungfrauenkongregation in der Pfarre St. Peter und Paul. Sie sammelte Briefe von Soldaten und zum Reichsarbeitsdienst Einberufenen, gestaltete mit diesem Material »Rundbriefe«, die sie vervielfältigte und an Soldaten und Freunde verschickte. Die eigentlich sehr harmlosen »Rundbriefe«, die vor allem religiöse und philosophische Fragen thematisierten, dienten auch dazu, Kontakte zwischen den einberufenen Mitgliedern der katholischen Jugend in Ratingen aufrechtzuerhalten. Nachdem Johanna Schorn 1942 durch die Gestapo verhört worden war, stellte sie ihre Aktionen vorübergehend ein. Als sich die Lage beruhigt hatte, setzte sie ihre Tätigkeit fort.

Während die organisierten Anhänger der beiden christlichen Konfessionen während des Nationalsozialismus in ihrer Aktionsfreiheit stark beschränkt wurden, sahen sich die jüdischen Menschen spätestens seit der Verabschiedung der »Nürnberger Gesetze« im September 1935 und der anschließenden konkretisierenden Verordnungen mit einer Strategie der rigiden staatsbürgerlichen und gesellschaftlichen Ausgrenzung, Diskriminierung und wirtschaftlichen Existenzvernichtung konfrontiert. In Ratingen lebten 1933 nur noch rund 25 Jüdinnen und Juden. Die jüdische Gemeinschaft, eine Filiale der Düsseldorfer Synagogengemeinde, war vermutlich bereits vor dem Ersten Weltkrieg nicht mehr funktionsfähig. Schon 1912 sahen sich die Ratinger Juden außerstande, einen personellen Beitrag zur Wahl des Vorstands der Synagogengemeinde zu leisten. In den 1920er Jahren wurde die Synagoge in der Bechemer Straße nur noch ausnahmsweise genutzt, etwa 1923 aus Anlass der Goldhochzeit des Ehepaares Josef und Sophie Levy oder für einen Festgottesdienst während des Ratinger Stadtjubiläums 1926, bei dem der Düsseldorfer Rabbiner Dr. Max Eschelbacher eine Ansprache hielt. Die Ratinger Juden waren »kleine Leute«, die sich ihren Lebensunterhalt in den traditionellen Berufen des Metzgers, Vieh- und Pferdehändlers, des Manufakturwaren- oder Textilhändlers verdienten. Etliche folgten dem Trend der Zeit, indem sie bereits im 19. Jahrhundert durch einen Fortzug in die benachbarten Großstädte bessere Chancen für einen sozialen Aufstieg wahrnahmen.

Als die Lebensbedingungen für die Ratinger Jüdinnen und Juden nach 1933 immer schwieriger wurden, suchten einige von ihnen zunächst in der Anonymität der Großstädte, insbesondere in Düsseldorf, Schutz vor Verfolgung oder flohen ins benachbarte Ausland, etwa nach Belgien oder in die Niederlande, wo sie später von der nationalsozialistischen Verfolgungsmaschinerie eingeholt wurden. Einigen Ratinger Juden gelang die Flucht ins sichere Ausland: So emigrierten beispielsweise Irmgard und Erich Hirsch nach England, Kurt Hirsch nach Palästina, Else Hirsch in die USA, Dr. Hilde Bruch ging über England in die USA, Else Mosbach, Bernhard Waller, Dorothea Waller und Grete Waller gelang die Flucht nach Brasilien. Als mit dem reichsweiten Pogrom vom 9./10. November 1938 die Verfolgung eine neue Dimension annahm, lebte nur noch Rosa Hirsch in Ratingen, die 1944 in Auschwitz ermordet wurde. Der jüdische Friedhof an der Werdener Straße wurde damals völlig zerstört und im Folgejahr eingeebnet. Die zertrümmerten Grabsteine verschwanden spurlos. Das Synagogengebäude in der Bechemer Straße war bereits 1936 an die Zivilgemeinde veräußert worden, die es im Frühjahr 1938 in einer öffentlichen Versteigerung an eine Privatperson mit der Auflage verkaufte, bis März 1940 den Abriss zu realisieren; tatsächlich waren noch 1945 Reste der Synagoge vorhanden. Einem überlieferten Foto zufolge, das sich allerdings nicht genau datieren lässt, ist auch das Ratinger jüdische Gotteshaus demoliert worden: die Fenster wurden eingeworfen, Stuckornamente

Die Synagoge in der Bechemer Straße, ca. 1940

an der Fassade und die Inneneinrichtung entfernt. 29 in Ratingen geborene Jüdinnen und Juden sind in den Ghettos und Vernichtungslagern im Osten ermordet worden; hinzukommen zahlreiche Personen, deren Schicksal bis heute ungeklärt ist.

Die Stabilisierung des nationalsozialistischen Regimes erfolgte auf dem Wege der herrschaftsmäßigen Durchdringung aller politischen und gesellschaftlichen Bereiche. Von besonderer Bedeutung musste es sein, die wirtschaftliche Lage zu verbessern und die verheerenden Auswirkungen der Weltwirtschaftskrise, vor allem die Massenarbeitslosigkeit, zu überwinden. Fortgeführt wurden zunächst die Arbeitsbeschaffungsprogramme der früheren Regierungen. Auch dirigistische Maßnahmen, wie die vermehrte Vergabe staatlicher Aufträge und eine intensive Exportförderung sollten die Wirtschaft ankurbeln. Da sich eine allgemeine Verbesserung der wirtschaftlichen Lage abzeichnete, schienen die Maßnahmen zu greifen. Die von den Nationalsozialisten vehement betriebene Aufrüstungs- und Autarkiepolitik beschleunigte die Dynamik des Aufschwungs. Im Bereich der Arbeitsamtsnebenstelle Ratingen reduzierte sich die Zahl der Arbeitsuchenden von 3.308 Anfang 1933 auf 760 zu Beginn des Jahres 1936. Allein von Oktober 1933 bis März 1934 stieg die Beschäftigung in Ratingen um 40 Prozent. Zahlreiche Arbeitskräfte wurden für den Bau der Reichsautobahn (heute A 3) und den Ausbau des Nördlichen Zubringers (heute A 52) eingesetzt. Größter Profiteur der staatlichen Förderpolitik war in Ratingen die Düsseldorfer Eisenhütten AG, die seit 1933 im Auftrag des Reichsbahnzentralamtes Schienenbefestigungsmaterial produzierte und später mit ihrer pulvermetallurgischen Fertigungsanlage Teil der Rüstungsproduktion war. Von 1932/33 bis 1938 vervierfachte sich die Belegschaft der Eisenhütte. Auch die Dürr-Werke profitierten von Aufträgen der Kriegsmarine und einem florierenden Exportgeschäft. Ihre Kesselproduktion für Hydrierwerke, in denen aus Kohle Mineralöl und Benzin gewonnen wurden, war ganz im Sinne der nationalsozialistischen Autarkiepolitik und Kriegsvorbereitung. Weitere Unternehmen, die dank der Aufnahme von Rüstungsgütern in die Produktionspalette eine positive Entwicklung nahmen, waren die Firma Wingerath, die Firma Tapper Fahrzeug-

Feier im neu hergerichteten »Ehrenhof« der Dürr-Werke, 1939

und Apparatebau und die Ratinger Maschinenfabrik und Eisengießerei. Die Wirtschaftsentwicklung in Ratingen wurde auch belebt durch die Ansiedlung neuer Unternehmen. So verlegte 1936 das Elektrotechnik-Unternehmen Calor Emag seine Produktion von Duisburg auf das Gelände der früheren Deutschen Lastautomobil AG (DAAG). Die Stammbelegschaft von 500 Personen ging mit nach Ratingen. Dort fand auch eine große Anzahl erwerbsloser Hilfsarbeiter und angelernter weiblicher Arbeitskräfte eine Beschäftigung, während sonst in der Ratinger Industrie mit ihrem schwerindustriellen Schwerpunkt vor allem Facharbeiter benötigt wurden. Auf der Verliererseite standen Unternehmen, die keine kriegswirtschaftliche Bedeutung hatten: Die Spinnweberei Cromford und die Rheinische Spiegelglasfabrik wurden 1942 stillgelegt. In Cromford montierten Arbeiter seit 1942 Zünder für Dynamit Nobel. Ab 1935 bahnte sich auch in Ratingen ein Mangel an Arbeitskräften an, von dem vor allem die Landwirtschaft und die auf Facharbeiter angewiesene Eisen- und Metallindustrie betroffen waren. Regulierungsmaßnahmen wie das 1938 erlassene »Gesetz über die allgemeine Dienstpflicht«, das das Ende der freien Berufs- und Arbeitsplatzwahl bedeutete, lösten die Probleme nicht.

Auch die Schwierigkeiten bei der Bereitstellung des dringend benötigten preiswerten Wohnraums wurden in Ratingen nicht gelöst.

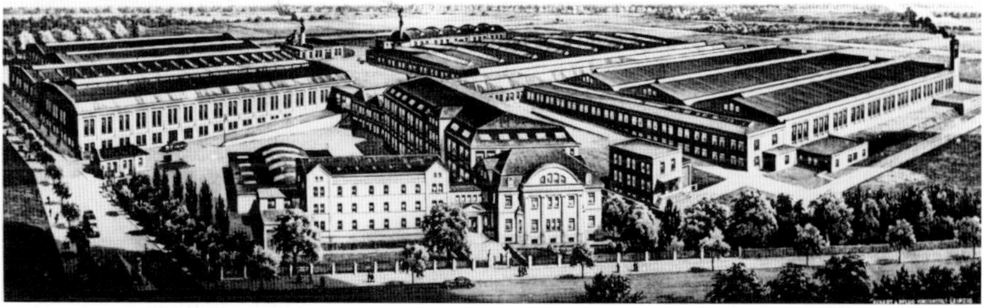

Konnte der Ratinger Spar- und Bauverein (seit 1942 Gemeinnützige Wohnungsgenossenschaft e. G. m. b.H. Ratingen) 1929/30 an der Bleichstraße und An den Bleichen noch acht Häuser mit 51 Wohneinheiten fertigstellen und damit die Bebauung der benachbarten Industriestraße ergänzen, so musste danach infolge der Weltwirtschaftskrise jegliche öffentliche und private Bautätigkeit eingestellt werden. Erst 1936 konnte die Bebauung auf diesem Terrain abgeschlossen werden (10 Häuser An den Bleichen mit 49 Wohneinheiten). Die Nationalsozialisten hatten eine Vorliebe für den Kleinsiedlungsbau. Gärten und die Ermöglichung der Tierhaltung sollten die wirtschaftliche Autarkie der Bewohner im Kriegsfall sicherstellen. Als erstes Projekt entstand 1935 die »SA-Siedlung« in Tiefenbroich, gefolgt 1937 von der Siedlung Kleine Dörnen. Bis 1938 entstanden Bauten an der Feldstraße, an der Eupener Straße (heute Kolpingstraße) und an der Straßburger Straße, insgesamt 50 bis 60 Siedlungshäuser im Stadtgebiet. Besonders große Defizite gab es im Bereich Arbeiterwohnungsbau. So bot die Firma Calor

Die Produktionsanlagen des Unternehmens Calor Emag auf dem früheren DAAG-Gelände, 1936

Umzug zum 1. Mai 1939 mit einem Wagen der Firma Calor Emag

Emag ihren 1938 1.025 Arbeitern überhaupt keine Werkswohnungen an, die Eisenhütte stellte 600 Beschäftigten nur 55 Werkswohnungen zur Verfügung. 1938 war ein Fehlbestand von 750 Wohnungen für etwa 2.550 Personen zu verzeichnen. Die angespannte Lage auf dem Wohnungsmarkt verschlechterte sich mit Ausbruch des Krieges: 1939 wurden nur noch kriegswichtige Bauten genehmigt, ein Jahr später kam es zu einem generellen Neubauverbot.

Das allumfassende Machtstreben der Nationalsozialisten implizierte eine zwangsläufige Ausrichtung ihrer Politik auf eine internationale kriegerische Auseinandersetzung. Im Jahr 1935 wurde die allgemeine Wehrpflicht eingeführt, im Frühjahr 1936 erfolgte eine Remilitarisierung des Rheinlands und 1938 der Bau des Westwalls. Seit Kriegsbeginn boomte zunächst die Eisen und Metall verarbeitende Industrie. Mit der Zeit kam es neben dem Rohstoff- und Devisenmangel auch infolge der Einberufungen zu einer Zuspitzung des Arbeitskräftemangels, dem man durch Mobilisierung »stiller Reserven« auf dem Arbeitsmarkt (Frauen, Zuwanderer, Pendler) und eine Intensivierung der Arbeit (längere Arbeitszeit, Aushöhlung von Arbeitsschutzbestimmungen) entgegenzusteuern versuchte. Eine durchgreifende Behebung des Arbeitskräftemangels versprach sich das Regime vor allem durch den Einsatz von Kriegsgefangenen und Fremdarbeitern zunächst in der Landwirtschaft, zunehmend aber auch in den Industriebetrieben. Parallel zum Kriegsverlauf kamen in den ersten Jahren vor allem polnische, holländische und französische Zwangsarbeiter nach Ratingen. Nach dem Überfall auf die Sowjetunion wurden zunehmend »Ostarbeiter« beschäftigt. Es ist allgemein bekannt, dass die aus den westeuropäischen Ländern stammenden Zwangsarbeiter weitaus besser behandelt wurden als die osteuropäischen Arbeitskräfte. Diese standen unter Sonderrecht, waren schlecht gekleidet, unterernährt und völlig unzureichend bezahlt; sie hatten zudem die schwersten, schmutzigsten und gefährlichsten Arbeiten zu verrichten. Den besten Status hatten die westeuropäischen Zivilarbeiter, die den deutschen Arbeitern beinahe gleichgestellt waren. Im September 1942 waren in Ratingen rund 300 Kriegsgefangene und 900 Zivilarbeiter beschäftigt. Ende 1944 lebten etwa 2.300 ausländische

Zwangsarbeiter in Ratingen. Bei der Eisenhütte gehörten knapp 50 Prozent der Belegschaft zu diesem Personenkreis; die Hälfte von ihnen wiederum waren »Ostarbeiter«. Die Ausländerlager befanden sich meistens in der Nähe der Fabriken. Zwangsarbeiter und vor allem »Ostarbeiter« gerieten sehr schnell in das Visier der nationalsozialistischen Verfolgungsbehörden, in erster Linie der Gestapo, die nach dem schweren Luftangriff auf Düsseldorf im Juni 1943 und der Zerstörung ihrer Dienststelle ihr Hauptquartier nach Ratingen verlegte. Dort wurde das ehemalige Lehrerseminar in der Mülheimer Straße (heute Anne-Frank-Schule und Stadtarchiv) zum Ort des Schreckens.

Mit dem Überfall des Deutschen Reiches auf Polen am 1. September 1939 begann der Zweite Weltkrieg. Anders als im August 1914 herrschte diesmal in der Bevölkerung keine enthusiastische Stimmung. Die ständigen Einberufungen von Familienangehörigen und die tägliche Mangelwirtschaft bestimmten das Leben. Zahlreiche kleinere Gewerbetriebe und Firmen ließen die Geschäfte ruhen, da ihre Inhaber in den Krieg ziehen mussten. Rationierungen von Lebensmitteln und Textilien hatten zur Folge, dass die Versorgungslage immer prekärer wurde. Zunächst blieb die Ratinger Zivilbevölkerung von den Folgen der Kriegshandlungen weitgehend verschont. Die Engländer verschärften zwar seit dem Sommer 1940 ihre Bombenangriffe. Ratingen lag zwischen den Angriffszielen

Sammelstelle für Woll- und Wintersachen in Ratingen, um 1940

im Ruhrgebiet, im Bergischen Land (Wuppertal, Solingen, Remscheid), Düsseldorf und dem Kölner Raum. Dennoch bestand für Ratingen zunächst nur dann eine ernstere Gefahr, wenn die Flieger ihre Bombenfracht nicht zielgenau abwerfen konnten oder sich auf dem Rückflug übrig gebliebener Bomben entledigen wollten. Luftschutzmaßnahmen, wie die Einrichtung von Luftschutzkellern, die Versorgung mit Luftschutzgeräten, die Verdunkelung und Kennzeichnung von Hydranten an Häuserfassaden sowie die zunehmenden Alarme bestimmten den Rhythmus des Alltags. Größere Luftschutzbunker entstanden auf dem Schulhof an der Minoritenstraße und unter dem Kaiserplatz. Die privaten Luftschutzkeller boten nur unzureichende oder gar keine Sicherheit für die Zivilbevölkerung. Der Zeitzeuge Helmut Pfeiffer beschrieb die bedrückenden und traumatischen Erlebnisse der Insassen eines solchen Luftschutzkellers in der Weststraße: »Es waren schreckliche Stunden, die durchlebt werden mußten, wenn das Brummen von Hunderten von Flugzeugmotoren bis in den Keller hineindrang. Dann eröffnete die Flak rund um Ratingen das Abwehrfeuer. Das Mündungsfeuer aus zig Kanonenrohren blitzte schlimmer auf als beim ärgsten Gewitter. Ebenso viele Strahlenbündel der Scheinwerfer standen zwischen Himmel und Erde und suchten nach den Feindflugzeugen. Wenn das Angriffsziel Ratingen oder eine der naheliegenden Großstädte war, waren die Bombeneinschläge wie ein anhaltendes Donnergrollen. Dann zitterte und bebte die Erde, der Boden des Kellers. Die Türen rappelten und klapperten. Die Einmachgläser in den Regalen waren in Bewegung. Die vollen gaben den tiefen stumpfen Ton ab, die leeren klirrten in der höheren Tonlage. Die Luft erzitterte. Flak-Granaten und Bomben erzeugten Druckwellen, die unangenehm und gefährlich in Ohren und Lunge drangen. Die Flamme der Kerze, welche uns ein wenig Licht gab, zitterte hin und her, bis sie erlosch. In der Finsternis wurde alles noch schlimmer. Mutter hatte den Jüngsten auf dem Schoß, den älteren Bruder und mich zog sie rechts und links an sich und Mutter betete. Die Not der Todesängste in diesen Momenten ist wohl unbeschreiblich. Die Erlösung war es, wenn die Explosionen der Bomben nachließen, das Schießen der Flak aufhörte und das Brummen der Flugzeuge sich entfernte. Dann wartete man nicht unbedingt den Entwarnungston der Sirene ab. Schnell ging es hinauf und hinein ins Bett in der Hoffnung, nun endlich die Nachtruhe zu bekommen. Aber wie oft passierte es, daß die Ruhe nur kurz dauerte, bis ein weiterer Alarm uns wieder aus den Betten holte. Oft genug geschah das vier- bis fünfmal in der Nacht.« (H. Pfeiffer/E. Münster-Schröer, Zwischen Selbstschutz und Luftkrieg: Ratingen 1935–1945. In: Ratinger Forum 7, 2001, S. 174)

Immer mehr Familien erhielten die traurige Nachricht, dass Angehörige an den Kriegsfronten gefallen waren. Erste Todesopfer bei einem Luftangriff waren in Lintorf zu beklagen, als am 9. Juni 1940 eine Sprengbombe das Haus der Familie Frohnhof zerstörte und drei Menschen starben. Am 23. Juli 1940 gingen drei Sprengbomben und 30 Brandbomben zwischen den Gütern Nösenberg an der Volkardeyer Straße und Großbroichhof an der Broichhofstraße nieder. Ende des Jahres wurden die Spiegelglasfabrik in Eckamp und sieben benachbarte Wohnhäuser schwer getroffen. Im Sommer 1941 trafen Bomben Häuser an der Schützenstraße und zwischen Industrie- und Formerstraße liegende Gebäude. Von der Eskalierung des Luftkrieges im Rheinland im Jahr 1942 waren die Ratinger nicht unmittelbar betroffen. Angst und Schrecken musste aber auch dort die Nachricht vom ersten »Tausend-Bomber-Angriff« der Kriegsgeschichte verbreiten, der am 31. Mai 1942 in Köln 486 Tote und über 5.000 Schwerverletzte forderte und 45.000 Bürger obdachlos werden ließ. Am 1. August und am 12. September 1942 wurden schwere Angriffe auf das nahe Düssel-

Zerstörte Häuser nach einem Luftangriff in der Schützenstraße am 12. Juni 1941

Kinder spielen in einem Bombentrichter an der Schwarzbachstraße, 1941

dorf geflogen, die 450 Menschen das Leben kosteten. Den ersten schweren Luftangriff erlebten die Ratinger, als am 8. April 1943 in der Industriestraße 17 Menschen getötet, 14 verletzt und zahlreiche Häuser zerstört bzw. beschädigt wurden. Im Herbst 1944 wurde die Straßenbahnlinie zwischen Ratingen und Düsseldorf zerstört. Bis Ende des Jahres waren in Ratingen 58 Tote zu beklagen. 15 Wohnhäuser waren gänzlich zerstört und 327 Häuser mehr oder weniger beschädigt.

Als bereits Bomben auf Ratingen fielen, wurde die Stadtbücherei in der Bahnstraße als nationalsozialistisches Propagandainstrument eröffnet

Seit Mitte September 1944 rückte die Westfront von Aachen und Stolberg aus kontinuierlich in Richtung Rhein. Teile der deutschen Wehrmacht wurden im sogenannten »Ruhrkessel« eingeschlossen. Obwohl die Niederlage des nationalsozialistischen Deutschland absehbar war, wurden auch in Ratingen noch etwa 1.000 schlecht ausgerüstete und ausgebildete Personen zwischen 16 und 60 Jahren als Volkssturm aktiviert, die unter anderem Erdbefestigungen in Eckamp und Tiefenbroich herstellen mussten, da man an diesen Orten eine Landung alliierter Luftstreitkräfte befürchtete. Am 6. Januar 1945 richteten Bombentreffer schwere Schäden an der Hochstraße an: 27 Bewohner starben, 72 wurden verwundet. Anfang März 1945 erreichten die Alliierten bei Neuss den Rhein. Düsseldorf wurde Frontstadt und Ratingen geriet unter Artilleriebeschuss. Am 9. März 1945 forderte ein verheerender Treffer auf den Luftschutzraum des St. Marienkrankenhauses 47 Tote und 21 Verletzte. Bereits seit dem 18. Januar 1945 waren die Gaslieferungen an private Haushalte eingestellt. Am 1. März schlossen die Schulen.

Den schwersten Bombenangriff erlebten die Ratinger am 22. März 1945. Klaus Wisotzky interpretierte den Angriff treffend als Ablenkungsmanöver für die an diesem Tag geplante Rheinüberquerung der Alliierten. Deutsche Streitkräfte sollten durch diese Aktion gebunden werden. Drei Bomberstaffeln mit insgesamt 38 Flugzeugen, die vom englischen Mendlesham gestartet waren, erreichten Ratingen um 12.10 Uhr und legten innerhalb von 20 Minuten große Teile der Altstadt und der angrenzenden Gebiete in Schutt und Asche. 650 Sprengbomben und mehrere tausend Brandbomben richteten schwere Schäden an der Düsseldofer Straße, Oberstraße, Minoritenstraße, Kirchstraße, Turmstraße, der Lintorfer Straße, Jahnstraße, Hochstraße, Bahnstraße, Mülheimer Straße, Schützenstraße, Am Schützenbruch und an der Kaiserswerther Straße an. Das Mittelschiff von St. Peter und Paul, die Friedhöfe an der Friedhofstraße/Lintorfer Straße, das Schulgebäude in der Minoritenstraße, das Angerbad, der Poensgenpark mit dem Landhaus der Familie Poensgen, das katholische Krankenhaus und der Westbahnhof wurden zerstört. Industriegebiete und Eisenbahnanlagen wurden kaum getroffen. Die Opfer in der Zivilbevölkerung der kleinen Stadt waren zahlreich. Nach Angaben Helmut Pfeiffers verloren 116 Menschen ihr Leben. 3.000 Ratinger Bürger waren obdachlos. Anfang April 1945 wurde die Strom-und Wasserversorgung eingestellt. Auch nach dem Bombenangriff vom 22. März kostete der kontinuierliche Artilleriebeschuss noch 113 Menschen das

Zerstörte Häuser in der Oberstraße nach dem schweren Bombenangriff vom 22. März 1945

Die Pfarrkirche St. Peter und Paul erhielt im Bombenkrieg schwere Treffer, 1945

Leben. Angst und Schrecken, Chaos und Hunger, der Verlust von Hab und Gut, der Zusammenbruch der zivilen Ordnung und Versorgung bestimmten das Leben in der Katastrophengesellschaft.

In dieser Situation versuchten die nationalsozialistischen Verfolgungsbehörden zunehmend, sich unliebsamer Zeugen ihrer Verbrechen zu entledigen: politische Gefangene, Zwangsarbeiter, Kriegsgefangene. Anfang April 1945 erschossen Polizeibeamte aus Düsseldorf sowie Gestapoleute – ohne jegliches vorangegangenes Gerichtsverfahren – im Kalkumer Wald zehn Männer und eine Frau, Zwangsarbeiter aus den Niederlanden sowie der Ukraine oder Russland. Als Rechtfertigung für die Tat musste der unhaltbare Vorwurf herhalten, die Ermordeten hätten sich an Plünderungen in Düsseldorf beteiligt. Die Toten wurden in einem Bombentrichter verscharrt. Nach Kriegsende wurden die Leichen auf dem alten Friedhof neben St. Peter und Paul bestattet, im Juni 1948 aber auf den Ratinger Waldfriedhof umgebettet.

Am 17. April 1945 besetzten amerikanische Truppen Ratingen. Am Kirchturm von St. Peter und Paul und an den Türmen anderer Gotteshäuser im Stadtgebiet hingen weiße Fahnen. Der Krieg war für Ratingen zu Ende. Er hatte mehr als 800 Ratingern das Leben gekostet. Die Stadt war in weiten Teilen ein Trümmerfeld.

Von der Nachkriegszeit bis zum Beginn des 21. Jahrhunderts

Vom Wiederaufbau bis zur kommunalen Neugliederung

Mit dem Ende des Zweiten Weltkriegs waren auch in Ratingen die politischen und wirtschaftlichen Strukturen zusammengebrochen. Die Versorgungslage war katastrophal, die Wohnungsnot groß.

Die amerikanische Besatzungsmacht sorgte zunächst für eine funktionierende provisorische Verwaltung, indem sie den ohnehin bedeutungslosen nationalsozialistischen Stadtrat auflöste und Anfang Mai 1945 einen städtischen Beirat ernannte, dem fünf Ausschüsse (Versorgungsausschuss, Wiederaufbauausschuss, Personalausschuss, Wiedergutmachungsausschuss, Arbeitsausschuss) untergeordnet waren und dessen Aufgabe darin bestand, dem Bürgermeister beratend zur Seite zu stehen. Am 11. Mai 1945 wurde der politisch unbelastete Dr. Franz Josef Gemmert, der ehemalige Direktor der Baumwollspinnerei Cromford, zum ersten Ratinger Nachkriegsbürgermeister ernannt. Die Selbstverwaltungsorgane formierten sich unter den wachsamen Augen der Besatzungsbehörden neu. Dem Rat wurde seit 1946 eine stärkere Stellung gegenüber dem ehrenamtlichen Bürgermeister zuerkannt. Diesem stand als scheinbar unpolitischer Leiter der Verwaltung der Stadtdirektor gegenüber.

Die Durchsetzung demokratischer Strukturen in der Verwaltung hätte auch die Entfernung städtischer Angestellter von ihren Posten bedeutet, die als bekennende Nationalsozialisten verantwortliche Träger des verbrecherischen Regimes gewesen waren. Die »Entnazifizierung« kam aber auch in Ratingen nur recht zögerlich voran. Obwohl in den Jahren 1945/46 insgesamt 16 Prozent der bei der Stadt Beschäftigten und etliche Lehrer entlassen worden waren, schonte man doch im Wesentlichen die leitenden Angestellten, auf deren Erfahrung und Arbeitskraft man nicht verzichten zu können glaubte.

Am 5. Juni 1945 wurde die amerikanische Besatzungsmacht durch britisches Militär abgelöst. Bis zum Herbst des Jahres hatten sich die wichtigsten politischen Parteien formiert. Lediglich die FDP zog erst 1947 nach. Am 15. September 1946 fand die erste freie

Kommunalwahl nach dem Ende des Zweiten Weltkriegs statt, aus der die CDU als stärkste Partei hervorging. Dr. Gemmert wurde mit nur einer Gegenstimme als Bürgermeister bestätigt. Mit der Zeit bildete sich ein Dreiparteiensystem heraus, wobei die SPD bis 1975 meistens die stärkste Partei war und der kleinen FDP-Fraktion als Zünglein an der Waage eine außerordentliche Machtposition zukam.

Die neue Verwaltung sah sich mit schier unlösbaren Problemen konfrontiert. Die dringlichste Aufgabe war die Versorgung der mental und physisch geschwächten Bevölkerung mit Nahrungsmitteln, Kleidung und Wohnraum. Angesichts stetig steigender Bevölkerungszahlen wurde die Lage immer prekärer. Die Stadt hatte einen jährlichen Bevölkerungszuwachs von 1.000 Personen zu verkraften. Von 1946 bis zur Mitte der 1970er Jahre verdreifachte sich die Ratinger Bevölkerung, wobei die Zahl der evangelischen Bürger immer weiter zunahm, für die in der Folgezeit zahlreiche Einrichtungen geschaffen wurden. Dieses Bevölkerungswachstum und die Veränderung der konfessionellen Verhältnisse waren vor allem eine Folge des Zuzugs zahlreicher Flüchtlinge und Vertriebenen, denen es an allem mangelte und die zunächst in Notunterkünften untergebracht werden mussten. Nach dem Mauerbau 1961 betrug der Anteil der Heimatvertriebenen an der Ratinger Gesamtbevölkerung 18 Prozent. Für diese Bevölkerungsgruppe brachte das »Gesetz über den Lastenausgleich« von 1952 eine entscheidende Verbesserung ihrer Lage.

Auch die Lage der alteingesessenen Bevölkerung war schlecht. Da riesige landwirtschaftliche Flächen im Osten nicht mehr zur Verfügung standen bzw. im Westen vielfach zerstört waren und auch die Transportwege kriegsbedingt nur eingeschränkt benutzbar waren, litten die Menschen unter Hunger und Mangelernährung. Das Ernährungs- und Wirtschaftsamt der Stadt Ratingen organisierte die Versorgung der Bevölkerung; wieder einmal bzw. noch immer wurden Lebensmittel rationiert. Maisbrot und Maismehl waren Grundnahrungsmittel. Auch in Ratingen musste der Normalverbraucher mit 900 bis 1.000 Kalorien täglich auskommen, während erst 2.000 bis 2.400 tägliche Kalorien wirklich satt machten. Der Schwarzhandel blühte. Nachdem der Kölner Erzbischof Josef

Kardinal Frings die illegale Beschaffung von Lebensmitteln in der Notlage der Nachkriegszeit als legitim bezeichnet hatte (»Fringsen«), bestimmte diese Form der Existenzsicherung mehr und mehr das Alltagsleben. Auch die Care-Pakete aus den USA brachten eine Linderung der Not. Ein besonders großes Problem bildete in den kalten Wintermonaten die Versorgung der Bevölkerung mit Kohlen und anderen Brennmaterialien, die streng kontingentiert waren. Wurde Kohle in Eisenbahnwagons geliefert, verschwand manchmal die Hälfte auf dem Wege der illegalen Aneignung. Die Ratinger Stadtverwaltung gestattete den Bürgern schließlich, sich in den umliegenden Wäldern mit Brennholz zu versorgen. Während bereits am 21. April 1945 – wenn auch in begrenztem Maße – Strom und Wasser zur Verfügung standen, konnte mit den Gaslieferungen erst Anfang August begonnen werden.

Die Wohnungsnot, verschärft durch die seit 1945 wachsende Bevölkerung, ließ sich nicht so schnell lösen. Nach dem Bombenangriff vom 22. März 1945 war Ratingen die am stärksten zerstörte Stadt im Kreis Düsseldorf-Mettmann. 35 Prozent des gesamten Wohnungsbestandes waren beschädigt oder zerstört. 264 Wohnungen waren zu 61–100 Prozent zerstört, 158 Wohnungen zu 41–60 Prozent, 103 Wohnungen zu 26–40 Prozent, 987 Wohnungen zu 16–25 Prozent und 711 Wohnungen bis zur 15 Prozent. Neben der Versorgung der Bevölkerung mit Lebensmitteln standen die Wiederherstellung der Wohnhäuser und der Wiederaufbau der Stadt im Mittelpunkt des Interesses, wobei sich die Verantwortlichen zunächst auf die Rekonstruktion der leichter zerstörten Häuser der Innenstadt konzentrierten. Zudem mussten Panzersperren, Kampf- und Schützengräben beseitigt werden. Die Leistung der Stadtverwaltung war beachtlich – auch wenn kein Konzept für den Wiederaufbau entwickelt wurde. In der Zeit unmittelbar nach der Übergabe der Stadt an die Amerikaner am 17. April 1945 wurden 7.000 Kubikmeter Schutt weggeräumt. Bereits Ende 1945 waren die wichtigsten Straßen wiederhergestellt. Die Ratinger mussten allerdings enger zusammenrücken. Wer über intakten Wohnraum verfügte, war verpflichtet, Ausgebombte, Flüchtlinge und Vertriebene aufzunehmen. Durchschnittlich kamen 1948 auf jeden Ratinger Bürger nur 7,46 Quadratmeter Wohnfläche. 1947 waren 2.300 Woh-

Grundsteinlegung für Neubauten an der Bruchstraße in Ratingen-Ost, 1948

Neu errichtete »Volkswohnungen« in Ratingen-Ost, 1952

nungssuchende registriert, 1948 3.300 Personen – Tendenz steigend, und das obwohl bis Frühjahr 1950 62 Prozent aller beschädigten Häuser und etwa 79 Prozent aller Wohnungen instand gesetzt und wieder nutzbar waren. Die Neubauten, die auf den Wiederaufbau folgen sollten, kamen nicht recht voran. In einer Kombination aus gemeinnützigem Siedlungsbau und privater Initiative konnten umfangreichere Baumaßnahmen vor allem im Osten und Süden der Stadt durchgeführt werden. 1956 wurde mit Sondermitteln des Landes Nordrhein-Westfalen zur Beseitigung von Notunterkünften der Bau von 110 Wohnungen für 450 Menschen auf städtischen Grundstücken in die Wege geleitet.

Die Stadtverwaltung war nach dem Krieg zunächst im Gebäude des Gymnasiums in der Poststraße untergebracht und konnte erst am 1. Oktober 1945 in das provisorisch wiederhergestellte Rathaus in der Minoritenstraße umziehen. Das katholische Krankenhaus fand eine vorübergehende Bleibe im Lyzeum in der Schwarzbachstraße. Die Schulen begannen im August 1945 wieder mit dem Unterricht, als letzte im Dezember die Berufsschule. Eine schulpolitische Entscheidung von größter Tragweite war die Wiedereinführung der konfessionellen Volksschule.

Die beiden christlichen Kirchen errichteten in der Nachkriegszeit wieder neue Gotteshäuser: 1954 entstand St. Suitbertus in Ratingen-Süd, 1956 der Neubau von St. Marien und der evangelischen Kirche (seit 1976 Paul-Gerhardt-Kirche) in Tiefenbroich.

Auch das kulturelle Leben regenerierte sich langsam. Als erste kulturelle Einrichtung öffnete im Juli 1945 die städtische Volksbücherei ihre Pforten, nachdem die nationalsozialistische Tendenzliteratur entfernt worden war. Im August des gleichen Jahres nahm der 1935 gegründete städtische Musikverein seine Arbeit wieder auf. 1946 trat der Verein für Heimatkunde und Heimatpflege nach langen Jahren des Schweigens erneut an die Öffentlichkeit und am 28. September 1947 wurde das Heimatmuseum mit einer Dauerausstellung im Bürgerhaus wiedereröffnet. 1949 fanden die ersten Theateraufführungen auf der Freilichtbühne am Blauen See statt. Am 3. November 1946 trat die St. Sebastiani-Schützenbruderschaft zur ersten Generalversammlung der Nachkriegszeit zusammen. Ein Jahr später fand das erste Nachkriegsschützenfest statt. Erst 1950 hatte Ratingen wieder ein Karnevalsprinzenpaar und einen Rosenmontagszug.

Am schnellsten nahm die Ratinger Wirtschaft wieder Fahrt auf, obwohl die Ausgangslage auch hier nicht günstig war. Die Industrieanlagen waren zwar kaum zerstört, die Industrieproduktion betrug in der zweiten Jahreshälfte 1945 allerdings nur noch ein Fünftel des Standes von 1936. Strom und Wasser standen nur sehr eingeschränkt zur Verfügung. Genehmigungen zur Weiterführung eines Betriebes erteilten zunächst die amerikanischen Besatzungsbehörden. Nach der endgültigen Zonenabgrenzung Anfang Juni 1945 war die Industrie- und Handelskammer Düsseldorf für die Zulassung von Unternehmen zuständig. Ein positiver Bescheid war davon abhängig, ob eine Firma Produkte herstellte, die für das Alltagsleben der Menschen wichtig waren.

Von den Demontageplänen der Alliierten, die auf eine Zerstörung der deutschen Rüstungsindustrie zielten, war Ratingen nur in geringem Maße betroffen. Zwar wurden 1947 zwei Betriebe – die

Die Geldschrankfabrik Adolphs wurde 1958 von der Neanderstraße in einen Neubau an der Kaiserswerther Straße verlegt

oben:
Die Firma Siebeck-Metallwerk GmbH in den neuen Produktionshallen Am Sandbach

unten:
Die Belegschaft der Firma Siebeck-Metallwerk GmbH, Anfang der 1950er Jahre

Siebeck Metallwerk GmbH und die Hermann Wingerath KG – sowie in Lintorf Blumberg & Co. – auf die Demontageliste gesetzt, tatsächlich demontiert wurden in Ratingen seit März 1949 allerdings nur die Siebeck'schen Industrieanlagen. Diese Maßnahme bedeutete allerdings keineswegs eine Einstellung der Produktion, da Ersatzmaschinen schnell zur Verfügung standen. Generell nutzten die Firmen die Demontage häufig für eine Modernisierung ihres Maschinenparks, für die überdies preiswerte Kredite zur Verfügung standen.

Wichtig für die Entfaltung des Wirtschaftslebens war die reale Schaffung eines einheitlichen Wirtschaftsbereichs mit der Einrichtung der Bizone (Zusammenschluss von britischem und amerikanischem Besatzungsgebiet) am 1. Januar 1947. Eine grundlegende Änderung zum Besseren brachte dann der »Marshall-Plan«, ein umfangreiches Hilfsprogramm der US-Regierung für Europa, das ab 1948/49 die Bereitstellung von 1,4 Milliarden US-Dollar (heute etwa 100 Milliarden US-Dollar) für die drei deutschen West-Zonen und Berlin vorsah. Eine weitere wesentliche Voraussetzung für den wirtschaftlichen Aufschwung und die Stabilisierung des politischen Systems schuf die Währungsreform von 1948. Die Versorgung der Bevölkerung mit Lebensmitteln und anderen Waren des alltäglichen Bedarfs besserte sich schlagartig. Auch Ratingen hatte fortan einen Anteil am deutschen Wirtschaftswunder.

Die Zahl der Beschäftigten stieg von 4.015 im Jahr 1949 auf 7.393 im Jahr 1957. Neue Industriebetriebe siedelten sich allerdings kaum an. Vorherrschend blieb in Ratingen weiterhin die Metall verarbeitende Industrie. Die meisten Firmen waren bereits lange in Ratingen etabliert: Geldschrankfabrik Adolphs, Maschinenfabrik Karl Besta KG, Dürr-Werke AG, Düsseldorfer Eisenhütten AG, Rheinische Eisengießerei Wilhelm Pulch, Ratinger Maschinenfabrik und Eisengießerei, Siebeck Metallwerk GmbH und Hermann Wingerath KG. 1962 wurde das Maschinenbauunternehmen Tünkers gegründet. Auch die Baumwollspinnerei Brügelmann arbeitete wieder. Die chemische Industrie und die Papierindustrie waren in Ratingen vertreten. Die Keramische Werke AG (Keramag) entwickelten sich langsam zum Marktführer für Sanitärkeramik in Deutschland.

Größter Arbeitgeber war das Elektrotechnik-Unternehmen Calor Emag an der Bahnstraße.

Die Entwicklungsperspektiven für die Ratinger Wirtschaft waren allerdings nicht besonders günstig. Es gab kaum freie Gewerbegebiete, auf denen sich neue Unternehmen hätten ansiedeln können. Die Defizite bei der Entwicklung von Gewerbegebieten bedeuteten auch Mindereinnahmen an Gewerbesteuern und fehlende Möglichkeiten, in Infrastruktur und Stadtentwicklung zu investieren. Eine Perspektive zeichnete sich lediglich im Westen der Stadt ab und die Dimensionen dieser Unternehmensansiedlung waren damals noch gar nicht abzusehen. Zunächst wollte die Stadt dort allerdings keine Gewerbe- sondern Wohngebiete für die wachsende Bevölkerung schaffen. Sie erwarb 1959 das 34 ha große Areal des Heiderhofes in Tiefenbroich aus dem Besitz des Grafen von Spee, um hier eine Maßnahme des sozialen Wohnungsbaus zu realisieren. Durch eine Änderung des Leit- und Wirtschaftsplans von 1957 schuf der Stadtrat im November 1960 dafür die Voraussetzungen. Allerdings verweigerte der Düsseldorfer Regierungspräsident seine Zustimmung zu den Ratinger Plänen. Erst nach Jahren – 1963 – erhielt Ratingen eine Genehmigung des Flächennutzungsplans, die allerdings an so hohe Auflagen geknüpft war, dass sich eine Wohnbebauung in Tiefenbroich nicht realisieren ließ. Die Ursache für die Verweigerungshaltung der Aufsichtsbehörde waren Pläne der NRW-Landesregierung, den Flughafen in Düsseldorf-Lohhausen auszubauen. Ein solcher Ausbau war notwendig geworden, da sich Düsseldorf mit der Zeit zum Zentralflughafen für das rheinisch-westfälische Industriegebiet entwickelt hatte. Zwischen 1952 und 1963 verzehnfachte sich das Passagieraufkommen. 1958/59 wurde der Interkontinentalverkehr aufgenommen. Die Ausbaupläne für Lohhausen sahen eine Verlagerung der Landebahn nach Nordosten vor, was für die dort lebenden Menschen – auch für Tiefenbroich – eine enorme Zunahme der Lärmbelästigung bedeutet hätte. Die Expansionspläne für den Flughafen torpedierten demnach die Ratinger Stadterweiterung in Richtung Tiefenbroich.

Anfang 1964, als nach dem Planfeststellungsbeschluss, um den jahrelang gerungen worden war, mit den Baumaßnahmen in Lohausen begonnen werden sollte, reichte die Stadt Ratingen beim Verwaltungsgericht in Düsseldorf Klage gegen den Flufhafenausbau ein. Die Angerland-Gemeinden schlossen sich dem später an. Es entstand eine Blockadesituation. Keine Partei konnte in gewünschtem Maße agieren, die gerichtlichen Verhandlungen über die Klage hätten sich über Jahre hin gezogen. Der gordische Knoten konnte erst durchtrennt werden, als am 27. September 1964 ein neuer Ratinger Stadtrat gewählt wurde, in dem die SPD die Mehrheit besaß. Am 17. November 1964 stimmte der Rat mehrheitlich einem früheren Vergleichsvorschlag des Oberverwaltungsgerichts in Münster zu und nahm das Angebot der Stadt Düsseldorf an, Baugrundstücke im Bereich Eckamp abzutreten. Nachdem der entsprechende Düsseldorfer Ratsbeschluss vorlag, zog Ratingen die Klage beim Landesverwaltungsgericht gegen den Planfeststellungsbeschluss zum Ausbau des Flughafens zurück. Der Flughafen konnte in der Folgezeit erweitert werden. Auf den von der Stadt Düsseldorf erworbenen Grundstücken, zu denen noch die 24 ha des Schippershofs hinzukamen, entstand das größte städtebauliche Projekt in der Geschichte der Stadt Ratingen – Neu-Eckamp bzw. Ratingen-West, wie der Stadtteil seit Mitte der 1970er Jahre hieß. Auf dem Gebiet des Heiderhofs in Tiefenbroich entstand ein ausgedehntes Gewerbe- und Industriegebiet.

Der 17. November 1964 war demnach auch die Geburtsstunde des neuen Stadtteils Ratingen-West. In der Ratssitzung, die den Flughafenvergleich auf den Weg brachte, wurde auch der gewerkschaftseigene Baukonzern »Neue Heimat« damit beauftragt, die Großsiedlung zu realisieren. Im April 1965 schloss die Stadt den Rahmenvertrag mit dem damals größten europäischen Bauträger. Zwischen Broichhofstraße im Westen, Scheifenkamp im Osten, Kaiserswerther Straße im Norden und Volkardeyer Straße im Süden entstand ein Projekt des sozialen Wohnungsbaus in stark verdichteter Betonbauweise. Westlich der Bahnlinie lagen Gewerbeflächen.

Eckamp – als Hof »eyckampe« des Stifts Gerresheim bereits zwischen 1218 und 1231 erwähnt – war ein traditionelles Arbeiterviertel (Spiegelglasfabrik, Keramag), das erst 1930 zum Ratinger Stadtgebiet gekommen war. Die geld- und nutzbringenden Indus-

Blick vom Grünen See auf Ratingen-West

triebetriebe wurden von Ratingen gerne integriert, die politisch linkslastige Bevölkerung weniger. Auch in den 1960er- und 1970er Jahren erwies sich die Anbindung des neuen Stadtteils als Problem, nachdem sich die »Neue Heimat« recht schnell von Plänen verabschiedet hatte, im Gewerbegebiet zwischen Scheifenkamp und Westbahn (Verbindungsgebiet) eine Mischbebauung zu realisieren, zu der auch öffentliche Bauten gehörten, die von den Bewohnern des Neubaugebietes und des alten Zentrums gemeinsam genutzt werden konnten.

Ratingen-West war im Umfang von 4.500 Wohnungen für insgesamt 15.000 Menschen geplant. Am 27. Mai 1966 erfolgte der erste Spatenstich durch den Ratinger Bürgermeister Peter Kraft. Bereits 1968 konnten die ersten Mieter ihre Wohnungen beziehen.

Bis 1973 waren die drei 16-geschossigen Scheibenhäuser mit jeweils 230 Wohnungen am Berliner Platz und der zwölfstöckige »Lindwurm« mit 600 Wohnungen an der Berliner Straße fertiggestellt. Später kamen weitere acht- bis zwölfgeschossige Wohnhäuser hinzu. Die Sozialwohnungen verfügten für die damalige Zeit über recht hohe Standards. Mit dem Baufortschritt wuchs allerdings die Kritik an der architektonischen Monotonie des neuen Wohnghettos, am Fehlen von Einkaufsmöglichkeiten vor Ort und weiteren infrastrukturellen Versäumnissen. Erst 1973/75 entstanden an der Erfurter Straße und am Berliner Platz Einkaufszentren für die Bürger von Ratingen-West. Mitte der 1970er Jahre wurden ein Gemeindezentrum – die katholische Heilig-Geist-Kirche und die evangelische Versöhnungskirche – für beide christliche Konfessionen, ein Freizeitzentrum mit Jugendheim, Kindergarten und Hort und eine Altentagesstätte eingeweiht. Mitte der 1980er Jahre standen endlich ein Ärztehaus und das Schulzentrum an der Erfurter Straße zur Verfügung, das auch von Schülern aus der Umgebung besucht wird. Im Gewerbegebiet Am Sandbach entstand 1981 ein Eisstadion, das dank der neuen Fußgängerbrücke über die Westbahn auch von Besuchern aus dem Stadtkern schnell erreicht werden konnte. Die recht tristen Fassaden der Hochhäuser wurden farblich aufgehübscht (»Papageienhäuser«, heute renoviert und farblich dezenter gefasst). Heute befinden sich die früher der »Neuen Heimat« gehörenden Gebäude im Besitz der LEG-Wohnen (Landesentwicklungsgesellschaft) des Landes Nordrhein-Westfalen. Der wachsende Grünzug entlang des Haarbachs, Schwanen-Spiegel und Rodelberg sowie das Naherholungsgebiet Volkardey am Grünen See und am Silbersee erhöhen die Wohnqualität in der Trabantenstadt.

Die ehemaligen »Papageienhäuser« nach der Renovierung

Als Gegenpol zur einseitigen architektonischen und sozialen Struktur in West entstanden im südlichen Bereich seit 1973 immer mehr Eigenheime und Eigentumswohnungen. Besonders attraktiv waren und sind das Grachtenviertel am Bendenkamp sowie der Bereich Felderhof. Heute ist Ratingen-West mit rund 18.000 Einwohnern der zweitgrößte Ratinger Stadtteil.

Grünzug in der Nähe der Heilig-Geist-Kirche

Grachtenviertel

Es wurde bereits erwähnt, dass die prosperierende Gewerbeansiedlung im Westen hohe Gewerbesteuereinnahmen in den Stadtsäckel spülte. Mit diesem guten Polster konnten das Stadtzentrum modernisiert und wichtige infrastrukturelle Maßnahmen realisiert werden. Neben der Stadthalle entstanden ein Stadttheater und ein neues Schwimmbad am Angerbach. 1973 konnte das Rathaus im Anschluss an das ehemalige Minoritenkloster eingeweiht werden. Die Entwicklung im schulischen Bereich war durch eine Ablösung der konfessionellen Elementarschulen durch weltliche Grund- und Hauptschulen geprägt. Die Gemeinschaftsschule setzte sich als Regelschule durch. Zahlreiche Schulneubauten entstanden, so zum Beispiel 1967 die Realschule an der Philippstraße und ein Jahr später das Schulzentrum an der Talstraße, in das beide Innenstadtgymnasien einzogen. Weiterhin entstanden moderne Kirchenbauten in Ratingen: 1970 der Neubau der Herz Jesu-Kirche in der Rosenstraße, 1971 die Christuskirche der Evangelisch-Freikirchlichen Gemeinde am Kaiserberg, 1972 die

Friedenskirche in der Hegelstraße, 1982 die evangelische Kirche mit Gemeindezentrum in der Talstraße (heute Emmauskirche).

Die Innenstadt gewann durch den Bau von Umgehungsstraßen an Attraktivität. Der Generalverkehrsplan von 1969 sah einen zweifachen innerstädtischen Ring vor. Der innere Ring folgte mit Angerstraße, Grabenstraße und Wallstraße im Wesentlichen dem Verlauf der historischen Stadtbefestigung, die in Teilen noch erhalten ist; von dort gelangte man in die Wohnquartiere, Geschäftsviertel und Parkhäuser des Zentrums. Der äußere Ring für den Durchgangsverkehr und als Verteiler für den örtlichen Verkehr umfasst folgende Straßen: Europaring, Röntgenring, Freiligrathring, Wilhelmring, Maubeuger Ring, Hauser Ring, Stadionring und Dürerring. Radialstraßen führen in die benachbarten Ortschaften und zu den überörtlichen Verkehrswegen, insbesondere zu den die Stadt umgebenden Autobahnen. 1967 wurde die S-Bahnstrecke von Düsseldorf-Garath nach Ratingen-Ost eröffnet, die 1968 nach Essen und später auch bis Köln fortgeführt wurde.

1973 wohnten 50.000 Menschen in Ratingen. Im Rahmen der Mitte der 1970er Jahre in Nordrhein-Westfalen durchgeführten kommunalen Neugliederung vergrößerte sich das Stadtgebiet ganz enorm. Im Verlauf der Diskussionen über die Neuordnungspläne bestand nochmals die Gefahr, dass Ratingen ein Stadtteil von Düsseldorf werden würde. Das war allerdings bald vom Tisch. Auch die Forderungen von Vertretern der Landeshauptstadt nach Eingemeindung von Tiefenbroich und Ratingen-West konnten erfolgreich abgewehrt werden. Ratingen profitierte ebenfalls von der Auflösung der Ämter. Lang gehegte Pläne von Vertretern des Amtes Angerland, das Amt in eine Großgemeinde Angerland (»Angerstadt«) mit Sitz in Lintorf umzuwandeln, schlugen fehl. Der größte Teil des Amtes Angerland wurde zu Ratingen geschlagen. 1975 entstand durch Zusammenschluss der Stadt Ratingen mit den Gemeinden Lintorf, Eggerscheidt, Hösel, Breitscheid und Homberg-Meiersberg die neue Stadt Ratingen. Das Stadtgebiet wuchs von etwa 2.000 auf 8.886 ha. Nach der kommunalen Neugliederung wohnten rund 85.000 Menschen in Ratingen.

Das moderne Ratingen in Stichworten

Seit der kommunalen Neugliederung hat sich die Stadt Ratingen flächenmäßig kaum verändert: Sie umfasst heute mit allen Stadtteilen 8.872 ha. Der von der Fläche her größte Stadtteil ist Lintorf, der kleinste Ratingen-Ost. Während die Einwohnerschaft zwischen 1970 und 1975 – bedingt durch die Neugliederung – von 44.919 auf 86.241 Personen stieg, war von diesem Zeitpunkt bis 2006 nur noch ein moderater Anstieg auf 92.152 Personen zu verzeichnen. Die Bevölkerungszahl scheint zu stagnieren, die Marke von 100.000 Einwohnern ist kaum zu erreichen. Das Zentrum und Ratingen-West sind die am dichtesten besiedelten Stadtteile.

In Bezug auf die Bevölkerungsstruktur ist Ratingen bunter geworden. Angehörige zahlreicher Nationalitäten sind zugewandert. Der Ausländeranteil lag 2006 bei 9,2 Prozent. Die größte Ausländergruppe sind die Türken mit rund 2.000 Personen, gefolgt von Zuwanderern aus dem ehemaligen Jugoslawien (heute die Gruppe der Serben und Montenegriner), Griechen und Polen. Die meisten Menschen ausländischer Herkunft leben in Ratingen-West und in Schwarzbach. Die »DITIB-Türkisch-islamische Gemeinde Ratingen e. V.« konnte 2008/09 ihre seit langem bestehende Moschee Am Westbahnhof zu einem repräsentativen Gebäude ausbauen. Aus den ehemaligen GUS-Staaten sind inzwischen rund 200 Juden nach Ratingen eingewandert, wo sie 2002 den »Jüdischen Kulturverein Ratingen ›Schalom‹ e. V.« gründeten. Der Verein hat die Integration der Neuankömmlinge erfolgreich vorangetrieben. Die jüdischen Ratinger sind Mitglieder der Jüdischen Gemeinde Düsseldorf; sie besuchen dort die Synagoge in der Zietenstraße.

Nach dem Bauboom der 1970er Jahre fielen die Zuwächse im Gebäude- und Wohnungsbestand der Stadt bescheidener aus: Von 1980 bis 2006 wurden noch 4.761 Wohnhäuser und 9.126 Wohnungen gebaut. Die Schwerpunkte in den letzten Jahrzehnten lagen auf dem inneren Ausbau der Stadt, auf der Erhöhung der Lebensqualität der Bürger und einer konsequenten Wirtschaftsförderung, die auf die Ansiedlung umweltfreundlicher und zukunftsweisender Unternehmen zielt.

Zum 700. Jahrestag der Stadtwerdung 1976 leistete sich Ratingen eine umfassende Altstadtsanierung, die in den folgenden Jahren fortgeführt wurde. Die Hauptstraßen wurden weiter verkehrsberuhigt, der mittelalterliche Stadtgrundriss weitgehend bewahrt, zahlreiche – auch private – Baudenkmäler fachgerecht restauriert. Der schöne Stadtmittelpunkt mit der Pfarrkirche St. Peter und Paul, dem Marktplatz und dem Bürgerhaus erstrahlte in neuem Glanz. Die erhaltenen Überreste der Stadtbefestigung wurden ebenfalls restauriert, zuletzt noch 2010 der »Dicke Turm« im Auftrag seiner Nutzer, der »Ratinger Jonges«.

Auch im kulturellen Bereich gewann die Stadt weiterhin an Attraktivität. 1977 zog das Museum der Stadt in ein neues Domizil an der Ecke Grabenstraße-/Lintorfer Straße (heute Peter-Brüning-Platz 1), zwei Jahre später erfolgte eine Erweiterung und 1991 konnte ein größerer Anbau realisiert werden, nachdem das Stadtarchiv in das Gebäude des ehemaligen Lehrerseminars in der Mühlheimer Straße 47 umgezogen war. Die Volkshochschule und zwei Kinos kamen 1978 im renovierten Minoritenkloster unter. Die Städtische Musikschule fand seit Anfang der 1990er Jahre im alten Gymnasium in der Poststraße eine adäquate Unterkunft. Für diese Einrichtung engagierte sich der pensionierte Unternehmer und Mäzen Ferdinand Trimborn (1921–2008) ganz besonders: Der Ratinger Ehrenbürger stiftete 2006 einen Kammermusiksaal, der nach ihm benannt wurde. Die Stadtbibliothek war die erste kulturelle Einrichtung, die nach dem Zweiten Weltkrieg wieder ihre Arbeit aufnahm. Neben dem Museum erhielt auch sie 1991 ein neues Haus – das nach Entwürfen des Ratinger Architekten Bruno Lambart erbaute Medienzentrum am Peter-Brüning-Platz 3. 1996 wurden die erhaltenen Gebäude der ehemaligen Baumwollspinnerei Cromford, die »Hohe Fabrik« und das Herrenhaus zu einem von sechs Standorten des »LVR-Industriemuseums – Rheinisches Landesmuseum für Industrie- und Sozialgeschichte«. Die ehemaligen Arbeiterwohnungen werden heute als Eigentumswohnungen genutzt. Die 2009 teilweise umstrukturierte Dauerausstellung widmet sich der Epoche der Frühindustrialisierung. Mit Cromford besitzt Ratingen einen auch überregional stark beachteten Museumsstandort. Seit 1998 zeigt das Oberschlesische Landesmuseum in Hösel seine ständige Sammlung und interessante Wechselausstellungen in einem Neubau in der Bahnhofstraße.

Den Ratinger Bürgern standen um 2005 24 Sporthallen und 12 Sportfreianlagen zur Verfügung. Ein Pluspunkt der Stadt Ratingen war immer schon die reizvolle Umgebung, die im Norden der Stadt und zwischen Lintorf, Breitscheid und Hösel gelegenen ausgedehnten Waldgebiete. Insbesondere Hösel und Homberg liegen ganz im Grünen. Das Schwarzbachtal, das Angerbachtal und der Blaue See haben nichts von ihrer Attraktivität verloren. Hinzugekommen ist der Erholungspark Volkardey in Ratingen-West. Eine Idylle innerhalb der Stadt ist der wiederhergestellte Poensgenpark in der Nähe von Cromford und der Wasserburg Haus zum Haus. Die Erhaltung der Grünanlagen und Wälder besitzt einen hohen Stellenwert.

Ein entscheidender Schritt zur Verbesserung der gesundheitlichen Versorgung der Bevölkerung war die Fertigstellung des neuen katholischen St. Marienkrankenhauses zwischen Angerstraße und Werdener Straße. Bereits in den 1970er Jahren war das evangelische Krankenhaus in der Rosenstraße in ein Fachkrankenhaus für Orthopädie und Rheumatologie umgewandelt worden. Seit 1993 sind die früheren Lintorfer Heilstätten für Alkoholkranke »Siloah« und »Bethesda« Abteilungen des »Krankenhauses des Theodor-Fliedner-Werkes – Fachklinik für Neurologie, Psychiatrie, Psychotherapie und Suchtkrankheiten«. Im Jahr 2006 praktizierten 143 Kassenärzte in Ratingen, die meisten im Zentrum; hinzu kommen 62 Zahnärzte. Im gleichen Jahr gab es 25 Apotheken in der Stadt. Senioren stehen neun Alten- und Pflegeheime zur Verfügung.

Die Stadt Ratingen besitzt ein breit gefächertes Schulwesen. 2006 bestanden 17 Grundschulen, zwei Hauptschulen (heute nur noch Elsa-Brandström-Schule) sowie die folgenden höheren Schulen: das Dietrich-Bonhoeffer-Gymnasium in Ratingen-West, das Kopernikus-Gymnasium in Lintorf und das Carl Friedrich von Weizsäcker-Gymnasium im Zentrum, als Realschulen die Friedrich-Ebert-Schule und die Liebfrauenschule im Zentrum, die Käthe-Kollwitz-Schule in West und die Werner-Heisenberg-Schule in Lintorf sowie die Martin-Luther-King-Gesamtschule in West. Am Scheifenkamp – ebenfalls in West – entstand ein modernes Behindertenzentrum in Trägerschaft des Kreises Mettmann, die heutige Helen-Keller-Schule. Das Adam-Josef-Cüppers-Berufskolleg des Kreises Mettmann in der Minoritenstraße führt die Aufgaben der von dem Pädagogen Cüppers 1892 gegründeten Fortbildungsschule in moderner Form fort. 2006 existierten 42 Tageseinrichtungen für Kinder mit insgesamt 2.965 Plätzen.

»Arkadenhof« an der Oberstraße

Einige innerstädtische Bauprojekte haben neue Akzente gesetzt. Hier ist vor allem das 7.000 Quadratmeter große Grundstück des alten St. Marienkrankenhauses an der Oberstraße zu nennen, wo ein modernes Wohn- und Geschäftszentrum (»Arkadenhof«) entstand, in das ein Teil des wiederhergestellten Grabenbereichs der Stadtbefestigung integriert wurde. Am anderen Ende der Innenstadt, an der Ecke Düsseldorfer Straße/Grabenstraße wurde 1988 der Neubau der Stadtsparkasse errichtet. Mitte 1985 wurde der »Minoritenhof« in der Lintorfer Straße seiner Bestimmung übergeben.

Auch außerhalb des Zentrums wandelte sich mit einigen herausragenden Siedlungsprojekten das Stadtbild. Die größte Herausforderung war nach der Fertigstellung von Ratingen-West die Bebauung des Geländes der Eisenhütte in Ratingen-Ost, die 1972 ihre Pforten schloss. Die Erkrather Firma Bast-Bau erwarb 1982 das 60.000 Quadratmeter große Areal zwischen Fester Straße, Eisenhüttenstraße, Rodeskothen und Peter-Jansen-Straße; dort entstanden zweieinhalb- bis dreigeschossige Mehrfamilienhäuser, ausgedehnte Grünanlagen und ein Einkaufszentrum. Ein Teil der Fläche blieb wegen der Belastung des Erdreichs unbebaut. Eine Eigenheimsiedlung für gehobene Ansprüche wuchs zwischen Crom-

Teilansicht des »Calor-Carrées«

forder Allee und Hauser Ring, ausgehend vom Gelände der alten Baumwollspinnerei Cromford. Angrenzend an die Haus zum Haus umgebenden Wiesen erreicht die Bebauung den Charakter von Stadtvillen. Seit dem Jahr 2000 entstand auf dem Firmengelände der Calor Emag an der Ecke Calor-Emag-/Gustav-Linden-Straße ein modernes Wohn- und Geschäftszentrum mit einem zentralen Hotelbau (»Calor-Carrée«). Mediterranes Flair verbreiten die Stadtvillen des »Quartis«-Wohnprojekts in der Hugo-Schlimm-Straße in Ratingen-Ost.

Ratingen zeichnete sich stets durch hervorragende Verkehrsanbindungen aus. Der nahe gelegene Düsseldorfer Flughafen spielt hier eine Hauptrolle. Die Autobahnen 3, 44, 52 und 524 führen in die Landeshauptstadt, in den Köln-Bonner Raum, nach Krefeld und ins Ruhrgebiet. Die Umgehungsstraßen, der innere und der äußere

Das »Quartis«-Wohnviertel in Ratingen-Ost

Ring, wurden bereits erwähnt. Wichtig war auch die 1986 eingeweihte Brücke über die Westbahn (»South-Dakota-Brücke«), die für einen besseren Verkehrsfluss über den Hauser Ring und die Kaiserswerther Straße sorgt und Ratingen-West/Tiefenbroich näher an das Zentrum heranbringt. Der wichtigste Schienenweg für den Personenverkehr ist heute die S-Bahn-Strecke von Essen über Düsseldorf nach Köln mit Halt in Ratingen-Ost und Ratingen-Hösel. Der Busbahnhof am Bahnhof Ratingen-Ost besteht neben dem innerstädtischen Busbahnhof am Düsseldorfer Platz. Die West-Bahn ist eine der Hauptgüterstrecken Deutschlands.

Die vorstehend angesprochenen sogenannten weichen und harten Standortfaktoren führten dazu, dass sich verstärkt Unternehmen neu in Ratingen ansiedelten. Dies wurde von der Stadtverwaltung aktiv gefördert, die bürokratische Hürden systematisch abbaute. Die sich bereits in den 1970er Jahren anbahnende Veränderung der Wirtschaftsstruktur beschleunigte sich. Die in Ratingen vorherrschende Metall verarbeitende Industrie verlor zunehmend an Bedeutung. Handel und Dienstleistungen wurden immer wichtiger. Vor allem aus den Bereichen Elektrotechnik und Telekommunikation wählten immer mehr Firmen Ratingen als Standort. Die renommierte Wochenzeitung »Die Zeit« schrieb am 4. April 1986: »In Ratingen West, an der Ecke von Broichhofstraße und Gothaer Straße, wurde gerade Richtfest in der künftigen Vertriebszentrale von Wang für Nordrhein-Westfalen gefeiert. Auf der anderen Straßenseite hat Nixdorf eine Werksvertretung mit achtzig Mitarbeitern. Hundert Meter weiter arbeiten zweihundert Menschen in der Europazentrale von Mitsubishi-Electric. Und dahinter duckt sich der Flachbau von Hewlett-Packard. Wer weiterfährt, findet schließlich auch die Firmenschilder der Elektronikfirmen Panasonic, TDK, Denon, General Electric sowie kleineren Elektronikzulieferern und Softwarefirmen.« 1988 siedelte sich Unisys in Ratingen an, der damals weltweit zweitgrößte PC-Hersteller. 1990 kam die Niederlassung West von Mannesmann/Vodafone nach Ratingen, 1991 SAP und Mannesmann/Vodafone Mobilfunk. 1992 wurde der D 2-Park Vodafone am Eutelisplatz fertiggestellt. Vodafone ist heute der größte Arbeitgeber der Stadt. So manche Firma hat ihren Standort von Düsseldorf nach Ratingen verlegt. Aber auch

Unternehmen anderer Branchen siedelten sich in Ratingen an, so 1980 Harry Brot in der Harkortstraße, 2003 die Esprit-Europazentrale in der Esprit Allee, der Vertrieb und die Marketing-Abteilung von Coca Cola 2010 auf dem ehemaligen Balcke-Dürr-Gelände. Dort ist seit 2005 auch der Standort der SPX Cooling Technologies Gmbh und der Balcke-Dürr GmbH unter dem Dach der SPX Corporation.

Firmenansiedlung auf dem ehemaligen Balcke-Dürr-Gelände: Nokia

Büro-Center und Business Parks schossen aus dem Boden. Am Anfang stand das Gewerbegebiet West im Bereich der Berliner und Brandenburger Straße, wo 1987/88 das »bisher größte private Bauvorhaben in der Geschichte der Stadt Ratingen« (Rheinische Post, 18.9.1987) realisiert wurde. 1990 entstand das Triangel-Center an der Formerstraße. 1992 wurde das markante »Interbodenhaus« am Europaring eingeweiht, dessen Form an ein Tortenstück erinnert. Gegenüber – am Kreuzerkamp – wurde im gleichen Jahr Polygon-City fertiggestellt, das im wesentlichen von dem Ratinger Unternehmen »Keramag« Keramische Werke AG genutzt wird. Ebenfalls 1992 entstand das Ratinger Office Center in der Pempelfurtstraße. Seit 1995 steht der Tricom-Park in Tiefenbroich zur Verfügung. Auf dem ehemaligen Gelände des Heiderhofs und im Bereich Schimmersfeld, Borsigstraße, Halskestraße, Harkortstraße, Zapp-Platz und Rosenkothen, wo bereits Mitte der 1960er Jahre Firmen angesiedelt wurden, entstand inzwischen das größte Industriegebiet Ratingens. Die letzte große Erschließungsmaßnahme ist der Gewerbe- und Dienstleistungsstandort »Place 4 – business@life« an der Balcke-Dürr-Allee. Unternehmen der High-Tech-Branche sind hier hoch willkommen.

Firmenansiedlung auf dem ehemaligen Balcke-Dürr-Gelände: Coca Cola

Die in Ratingen ansässigen Unternehmen sind eine Garantie dafür, dass weiterhin hohe Gewerbesteuerzahlungen in die Stadtkasse sprudeln, was angesichts der städtischen Schuldenlasten auch notwendig ist. Sie sind auch eine Voraussetzung dafür, dass Arbeitsplätze geschaffen werden können. Ratingen hat heute eine recht hohe Arbeitsplatzdichte von 380 Arbeitsplätzen je 1.000 Einwohner. Das Pendlersaldo ist inzwischen positiv: es kommen mehr Arbeitnehmer nach Ratingen als umgekehrt. Ratingens Bevölkerung ist recht jung: rund 29 Prozent der Einwohner sind zwischen 25 und 44 Jahre alt. Die Kaufkraft der Bürger liegt etwa ein Drittel über dem NRW- und Bundesdurchschnitt; in der entsprechenden Statistik des Kreises Mettmann findet man Ratingen nach Haan an zweiter Stelle. Auch bei der Arbeitslosenquote schneidet Ratingen im Vergleich zum NRW- und Bundesdurchschnitt positiv ab.

Aufgrund dieser günstigen Rahmenbedingungen kann erwartet werden, dass die vier wichtigen Faktoren Kultur und Umwelt, Infrastruktur und Wirtschaft auch weiterhin für eine positive Stadtentwicklung und zum Wohl der Ratinger Bürger genutzt werden können.

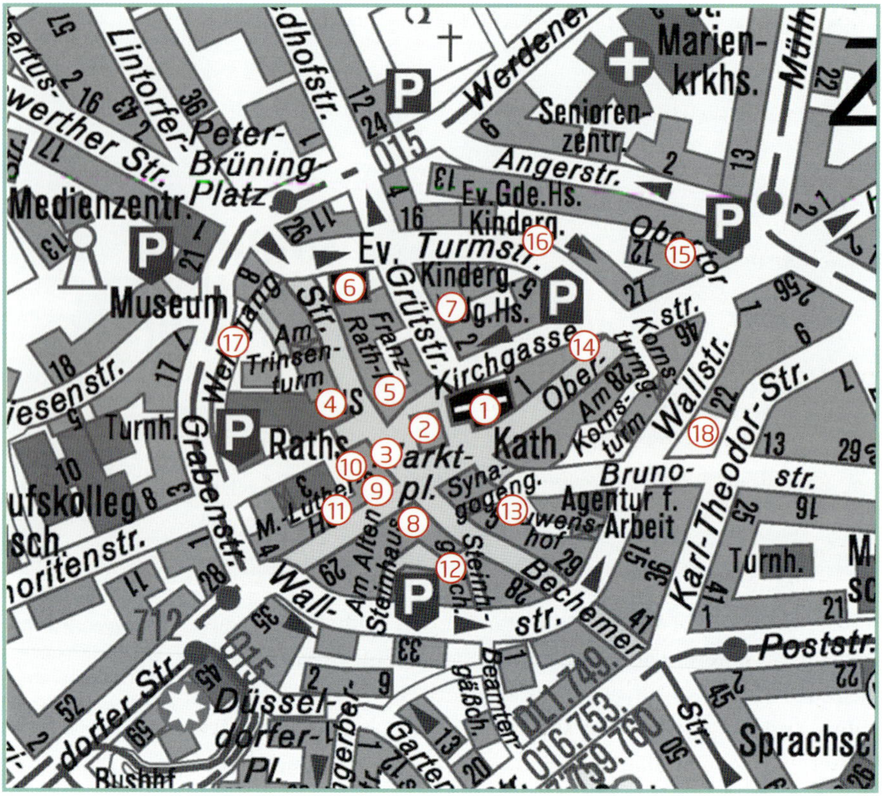
Werdener
Marien-
krkhs.
Senioren-
zentr.
Angerstr.
Ev.Gde.Hs.
Kinderg.
Ev. Turmstr.
Kinderg.
Grütstr.
Kirchgasse
Oberstor
Wallstr.
Karl-Theodor-Str.
Bruno-
str.
Agentur f.
Arbeit
Peter-
Brüning-
Platz
Medienzentr.
Museum
Wallgang
Am
Trinsen-
turm
Turnh.
Raths
Grabenstr.
Kath.
Am
Korns-
turm
Markt-
pl.
Syna-
gogeng.
M.-Luther
Am Alten
Steinhaus
Wall-
str.
Bechemer
Düssel-
dorfer-
Pl.
Beamten-
gäßch.
Poststr.
Sprachsc
Turnh.
Lintorfer-
Friedhofstr.
Kornsturmg.
Franz-
Rath-
Steinh.-
gäßch.
Gartenstr.
dorfer Str.
Busbhf
oritenstr.
wesenstr.
werther Str.
rufskolleg
Mühl

Ratingen entdecken

Durch das historische Stadtzentrum

Seit Jahrhunderten beherrscht die erhöht liegende Ratinger **Pfarrkirche St. Peter und Paul** ① das Zentrum der Stadt. Sie steht am Schnittpunkt der Hauptstraßen des Ortes. Bis zum Ende des 19. Jahrhunderts bewahrte der Kirchenbau seine mittelalterlichen Formen, um dann in einer aufwändigen Neubaumaßnahme erheblich vergrößert und neugotisch überformt zu werden. Erwähnt werden die Ratinger Pfarrkirche, die »ecclesia«, und ihr Pfarrbezirk erstmals in einem Dokument des Klosters Werden, das in die erste Hälfte des 12. Jahrhunderts datiert. 1165 wurde die Kirche der Kölner Dompropstei inkorporiert.

Die erste Bauphase der Ratinger Kirche datiert nach den 1973 durchgeführten archäologischen Untersuchungen Walter Sölters in das 8. Jahrhundert: die Ratinger Kirche sei damals ein schmaler Saalbau mit eingezogenem Rechteckchor gewesen. Das 9. Jahrhundert sah dann vermutlich noch vor 850 die zweite Bauphase, die in einer Erweiterung nach Norden und Süden und dem Anbau von Nebenchören bestand. Die dritte Bauphase brachte im 10./11. Jahrhundert eine dreischiffige, flach gedeckte Basilika von sieben Achsen mit halbrunden gewölbten Apsiden im Osten; auch ein Westturm war bereits vorhanden.

Den Thesen Sölters hat Heinz Peters, der Autor einer grundlegenden Monografie der Ratinger Pfarrkirche, vehement widersprochen. Eine systematische und sorgfältige Grabung sei 1973 nicht durchgeführt worden, Mauerwerk sei in aller Eile abgebrochen worden. Peters bezeichnet die um 1150 entstandene romanische Basilika, bei Sölters die vierte Bauphase, als zweiten Ratinger Kirchenbau. Die Nebenapsiden wurden damals durch zwei Osttürme überbaut – die heutigen Mitteltürme, die heute ältesten Teile des Bauwerks. Der Westturm blieb erhalten. Das Langhaus wurde von sieben auf fünf Achsen zurückgebaut. In der ersten Hälfte des 13. Jahrhunderts, vermutlich um 1220 wurde ein neuer Westturm errichtet, der als Bau des sogenannten Übergangsstils sowohl romanische als auch gotische Formen aufwies und bis heute erhalten blieb. Die Dimensionen des neuen Westturms lassen darauf schließen, dass zu seiner Bauzeit bereits ein Neu- bzw. Erweiterungsbau der gesamten Kirche geplant war.

Nach der Erhebung der Siedlung Ratingen zur Stadt im Jahr 1276 fand der entscheidende Kirchenneubau statt, der den Repräsentationsbedürfnissen und dem Selbstbewusstsein der Stadtbewohner entgegenkam. An die alte romanische Kirche wurde damals nach Osten eine zweijochige Hallenkirche mit einem 5/8-Chor und gerade abgeschlossenen Nebenchören angebaut. Während der Bauzeit konnte in der alten Kirche, die bis zu den Osttürmen reichte, Gottesdienst gefeiert werden. Nach der Fertigstellung des Ostteils wurde die alte Basilika zwischen den Osttürmen und dem Westturm abgerissen; es entstand in der Folgezeit ein Neubau in Formen, die dem Ostteil angeglichen waren. Bald nach 1300 waren die Bauarbeiten abgeschlossen. Die Stadt Ratingen besaß nunmehr eine Pfarrkirche, die als eine der frühesten gotischen Hallenkirchen des Rheinlandes angesprochen werden kann.

Im 15. Jahrhundert wurde eine Sakristei angebaut. Die erstmals 1512 erwähnte St. Anna-Kapelle entstand gegen Ende des 15. Jahrhunderts. Seit dieser Zeit rissen auch die Klagen über den schlechten baulichen Zustand der Kirche nicht mehr ab. Durchgreifende Bau- oder Restaurierungsmaßnahmen fanden aber bis ins 19. Jahrhundert nicht mehr statt. Vor 1715 wurde das östliche, 1786 das westliche Langhausdach vereinheitlicht. 1732 schuf der Bildhauer Caspar Turk aus Werden einen neuen Hochaltar. 1779/80 fertigte der Zimmermann Gerhard Louwen die barocke Haube des Westturms, heute noch das weithin sichtbare Wahrzeichen der Stadt. Im Jahr 1856 erfolgte die erste Ausmalung des Kirchenraums von St. Peter und Paul, zuvor waren die Innenwände nur gekälkt. Unter Pfarrer Heinrich Eschbach wurde die Kirche 1875 erneut ausgemalt.

Im 19. Jahrhundert veränderte sich das Erscheinungsbild des mittelalterlichen Kirchenbaus grundlegend. Trotz verschiedener Reparaturen in der ersten Hälfte des 19. Jahrhunderts verschlechterte sich der Zustand des Baukörpers derart eklatant, dass das Kirchengrundstück abgesperrt werden musste. Zudem wuchs die Kirchengemeinde ständig. Daher wurden zwischen 1892 und 1894 eine Restaurierung sowie die Aufführung eines Erweiterungsbaus realisiert, in dessen Verlauf der alte Baukörper um hundert Prozent vergrößert wurde. Die Baumaßnahme leitete der Kölner Architekt Heinrich Wiethase, nach dessen Tod 1893 sein Neffe Edmund Renard. Zunächst wurden das östliche Langhaus hinter den kleinen Türmen sowie der Chor und die Annexräume abgebrochen. Es entstand dann ein nach Osten, Norden und Süden erweiterter Neubau, der mit einem sechsseitigen Hochchor abgeschlossen wurde. Auch die Sakristei und die Kapelle wurden neu errichtet. Die ehemaligen Osttürme blieben in veränderter Gestalt erhalten. Zusätzlich zum Hauptportal im Westturm schuf Wiethase ein Portal an der Südseite und einen Eingang an der Nordseite neben der Sakristei. Parallel zu den Bauarbeiten an der Kirche erfolgte die Freilegung der Südseite des Kirchplatzes, wo nach langwierigen Enteignungsverfahren einige Häuser abgebrochen wurden. Auch die Reste des alten Kirchhofs, der 1796 endgültig geschlossen worden war, wurden beseitigt. 1895 war die Umgestaltung des Kirchplatzes abgeschlossen. Der erste Gottesdienst im neugestalteten Kirchenraum konnte am 18. November 1894 gefeiert werden. Ein neuer Hochaltar, den der Düsseldorfer Bildhauer Anton Josef Reiss schuf, wurde 1896 geweiht.

St. Peter und Paul, Südansicht

Im Jahr 1926/27 malte der Angermunder Kunst- und Kirchenmaler Heinrich Nüttgens St. Peter und Paul aus. In den 1950er Jahren entschieden die Verantwortlichen der Kirchengemeinde, dass »der blaue Himmel des Kirchengewölbes und die übrige buntfarbige Bemalung« (R. Baumann, Dekanat Ratingen II, S. 47) durch

links: St. Peter und Paul, Blick nach Westen

rechts: St. Peter und Paul, Chor mit Hochaltar von 1896

eine monochrome Ausmalung ersetzt werden solle. Dabei blieb es bis heute, während in Lintorf die nach Entwürfen Heinrich Nüttgens erfolgte Ausmalung der Pfarrkirche St. Anna zunächst übertüncht und 1978/79 wiederhergestellt wurde.

Während des Zweiten Weltkriegs wurde die Ratinger Pfarrkirche erheblich beschädigt. Insbesondere das Langhaus und die Dächer waren betroffen, ein Totalverlust der Orgel war zu beklagen. Trotz der Schwere der Kriegszerstörungen konnten die Schäden bis 1948 beseitigt werden. In der ersten Hälfte der 1960er Jahre wurden Restaurierungsmaßnahmen am Mauerwerk notwendig. Zwischen 1972 und 1974 wurden eine neue Fußbodenheizung eingebaut, im Vorraum des Westturms eine Taufkapelle eingerichtet, die Michaelskapelle im Westturm restauriert und der neugotische Altar sowie die Kanzel überarbeitet. Gemäß den Beschlüssen des Zweiten Vatikanum kam es zu einer Neuordnung des Innenraums. Der Verzicht auf den Mittelgang schuf 400 Sitzplätze mit freier Sicht auf den Altar. 1975 wurde ein neuer Altar geweiht, geschaffen von dem Limburger Bildhauer Karl Matthias Winter.

In den 1990er Jahren zogen wiederum diagnostizierte schwere Schäden, unter anderem in den Gewölben, an den Mitteltürmen

Bereits der rheinische Provinzialkonservator Paul Clemen erkannte Ende des 19. Jahrhunderts den kunsthistorischen Wert der Ratinger Monstranz, die heute in einer mit Panzerglas gesicherten Nische in der Nähe des Chorbereichs betrachtet werden kann: »Die bedeutendste Monstranz des 14. Jahrhunderts am ganzen Rhein, in der Behandlung der architektonischen Ornamentik wie der Figuren gleich bewundernswürdig.« (P. Clemen, Die Kunstdenkmäler der Rheinprovinz 3, Bd. 1, Düsseldorf 1894, S. 159)

Die silberne, vierseitige Turmmonstranz ist mit Ausnahme kleiner Flächen vollständig vergoldet. Bestehend aus Fuß, Griff und Aufbau hat sie eine Gesamthöhe von 89 cm und ein Gewicht von 9 kg. Es handelt sich um ein ausgesprochen schlankes Objekt, der Durchmesser des Fußes beträgt 28,5 cm, der Aufbau steht auf einem Fundament von nur 21 cm.

Datierung und Stifter des Kunstwerks sind bekannt. Am Rande des Fußes läuft in gotischen Minuskeln die Inschrift entlang: »bid vor den priester, der dit cleynoyt al up bereyt gegeven heet deser synre Kyrken to rathingen ter eren des hylgen sakramntz, anno dom. MCCCXCIIII«. In hochdeutscher Übertragung lautet die Inschrift: »Bete für den Priester, der dieses Kleinod gerne seiner Kirche zu Ratingen geschenkt hat zu Ehren des heiligen Sakramentes. Im Jahre des Herrn 1394«. Ratinger Pfarrer war seit 1371 der aus Duisburg und offenbar aus einer wohlhabenden Familie stammende Bruno Meens, der gleichzeitig Kanoniker im Stift St. Viktor in Xanten war. Zuvor war Meens Geheimsekretär des Kardinals Guillerms, dann im Dienste der päpstlichen Kurie in Avignon, wo er das Supplikenregister, das Verzeichnis der Bittschriften an den Papst führte. 1398 soll er auf alle Ämter verzichtet haben und in das Kartäuserkloster in Köln eingetreten sein. Im Jahr 1886 veröffentlichte der Kölner Johann Jacob Merlo auf der Grundlage von Quellen vor allem des 16. Jahrhunderts eine Klosterchronik der Kartäuser, in der es unter dem Jahr 1409 hieß: »Bruno Meens, Kanoniker in Xanten und Pfarrer in Ratingen, gab [an das Kartäuserkloster] ein silbernes Bild der Jungfrau Maria, das schön vergoldet und mit wertvollen Steinen geschmückt war und von zwei Engeln hochgehalten wurde, und 225 Mark.« (W. Schäfke (Hg.), Die Kölner Kartause um 1500. Aufsatzband, Köln 1991, S. 33) Ein Wohltäterverzeichnis der Kölner Kartause gibt nun Aufschluss darüber, dass Meens – möglicherweise vor seiner Priesterlaufbahn – als Novize in das Kartäuserkloster eintrat, das begonnene Noviziat aber nicht durchhielt und das Kloster wieder verließ. Ausdrücklich wird erwähnt, dass er der Kartause gewogen blieb; neben

dem erwähnten Bild der Gottesmutter schenkte er dem Orden auch ein Haus (ebd., S. 90). 1411 ist Bruno Meens gestorben. Nach ihm wurde die Brunostraße in Ratingen benannt.
Die Ratinger Monstranz stellt eine gotische Architektur im Kleinformat dar, mit Türmen und Filialen, Strebepfeilern, Krabben und Maßwerk sowie Ranken, Rosetten, Blattwerk und insgesamt 43 Figuren. Der sechsseitige Aufsatz des Fußes zeigt in den durch Streben getrennten Öffnungen unter Zinnen sehr qualitätvoll gearbeitete Halbfiguren von Engeln, von denen fünf musizieren und einer einen Segensspruch mit der Aufschrift »Ave« hält. Der Schaft der Monstranz verbreitert sich auf mittlerer Höhe zu einem runden Knauf mit vier Pasten, die seit der Restaurierung von 1850/51 mit kristallartig geschliffenem Glas in den vier liturgischen Farben weiß, grün, rot und violett geschmückt sind. Ursprünglich saßen anstelle der Glaskristalle höchstwahrscheinlich Edelsteine, die verloren gegangen sind.
Im Zentrum des Objekts befindet sich ein Zylinder aus Bergkristall, der die von zwei knieenden Engeln gehaltene »lunula«, die halbmondförmige Scheibe zur Fixierung der Hostie enthält. Den Kristallzylinder flankieren emporstrebende Architekturelemente in gotischen Formen, Strebesysteme und Stützbögen, die in verkleinertem Maßstab bei der baldachinartigen Bedachung des Mittelgehäuses wiederkehren. Unter den vier Bögen steht jeweils ein Engel, der die »arma Christi«, die Leidenswerkzeuge des Herrn, in Händen hält. An der Außenseite der Strebepfeiler musizieren wiederum vier Engel, in den Nischen der Filialen stehen vier Heilige, von denen zwei männliche Figuren mit Krone und Schwert, zwei weibliche Figuren mit Krone und Palme geschmückt sind.
Hinter der kunstvoll gearbeiteten Balustrade des nächsten Geschosses stehen die zwölf Apostel, wobei Judas fehlt und Johannes der Täufer hinzugefügt ist. An den Pfeilern in der Ebene darüber befinden sich vier Engel mit Musikinstrumenten. In den Nischen der durchbrochenen Bedachung der Monstranz stehen die Hauptfiguren, der hl. Petrus als Patron der Ratinger Pfarrkirche, der hl. Viktor von Xanten, wo Bruno Meens Kanoniker war, die hl. Katharina, die in Ratingen besonders verehrt wurde und die hl. Helena, die nach einer legendenhaften Überlieferung die Stiftskirche in Xanten erbaut haben soll. Die beiden obersten Nischen werden eingenommen von den Figuren der Mutter Gottes mit dem Jesuskind und einer hl. Jungfrau mit Buch und Palme, vielleicht die hl. Barbara. Den Abschluss des in überaus reicher Architekturgliederung gebauten Aufsatzes bildet ein Kreuz mit Corpus.
Der Schöpfer der Ratinger Monstranz ist bis heute unbekannt geblieben. Bereits Paul Clemen zog Parallelen zur Gerresheimer Monstranz. Heute wird davon ausgegangen, dass beide Kunstwerke

Kölner Goldschmiedearbeiten sind. 1850/51 wurde die Ratinger Monstranz von dem Kölner Goldschmied Werner Hermeling sorgfältig restauriert.

Ratinger Monstranz von 1394, Engel mit Trumpscheid

und im neugotischen Bauteil umfangreiche Restaurierungsmaßnahmen nach sich. Im Februar 1996 wurde die Kirche geschlossen, der katholische Gottesdienst fand in den folgenden Jahren in der evangelischen Stadtkirche statt. Im Zuge dieser Baumaßnahmen wurde auch der Mittelgang wiederhergestellt.

Von der mittelalterlichen Ausstattung der Kirche ist wenig erhalten, vor allem von den mittelalterlichen Altären fehlt jede Spur. Allerdings birgt die Ratinger Pfarrkirche einen Goldschmiedeschatz von überregionaler Bedeutung, die gotische Monstranz von 1394.

Aus dem Spätmittelalter, genauer aus der zweiten Hälfte des 15. Jahrhunderts, stammen auch zwei schöne schlichte silbervergoldete Kelche. Die »Madonna mit der Weintraube« (sogenannte »Lothringer Madonna«), um 1500 geschaffen, stammt ursprünglich nicht aus St. Peter und Paul, sondern wurde 1974 im süddeutschen Kunsthandel erworben. Die ältesten Teile des Geläuts von St. Peter und Paul sind die um 1300 entstandene Katharinenglocke, die 1498 von Johann von Venlo gegossene »März« (»Mergen« oder Marienglocke) sowie die von Johann von Neuss und seinem Sohn Reinhard 1523 geschaffene Peter- und Pauls-Glocke. Die berühmteste Glocke ist die »März« mit ihren eindrucksvollen Prophetenköpfen in der Krone. Der Legende nach soll sie bei einem drohenden Angriff auf Ratingen vergraben und später von Schweinen, die mit ihrem Hirten im Junkernbusch unterwegs waren, aus der Erde gewühlt worden sein. Die 1993 von Ulrich Grenzheuser im Auftrag des Heimatvereins »Ratinger Jonges e. V.« geschaffene und am Arkadenhof in der Oberstraße aufgestellte Verkeshirden-Plastik erinnert an diese Erzählung, die übrigens auch Parallelen zu Köln aufweist. Im Kölnischen Stadtmuseum hängt die aus Eisenblech geschmiedete

Madonna mit der Weintraube, um 1500

und vermutlich aus dem 9. Jahrhundert stammende Glocke »Saufang«. Ihren Namen erhielt sie nach einem Bericht des Aegidius Gelenius von 1645, weil sie von Wildschweinen aus einem Sumpfloch geholt worden sein soll. Die Lücke im Geläut von St. Peter und Paul, die drei im Zweiten Weltkrieg eingeschmolzene Glocken gerissen hatten, welche bereits eine frühere Glockengeneration ersetzten, konnte 1958 geschlossen werden. 1995 kam eine neue Glocke hinzu, die den Namen Edith Stein erhielt.

An wichtigen nachmittelalterlichen Ausstattungsstücken sind in St. Peter und Paul vorhanden: die Triumphkreuz-Gruppe aus der ersten Hälfte des 16. Jahrhunderts, die sich früher auf einem hohen Balken zwischen den beiden Chorpfeilern, am sogenannten Triumphbogen, befand und die heute unter dem Westturm aufgestellt ist, die Pietà aus dem 17. Jahrhundert in der Marienkapelle, die um 1700 entstandenen Statuen des hl. Petrus und des hl. Paulus, von denen man nicht weiß, ob sie zum barocken Hochaltar der Kirche gehörten, das Gemälde »Beweinung Christi« nach Anton van Dyck (1599–1641), die nach 1700 geschaffene Statue des hl. Sebastian sowie der Taufstein von 1631 aus blauschwarzem Kalkstein (»Ratinger Marmor«).

Triumphkreuz-Gruppe, 1. Hälfte 16. Jahrhundert

Pietà in der Marienkapelle, 17. Jahrhundert

Taufstein aus »Ratinger Marmor«, 1631

In St. Peter und Paul sind keine alten Glasfenster erhalten. Die von Walter Brenner 1949/50 entworfenen Chorfenster ersetzten Kriegsverluste. Sie zeigen in der Mitte die Auferstehung Christi, im Norden die Geburt des Heilands und die Verkündigung an die Hirten, im Süden den Opfertod am Kreuz. An der Nordseite der Turmhalle findet sich das von A. Spierling in den 1950er Jahren geschaffene Michaelsfenster. 1990 wurden im Langhaus die letzten Fenster des Kölner Malers Hans Lünenborg eingesetzt (1904–1990). Die Firma Hein Derix aus Kevelaer fertigte die Glasarbeiten. Zwei Fenster sind den beiden Kirchenpatronen Petrus und Paulus gewidmet. Das dritte Fenster gestaltet das Thema »Über den Tod hinaus«. Im vierten Fenster ist das Paradies dargestellt, im Mittelpunkt steht die Rose als Symbol für die Liebe Gottes. Die übrigen Fenster zeigen bildliche Darstellungen nur in den Fensterrosen: Gestaltet sind Heilige, die in Ratingen besonders verehrt werden und deren Altäre früher in der Kirche standen: Sebastian und Georg, Nikolaus und Martin, Katharina und Barbara sowie Antonius und Hubertus.

Das historische **Bürgerhaus am Markt** ② war seit dem Mittelalter das Zentrum des kommunalen und politischen Lebens in Ratingen, Symbol der städtischen Freiheit und Ausdruck bürgerlichen Repräsentationswillens. Dort tagte der Rat, dort erfüllten allgemeine Verwaltung, Gerichtsbarkeit und Polizeigewalt, Finanzverwaltung und

Die Dumeklemmersage

Neben der Pfarrkirche St. Peter und Paul an der Oberstraße steht der »Dumeklemmerbrunnen«, den der Bildhauer Karl-Heinz Klein 1972 schuf. Drei Jungen stehen auf einem Steinsockel, die Rücken einander zugewandt und strecken fröhlich einen Arm in die Luft. Bei näherem Hinsehen erkennt man, dass die Daumen etwas platt sind. Eine Tafel erläutert den Hintergrund: Der hl. Suitbertus (um 637–713), ein angelsächsischer Missionsbischof, der um 695 das später Kaiserswerth genannte Kloster gründete, soll eines Tags nach Ratingen gekommen sein, um die heidnischen Einwohner zum Christentum zu bekehren. Das passte den Ratingern aber nicht, die an ihren alten Göttern festhalten wollten. Sie jagten Suitbertus, der gerade begonnen hatte, ihnen das Evangelium zu predigen, aus dem Ort. Das Stadttor knallten sie so heftig zu, dass Suitbertus mit seiner Hand hängen blieb und sich den Daumen quetschte. Wutentbrannt verfluchte er die renitenten Ratinger und prophezeite ihnen, dass ihre Kinder fortan mit platten Daumen auf die Welt kommen würden. Später wurden die Ratinger doch noch zum Christentum bekehrt.

Dumeklemmerbrunnen, geschaffen 1972 von Karl-Heinz Klein

Diese nette Erzählung entbehrt leider jeglichen Wahrheitsgehalts. Eine missionarische Tätigkeit des Suitbertus bei den Brukterern zwischen Ruhr und Lippe ist zwar überliefert, dass der Heilige aber jemals in Ratingen war, ist unwahrscheinlich. Über die Gestalt einer dortigen Siedlung zu Lebzeiten des Suitbertus ist nichts bekannt. Archäologische Untersuchungen haben allerdings Hinweise auf die Existenz einer kleinen Kirche im 8. Jahrhundert gegeben; diesen Ergebnissen ist allerdings heftig widersprochen worden. Mit Sicherheit hat es zu Lebzeiten des Suitbertus keine Stadttore in Ratingen gegeben, denn diese wie die gesamte Stadtbefestigung wurden erst nach der Stadterhebung 1276 erbaut. Es ist auch gelegentlich vermutet worden, dass die Sage die Suitbertus-Tradition mit der angstvollen Erinnerung an mittelalterliche Folterpraktiken, dem Anlegen der Daumenschrauben, vermischt habe. Ratingen war im Mittelalter eine Zeit lang Sitz des für das gesamte Herzogtum zuständigen Scharfrichters.

Die Sage hat bis heute nichts von ihrer identitätsstiftenden Funktion verloren. Ratingen wird oft als »Dumeklemmerstadt« bezeichnet, die Stadthalle heißt »Dumeklemmerhalle«, die Ratinger Metzger produzieren »Dumeklemmer-Würstchen«, die »Ratinger Jonges« verleihen für besondere Verdienste die »Dumeklemmer-Plakette«. Auch die Schülerarbeiten, die 1995 aus Anlass des 70-jährigen Bestehens des »Vereins für Heimatkunde und Heimatpflege Ratingen e. V.« zum Thema »Ratingen – meine/unsere Stadt« entstanden, zeugen von der Präsenz und Beliebtheit der Dumeklemmersage. Eine der originellsten Versionen ist das »Interview mit Suitbertus«, das sich Eva Dammers einfallen ließ:

»Reporter:	Sie bekamen die Hartnäckigkeit der Ratinger am eigenen Leibe zu spüren?
Suitbertus:	Ja, so etwas ist mir wirklich noch nie passiert.
Reporter:	Erzählen Sie, wie es zu diesem Ereignis kam!
Suitbertus:	Also, ich wollte die Ratinger, wie schon die Bürger in vielen Städten, zum Christentum bekehren. Doch als ich vor das Stadttor von Ratingen kam, ließen sie mich nicht hindurch. Ich stemmte mich mit aller Kraft gegen das Tor, doch die Ratinger waren stärker.
Reporter:	Und dann passierte es?
Suitbertus:	Ja! Mein Daumen kam dazwischen und wurde eingeklemmt. Er schwoll an, und es tat schrecklich weh.
Reporter:	Und dann sprachen Sie, was für einen Mönch äußerst unchristlich ist, einen Fluch aus?
Suitbertus:	Richtig. Aus meiner Wut heraus sprach ich folgenden Fluch: ›Alle Ratinger, die ab heute geboren werden, sollen mit einem platten Daumen auf die Welt kommen.‹
Reporter:	Und was sagten die Ratinger dazu?
Suitbertus:	Ach, die haben mich nur ausgelacht.«

(J. Schulz-Hönerlage (Bearb.), Ratinger Sagen neu erzählt. In: Ratinger Forum 8, 2003, S. 68)

Verteidigungswesen ihre Aufgaben. Dort und auf dem benachbarten Marktplatz gingen Kaufleute und Händler ihren Tätigkeiten nach.

Im Jahr 1338 erwarb die Stadt Ratingen aus dem Besitz der Kölner Johanniterkommende eine Hofstätte und ein Haus nahe dem Friedhof, das Weinhaus (»domus Wynhus«) genannt wurde. Es ist häufig angenommen worden, dass dieses Haus in der Folgezeit zum Bürgerhaus umgebaut worden sei; möglicherweise habe das Weinhaus bereits vor 1338 als provisorisches Bürgerhaus gedient. Die gleichzeitig angekaufte Hofstätte sei als Marktplatz genutzt worden. Dieser Sichtweise widersprach der Lokalhistoriker Jakob Germes, der der Meinung war, dass das alte Weinhaus nicht mit dem Bürgerhaus identisch sei, sondern als vornehmes Gasthaus immer schon nördlich des Bürgerhauses und direkt gegenüber dem Westturm von St. Peter und Paul gestanden habe. Erst gegen Ende des 19. Jahrhunderts sei das Weinhaus abgerissen worden, weil im Zusammenhang mit der großen Kirchenbaumaßnahme auch das Hauptportal der Pfarrkirche freigelegt werden sollte. Die Urkarte von 1839 bestätigt die Existenz beider Gebäude.

Bürgerhaus

Im ältesten Ratinger Stadtbuch von 1362 wird erstmals das »domus opidanorum«, das Haus der Bürger, genannt, das auch einige Seiten weiter ausdrücklich als »burgerhuyss« bezeichnet wird. Im »Codex Ratingensis«, einem Messbuchcodex aus dem 12.–13. Jahrhundert, der bis in die erste Hälfte des 15. Jahrhunderts reichende Aufzeichnungen enthält, erscheint das Haus etwa gleichzeitig als »domus consulum«. 1341 wird der Ratinger Rat erstmals erwähnt. Ergebnisse einer in den 1960er Jahren durchgeführten archäologischen Untersuchung bestätigen, dass das Bürgerhaus in der ersten Hälfte des 14. Jahrhunderts aus Bruchsteinen erbaut worden ist. Mitte des 15. Jahrhunderts wird das Bauwerk auch »stathuyse« oder endlich »raithuys«, also Rathaus, genannt.

Aus den Textquellen erfahren wir, dass im unteren Geschoss des Rathauses die meistens verpachtete Stadtwaage untergebracht war. Das Normalmaß einer Elle, das zur Überprüfung der korrekten Maße z. B. von Stoffen diente, war am Rathaus angebracht. In dem »burgerhuys« sorgten auch Bürgermeister, Schöffen und Rat bzw. die von ihnen Beauftragten dafür, dass die Maße und Gewichte einmal im Jahr geeicht wurden.

Im Jahr 1611 untersuchte eine Regierungskommission aus Düsseldorf die Ansprüche der Reformierten, das Bürgerhaus auch am Sonntag zu gottesdienstlichen Zwecken zu benutzen. Diese hatten dort bereits Gottesdienst gefeiert und waren der Meinung, dass sie niemanden stören würden, weder den Betrieb der Stadtwaage noch die Zusammenkünfte der Handwerkervereinigungen, der »ambachter«, oder die Jahrmärkte. Die Gewandschneider hatten damals offenbar ihre Stände im Bürgerhaus. Zudem sagten die Reformierten aus, dass sie den Betrieb der Stadtwaage durch Aufräumaktionen erleichtert hätten. Später wurde den Reformierten der Gottesdienst im Rathaus untersagt.

1713 beschloss der Rat, der Stadtrentmeister solle in der an der untersten Treppe des Rathauses Richtung Markt rechterhand liegenden Stube eine Registratur einrichten lassen, die mit einer Tür verschließbar war. Dort waren die zur Steuer wie zur Stadtrentmeisterei gehörenden Briefschaften und Rechnungen aufzubewahren. 1722 wurde in der auf dem Rathaus eingerichteten Registratur ein Stadtarchiv ins Leben gerufen. Die Magistratsmitglieder und andere Amtsträger wurden aufgefordert, binnen drei Wochen alle in ihrem Besitz befindlichen Dokumente abzuliefern. Ein Stadtarchiv hat es allerdings bereits im Mittelalter gegeben, denn ca. 1440 war die Rede davon, dass sich die »stat kiste up dem toerne« befinde, womit der Turm der Kirche St. Peter und Paul, konkret die heutige Michaelskapelle gemeint ist.

Über die äußere Gestalt des alten Bürgerhauses besitzen wir nur unzulängliche Informationen. Ein Vorbau und eine Treppe sind bezeugt, einen Turm soll es gegeben haben. Ploennies, kaum für wirklichkeitsgetreue Zeichnungen bekannt, schmückte das Rathaus 1715 mit Eckvorlagen. Zu Beginn des 18. Jahrhunderts war das Ratinger Rathaus baufällig. Erst 1751 konnte eine grundlegende Sanierung durchgeführt werden, was durch eine Ankersplinte mit dieser Jahreszahl bezeugt ist. Damals erhielt das Gebäude seine heutige Gestalt, die charakteristischen geschweiften Giebel, neue Dächer, Treppen, Fenster, Türen und Fußböden. Zwei Jahre später wurde die Treppe vor dem Haupteingang, das Vorhaus und die Wachstube erneuert und ein neuer Archivkasten angefertigt. 1754 schließlich wurden ein alter Vorbau und ein turmartiger Anbau abgerissen, die Fassade und der Steinweg entlang des Gebäudes erneuert. Das Muttergottesbild, das seit »uralten Zeiten in der Ecke des Rathauses gestanden« hatte, musste neu gestaltet werden. Zur Ausschmückung des Rathauses erbat die Stadt ein Porträt des Kurfürsten Karl Theodor, das sie auch erhielt.

Im Jahr 1879 zog die Stadtverwaltung aus dem Gebäude am Marktplatz aus und in das ehemalige Minoritenkloster ein. Das alte Rathaus stand seit 1881 dem Amtsgericht zur Verfügung, das erst 1919 ein eigenes Gebäude in der Düsseldorfer Straße erhielt. Seit 1925 bot das alte Bürgerhaus der städtischen Sparkasse, der Kasse der Stadtwerke, dem Heimatmuseum und der Stadtbibliothek eine Heimstätte. Heute ist hier eine Gaststätte untergebracht.

Seit 1973 stehen der enorm gewachsenen Ratinger Stadtverwaltung der Rathausneubau in der Minoritenstraße, gegenüber das Technische Rathaus sowie einige Dependancen zur Verfügung.

Seit 1997 lädt am Bürgerhaus das von der Künstlerin Doris Waschk-Balz entworfene Relief zur Stadtgeschichte zum Nachdenken und Entziffern der dargestellten Objekte und Personen ein.

Die vier Ratinger Hauptstraßen, die Lintorfer, früher Angermunder Straße, die Oberstraße, die Bechemer Straße und die Düsseldorfer, früher Vowinkler Straße treffen am **Marktplatz** ③ zusammen. Die Straßen werden im ersten Ratinger Stadtbuch von 1362 erwähnt, ebenso wie der Marktplatz, der hier als »forum« und »martte«

bezeichnet wird, und der Marktbrunnen, der »puteus fori«. Die Ratinger Stadterhebungsurkunde von 1276 kennt keinen Markt, er wird allerdings bereits lange vor 1371 bestanden haben; in diesem Jahr verlieh Graf Wilhelm II. von Berg der Stadt Düsseldorf nach dem Ratinger Vorbild einen am Samstag abzuhaltenden Wochenmarkt.

Die Ratinger Stadtkonservatorin Anna-Maria Voss ist der Meinung, dass der mittelalterliche Markt von wesentlich kleinerem Zuschnitt gewesen sein müsse als der heutige. Sie folgert dies unter anderem aus dem Vorhandensein größerer Höfe westlich und nördlich des Rathauses, aus der Tatsache, dass die westliche Traufwand und die nördliche Giebelmauer des Bürgerhauses bis zum Umbau Mitte des 18. Jahrhunderts ohne Fensteröffnungen gewesen und der Eingang zum Kirchhof ausgerichtet war. Der Marktplatz scheint sich auf seinen südlichen Teil beschränkt zu haben.

Marktplatz mit den historischen Häusern (v. r.) »Zum roten Löwen«, »Zu den vier Winden« und »Zu den drei Königen«

Der Markt diente der direkten Versorgung der Bürger, die hier ihren alltäglichen Bedarf decken konnten. An der Südseite beim Marktbrunnen befand sich der Fischmarkt mit seinen Fischbänken, die 1425 erstmals erwähnt werden. 1493 ist von einer neuen Fischbank gegenüber dem Bürgerhaus die Rede. Daran schlossen sich in Richtung auf das große Kircheisen, einem Zugang zum Friedhof, die Bänke des Fleischmarktes, die Scharnen an, von denen wir 1443 erstmals Kenntnis erhalten. Im Jahr 1464 erfahren wir von einem »vleischhuysse«, einem Fleischhaus. Die Marktbänke waren städtisches Eigentum und wurden jährlich neu verpachtet. Finniges Fleisch durfte nur auf einer verdeckten Bank angeboten werden; der Verkauf schlecht gewordenen Fisches erfolgte auf dem sogenannten

Faulmarkt. Über die Einhaltung der Bestimmungen wachten die beiden Marktmeister, von denen einer aus der Bürgerschaft und der andere aus der Fleischerzunft kam. Natürlich wurden auch Obst und Gemüse und andere Güter des alltäglichen Bedarfs feilgeboten. Mitte des 15. Jahrhunderts fanden mehrmals in der Woche Märkte statt. 1510 wird ein Dienstagswochenmarkt in Ratingen erwähnt, der schon lange bestanden haben wird; dorthin mussten alle Einwohner des Amtes Angermund, die Korn und Früchte verkaufen wollten, diese zuerst liefern.

1440 werden erstmals Jahrmärkte erwähnt, ein Oster- und ein Herbstmarkt. Vom Ende des 15. Jahrhunderts bis ins 17. Jahrhundert fand der Jahrmarkt am 11. November statt. 1888 wurde die Abhaltung von Jahrmärkten eingestellt. 1596 bewilligte Herzog Johann Wilhelm I. von Kleve-Jülich-Berg die Abhaltung von zwei Viehmärkten in Ratingen. Die Termine für die Vieh- und Warenmärkte wechselten häufig. Von 1718 bis 1908 wurde der Wochenmarkt täglich veranstaltet, seither nur noch dreimal in der Woche. Heute findet auf dem Ratinger Marktplatz dienstags, donnerstags und samstags ein Wochenmarkt statt. Kirmes mit Schützenfest ist am ersten Wochenende im August; diese finden allerdings außerhalb des Zentrums statt. Seit 1976 schmückt der markante Marktbrunnen den Platz. Die Plastik des zwiegeschwänzten, auf ein Rad gestützten Löwen sowie die Medaillons mit den Wappen der ehemals selbständigen Gemeinden Breitscheid, Eggerscheidt, Homberg, Hösel und Lintorf schuf der Bildhauer Hans Breker (1906–1993).

Marktbrunnen, geschaffen 1976 von Hans Breker

An der Ecke Marktplatz/Minoritenstraße befindet sich das Gebäude des ehemaligen **Minoritenklosters** ④. Bereits im Mittelalter existierte eine Niederlassung der »Minderen Brüder« in Ratingen. 1380 lebten sie im kleinen Konvent der Beginen, wo sie auch für die Seelsorge der frommen Frauen zuständig waren. Als das Haus im 15. Jahrhundert in Privatbesitz überging, bezogen die Ordensleute das Nachbarhaus, das »Mynrebroderhuyß« genannt wurde. Die Minoriten gründeten damals mit Sicherheit kein Kloster in Ratingen, sondern nur eine ständig besetzte Terminierstation, eine Sammelstelle für die von ihnen erbettelten Almosen, die für die Minoritenzentrale in Köln bestimmt waren. Zu einem unbekannten Zeitpunkt ging die Niederlassung in Ratingen ein.

1651 ließen sich die Minoriten erneut in Ratingen nieder. Der Bau des Klosters erfolgte in wirtschaftlichen Krisenzeiten, bald nach dem Ende des Dreißigjährigen Krieges. 1655 wurde der Grundstein für das Kloster an der heutigen Ecke Lintorfer Straße/Minoritenstraße gelegt und am 4. Oktober 1656 zogen die Patres in das Gebäude ein, das zunächst nur aus einem Flügel bestand. Der Grundstein für die Klosterkirche konnte erst 1659 gelegt werden. Vermutlich 1668 fand der erste Gottesdienst statt. Am 19. August 1725 konsekrierte Theodor Thier, der Abt des Klosters Werden-Helmstedt, die Ratinger Minoritenkirche am Fest und zu Ehren des hl. Ludwig von Toulouse. Der Hauptaltar war der Stigmatisation des hl. Franziskus geweiht, die Seitenaltäre dem hl. Antonius von Padua (Altarstein von 1751/52) und der Muttergottes. Seit 1678 wurde das Minoritenkloster vergrößert. Es entstanden zwei neue Gebäudeflügel; am westlichen Seitenflügel ist heute noch die Jahreszahl 1691 zu erkennen. Die Klosterkirche bildete den südlichen Flügel an der heutigen Minoritenstraße. 1705 war die gesamte Anlage vollendet. 1748 zerstörte eine Feuersbrunst weite Teile des Klosters, das 1755 wiederaufgebaut wurde. Die Minoriten sammelten nicht nur Almosen, sie waren auch für die Seelsorge in Ratingen zuständig. 1747 wurde ihnen die St. Marien-Vikarie und 1769 die Bedienung der St.-Hubertus-Vikarie übertragen. In Ratingen unterhielten die Minoriten zwischen 1767 und 1769 und 1781 und 1806 auch eine Lateinschule. Verpflichtungen in den Bereichen Seelsorge und Gottesdienst übernahmen sie auch in Lintorf, Hubbelrath, Gerresheim und Derendorf. Die feierlichen Gottesdienste in der Ratinger Minoritenkirche wurden von den katholischen Bürgern

gern besucht, so dass Konflikte mit den Pfarrern nicht ausblieben. Durchschnittlich lebten 13 Ordensleute in Ratingen.

Im Vordergrund das Minoritenkloster

Am 12. Oktober 1803 verfügte Kurfürst Maximilian Joseph die Auflösung aller Klöster im Herzogtum Berg; ausgenommen waren lediglich weibliche Orden, die sich dem Schulunterricht und der Krankenpflege widmeten. Das Ratinger Minoritenkloster blieb zunächst als Zentralkloster des Ordens bestehen, wo die Mönche, unterhalten durch den Staat, ihren Lebensabend verbringen konnten. Zu Beginn des 19. Jahrhunderts waren die Klostergebäude baufällig, die Insassen alt und körperlich oder geistig krank. Mit Pater Paschasius Heim starb am 27. Juni 1843 der letzte Minorit in Ratingen.

Das Kloster- und Kircheninventar wurde in den Jahren nach der Säkularisation verkauft, versteigert und auf staatliche Weisung hin an andere Kirchengemeinden abgegeben. Das gesamte Kirchenmobiliar steht – mit Ausnahme der Kommunionbank – in der Kirche St. Peter und Paul in Irlich bei Neuwied. Die liturgischen Geräte kamen zunächst in die Ratinger Pfarrkirche St. Peter und Paul und wurden dann an andere Pfarreien im heutigen Ratinger Stadtgebiet abgegeben. Ein 1686 gefertigter Paramentenschrank steht noch heute in der Sakristei von St. Peter und Paul.

Im Jahr 1834 schenkte der preußische Staat der Stadt Ratingen das Gebäude des Klosters, die dort eine Schule einrichten sollte, was nach umfangreichen Sanierungsmaßnahmen auch geschah. 1879 zog auch die Stadtverwaltung ins ehemalige Minoritenkloster

Innenhof des Minoritenklosters, im Vordergrund rechts Stein mit dem Wappen des Kurfürsten Johann Wilhelm, 1920er Jahre

und blieb dort bis 1973, bis zur Einweihung des Rathausneubaus, der im Anschluss an das ehemalige Minoritenkloster errichtet wurde. Heute sind im ehemaligen Klostergebäude ein Kino, die Volkshochschule und das Standesamt untergebracht.

Gegenüber dem ehemaligen Minoritenkloster steht heute noch das Gebäude der Lateinschule am Marktplatz 9, auch **Altes Gymnasium** ⑤ genannt. Bereits im Mittelalter bestand in Ratingen eine lateinisch-deutsche Schule in kirchlich-städtischer Trägerschaft. Das Schulgebäude befand sich zunächst gegenüber dem Grüthaus in der Lintorfer Straße, und dann seit 1539 (Neubau 1544) im letzten Haus in der Häuserzeile südlich der Pfarrkirche, die aus der Straßenflucht an der Oberstraße heraus ragte. Diese Einrichtung verlor im Laufe des 17. Jahrhunderts den Charakter einer Lateinschule, die die Schüler auf den Besuch einer Universität vorbereitete. In Ratingen existierte seitdem nur noch eine deutsche Schule, die elementares Wissen vermittelte. Die nächste Lateinschule befand sich in Düsseldorf, ihr Besuch war für die meisten Ratinger Kinder mit hohen Kosten verbunden.

Seit 1765 bemühten sich die Stadt Ratingen und der Minoritenorden um eine Wiederbelebung der Lateinschule, was jedoch am Widerstand der Regierung und der Düsseldorfer Jesuiten scheiterte, die in der Ratinger Neugründung eine Konkurrenz für die von ihnen geleitete Einrichtung sahen. 1780 bat der Ratinger Magis-

Das »Alte Gymnasium«, die frühere Lateinschule

trat die kurfürstliche Regierung erneut um die Genehmigung einer Lateinschule, an der Minoriten als Lehrer wirken sollten. Zwei Jahre zuvor war das geräumige Haus am Marktplatz 9 angekauft worden. Am 3. Januar 1781 lag die Genehmigung vor, in der ausdrücklich die Bedingung gestellt wurde, dass sowohl katholischen als auch evangelischen Kindern der Besuch gestattet werden müsse. Die Schule zog in das Obergeschoss des Hauses ein, das deshalb später auch »Altes Gymnasium« genannt wurde. Im Erdgeschoss etablierte sich die Stadtschule, die ebenfalls den Kindern aller christlichen Konfessionen offen stand. 1806 wurde die Schule geschlossen. Erst seit 1900 kam der Prozess wieder in Gang, der zur Ausbildung eines höheren Schulwesens in Ratingen führte. Das Haus am Marktplatz 9 wird seit 2002 als Gaststätte genutzt.

An der Lintorfer Straße 16 steht die **evangelische Stadtkirche** ⑥, eines der ältesten reformierten Kirchengebäude im Rheinland. Im Jahr 1565 gingen die ersten Angehörigen des Kirchspiels Ratingen nach Kettwig und Homberg, um dort die Kommunion in beiderlei Gestalt zu empfangen. Seit diesem Datum sind »Evangelisch-Gesinnte« in Ratingen nachgewiesen. Eine reformierte Gemeinde wird erstmals 1584 erwähnt. Gottesdienste wurden auch in Privathäusern und in den häufig abgelegenen Bauernhöfen der Umgebung gefeiert. Eine wichtige Rolle in der Geschichte der reformierten Gemeinde spielte Gut Rommeljan in der Honnschaft Bracht,

Evangelische Stadtkirche

dessen Besitzer protestantisch geworden waren und ihr Anwesen für heimliche Gottesdienste zur Verfügung stellten. Als die reformierte Gemeinde zu Beginn des 17. Jahrhunderts stark wuchs, beanspruchten ihre Mitglieder den unteren Teil des Rathauses auch für Sonntagsgottesdienste. Andachten am Mittwoch konnten sie dort bereits seit einiger Zeit feiern. In der ersten Hälfte der 1630er Jahre erwarb die reformierte Gemeinde ein Haus in der Lintorfer Straße für Gottesdienstzwecke, dessen Nutzung aber immer wieder infolge der sich verschärfenden konfessionellen Auseinandersetzungen und des Dreißigjährigen Krieges in Frage gestellt wurde. Der Nachfolgebau dieses Hauses, das evangelische Pfarrhaus, steht heute noch in der Lintorfer Straße 18. Wieder fand heimlicher Gottesdienst auf Gut Rommeljan, in Homberg und im Haus des Johann Bercks am Markt statt.

Die seit den 1630er Jahren gehegten Pläne, ein eigenes Gotteshaus mit Schule zu errichten, ließen sich erst nach Beendigung des Dreißigjährigen Krieges realisieren. Am 20. März 1668 wurde auf einem Hinterhofgrundstück an der Lintorfer Straße der Grundstein gelegt. Das Baugrundstück hatte der brandenburgische Rat Werner Lucas Blaspiell, der aus Ratingen stammte, der reformierten Gemeinde heimlich geschenkt. Friedrich Wilhelm von Brandenburg-Preußen, der Große Kurfürst, förderte den Bau mit 50 Goldgulden und jährlichen Zahlungen. Wenige Wochen später untersagten die Düsseldorfer Regierungsbehörden den Weiterbau. Da die Gemeinde trotz des Verbots die Bauarbeiten fortsetzen ließ, um die Außenmauern zu sichern, wurden die verantwortlichen Presbyter mit einer hohen Geldstrafe belegt, die erst 1690 abbezahlt war.

Nach Unterzeichnung des Religionsvergleichs von 1672, der zu einer Entspannung der Beziehungen zwischen den Konfessionen führte, konnte 1683 in Ratingen weitergebaut werden. Indessen erzwang zwei Jahre später die prekäre Finanzlage der Gemeinde einen erneuten Baustopp. Auch der geplante Chorabschluss im Osten ließ sich nicht realisieren, so dass die Wandöffnung 1685 ausgemauert werden musste. Der Rundbogen ist heute noch im Mauerwerk sichtbar. Stiftungen von Ratinger Gemeindemitgliedern, von benachbarten evangelischen Gemeinden und aus den Niederlanden legten die Grundlage für die Wiederaufnahme der Bauarbeiten. Entscheidend war wohl, dass Friedrich Wilhelm von Brandenburg-Preußen 1686/87 eine erneute Kollekte und eine Dotation in Höhe von 100 Goldgulden genehmigte. Erst nach dieser Finanzspritze konnte die reformierte Kirche vollendet werden, allerdings noch ohne den Turm. Es entstand aus Bruchsteinen ein schlichter Saalbau, dessen Ostgiebel mit Backsteinen aufgemauert war. 1709 wurde der Dachreiter aufgesetzt, der zwei Glocken aufnahm. 1736 baute Thomas Weidtmann aus Ratingen eine Orgel; ein Nachbau des barocken Prospektes schmückt heute die Stadtkirche. Damals wurde wohl auch die Querempore (Brüstung aus dem ausgehenden 19. Jahrhundert) eingezogen. Seit 1856 besitzt die Kirche ihren hohen, aus Feldbrandsteinen in Kalkmörtel gemauerten Turm. 1892 schuf der Einbau von Längsemporen mehr Platz für

Innenansicht der evangelischen Stadtkirche

die wachsende Gemeinde. 1927 wurden die Sakristei sowie die Kanzel- und Altaranlage erneuert. 1953 erhielt die evangelische Kirche zwei Buntglasfenster in der Ostfassade, die Szenen aus dem Alten und dem Neuen Testament zeigen; geschaffen wurden sie von dem Künstlerehepaar Dreher aus Weilheim in Oberbayern.

Seit der Union von 1817 benutzten auch die Lutheraner die Stadtkirche. Eine 1820 geschaffene Unionsmedaille, die in der Kirche aufbewahrt wird, erinnert an das Ereignis. Die Lutheraner brachten einige wertvolle liturgische Geräte mit, so einen Abendmahlkelch und eine Abendmahlkanne von 1620. Auch ein 1730 von einem unbekannten Künstler geschaffenes Abendmahlbild, das in der lutherischen Kirche ursprünglich als Altarbild diente, hängt heute in der evangelischen Stadtkirche. 1965/66 wurden im Zusammenhang mit einer grundlegenden Sanierung der evangelischen Stadtkirche die Emporen abgerissen. Zwischen 1989 und 1992 erfolgte eine erneute Renovierung. Seit 2002 ist das Gotteshaus tagsüber stets geöffnet.

An der Grütstraße 12 steht das **alte katholische Pastorat** ⑦. Es ist aber beileibe nicht die älteste Wohnung des Ratinger Pfarrers. Der älteste Widemhof, wie man früher das Pfarrhaus nannte, stand in der Lintorfer Straße. Vor der Mitte des 15. Jahrhunderts wurde ein neuer Widemhof erbaut, der bereits auf dem heutigen Grundstück Grütstraße 12 stand. Südlich schloss sich das Grüthaus an, in dem die Grüt, der Kräuterzusaz für das damals gebräuchliche Bier, hergestellt wurde, nordöstlich befand sich die »Tente« genannte Niederlassung der Dominikaner. Die Ratinger Pfarrer hatten es bis ins 18. Jahrhundert hinein sehr schwer, eine würdige Unterkunft zu finden. Der Kölner Dompropst als Inhaber der Pfarrstelle kam seiner Pflicht nicht nach, für eine ausreichende Dotierung der Pfarrstelle zu sorgen, so dass der Pfarrer das Gebäude nicht unterhalten konnte. Um 1560 war es baufällig. Pfarrer Franz Karß ließ es 1564 noch auf eigene Kosten renovieren, unter seinen Nachfolgern aber setzte der völlige Verfall ein, so dass das Pfarrhaus schließlich abgerissen werden musste. Ende des 16. Jahrhunderts befand sich kein Gebäude auf dem Grundstück. Ab 1575 bewohnten die Ratinger Pfarrer das Haus der St.-Hubertus-Vikarie an der Ecke Grütstraße/

Marktplatz, das sich allerdings auch nicht immer in einem akzeptablen Zustand befand.

Unter Pfarrer Johann Adolf Röttgen (1717–1723) wurde erstmals die Frage eines Pastoratsneubaus diskutiert, wegen der ungeklärten Kostenfrage allerdings ohne Erfolg. Als der neue Pfarrer Johann Peter Harzheim (1743–58) seinen Dienst in Ratingen nicht antreten konnte, weil er ohne Wohnhaus dastand, wurde die Pastoratsangelegenheit dringlicher. Die Gemeinde organisierte eine Kollekte und im Frühjahr 1745 begannen die Bauarbeiten, die aber im Winter aus Geldmangel wieder eingestellt werden mussten. Erst nach 1758 konnte das Pfarrhaus in der heutigen Grütstraße 12 fertiggestellt werden. Als 1908 an der Ecke Grütstraße/ Marktplatz (Kirchgasse) wiederum ein neues Pastorat errichtet wurde, musste dafür das Haus des Küsters abgerissen werden, der fortan in der Grütstraße 12 wohnte. Im Lagerbuch der katholischen Kirchengemeinde von 1840 wird das Pastorat beschrieben. Die Aufteilung der Innenräume, die Gestaltung der Außenanlagen und auch die Fenster und Türen haben sich seither geändert: »Das Pfarrhaus Nr. 171 in der Grünstraße [!], Hausplatz, 17 Ruthen 40 Fuß preuß. groß. Das Erdgeschoß, massiv in Bergsteinen erbaut, enthält drei Zimmer, eine Küche, vorn zwei Fenster und zwei Thüren, hinten drei Fenster und zwei Thüren, und einen Nebenraum als Stall und Holzschoppen. Unter der vorderen Hälfte befindet sich ein in Bruchsteinen gewölbter Keller, in welchem zwei Treppen, eine vom Vorhofe und eine aus der Küche, hinabführen. Auf dem Vorhofe, der durch eine niedrige Mauer und einen darauf stehenden hölzernen Zaun von der Straße getrennt ist, befindet sich ein Brunnen nebst Kurbel, Kette und Gehäuse. Die obere Etage enthält sechs Zimmer, vorn vier, hinten sechs Fenster, welche, wie die

»Der gute Hirte« über dem Eingang des alten katholischen Pastorats

im Erdgeschoß, mit hölzernen Läden versehen sind. Sie ist nebst den Giebeln in Fachwerk mit Ziegelsteinen, zum Teil mit Lehm aufgebaut. Der hinter dem Pastorat liegende Garten ist 37 Ruten 70 Fuß groß, von guter Qualität, von zwei Seiten mit einer Mauer von Ziegelsteinen und an einer Seite (Norden) mit einer lebendigen Hecke umgeben.« (Stadtgeschichte I, S. 336) Nicht erwähnt wird der sogenannte »Ratinger Marmor«, ein Kalkstein, aus dem Fenster- und Türrahmen gefertigt sind. Ebenfalls unerwähnt bleibt die Statue des »Guten Hirten« über der Eingangstür, die das Gebäude als Pastorat ausweist.

In der Düsseldorfer Straße 1 steht man vor dem **Haus »Zu den Drei Königen«** ⑧. Bereits im Stadtbuch von 1443 findet sich die Eintragung, dass Johann Goebs und seine Ehefrau Grete das Eckhaus »up dem orde van Beeckem ind Vowinckell genant des Koenynx huyss« bewohnten. Einige Jahre später ist von einem Brauhaus die Rede, das neben dem »Koenynx huyss« steht und zu diesem gehört. Vielleicht war das Eckhaus an der Bechemer und Vowinkeler (Düsseldorfer) Straße bereits damals ein Gasthaus, in dem selbstgebrautes Bier ausgeschenkt wurde. Später wurde aus dem »Koenynx huyss« das Haus »Zu den drei Königen«, was ja auch ein sehr attraktiver Gasthausname ist. 1762 zerstörte ein Brand das Gebäude. Danach wurde es in der heutigen Form als massives Bruchsteingebäude wieder aufgebaut. Im 19. Jahrhundert erfolgte die Erweiterung durch einen Ziegelsteinanbau. 1979/80 führte die Stadt Ratingen als damalige Besitzerin eine umfassende Sanierung durch, die aber im Oktober 1980 durch eine Brandstiftung wieder zunichte gemacht wurde. Heute befindet sich hier erneut eine gut besuchte Gaststätte.

Als Johannes Korte 1729 die Konzession zum Betrieb einer Apotheke erhielt, lag diese noch an der Ecke Bechemer Straße/Markt gegenüber dem Haus »Zu den Drei Königen«. Als die nachfolgende und mit den Kortes verwandte Apothekerfamilie Scholl 1858 die Apotheke in das schräg gegenüber liegende stattliche **Haus »Zu den vier Winden«** am Marktplatz 2 ⑨ verlegte, blickte dieses Gebäude bereits auf eine bewegte Geschichte zurück. Es liegt zwischen der alten lutherischen Kirche und dem Fachwerkhaus »Zum roten Löwen«. Nach Jakob Germes ist ein Haus an dieser Stelle bereits im ältesten Stadtbuch von 1362 erwähnt; bewohnt wurde es von Kaufleuten, Schöffen und Bürgermeistern. 1580 brannten Haus und benachbarte Scheune ab. 1589 war der Neubau im Besitz von Christian Clouth, Richter des Amtes Angermund, der mit Mechtildis Velderhoff verheiratet war. Im Dreißigjährigen Krieg wurde das Gebäude stark beschädigt, nach 1645 aber erneut errichtet. 1735 ging das Eckhaus, das erst nach 1700 seinen Namen »Zu den vier Winden« erhielt, von der Familie Velderhoff in den Besitz von Theodor Degreck über. Dessen Söhne Johann Wilhelm und Anton waren in der zweiten Hälfte des 18. Jahrhunderts Bürgermeister der Stadt Ratingen. Als Anton Degreck das Haus 1789 umbauen und aufstocken ließ, erhielt es seine heutige Gestalt. Im Keller befinden sich ältere Fundamente. Seit Mitte des 19. Jahrhunderts beherbergt das Eckgebäude eine Apotheke, die heutige Adler-Apotheke.

Gleich neben dem Haus »Zu den vier Winden« steht am Marktplatz 3 das **Haus »Zum roten Löwen«** ⑩. Das Fachwerkhaus wurde 1578 von Adolf Schorn nach einem Stadtbrand wieder aufgebaut. Es ist eines der wenigen in Ratingen erhaltenen frühneuzeitlichen Privathäuser. Gegen Ende des 16. Jahrhunderts war es im Besitz der Familie Bercks, die als Scherenschmiede ein für Ratingen wichtiges Handwerk ausübten, das damals freilich bereits im Niedergang begriffen war. 1611 quittierte Johann Bercks, »wohnhaftig im Rooten Löwen zu Rattingen« einem Kölner Kaufmann die Lieferung von drei Fässern Wein. Der »Rote Löwe« war damals offenbar eine Gastwirtschaft. Die Scherenschmiede veranstalteten im 17. Jahrhundert hier mehrmals ihre Meisteressen. Als eines der wenigen Gebäude der Stadt überstand es den Dreißigjährigen Krieg unbeschadet. Das Hauszeichen mit dem Löwen und der Umschrift »Im roten Löwen 1650« weist vielleicht auf eine in diesem Jahr stattgefundene Renovierung hin. Im 17./18. Jahrhundert entstand ein flacheres Hinterhaus, das ebenso wie das Vorderhaus zum Martin-Luther-Hof hin eine schöne Fachwerkfassade mit leicht vorkragendem Obergeschoss zeigt. Das heute restaurierte Gebäude wird als Wohn- und Geschäftshaus genutzt.

Das historische Haus »Zum roten Löwen«, Ansicht vom Martin-Luther-Hof

Geht man am Haus zum Roten Löwen rechts die kleine Gasse entlang, gelangt man in den heutigen Martin-Luther-Hof. Hier steht man sehr schnell vor der ehemaligen **lutherischen Kirche** ⑪ mit ihrer halbrunden Apsis. Der Kirchenbau befand sich hinter dem Haus Düsseldorfer Straße 2. Bereits 1610 bildete sich die kleine lutherische Gemeinde in Ratingen, die sich 1625 der Gemeinde in Mettmann anschloss und mit dieser auch den Prediger teilte. 1683 wurde den Lutheranern gestattet, Gottesdienst in einem Haus zu feiern, das weit genug von der katholischen Kirche entfernt lag. Das war im Fall der beiden 1685 angekauften Wohnhäuser an der Düsseldorfer Straße eigentlich nicht der Fall, aber das eine, bald zur Kirche umgestaltete Gebäude lag versteckt in einem Hinterhof, dem heutigen Martin-Luther-Hof. Das andere Haus wurde als Pfarrhaus genutzt. Vermutlich 1712 erhielt die kleine Kirche einen Dachreiter mit Glocken. Um 1760 wurde im Rahmen umfangreicher Reparaturen der Kirchenraum eingewölbt und mit einem Sternenhimmel bemalt.

Zwischen 1784 und 1802 wirkte in der lutherischen Kirche in Ratingen Friedrich Mohn (1762–ca. 1830), der durch sein literarisches Schaffen überregional bekannt wurde. Er war Autor u. a. der Schriften »Goldenes ABC für Jünglinge und Mädchen« (1797), »Die Götter der Erde sind Menschen. Eine Gedächtnißrede bey der Todtenfeyer Seiner kurfürstlichen Durchlaucht Karl Theodors« (1799) sowie zahlreicher Kirchenlieder und Mitautor bzw. Herausgeber von Gesangbüchern. 1802 verließ er Ratingen, um eine Stelle als Prediger in Maastricht/NL anzunehmen. Später wirkte er als Superintendent in Duisburg.

Ehemalige lutherische Kirche

Nach der Union mit der reformierten Gemeinde 1817 fanden in der lutherischen Kirche nur noch ganz vereinzelt Gottesdienste statt: die Mitglieder, der Kirchenschatz, eine der Glocken, der Altar und auch das 1730 geschaffene Altarbild sowie die Bänke zogen in die reformierte Stadtkirche um. Die Orgel wurde der katholischen Gemeinde in Neersen bei Mönchengladbach verkauft, die alte lutherische Kirche nur noch als Magazin benutzt. 1820 erfolgte der Abriss des Glockenturms und 1828 wurden Pfarrhaus und Kirche für 1.550 Taler an einen Fabrikanten verkauft, der dort wieder ein Wohnhaus einrichtete.

Bereits in den mittelalterlichen Stadtbüchern Ratingens sind Steinhäuser und »Steingaden« erwähnt. Das versteckt liegende »**Alte Steinhaus**« an der Bechemer Straße 10 ⑫ wurde erst zu Beginn der 1980er Jahre bei Sanierungsarbeiten entdeckt. Es war damals völlig eingebaut. Das Steinhaus wurde vermutlich im 15. Jahrhundert erbaut und bot als wehrhaftes Wohnhaus den Menschen in kriegerischen Auseinandersetzungen Schutz. Die bis zu einem Meter starken Bruchsteinwände und eine original erhaltene Schießscharte im Ostgiebel weisen auf diese Funktion des Hauses hin. Im Innern sind ein Gewölbekeller, eine Sitznische sowie eine Kerzennische

links: »Altes Steinhaus«

rechts: Brunnen am »Alten Steinhaus«

über dem Eingang erhalten. Im 17. und 19. Jahrhundert wurden die Fensteröffnungen vergrößert. Seit der Sanierung 1982/84 wird das »Alte Steinhaus« als Gastwirtschaft genutzt. Vor dem ursprünglichen Eingang im Osten befindet sich ein alter Ziehbrunnen.

An der Brunostraße 2 steht das **Haus »An Luwen Schuir«** ⑬, also etwa »An der Scheune von Luwen«. Die Scheune wurde 1960 abgebrochen, an ihrer Stelle wurden neben dem Wendehammer an der Brunostraße (Synagogengasse) Garagen gebaut. Ob die Scheune oder das heute noch vorhandene zweigeschossige Fachwerkhaus aus dem 18. Jahrhundert mit dem barocken Mansarddach der Zimmermannsfamilie Louwen gehörte, lässt sich heute nicht mehr genau nachweisen. Jedenfalls ging nach dem Mitte des 18. Jahrhunderts angelegten Stadtbuch 1753 ein Haus »im Guldenkopf« in den Besitz von Gerhard Louwen über. Der Zimmermann setzte 1775 den barocken Turmhelm auf den Westturm von St. Peter und Paul. Das Fachwerkhaus wurde 1986/87 abgebaut und fachgerecht wieder aufgebaut; es bildet heute ein etwas im Hintergrund stehendes Schmuckstück.

»An Luwen Schuir«

An der Oberstraße 23 steht das – abgesehen vom alten Steinhaus in der Bechemer Straße – älteste private Wohngebäude der Stadt, das **Waller'sche Haus** ⑭. Im Mittelalter gehörte es der Familie van dem Bruyl (Bruel, Broele, Bruiele), die im Stadtbuch von 1425 erwähnt wird. Ob es von Heynricus van dem Broele, der Ende des 15. Jahrhunderts als herzoglicher Landschreiber wirkte, erbaut wurde, lässt sich nur vermuten. Unverkennbar zeigt das Haus allerdings spätgotische Formen. Kurz vor oder nach 1500 wird es erbaut worden sein. Auffällig ist das stark vorkragende Obergeschoss. Das Gebäude überstand die Schrecken des Dreißigjährigen Krieges. Im 17. und 18. Jahrhundert wurde es auch »Der rote Hahn« genannt und war sicher mit einem sprechenden Hauszeichen markiert. 1844 erwarb der jüdische Pferdehändler Hermann Waller das Haus. Die Mitglieder – die Ratinger Synagogen-Gemeinde war eine Filiale der Düsseldorfer Gemeinde – wählten ihn 1853 zu ihrem Vorsteher. Die Wallers waren eine wohlhabende und angesehene Familie. Um das alte Haus etwas moderner erscheinen zu lassen, verschwand das Fachwerk unter einer dicken Putzschicht. Die Balkenenden des vorkragenden Geschosses wurden mit Löwenköpfen geschmückt. Der Eingang lag damals an der Längsseite in der Oberstraße.

In den 1920er Jahren war Hugo Waller, der Enkel Hermanns, der höchstbesteuerte Bürger Ratingens. Die Folgen der Weltwirtschaftskrise, aber auch der fortschreitende Einsatz von motorisierten Fahrzeugen in der Landwirtschaft und im Straßenverkehr verschlechterten die wirtschaftliche Situation der Pferdehändlerfamilie, die 1930 ihr Haus in der Oberstraße 23 an den Grundstücksfonds der Stadt Ratingen verkaufte. Hugo Waller wohnte mit seiner Ehefrau Johanna und den Kindern Liesel und Bernhard noch bis 1936 in der Oberstraße. 1938 floh die Familie vor der nationalsozialistischen Verfolgung nach Brüssel. Hugo Wallers Sohn Bernhard wurde in Auschwitz ermordet, sein Bruder Ferdinand und dessen Ehefrau Elsa fanden im Ghetto Lodz einen gewaltsamen Tod.

Das mittelalterliche Haus »Der rote Hahn«, in dem lange Zeit die jüdische Familie Waller lebte

1938/39 wurde das Fachwerk wieder frei gelegt. Der rheinische Provinzialkonservator Theodor Wildemann äußerte sich am 30. Juni 1938 in einem Schreiben an den Ratinger Bürgermeister sehr positiv über das Gebäude: »Die Stadt Ratingen kann man beglückwünschen zur Wiederentdeckung eines für den deutschen mittelalterlichen Fachwerkbau besonders charakteristischen Profanbaues«, der ihn an die spätgotischen Rathäuser von Frankenberg in Kurhessen und Michelstadt im Odenwald erinnerte (Stadtarchiv Ratingen, 2–686). Den schweren Bombenangriff vom 22. März 1945 überstand das Fachwerkhaus unbeschadet. Nach dem Zweiten Weltkrieg galt das Miethaus durch jahrelange Überbelegung als abgewohnt, sanierungsbedürftig, unwirtschaftlich und zudem als Verkehrshindernis. Im Stadtrat wurden zahlreiche Stimmen laut, die den Abriss forderten. Der Landeskonservator und zahlreiche Bürger stellten sich allerdings quer und das Fachwerkhaus blieb erhalten. 1967 erwarb es ein Ratinger

Gastronom, der gründliche Sanierungsmaßnahmen durchführen ließ. Heute lädt dort die Gastwirtschaft »Suitbertusstuben« zum Verweilen ein.

Entsprechend den territorialpolitischen Zielsetzungen, die mit der Stadterhebung Ratingens verbunden waren, werden die Bürger bald nach 1276 mit dem Bau einer **Befestigungsanlage** begonnen haben. Bereits 1277 verlieh Graf Adolf V. von Berg der Stadt das Recht, eine Akzise zu erheben. Die Erträge aus dieser Verbrauchssteuer konnte die Stadt behalten, um sie in die Errichtung der Stadtbefestigung zu investieren. Aus den Jahren 1403, 1434 und 1442 sind erneute Akzise-Privilegierungen bekannt.

Eine erste, wahrscheinlich noch im 13. Jahrhundert fertiggestellte Stadtbefestigung wurde vermutlich in Holz-Erde-Konstruktion ausgeführt, die im Laufe der Zeit durch einen Mauerring ersetzt wurde. Die Stadtmauer wird im ersten Stadtbuch von 1362 erstmals erwähnt, die vier Stadttore ebenfalls 1362 bzw. 1380: das Obertor im Osten, das Bechemer Tor im Süden, das Düsseldorfer Tor im Westen und das Lintorfer Tor im Norden. Neben den Toren war eine Anzahl Türme vorhanden; ob es tatsächlich 15 Türme waren, wie gelegentlich vermutet worden ist, muss offen bleiben. Die Stadtrechnungen des 15. Jahrhunderts belegen eine intensive Bautätigkeit an der Stadtbefestigung. Die beiden parallel verlaufenden Ringmauern waren durch einen hölzernen Wehrgang und den im 14. Jahrhundert erstmals erwähnten Graben zusätzlich gesichert. Im Westen war der Stadtgraben mit Wasser gefüllt, das vom Sandbach über einen Kanal eingespeist wurde. Der Fischfang im Stadtgraben war seit dem 15. Jahrhundert verpachtet. Die äußere Mauer stand vermutlich auf einem Erdwall. Auch die Vordörfer waren befestigt, das Oberdorf mit Mauer und Graben, deren Verlauf sich durch archäologische Untersuchungen nachweisen lässt. Die Reste des 1466/67 im Bau befindlichen Windmühlenturms lassen sich noch heute lokalisieren.

Zu Beginn des 16. Jahrhunderts war die Ratinger Stadtbefestigung in einem sehr schlechten Zustand. Wiederholt mussten Landesmittel zur Verfügung gestellt werden, um den Wiederaufbau zu bewerkstelligen. Zu Beginn des 19. Jahrhunderts waren die Mauern und Tore dann völlig ruinös, sie galten nur noch als Verkehrshindernis bzw. als Hemmnis für die Stadtentwicklung. 1816 stürzte die Mauer auf der gesamten Länge zwischen Dickem Turm und Bechemer Tor ein. Obertor, Bechemer Tor und Düsseldorfer Tor wurden bis 1839 niedergelegt, das Lintorfer Tor erst 1873, weil es als Neubau von 1783 in einem relativ guten Zustand war und deshalb zunächst noch als Gefängnis genutzt wurde. 1809 waren die Stadtgräben zwischen Düsseldorfer und Bechemer Tor und zwischen Düsseldorfer und Lintorfer Tor noch mit Wasser gefüllt. Im Grabenbereich zwischen Obertor und Bechemer Tor dagegen waren bereits zahlreiche Häuser errichtet und Gärten angelegt worden. 1816 wurde der gesamte Stadtgraben parzelliert und verpachtet. 1912 erfolgte der vollständige Abriss des Mauerrings an der Wallstraße.

Den Abrissaktionen des 19. und 20. Jahrhunderts zum Trotz ist der Verlauf des Mauerrings, der ein Areal von 10,8 ha umschloss, heute noch gut zu erkennen. Er markiert den leicht birnenförmigen historischen Stadtgrundriss. Erhalten geblieben sind der Dicke Turm in der Turmstraße, der Trinsenturm in der Grabenstraße und der Kornsturm in der Wallstraße jeweils mit den anschließenden Fragmenten der Stadtmauer. Ein besonders eindrucksvolles Bild von den alten Befestigungsanlagen erhält man im Norden des Stadtzentrums bei einem Spaziergang, der vom Verkeshirden-Denkmal bis zur Minoritenstraße führt.

Erst 1986 wurde im Vorfeld der Wiederbebauung des Terrains des abgerissenen alten St. Marienkrankenhauses bei einer archäologischen Untersuchung das **Fundament des Verkeshirdenturms** ⑮ aufgefunden, bald aber wieder entfernt. Der Name des 1468 erstmals erwähnten Halbturms weist vermutlich darauf hin, dass dort der Schweinehirt seine Tiere sammelte. Ganz in der Nähe befand sich zudem die Verkeshirden-Pforte, durch die der Hirte seine Schweineherde in den Wald führte. Die Fundamente wurden teilweise rekonstruiert. In der Nähe des früheren Turms fand die 1993 von Ulrich Grenzheuser geschaffene »Verkeshirden-Plastik« ihren Platz, die an die Auffindung der alten Glocke »März« erinnert. Die 1987 erfolgte Gestaltung des Areals zwischen den Häusern in der Angerstraße und dem Arkadenhof in der Oberstraße lässt den Verlauf des ehemaligen Stadtgrabens gut erkennen.

»Verkeshirden-Plastik« von Ulrich Grenzheuser

Der mächtigste Wehrturm der Ratinger Stadtbefestigung wurde um 1460 als »der grote torn« und 1464 als »der dicke torn« erwähnt. Dass der **Dicke Turm** an der Turmstraße ⑯ heute noch erhalten ist, ist eigentlich einem Glücksfall zu verdanken. 1901 beantragte die Stadt den Abriss des Turms, der mit einem Durchmesser von 11,70 Metern und einer Mauerstärke von 3,50 Metern in die Bauflucht der Turmstraße vorsprang, dem Ausbau der Straße entgegenstand und als Verkehrshindernis betrachtet wurde. Provinzialkonservator Paul Clemen, der Landrat und die Regierung in Düsseldorf wehrten sich gegen die Abrisspläne, während 43 Ratinger Bürger mit ihren Unterschriften für die Beseitigung des historischen Relikts plädierten. Die Behörden setzten sich damals durch, und der Turm blieb erhalten. 1912 sollte der Dicke Turm zum Aussichtsturm aus- bzw. umgebaut werden. In den 1930er Jahren

Dicker Turm

erfolgte eine erste Sanierung, verbunden mit einer Wiederherstellung des Stadtgrabens und der zweiten Ringmauer. Eine Treppe aus Eichenholz führte an der Ostseite des Turms zu einer höher liegenden Eingangspforte. Die »Düsseldorfer Nachrichten« schrieben am 24. Oktober 1937 über die Sanierungsarbeiten: »Benutzt man den vom Stadtgraben aus gebrochenen Eingang durch die 3,50 m Meter dicken Mauern, so hat man vom unteren Turmverlies aus einen prächtigen Blick nach oben gegen die beiden Kugelgewölbe des Turms, die aus Handstreichziegeln erbaut und mit Gußmauerwerk ausgefüllt sind. […] Inzwischen werden schon die umfangreichen Erdbewegungen im alten Stadtgraben durchgeführt. Er wird wieder wie früher eine Breite von 18 Fuß, das sind 5,65 Meter, erhalten und mit Wasser gefüllt werden. Eine Holzbrücke, die quer über den Graben von Stadtmauer zu Stadtmauer errichtet wird, schafft zugleich einen willkommenen Fußgängerweg von der Turmstraße zur Angerstraße. Dem Passanten wird sie überdies einen herrlichen Blick auf den sehenswertesten Teil der noch gut erhaltenen ehemaligen Ratinger Stadtbefestigung gewähren.«

Nach dem Zweiten Weltkrieg war der Dicke Turm samt angrenzendem Stadtmauerfragment in einem desolaten Zustand. Das Mauerwerk war einsturzgefährdet, der Stadtgraben für die Öffentlichkeit gesperrt. In der ersten Hälfte der 1980er Jahre erfolgten umfangreiche Ausbesserungen des gesamten Abschnitts. Dabei wurde ein 60 Meter langes Mauerstück durch eine Stützmauer aus Beton ersetzt, die dann mit Bruchsteinen der abgetragenen alten Mauer verblendet wurde. Auch der Dicke Turm wurde 1981/82 halbwegs saniert und einstöckig bis auf 13 Meter Höhe aufgemauert; er blieb allerdings ohne Dach. 1983 wurde der Wehrturm in die städtische Denkmalliste eingetragen.

Eine endgültige und durchgreifende Restaurierung des Dicken Turms erfolgte zwischen 2007 und 2009 durch den Heimatverein »Ratinger Jonges e. V.«, den die NRW-Stiftung unterstützte. Die Mitglieder der »Jonges« ermöglichten die Realisierung des Projekts durch Spenden und Eigenleistungen. Die Bauarbeiten umfassten neben der Sanierung des Bruchsteinmauerwerks den Einbau eines flach geneigten Daches mit Glaspyramide, die Installierung von Versorgungsleitungen und den Innenausbau der

oberen Ebene. Der Einbau von Panzerglasplatten in der Mitte jeder Ebene ermöglicht den Blick vom Eiskeller im unteren Geschoss über die mittlere und obere Etage in den Himmel – eine ganz besondere Attraktion. Interessant ist auch eine beschriftete Steinplatte, die daran erinnert, dass die katholische Armenverwaltung 1862 im Untergeschoss des Dicken Turms einen Eiskeller einrichtete – der einzige Hinweis auf diese Nutzung. Die »Jonges«

Stadtmauer und Stadtgraben

nutzen den Dicken Turm heute als Geschäftsstelle und für Veranstaltungen.

Der **Trinsenturm** an der Grabenstraße ⑰ wurde im Jahr 1480 errichtet. Am Ende der Stadtrechnung von 1479/80 findet sich eine von anderer Schreiberhand später hinzugefügte Notiz: »In diesem Jahr ist der Thurn nechst der Lintorffer Pfortzen den man jetzt den Trinsen Torn nennt gebauet.« Der Trinsenturm erhielt seinen Namen vermutlich nach dem Zaumzeug für Pferde, der Trense. Es handelt sich um einen rechteckigen Schalenturm, der zur Stadtseite hin offen war. 1613 wohnte der Scharfrichter im Trinsenturm. Karl Granderath bot in seinem im Dezember 1927 in der Zeitschrift »Alt-Ratingen« erschienenen Beitrag über »Die alten Stadttürme Ratingens« einen Einblick in das Innenleben des Turms: »Durch drei eichene Balkendecken, die nach der Turmseite der Stadt durch eichene Fachwerkpfosten gestützt werden, war der Turm in drei Geschosse geteilt, die durch schmale Stiegen erreicht werden.« Um 1900 wurde der Turm zu einer sehr provisorischen Bleibe für einige unterprivilegierte Stadtbewohner, die man schnell wieder loswerden wollte. 1923 erfolgte im Zusammenhang mit Instandsetzungsarbeiten der Einbau einer Dreizimmerwohnung; zur Stadtseite hin wurde der Turm nun durch ausgemauertes Fachwerk geschlossen. Verantwortlich für die Umbaupläne waren Max Scheiff in seiner damaligen Funktion als Technischer Beigeordneter der Stadt Ratingen (seit 1922 Bürgermeister) und der Architekt E. Bierwirth.

1936 ging man an die Wiederherstellung der Stadtmauer am Trinsenturm, die auch den Wehrgang umfasste. Die Grabenstraße wurde saniert und verbreitert, die alte Umfassungsmauer des Gefängnisgrundstücks, Schuppen und Werkstätten abgerissen, der Wehrgang freigelegt und der untere Wehrgraben angelegt. 1941 bis 1973 war das Ratinger Stadtarchiv im Trinsenturm untergebracht. In den 1970er Jahren wurde wiederum der Mauerabschnitt am Trinsenturm saniert, die Mauer auf ihre ursprüngliche Höhe aufgestockt, mit Schießscharten und auf der Stadtseite mit einem hölzernen Wehrgang versehen. Die »Rheinische Post« schrieb am 12. April 1973 unter der Überschrift »Ein Stück Mittelalter wird rekonstruiert«: »Diese Maßnahme deutet aber nicht auf eine

Wiederaufrüstung der Stadt Ratingen gegen aus dem Südwesten drohende Angreifer hin, sondern dient der Denkmalpflege. Wenigstens an einem Stück Stadtmauer soll der Nachwelt demonstriert werden, wie die mittelalterliche Befestigung ausgesehen hat.« Der Trinsenturm wird heute von der Galerie Kunstturm e. V. für Veranstaltungen genutzt.

Trinsenturm

Der im Süden des historischen Ortskerns an der Wallstraße erhaltene **Kornsturm** ⑱ wurde unter diesem Namen samt anschließendem Mauerwerk 1566 erstmals erwähnt. Der Rundturm mit einem Durchmesser von 8 Metern wurde 1593 als Kornstürmchen bezeichnet; ob er auch identisch ist mit dem bereits 1460 genannten »cleynen tornken«, lässt sich nicht klären. An den Kornsturm

Kornsturm

schloss sich ein Wehrhaus an, daneben befand sich das 1466/67 erwähnte Goldene Tor. Vor diesem Bereich der Stadtbefestigung lag die Goldene Kull als Ausbuchtung des Stadtgrabens; hier befand sich ein Steinbruch. Es ist oft vermutet worden, dass der Kornsturm seinen Namen aufgrund der Nutzung als Getreidespeicher erhielt. Jakob Germes wies dagegen darauf hin, dass ganz in der Nähe eine Familie namens Korn gewohnt habe, was indessen schwer zu belegen ist. Karl Granderath beschrieb 1927 diesen Abschnitt der Stadtmauer als Idylle: »Von der Turmstraße aus weiterschreitend über die Oberstraße biegt man rechts in die Wallstraße ein, in der sich aus kleinen Schichtgesteinen erbaut, der ›Kornsturm‹ als malerische Ruine erhebt, verbunden mit einem Stück der alten 80 Zentimeter breiten Stadtmauer und einem aus jüngeren Jahren stammenden alten malerischen weißgetünchten Häuschen, das auf der einen Seite noch einen Teil der alten Stadtumfassungsmauer mit als aufgehende Mauer benutzt hat.« Der im Laufe der Zeit in Privatbesitz geratene Kornsturm konnte 1940 von der Stadt zurückgekauft werden. Das Häuschen, von dem in dem oben zitierten Artikel die Rede ist, wurde 1967 abgerissen und mit ihm ein Teil der Stadtmauer. Um diese Zeit machte man sich auch Gedanken um die Sanierung des Kornsturms, der als »ungepflegte Ruine« wahrgenommen wurde. Eine ziemlich skurrile Idee entstand 1969 im Zusammenhang mit dem geplanten Bau eines Parkhauses neben dem Kornsturm: eine Wendeltreppe im Turm sollte über einen gläsernen Gang zu einem im Obergeschoss des Parkhauses befindlichen Café führen, von dem aus man einen imposanten Blick über die Stadt haben würde. Das Projekt wurde nicht realisiert. Ende der 1970er Jahre erfolgte die Instandsetzung des Kornsturms mit Hilfe des Landes Nordrhein-Westfalen. Er wurde bis auf die Gesamthöhe von 11 Metern aufgemauert und erhielt seine aus Naturschiefer gearbeitete spitze Haube, die bereits auf der 1715 entstandenen Stadtansicht von Erich Philipp Ploennies zu sehen ist. Im Kornsturm befindet sich heute das Hauptquartier und Museum der Karnevalsgesellschaft »Rote Funken«, die den Innenausbau vollständig in Eigenregie realisiert hat.

Zentrum
Cromford
Blauer See
Märchenzoo
Freilichttheater
Junkernbusch
Zum Haus
Wilhelmring
Maubeuger Ring
Anger
Museum
Brücker Mühle
Güterbahn
Baulofsdamm
Poensgen park
Freibad
Cromforder Allee
Friedhofstr.
Teichstr.
Birkhahnweg
Lerchenweg
Auenweg
1
2
3
4
5
6
7
8
9
10
11
12
13
14

Von der Wasserburg Haus zum Haus über die ehemalige Baumwollspinnerei des Johann Gottfried Brügelmann zum Blauen See

Bereits ein aus der Mitte des 18. Jahrhunderts stammendes Stadtbuch erwähnt den »Juden Lintgen«. In einem Ratsprotokoll vom 24. Mai 1783 heißt es, dass die Ratinger Juden »auf dem sogenannten Juden Lintgen« ihren Friedhof und für die Benutzung jährlich 30 Taler an die Stadt zu zahlen haben. Der **jüdische Begräbnisplatz** liegt außerhalb der ehemaligen Stadtmauer an der Ecke Werdener Straße/Angerstraße ①. Wie der Ratinger jüdische Friedhof einmal ausgesehen hat, lässt sich heute nicht mehr nachvollziehen. Im Jahr 1937 beschloss der Stadtrat den Ankauf des jüdischen Friedhofs. 700 Reichsmark sollten gezahlt werden. Die Stadt plante, das Grundstück nicht zu bebauen, sondern als Grünanlage zu nutzen. Die Begräbnisse und Grabsteine sollten auf den jüdischen Friedhof in Düsseldorf (neuer jüdischer Friedhof an der Ulmenstraße) überführt werden. Juden, die in Ratingen verstarben, waren auf dem jüdischen Friedhof in Düsseldorf zu bestatten. Im Klartext bedeuteten diese Maßnahmen, dass geplant war, den Ratinger jüdischen Friedhof zu zerstören. Während des Novemberpogroms 1938 wurde der Begräbnisplatz vollständig verwüstet. Die Grabsteine wurden von den Gräbern entfernt, in einer Ecke der Anlage zusammengetragen und zertrümmert. Am 14. November 1938 wurde in einer städtischen Akte festgehalten, dass der Steinhaufen »einen verwahrlosten und hässlichen Eindruck« mache. Es sei zu befürchten, dass der Platz weiterhin als Schuttab-

Gedenkstein auf dem jüdischen Friedhof

ladestelle benutzt werde. Eine Beseitigung der Steintrümmer sei daher erforderlich. Das ist vermutlich auch geschehen. Der jüdische Friedhof an der Angerstraße wurde 1939 eingeebnet und zu einer Grünanlage umgestaltet. Exhumierungen fanden allerdings nicht statt. Die Parzelle ist demnach bis heute ein jüdischer Friedhof.

Die nach 1945 einsetzende Suche nach den Verantwortlichen für die Zerstörung des jüdischen Friedhofs blieb erfolglos. Einen Gedenkstein, der am 17. April 1946 auf dem jüdischen Friedhof in Anwesenheit des Bürgermeisters Dr. Franz-Josef Gemmert eingeweiht wurde, beschädigten Unbekannte bereits in der Nacht vom 18. zum 19. April 1946, indem sie den Stein vom Sockel abtrennten. Den Psalm-Text für die Inschrift wählte der katholische Geistliche Prälat Karl Josef Mücher aus. Der Ratinger Gedenkstein ist einer der ersten, die im Rheinland gesetzt wurden. Eigentümerin des Friedhofs ist die Jüdische Gemeinde Düsseldorf. Seit 1985 ist der Friedhof durch Eintragung in die städtische Denkmalliste geschützt.

In unmittelbarer Nähe des jüdischen Begräbnisplatzes liegen an der Werdener Straße auch **die alten christlichen Friedhöfe,** die heute zum Ehrenfriedhof umgestaltet sind ②. Seit dem Mittelalter wurde der alte, 1338 erstmals erwähnte Kirchhof an der katholischen Pfarrkirche St. Peter und Paul genutzt. In der Kirche fanden Geistliche und Angehörige des lokalen Adels ihre letzte Ruhestätte. Im Laufe der Zeit war der alte Kirchhof überbelegt. 1588 wurde auf einem zur Vikarie St. Spiritus gehörenden Gartengrundstück hinter dem Gasthaus (Hospital) und der dem hl. Cyriacus geweihten Gasthaus-Kapelle an der Oberstraße der Gasthaus-Friedhof angelegt. Beide innerstädtischen Begräbnisplätze standen den drei in Ratingen vorhandenen christlichen Konfessionen zur Verfügung.

Am 4. Mai 1784 erließ Kurfürst Karl Theodor eine Verordnung, die alle Beerdigungen innerhalb der Städte aus gesundheitspolizeilichen Gründen untersagte. Die bestehenden Kirchhöfe sollten eingeebnet und auf weiter entfernte Grundstücke verlegt werden. Eine Prüfung der Situation im Amt Angermund durch den Richter Hofrat Bitter ergab, dass die in sämtlichen Kirchspielen vorhandenen Friedhöfe so geräumig waren, dass eine Verlegung nicht notwendig sei. Nur in Ratingen müssten die bestehenden Friedhöfe eingeebnet und die Neuanlagen aus der Stadt verlegt werden. Die von der Stadtverwaltung favorisierte Anlage eines von den drei Konfessionen gemeinsam benutzten Begräbnisplatzes ließ sich nicht verwirklichen. 1785 wurde das Grundstück für den katholischen Friedhof angekauft, das vor dem Lintorfer Tor im Bereich der heutigen Ecke Lintorfer/Werdener Straße lag. Erste Beerdigungen fanden 1786 statt. Der Friedhof der reformierten Gemeinde wurde 1787 etwas weiter östlich angelegt; auch die kleine lutherische Gemeinde nutzte diesen Begräbnisplatz. Bereits 1795 war der katholische Friedhof vollständig belegt. Bis ein Jahr später das Erweiterungsgrundstück zur Verfügung stand, wurde kurzfristig wieder auf dem alten Kirchhof an St. Peter und Paul beerdigt. 1856 erfolgte die nächste Erweiterung. 1809 wurde auf dem katholischen Friedhof in einer Art Aedicula das heute noch bestehende Kreuz errichtet. Baumeister Erb und Bildhauer Osterspey zeichneten für die Anlage verantwortlich, die von Linden flankiert wurde, die aus dem Düsseldorfer Hofgarten stammten.

Der alte evangelische Friedhof wurde 1842 durch ein Grundstück auf der gegenüberliegenden Seite der Angerstraße erweitert. Auf dem alten Teil hatte die Familie Brügelmann ihre Begräbnisstätte, die zuvor ihre Angehörigen im Cromforder Park bestattet hatte. Erhalten ist an der Angerstraße ein Erinnerungsstein für Moritz Brügelmann (1808–1879); nach Erkenntnissen von Andrea Niewerth ist der Unternehmer in der Grablege der Familie Brügelmann im Waldgebiet westlich des Herrenhauses Cromford bestattet. Auch an Wilhelm Schlippert (1817–1890), den Stifter des evangelischen Krankenhauses, erinnert ein Grabstein. Auf dem neueren Teil liegt die Familiengruft des aus Elberfeld stammenden evangelischen Pfarrers Gottlieb Christoph Hengstenberg, der von 1786 bis 1827 in Ratingen wirkte; dort ist auch seine Tochter mit ihrem Ehemann Christian Petersen beerdigt, der von 1817 bis 1852 die zweite evangelische Pfarrstelle in Ratingen innehatte. Auffällig ist auch das Grabmal der Ehefrau des »Winkeliers« Johann Liethen. Im Jahr 1926, als in Ratingen das 650-jährige Stadtjubiläum gefeiert wurde, überließen die katholische und die evangelische Gemeinde ihre Friedhöfe der Stadt. Dort entstand eine »Kriegergedächtnisstätte« für die Toten der Kriege von 1864, 1866, 1870/71 und 1914–18. Den

Mittelpunkt der Anlage bildete das von dem Bildhauer Johann Lepper geschaffene Kriegerdenkmal, die Skulptur eines sterbenden Soldaten, die beim schweren Luftangriff vom 22. März 1945 so stark beschädigt wurde, dass sie abgerissen werden musste. Von 1945 bis 1962 erinnerte ein Birkenkreuz an die Gefallenen des Zweiten Weltkrieges. Das heutige Ehrenmal wurde 1961 von dem Düsseldorfer Bildhauer Max Kratz geschaffen: Es zeigt eine trauernde Frau, die sich auf ein Grabkreuz stützt und von zahlreichen Kreuzen umgeben ist. Den auf der anderen Seite der Angerstraße gelegenen Teil des evangelischen Friedhofs stellte die Gemeinde der Stadt zu Beginn der 1950er Jahre zur Verfügung, die ihn in eine Grünanlage umwandelte.

Ehrenmal des Bildhauers Max Kratz auf dem alten katholischen Friedhof

1889 wurde ein neuer katholischer Friedhof an der Ecke Hauser Allee und Friedhofstraße angelegt. Nebenan entstand 1896 ein evangelischer Friedhof. 1943 wurde der Waldfriedhof in der Nähe der Homberger Straße, der erste Ratinger Kommunalfriedhof, in Benutzung genommen.

Die nördlich des historischen Stadtkerns von Ratingen gelegene und am besten über die Friedhofstraße und das Mühlenkämpchen erreichbare **Burg Haus zum Haus** ③ ist eine Niederungsburg, deren Wassergräben vom Angerbach gespeist werden. In den 1960er Jahren im Burgbereich durchgeführte archäologische Grabungen erbrachten Hinweise auf die ältesten Bauteile aus dem 12. Jahrhundert sowie Brandspuren im Erdreich, was darauf hindeutet, dass damals ein Vorgängerbau der heutigen Burganlage zerstört worden ist. Bei diesem könnte es sich um eine Motte, einen mit Wassergraben und Palisaden eingefriedeten Erdhügel mit einem (hölzernen) Befestigungsbau gehandelt haben. Bei den Restaurierungsarbeiten in den 1970er Jahren wurde ein angespitzter Eichenpfahl geborgen; dendrochronologische Untersuchungen ergaben, dass das Holz im 8. Jahrhundert gewachsen ist und somit durchaus als Teil einer Palisadenanlage, die zum Vorgängerbau der heutigen Wasserburg gehörte, gedeutet werden kann. Im 13. Jahrhundert kam es vermutlich zum Neubau der Burg. Die Neubaumaßnahme kann im Zusammenhang mit der Stadterhebung und dem Ausbau Ratingens gesehen werden, wie schon Jakob Germes feststellte. Es entstand eine aus Bruchsteinen gemauerte, von Gräben umgebene, rechtwinkelige Anlage mit drei Rundtürmen und einem rechteckigem Torturm.

Die Bewohner der Burg werden erst zu Beginn des 14. Jahrhunderts verlässlich fassbar: In Urkunden des Stiftes Gerresheim werden 1309 Reinhard und Adolf »de Domo« und 1348 Adolf »van me Huys« erwähnt. Vor 1374 taucht erstmals die Bezeichnung »castrum Huyss« auf. Ob die in früheren Überlieferungen genannten Uuillebald und Othilulf, Herrad und Helmburg, Adelbertus und Liudgardis, Henricus und Sygewizen als Edelfreie und

Wasserburg Haus zum Haus

kleine Dynasten auf der im 12. Jahrhundert zerstörten Anlage gelebt haben, wie es Jakob Germes mit ziemlicher Bestimmtheit suggerierte, ist völlig ungewiss. Es spricht viel für die Einschätzung von Erika Münster-Schröer, dass Haus zum Haus der Sitz von Ministerialen war, die im Dienst der Grafen von Berg standen.

Im 15. Jahrhundert war Johann vom Haus Burgherr an der Anger, den Herzog Gerhard II. 1447 zu seinem Marschall machte und großzügig durch Verleihung von Privilegien förderte. So schenkte der Landesherr seinem hohen Beamten 100 Goldgulden, die in den Umbau der Burg und den Ausbau der Vorburg flossen. 1554 starb die auf der Burg wohnende Linie des Geschlechts vom Haus aus. Da die Erbtochter mit Dietrich von der Horst verheiratet war, kam die Burg an diese Familie. Auch die von der Horst bauten Haus zum Haus aus, wie Maueranker dokumentieren, die die Jahreszahl 1596 erkennen lassen. Damals wurde vermutlich die Wehranlage zum befestigten, landwirtschaftlich genutzten Adelssitz umgestaltet. Die Vorburg, mit deren Bau im 16. Jahrhundert begonnen worden war, wurde erst nach dem Ende des Dreißigjährigen Krieges vollendet: Sie umfasste ein Rentmeisterhaus, Scheunen, Ställe, Remisen und ein Brauhaus. Die steinerne Brücke, die im 17. Jahrhundert die Zugbrücke ersetzt haben soll, war bis zum Beginn des 19. Jahrhunderts der einzige Zugang zur Burg. Die Zufahrt im Westen wurde erst nach 1816 geschaffen.

Am 12. März 1685 verkauften Christian Arnold Freiherr von der Horst und seine Ehefrau Marie Magdalena die Burg an die Familie von Zweiffel. 1736 erhielt der Hauptturm sein barockes Dach. 1768 ging die Anlage auf dem Wege des Erbrechts an die Bawir zu Frankenberg und 1783 an Ambrosius Reichsgraf von Spee zu Heltorf über. Seit 1768 wurde die Burg von bürgerlichen Pächtern bewohnt, die als Landwirte tätig waren. Am 6. Januar 1902 fiel die zur Burg gehörende, erstmals 1437 erwähnte Hauser Mühle einem Brand zum Opfer.

Im Jahr 1972 wurde die Stadt Ratingen durch Schenkung Eigentümerin der Burganlage, die damals noch das relativ authentische Bild einer mittelalterlich-wehrhaften Wasserburg zeigte, sich allerdings in einem ruinösen Zustand befand. So ist es als Glücksfall zu bezeichnen, dass die Stadt Ratingen sich entschloss, die Burg an die Düsseldorfer Architekten Bruno und Dr. Christa Lambart zu verpachten. Am 29. Dezember 1972 wurde der Erbbaurechtsvertrag perfekt und im Jahr 1973 begann die umfangreiche Restaurierung der Anlage. Die Architektenbüros, die Privatwohnung der Lambarts, Mietwohnungen, ein Restaurant und der Reitstall

Wasserburg Haus zum Haus, Vorburg

des früheren Pächters wurden im Haus zum Haus untergebracht. Im Rahmen der Gesamtrestaurierung der Anlage stellte die Stadt Ratingen die fragmentarisch erhaltenen Burggräben nach historischen Vorbildern her. Die äußeren Teiche wurden neu angelegt. Zu Beginn der 2000er Jahre standen im Zusammenhang mit der Aufgabe des Reitstalls erneute Umbauten an. Die Scheune, der frühere Pferdestall, wurde zum Sitz der von dem Ehepaar Lambart gegründeten gemeinnützigen Kulturstiftung Wasserburg Haus zum Haus (www.wasserburg-zum-haus.de), die die Pflege und Erhaltung des Baudenkmals und die Förderung junger Künstler zum Ziel hat. Es entstanden ein Raum für Ausstellungen und Vorträge sowie ein Konzertraum, in dem seit November 2005 gerne besuchte Musikveranstaltungen stattfinden.

Ganz in der Nähe der Burg Haus zum Haus steht am Hauser Ring die **Hauser Kapelle** ④. Im Mittelalter muss sich eine Kapelle innerhalb der Burganlage befunden haben, denn ein vor 1374 angelegtes »Register der Lehnsgüter und Zinsen«, die zur Burg gehörten, erwähnt einen Pastor, der mittwochs und freitags Messen »in castro Huyss«, in der Burg zum Haus, zu feiern hatte und dafür den Zehnten von den Äckern der Burg erhielt. Später fand die Messe nur einmal in der Woche statt. Nach 1655 wird die Burgkapelle, die

Hauser Kapelle

ein schlicht ausgestatteter Raum gewesen sein wird, nicht mehr erwähnt.

Die Hauser Kapelle, die ebenfalls zur Burg gehörte, ist ein barocker Bau mit kleinem Chor, Glockentürmchen und Kreuz. Sie steht am Hauser Ring, der 1456 als »pilgerims strate« genannt wird. Der Pilgerweg verlief in Richtung Kaiserswerth, und es ist nicht ausgeschlossen, allerdings auch nicht bezeugt, dass hier Wallfahrer zum Grab des hl. Suitbertus unterwegs waren. Auf dem Giebelfeld der Hauser Kapelle prangt das von zwei Löwen gehaltene Allianzwappen der Familien Zweiffel und Loe, die Besitzer der Burg waren. Da Philipp Wilhelm, Freiherr von Zweiffel, 1683 Maria Luise, Freiin von Loe, heiratete und vor 1694 verstarb, muss der Bau der Hauser Kapelle innerhalb dieser Zeitspanne erfolgt sein. In der Kapelle steht heute der barocke Barbara-Altar aus der Pfarrkirche St. Peter und Paul. Bei der Prozession am Fronleichnamsfest und zur Gottestracht am dritten Sonntag nach Pfingsten wurde an der Hauser Kapelle ein Segensaltar errichtet. Die Kapelle war auch eine Station der »Sieben Fußfälle«.

Beim schweren Bombenangriff auf Ratingen am 22. März 1945 wurde die Kapelle erheblich beschädigt und 1950 durch die Gräflich von Spee'sche Verwaltung provisorisch wiederhergestellt. 1986 wurde sie auf Initiative der »Ratinger Jonges e. V.« umfassend restauriert.

Von der Burganlage Haus zum Haus und ebenso vom ehemaligen Herrenhaus der Unternehmerfamilie Brügelmann in Cromford gelangt man in den stadteigenen **Poensgenpark** ⑤. Diese kulturhistorisch bedeutsamen Objekte bilden einen Dreiklang. Die Anlage wird häufig auch etwas ungenau Cromford-Park genannt, womit eigentlich die Reste der barocken Parkanlage vor dem Herrenhaus Cromford bezeichnet werden. Das von der Anger durchflossene, 3,35 ha große eingezäunte Gebiet kann als Beispiel für einen späten englischen Landschaftsgarten gelten. Etwa 120 verschiedene Gehölzarten in über 300 Einzelexemplaren sind zu besichtigen.

Angelegt wurde der Park 1907 durch den Düsseldorfer Unternehmer Carl Poensgen (1838–1921). Poensgen war der Sohn eines Eisenhüttenbesitzers in Schleiden in der Eifel. 1860 verlegten die Familienmitglieder ihre Werke und Wohnsitze nach Düsseldorf. Carl Poensgen war Vorstandsmitglied der Düsseldorfer Röhren- und Eisenwalzwerke AG, die 1911 in der Phönix Bergbau AG aufging und seit 1948 als Rheinische Röhrenwerke AG weiter bestand. Im Jahr 1900 wurde Carl Poensgen zum preußischen Kommerzienrat ernannt. Aus der Ehe mit Clara Poensgen gingen elf Kinder hervor. Die Familie lebte in einer stattlichen Villa in der Oststraße im Zentrum Düsseldorfs. Die Tochter Hedwig war mit Moritz T. Julius Brügelmann verheiratet, bis 1916 Teilhaber und Geschäftsführer der Baumwollspinnerei Johann Gottfried Brügelmann GmbH. Poensgen war Aufsichtsratsmitglied des in wirtschaftliche Schwierigkeiten geratenen Unternehmens. Als Brügelmann zum Verkauf von Grundstücken gezwungen war, erwarb Poensgen ein 14 Morgen großes Wiesenareal, das an das Betriebsgelände in Cromford angrenzte und östlich und westlich des Angerbachs lag. 1914 erfolgte der Zukauf zweier nördlich der Anger gelegener Waldgrundstücke. Auf diesem Terrain verwirklichte der sehr wohlhabende und naturbegeisterte Industrielle seinen Traum vom ländlichen Leben. Der 1907 entstandene Park war durchaus das Statussymbol eines erfolgreichen Wirtschaftsbürgers. Poensgen engagierte den Düsseldorfer Gartenarchitekten Reinhold Hoemann, der die Wiesengrundstücke zu einem Landschaftsgarten nach englischem Vorbild umgestaltete. 1908/09 ließ Poensgen ein Landhaus am heutigen Brügelmannweg errichten, das »Angerhaus«, auch Tee- oder Gärtnerhaus genannt. Im Obergeschoss des »Angerhauses« lebte der Obergärtner Wilhelm Gaul. Damals wie heute gliederte sich der Park in drei Teile,

Poensgenpark

in den erhöht auf einer Terrasse liegenden Haus- und Wohngarten am heutigen Brügelmannweg, den nach Westen anschließenden Landschaftsgarten und das naturbelassene Waldareal. Zwei (heute drei) Anger-Brücken verbanden den östlichen und den westlichen Parkteil. Wie alle Landschaftsparks nach englischem Vorbild ist auch der Poensgenpark geprägt durch Blickachsen und Raumbeziehungen sowohl innerhalb der Anlage als auch nach außen in den Landschaftsraum.

Nach dem Tode Carl Poensgens 1921 kam der Besitz an seinen ältesten Sohn Ernst Poensgen, von 1935–43 Vorstands- und seit 1944 Aufsichtsratsvorsitzender der Vereinigten Stahlwerke AG (später Thyssen AG), eines der mächtigsten Montankonzerne weltweit. 1939–41 veräußerte Poensgen den Park in Ratingen an die Vereinigten Stahlwerke. Bei der schweren Bombardierung Ratingens am 22. März 1945 wurden das Landhaus und weite Teile des Parks zerstört; die Bewohner des »Angerhauses« kamen ums Leben. Erhalten blieben lediglich die Reste einer Sandsteintreppe und ein Puttenpaar. Heute erin-

Poensgenpark, Puttenpaar

nert eine Lichtinstallation des Künstlers Reinhard M. Görs an das »Angerhaus«.

Nach dem Zweiten Weltkrieg musste der Park im Rahmen der Entflechtung der Vereinigten Stahlwerke veräußert werden. Die Grundstücke gelangten in den Besitz Dr. Walter Rohlands, eines ehemaligen Vorstandsmitglieds der Thyssen AG und der J. G. Brügelmann KG. Rohland ließ den Park wiederherstellen und umgestalten. Seit 1977 war das Areal zu festgelegten Zeiten für die Bevölkerung zugänglich. Aus der Rohland'schen Zeit stammt der »Reisestein«, ein Mühlstein, auf dem die Ziele des reiselustigen Unternehmers eingeritzt sind. 1982 kam der Park in den Besitz des Ratinger Unternehmerehepaares Bernhard und Hetti Wieler, die sich Hoffnungen auf eine Bebauung des Terrains machten. Als sich diese Pläne zerschlugen, übertrug das Ehepaar 1984 den Park auf dem Wege des Grundstückstauschs an die Stadt Ratingen.

Die Stadt Ratingen beauftragte 1992 die renommierten Wuppertaler Gartenarchitekten Rose und Gustav Wörner, ein Parkpflegewerk zu erarbeiten, das 1995 fertiggestellt war und die Grundlage für die Unterschutzstellung 1997 und die Restaurierung in den Jahren 1999 bis 2001 bildete. Die umfangreichen Wiederherstellungsarbeiten erfolgten im Hinblick auf die Teilnahme Ratingens an der zweiten Regionale »EUROGA 2002plus«, einer grenzüberschreitenden Gartenschau, die im Bereich Düsseldorf und mittlerer Niederrhein sowie in der niederländischen Provinz Limburg stattfand. Unter anderem wurden historische Sichtachsen wiederhergestellt, Wege- und Zaunanlagen überarbeitet, ein Stauden- und Rosengarten sowie ein japanischer Garten angelegt und die Grabstätte der Familie Brügelmann im Waldgebiet westlich von Cromford restauriert. Gärtnerisch betreut wird der Poensgenpark vom städtischen Grünflächen- und Umweltamt. Die ständig zugängliche Gartenanlage ist seit 2005 auch Teil der aus der EUROGA hervorgegangenen »Straße der Gartenkunst zwischen Rhein und Maas e. V.«.

Nähert man sich dem **Gebäudekomplex der ehemaligen Textilfabrik Cromford** (Unter-Cromford), heute ein Standort des LVR-Industriemuseums, vom Poensgenpark und dem Brügelmannweg her, so fällt die Einbettung der Gebäude in die Natur und Landschaft des Angertals sofort auf. Das wurde bereits zu Zeiten des Firmengründers Johann Gottfried Brügelmann so gesehen. Der »Westfälische Anzeiger« vom 15. Februar 1803 schrieb in einem Nachruf auf Brügelmann: »Die öde Gegend wurde zum Lustgarten umgeschaffen; er baute hier drey ungemein große Fabrikhäuser, Farbmühlen, Farbhäuser, Privatwohnungen für Fabrikarbeiter jeder Art. Kurz, Cromford stehet nun als eine sehr ansehnliche Colonie und als die schönste Landpartie des ganzen Herzogthums dar.« Die zeitgenössischen Besucher, kaum aber die dort Beschäftigten, empfanden Cromford als romantische Idylle. Zu diesem Eindruck trugen das repräsentative Herrenhaus und der davor liegende Garten entscheidend bei. Cromford war ursprünglich von einer 10 ha großen **Park- und Gartenanlage** ⑥ umgeben. Bereits der kolorierte Plan des Landmessers Neubauer von 1789 zeigte eine barocke Gartenanlage vor dem Herrenhaus. Der direkt auf den Mittelrisalit des Herrenhauses zulaufende Weg teilte die Broderiebeete in zwei große symmetrische Quadrate, die jeweils wiederum in vier symmetrische Quadrate gegliedert waren. Im Mittelpunkt jeden Beetes standen getrimmte Buchsbäume. In Cromford fehlte allerdings die für barocke Gartenanlagen sonst übliche Verlängerung des Ziergartens über eine Mittelachse in die freie Natur. Ein Plan von 1803 weist westlich des Herrenhauses eine Orangerie aus, die vermutlich auch Parkpflanzen vor Winterkälte schützte. Der Schöpfer des Gartens ist unbekannt. 1814/15 überarbeitete der ehemalige kurfürstliche Hofgärtner Maximilian Friedrich Weyhe den Cromforder Park. Weyhe war auch die Wiederherstellung des während der Französischen Besatzungszeit in arge Mitleidenschaft geratenen Düsseldorfer Hofgartens sowie der Schlossgärten in Kalkum, Benrath und Dyck/Jüchen zu verdanken.

Heute bietet der Cromford-Park ein verändertes Bild. Der barocke Garten direkt vor dem Herrenhaus ist in sehr reduzierter Form nachempfunden worden. Kongenial fügt sich in diese Anlage die Plastik Peter Brünings »Objektive Landschaft – Kartographisches Baumzeichen« ein, die der Künstler 1969 kurz vor seinem Tode schuf und die 2002 vor dem Cromforder Herrenhaus aufgestellt wurde. Sie ist Teil des im Rahmen der EUROGA 2002 geschaffenen Ratinger Kunstwegs.

Am Ende der Brügelmannallee steht das repräsentative **Herrenhaus** ⑦, das Johann Gottfried Brügelmann 1787 bis 1790 vermutlich unter Einbeziehung eines Altbaus errichten ließ. Der Außenbau im Stil des Spätbarock ist beeinflusst von der Architektur der »maison de plaisance«, des kleinen adeligen Landschlosses. Der Architekt des Herrenhauses ist nicht bekannt. Nach einer Vermutung Harald Herzogs gehen die Pläne möglicherweise auf den Hofbaumeister Rutger Flügel zurück, der auch für den Bau der »Hohen Fabrik« verantwortlich zeichnete.

»Objektive Landschaft - Kartographisches Baumzeichen«, Skulptur von Peter Brüning

Die dreiteilige, gelb verputzte Schaufassade des Backsteinbaus ist zum Park hin orientiert, die rückwärtige Fassade ausgesprochen schlicht gehalten, was bereits den Gestaltungsprinzipien des adeligen Landschlosses widerspricht. Die »maison de plaisance« war allansichtig. Der Mittelrisalit mit dem schiefergedeckten Mansarddach nimmt den Eingang auf: eine zweiläufige Freitreppe mit schmiedeeisernem Geländer führt zur aufwändig gestalteten Ein-

Cromford, Herrenhaus

gangstür. Auffällig auch die im Mansardendach installierte Uhr. Im Mittelrisalit befinden sich zwei Geschosse, wobei das obere über zwei Etagen geht. Hier sind die repräsentativen Räume untergebracht, im Erdgeschoss das Vestibül, im Obergeschoss der über zwei Etagen reichende Salon (Gartensaal). Der hofseitige Risalit nimmt das Treppenhaus auf. Die beiden seitlichen Gebäude sind dreigeschossig und mit einem pfannengedeckten Walmdach geschlossen. Alle Fenster sind durch grüne Läden geschützt. Im linken Gebäudeteil lagen die Räume der Familie. Hier ist eine Toilette im Treppenhaus des ersten Obergeschosses bemerkenswert. Im rechten Gebäudeteil lagen die Geschäftsräume, das Kontor, zu dem eine nachträglich eingebaute Tür führte. Die Innenaufteilung des Herrenhauses, nicht aber die Einrichtung ist authentisch erhalten geblieben. Einen besonders anschaulichen Eindruck von der Qualität der Einbauten erhält der Besucher im Treppenhaus und im Gartensaal, dem Zentrum des Hauses: »Seine Ausstattung ist für ein Haus des zeitgenössischen Groß- bzw. Besitzbürgertums ungewöhnlich aufwendig und kann sich durchaus mit der gleichzeitiger adeliger Landsitze messen lassen. Marmorierte Vertäfelungen, hohe Doppelflügeltüren, Wandspiegel mit Konsoltischen, schwere Deckenkehlengesimse über den großen Wandfeldern mit Landschaftsgemälden und ein stuckierter Plafond geben dem Raum eine festliche, fast herrschaftliche Erscheinung, die weit über das normale Repräsentationsbedürfnis eines protestantischen bergischen Industriellen der Frühzeit hinausgeht und der im Detail zwar schlichten, in den Abmessungen aber ebenso ungewöhnlichen Außenerscheinung des Herrenhauses die angemessene innere Entsprechung gibt, gleichzeitig der Höhepunkt der Gesamtanlage ist.« (H. Herzog, Haus Cromford – Schloß oder Bürgerhaus. In: »Die öde Gegend wurde zum Lustgarten umgeschaffen …«, S. 108)

Die Prunkstücke des Gartensaals, die vier großflächigen Wandbilder, stellen englische Landschaftsgärten dar. Sie gehören in dieser Form nicht zur Erstausstattung, sondern stammen aus der Zeit Sophie Brügelmanns, geborene Bredt (1775–1851), die selbst Malerin war und zu den Gründungsmitgliedern des »Kunstvereins für die Rheinlande und Westfalen« gehörte. Sie beauftragte 1813 den Kölner Maler Egidius Mengelberg (1770–1849), der die Wandbilder

Cromford, Gartensaal im Herrenhaus

in Zusammenarbeit mit dem Dekorationsmaler Ludwig Pose schuf. Mengelberg lebte nach 1800 in Elberfeld, schuf Porträts zahlreicher wohlhabender Bürger in Wuppertal und stattete ihre Villen aus. Er gestaltete unter anderem auch den Saal der »Ersten Lesegesellschaft« in Elberfeld.

Das Herrenhaus Cromford ist dem architektonischen Vorbild des adeligen Landschlosses ebenso verpflichtet wie den Traditionen des Bergischen Bürgerhauses. Die Geschäftsräume der Baumwollspinnerei und -weberei Brügelmann waren in das Herrenhaus integriert. Die Produktionsanlagen und Arbeiterwohnungen befanden sich in unmittelbarer Nähe. Das Cromforder Herrenhaus antizipiert somit durchaus den baulichen Typus der Industriellenvilla des 19. Jahrhunderts. Dort macht heute eine Ausstellung mit den Lebenswelten der Fabrikantenfamilie Brügelmann bekannt.

Cromford, neu gestalteter Ausstellungsbereich im Herrenhaus, der Einblicke in das Lebensumfeld der Familie Brügelmann gibt (im Bild das »Spielzimmer«)

Das kultur- und wirtschaftsgeschichtlich bedeutendste Gebäude im Ensemble Cromford ist die **»Hohe Fabrik«** ⑧

Cromford,
»Hohe Fabrik«

hinter dem Herrenhaus. Die »Hohe Fabrik« ist eine der wenigen bis heute erhaltenen Technikbauten aus der Zeit der Frühindustrialisierung.

Die erste, 1783/84 errichtete Fabrik grenzte nach heutigem Kenntnisstand östlich an das Herrenhaus an und bildete mit diesem eine Fluchtlinie. Heute befinden sich in dem weiß verputzten Gebäude mit der breiten Tordurchfahrt Eigentumswohnungen. Die »Hohe Fabrik« wurde als zweiter Fabrikbau um 1797 errichtet. Die Pläne lieferte der Düsseldorfer Hofbaumeister Rutger Flügel. Das viereinhalbgeschossige, ocker verputzte Backsteingebäude folgte dem architektonischen Typus einer Spinnmühle. Der Mittelrisalit nahm die Antriebstechnik auf. Im angrenzenden, später erbauten Radhaus befand sich ein weiteres, größeres unterschlächtiges Wasserrad. Durch Aufstauung der Anger entstand ein Kanal, der unter dem Spinnereigebäude hindurchführte und die Wasserräder antrieb.

Die Arbeitsbedingungen waren ausgesprochen schlecht. In den Räumen, in denen die Maschinen dicht an dicht standen, herrschte eine sehr warme, feuchte und stickige Luft. Heute würde man sagen, dass die Arbeiter einer enormen Feinstaubbelastung ausgesetzt waren. Unfälle waren an der Tagesordnung. Brügelmann fundamentierte sein Unternehmen von Anfang an auf die Arbeit von Kindern, die zeitweise zwei Drittel der Belegschaft ausmachten und denen nur sehr geringe Löhne gezahlt wurden. 1835 erfolgte die Einrichtung einer Fabrikschule, in der bis zu 100 Kinder gleichzeitig unterrichtet wurden. Die Kosten für den Betrieb der Schule finanzierten die Kinder durch Mehrarbeit selbst. Eine verschärfte Kinderschutzgesetzgebung hatte 1854 die Schließung der Schule zur Folge.

Bereits zu Beginn des 19. Jahrhunderts galten die Fabrikationsanlagen als technisch antiquiert. Eine Modernisierung des Unternehmens erfolgte unter der Leitung Moritz Brügelmanns (1808–1879).

Er führte den Dampfmaschinenbetrieb ein und errichtete 1853 vor dem Herrenhaus eine Weberei, deren Shedhallen sich immer mehr ausdehnten. Das Licht in den Produktionsstätten kam aus der firmeneigenen Gasanstalt. 1853 wurde auch ein etwa 100 Fuß hoher Fabrikschlot errichtet. 1858 drehten sich in der Spinnerei 420 Spindeln, in der Weberei arbeiteten insgesamt 25 Webstühle. 1898/99 erfolgte der Bau zentraler Kessel- und Maschinenhäuser. Cromford produzierte bis 1977. Allerdings befand sich das Unternehmen seit Beginn des 20. Jahrhunderts nicht mehr im Besitz der Familie Brügelmann; auch seine Rechtsform wechselte mehrmals. 1979 erwarb die Stadt Ratingen das Ensemble. Die Erweiterungsbauten des 19. und 20. Jahrhunderts wurden abgerissen und das Areal mit Wohnhäusern gehobenen Standards bebaut. 1984 überließ die Stadt den historischen Kern Cromfords dem Landschaftsverband Rheinland unentgeltlich unter der Bedingung zur Nutzung, hier ein Industriemuseum einzurichten und zu finanzieren.

Cromford, nachgebaute »Water Frame« in der Dauerausstellung (unten Detail)

Seit 1996 lockt der Schauplatz Ratingen des LVR-Industriemuseums/Rheinisches Landesmuseum für Industrie- und Sozialgeschichte Besucher an (www.rim.lvr.de). In der ehemaligen Baumwollspinnerei wird in einer Ausstellung die Phase der Frühindustrialisierung thematisiert. Eine besondere Attraktion sind die originalgetreu nachgebauten Arkwright'schen Spinnmaschinen, unter anderem die berühmte »Water Frame«, die für Schauzwecke in Gang gesetzt werden kann. Die Ausstellung in der ehemaligen »Hohen Fabrik« informiert nicht nur ausführlich über die Produktionsprozesse, sondern vermittelt auch ein eindrucksvolles Bild von den Arbeitsverhältnissen, denen die hier arbeitenden Menschen ausgesetzt waren. Im Herrenhaus gibt eine neue Ausstellung Einblicke in das Leben der Familie Brügelmann.

Der lang gestreckte dreigeschossige, heute weiß verputzte und mit Balkonen versehene Block östlich des Herrenhauses lässt heute kaum mehr erahnen, dass dort seit 1790 **Arbeiterwohnungen** ⑨ eingerichtet waren. Weitere Arbeiterwohnungen, um 1800 erbaut, befanden sich in dem Gebäudeteil im Anschluss an die »Hohe Fabrik«. Der Arbeiterwohnungsbau erfüllte den Zweck, qualifizierte Arbeitskräfte an das Unternehmen zu binden; er war also einer Arbeiterelite vorbehalten. Das Nebeneinander von Produktionsstätten, Arbeiterwohnungen, Fabrikantenvilla und Parkanlagen bot das Bild scheinbarer sozialer Harmonie.

Geht man die Cromforder Allee am Brügelmann'schen Herrenhaus und den ehemaligen Arbeiterwohnungen entlang in Richtung Blauer See, erreicht man **Ober-Cromford** ⑩, wo die Familie Brügelmann einen zweiten Industriestandort gegründet hatte. Das Herrenhaus Ober-Cromford und die Cromforder Mühle sind erhalten geblieben. Ober-Cromford entstand im Zusammenhang mit einer längere Zeit geplanten Erbteilung in der Familie Brügelmann: 1807 wurde das Unternehmen unter den Söhnen des Firmengründers aufgeteilt: Jakob Wilhelm Brügelmann (1776–1826) wurde das in den Jahren zuvor gegründete Ober-Cromford und Johann Gottfried jun. (1777–1808) Unter-Cromford zugesprochen. Als Johann Gottfried jun. bald verstarb, übernahm seine Ehefrau Sophie, geborene Bredt, die Geschäftsleitung, bis ihr Sohn Moritz nach dem plötzlichen Tod des Bruders 1830 das Ruder übernahm.

Das Herrenhaus Ober-Cromford, zwischen 1789 und 1803 erbaut, besteht aus einem Haupthaus sowie einem östlichen und westlichen Flügel. Früher gehörten zwei Lust- und Gartenhäuser, eine Orangerie und ausgedehnte Gärten zu der Anlage. Im Herrenhaus war vermutlich zunächst das Kontor untergebracht, später wurde das Gebäude möglicherweise als Sommerwohnsitz der Familie genutzt. Direkt an das Herrenhaus schlossen sich die Produktionsanlagen an, die »Fabrik am Teich« oder »Neue Fabrik«, deren Wetterfahne

Ober-Cromford, Herrenhaus

Wetterfahne auf der »Fabrik am Teich« in Ober-Cromford

mit der Jahreszahl »1799« geschmückt war. Die »Fabrik am Teich« beherbergte eine zweite Spinnerei und von 1831 an für einige Zeit auch eine Weberei, die 1853/54 nach Unter-Cromford verlegt wurde. Anfang der 1860er Jahre wurde aus der »Fabrik am Teich« eine Getreidemühle mit Dampfmaschinenantrieb (»Kunstmühle«). 1863 fiel Ober-Cromford nach dem Konkurs dieses Unternehmenszweiges an den Grafen von Spee zurück. 1936 wurde das Mühlengebäude wegen der Unwirtschaftlichkeit des Betriebes abgerissen. Das Herrenhaus verfiel in der Folgezeit immer mehr, bis es in den 1970er Jahren unbewohnbar war. Die Verlegung der Durchgangsstraße (Mülheimer Straße) quer durch den Garten von Ober-Cromford erhöhte nicht gerade den Wert der Anlage. 1978 bis 1980 erfolgte eine gründliche Instandsetzung. Seither wird das ehemalige Herrenhaus Ober-Cromford als Mehrfamilien- und Bürohaus genutzt. Die hochgelegte Schnellstraße trennt das Bauwerk von Unter-Cromford und damit von seiner Entstehungsgeschichte ab.

Als 1799 die »Fabrik am Teich« gegründet wurde, existierte in Ober-Cromford bereits ein älteres gewerbliches Gebäude, eine frühere **Ölmühle** ⑪, die 1786 in Unterlagen des Unternehmens Brügelmann erstmals erscheint und in einem 1802 erstellten Plan von Cromford als »Farbmühle« bezeichnet wird. Diese unweit des Herrenhauses liegende »Farbmühle« arbeitete bis 1824. 1927 wurden in dem winkelförmig gebauten Anwesen Wohnungen eingerichtet. 1983 erfolgte eine grundlegende Sanierung. Auch im lang gestreckten Nebengebäude wurden Wohnungen eingerichtet. Die alten Mühlenkanäle sind erhalten geblieben. Die ehemalige Ölmühle mit dem begrünten Innenhof bietet heute einen idyllischen Anblick.

Ehemalige Ölmühle in Ober-Cromford

Der **Blaue See** ⑫, zu dem die gleichnamige Straße führt, ist ein wertvolles Naturdenkmal und ein attraktives Naherholungsgebiet. Im Norden schließt sich ein großes zusammenhängendes Waldgebiet an, im Süden das Tal des Angerbachs. Der Blaue See ist kein natürliches Gewässer. Hier war früher das Gelände eines Kalksteinbruchs, der sich nach der Einstellung des Abbaus 1932 mit Grundwasser füllte. Eigentlich handelt es sich um zwei Steinbrüche: Der kleinere Steinbruch lag im Bereich der heutigen Naturbühne, wobei das höher gelegene, trocken gebliebene Gelände die Freilichtbühne

Kalkabbau am Blauen See, um 1920

bildet; im tiefer gelegenen Teil entstand das »Graue Loch«. Etwas weiter südlich liegt der größere Blaue See. Auf Karten des 19. und 20. Jahrhunderts heißt das Gebiet Oberbusch; es war Teil der Ratinger Mark und wurde von den jeweiligen Besitzern des Hauses zum Haus genutzt. Bereits im späten 16. Jahrhundert wurden die ersten Kalköfen von der Familie von der Horst verpachtet. Schon 1807 kam eine Dampfmaschine zum Abpumpen des Grundwassers zum Einsatz. Seit 1783 war Ambrosius Franz Reichsgraf von Spee Besitzer von Haus zum Haus und somit Nutznießer des Oberbuschs. Er und seine Nachfahren ließen im Oberbusch im größeren Stil Kalk abbauen. 1841 arbeiteten im Spee'schen Steinbruch 82 Arbeiter. Dort waren 1884 vier Kalköfen im Betrieb, die heute teilweise noch zu sehen sind. 1932 stellten die Ratinger Kalkwerke GmbH den Betrieb ein. Der in der Folgezeit entstehende See zog bald zahlreiche Besucher an. 1949 wurde der See erstmals als Naturbühne für Karl-May-Aufführungen genutzt. 1952 erfolgte die Gründung des Vereins »Naturbühne Blauer See e. V.«, das Areal wurde als Theater eingerichtet.

Reste eines Kalkofens an der Teichstraße

1952 öffneten auch der Märchenzoo und das angrenzende Wildgehege seine Pforten. In der Folgezeit entstand ein Freizeitpark, in dem sich der Besucher unter anderem mit Bootsfahrten, Ponyreiten, Mini-Golf, Mini-Eisenbahn, Tauchgängen, Indianercamp, Wandern auf einem Waldlehrpfad und im Hochseilgarten amüsieren kann. Auch auf der Seebühne finden heute noch Veranstaltungen statt. Dem Zeitgeist verpflichtet ist das Techno-Festival, das einmal im Jahr am Blauen See veranstaltet wird.

Blauer See

An der Teichstraße 1 östlich des Blauen Sees steht das **Gebäude des ehemaligen Landgerichts »In der Brüggen« oder »In der Brück«** ⑬. Das Gericht erhielt seinen Namen nach einer dort gelegenen Angerbrücke und bestand vermutlich lange vor 1276. Mit der Stadterhebung wurde Ratingen mitsamt der Honnschaft Heide aus dem ländlichen Gerichtsbezirk »In der Brüggen« herausgelöst und bildete nunmehr einen eigenen Gerichtsbezirk. Seit dem 14. Jahrhundert umfasste das Landgericht »In der Brüggen« die Honnschaften Eggerscheidt, Bracht, Schwarzbach, Eckamp und Lintorf. Spätestens seit der Reform des Gerichtswesens zu Beginn des 19. Jahrhunderts fanden im Gebäude an der Teichstraße keine Verhandlungen mehr statt. Das bis heute erhaltene zweigeschossige, weiß geschlämmte Ziegelsteinbauwerk wurde erst um 1790 errichtet; in ihm ist ein älteres Bruchsteingebäude aufgegangen. 1995/96 wurde das alte Landgericht umfassend saniert. Es ist heute ein Wohnhaus.

Ehemaliges Landgericht »In der Brüggen«

Nur einige Schritte vom ehemaligen Landgericht »In der Brüggen« entfernt steht der Gebäudekomplex der **Brücker Mühle** ⑭. Hier oder in der Nähe existierte vermutlich bereits im Mittelalter eine Mühle. Im »Erneuerten Rentenbuch des Gasthauses zu Ratingen« von 1456 ist »Arndt Mulners Camp up dem Broucke geleigen intgain dat gerichte« erwähnt. Die Brücker Mühle besteht aus dem auf einem Bruchsteinsockel errichteten Fachwerkwohnhaus von 1778, einem Stallgebäude aus Fachwerk von 1781 und dem weiß geschlämmten, zweigeschossigen Mühlengebäude an der Anger, das ebenfalls aus dem späten 18. Jahrhundert stammt. Die Gebäude gehören dem Grafen von Spee, der die Mühle im 19. Jahrhundert zur Stromerzeugung für seinen Steinbruch auf dem Terrain des heutigen Blauen Sees nutzte. Auch diese Gebäude dienen heute keinen wirtschaftlichen Zwecken mehr, sondern werden als Wohnhäuser genutzt.

Fachwerkwohnhaus der »Brücker Mühle«

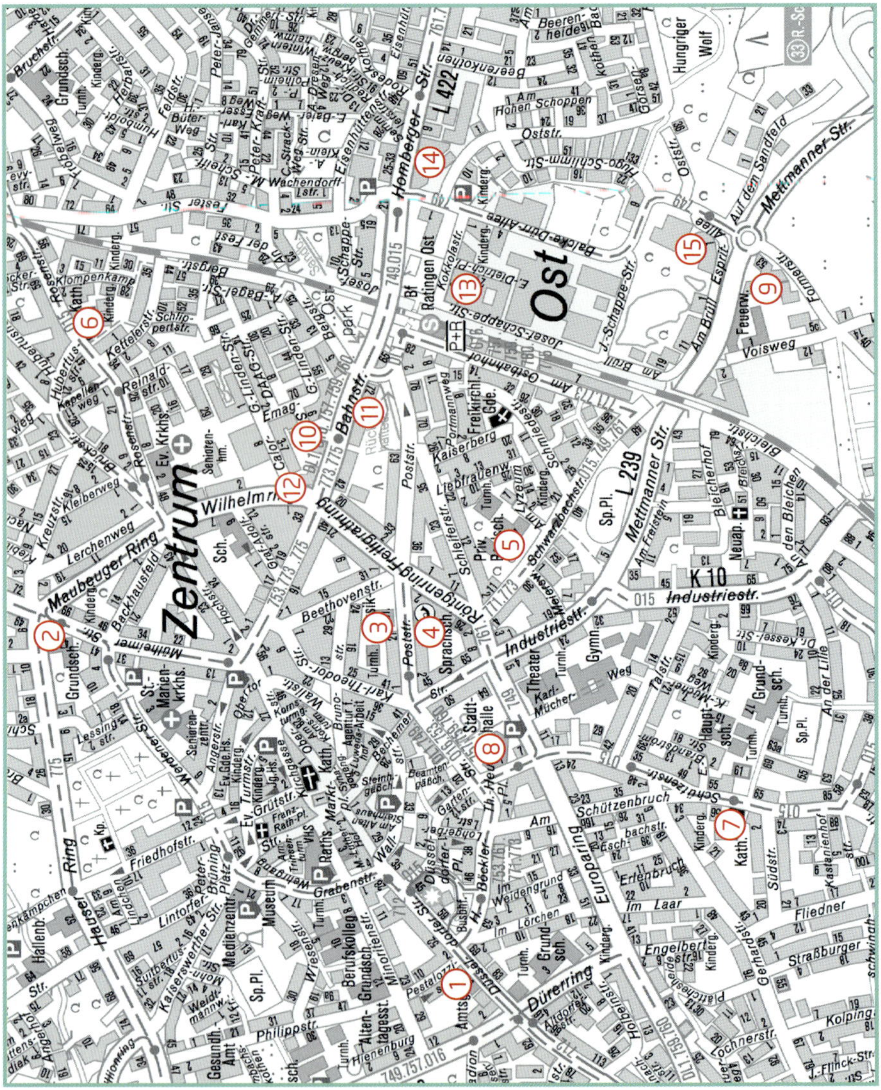

Zentrum
Ost
Bf Ratingen Ost
P+R
Maubeuger Ring
Mülheimer Str.
Wilhelmring
Lerchenweg
Kleiberweg
Kreuzstr.
Hubertusstr.
Kettelerstr.
Reinaldstr.
Rosenstr.
Ev. Krkhs.
Bahnstr.
Homberger Str.
L 422
Oststr.
Balcke-Dürr-Allee
Josef-Schappe-Str.
Am Ostbahnhof
Mettmanner Str.
L 239
Industriestr.
K 10
Röntgenring
Freiligrathring
Beethovenstr.
Poststr.
Schleiferstr.
Liebfrauenw.
Kaiserberg
Schwarzbachstr.
Theater
Gymn.
Stadthalle
Europaring
Schützenbruch
Erlenbruch
Dürerring
Düsseldorfer Str.
Grabenstr.
Wallstr.
Marktpl.
Friedhofstr.
Lintorfer Str.
Kaiserswerther Str.
Hauser Ring
Philippstr.
Minoritenstr.
Berufskolleg
Museum
Medienzentr.
Werdener Str.
St.-Marien-krkhs.
Hallenb.
Am Brüll
Voisweg
Feuerw.
Auf dem Sandfeld
Bleichstr.
An den Bleichen
Südstr.
Fliedner
Straßburger
Lochnerstr.
Kolping
Hungriger Wolf
Beerenkothen
Am Hohen Schoppen
Hugo-Schlimm-Str.
Fester Str.
Bergstr.
Am Freistein
Talstr.
Sp.Pl.

In der Düsseldorfer Straße 54, nicht weit vom Düsseldorfer Platz entfernt, steht das ehemalige **Kaiserliche Amtsgericht** ①, ein imposantes öffentliches Gebäude der Gründerzeit, heute Ratinger Amtsgericht. Am 1. Oktober 1879 wurde durch Erlass Kaiser Wilhelms I. das Amtsgericht Ratingen als Nachfolger des Friedensgerichts eingerichtet, das zum Bezirk des Landgerichts Düsseldorf gehörte. Es war zuständig für die Bürgermeistereien Angermund, Eckamp, Hubbelrath, Mintard und Ratingen. Das Amtsgericht tagte zunächst mehrere Jahrzehnte im Bürgerhaus am Markt. Später wurde es vorübergehend in einem Saal der Gastwirtschaft Kürten untergebracht, da das Bürgerhaus sehr baufällig war. 1911 wechselte das Gericht in eine provisorische Unterkunft in der Düsseldorfer Straße. Kurz darauf begann man mit dem Neubau des Amtsgerichts. Die Fertigstellung zog sich offenbar ziemlich in die Länge. Während des Ersten Weltkrieges wurde der Neubau durch das Militär in Anspruch genommen. 1919 fand das Gerichtspersonal endlich ein dauerhaftes Domizil in der Düsseldorfer Straße.

Heute befinden sich im Erdgeschoss das Zivilgericht und die Rechtsantragsstelle, im Obergeschoss Büros sowie die Sitzungssäle

Amtsgericht, um 1914

des Familien- und Strafgerichts. Große Strafprozesse finden allerdings in Düsseldorf statt – in Ratingen ist nur das Jugendschöffengericht geblieben. Im Keller sind das Gerichts- und Vereinsarchiv sowie das Grundbuchamt untergebracht. Die freiwillige Gerichtsbarkeit ist in ein anderes Gebäude in der Düsseldorfer Straße ausgelagert worden.

An der Mülheimer Straße 47 steht ein Gebäude mit einer äußerst bewegten Geschichte – das ehemalige **Lehrerseminar** ②. Bereits seit den 1870er Jahren bemühte sich die Stadtverwaltung, ein »Königliches Lehrerseminar für katholische Zöglinge nebst Seminar-Präparanden-Anstalt« nach Ratingen zu ziehen. Damit wäre die Stadt Sitz eines überregionalen Zentrums für die Ausbildung von Volksschullehrern geworden. Erst am 18. Mai 1908 konnten die Pläne realisiert und das neu gegründete Lehrerseminar in einem angemieteten Gebäude am Kaiserplatz (Kronprinzenstraße 3) untergebracht werden. Die Phase des Provisoriums wurde überwunden, als es der Stadt gelang, ein Grundstück für einen Neubau zu erwerben: die Wahl fiel auf eine Parzelle, die aus dem Besitz der Schlösser'schen Erben stammte; auch das benachbarte an der Eckamper Grenzstraße (Hohefelderstraße; heute Ecke Hauser Ring/Mülheimer Straße) gelegene Reuscher'sche Haus wurde angekauft und in das Baugrundstück einbezogen. Für den Erwerb der Grundstücke war die Aufnahme eines Darlehens in Höhe von 32.000 Mark nötig. Die Stadt sorgte für eine angemessene Infrastruktur (Wasser, Abwasser, Gas, Elektrizität) und baute die zum Lehrerseminar führenden Bürgersteige. Der preußische Fiskus errichtete das Seminargebäude in einem zeittypischen neobarocken Stil und sorgte für die Unterhaltung des Schulbetriebs. Die Bauleitung lag bei Regierungsbaumeister Markgraf und Stadtbaumeister Stratmann.

Zu Beginn des Schuljahrs 1914 konnte der Unterricht aufgenommen werden. Der Lehrbetrieb wurde allerdings nach Ausbruch des Ersten Weltkrieges durch die Einquartierung von Militärpersonen nachhaltig gestört. Der Schulhof diente als Exerzierplatz, Teile des Seminargebäudes als Lager und Truppenunterkunft. Die Aula wurde als Festsaal für zahlreiche Veranstaltungen genutzt. Zu Beginn des Jahres 1919 quartierten sich hier Regierungstruppen ein, die den Auftrag hatten, die aufständischen linksextremen »Spartakisten« zu bekämpfen. 1923 folgten aus Anlass der Ruhrbesetzung französische Truppen. Auch in diesen schwierigen Zeiten wurde der Unterrichtsbetrieb unter größten Einschränkungen fortgeführt. 1924/25 erfolgte eine vorübergehende Schließung der Einrichtung, der 1926 nach Einführung der Pädagogischen Akademien das endgültige »Aus« folgte. Seit 1927 wurde das weitläufige Gebäude als evangelische Schule, Berufsschule und Jugendherberge genutzt. Auch das städtische Katasteramt bezog einige Räume. Ständige Streitigkeiten mit der preußischen Finanzverwaltung wegen der Höhe der Miete konnten erst 1937 beigelegt werden, als die Stadt das Gebäude erwarb.

Ehemaliges Lehrerseminar, heute Stadtarchiv und Anne-Frank-Schule

Seit 1933 nutzten die Nationalsozialisten die Aula für propagandistische Veranstaltungen. Hier ließ sich Anfang April 1933 auch die neu gewählte nationalsozialistisch dominierte Stadtverordnetenversammlung feiern. Die Schulaula wurde während des Zweiten Weltkriegs »Städtische Festhalle«. Zu einem Haus des Schreckens wurde die Adresse Mülheimer Straße 47, als im Juli 1943 die Geheime Staatspolizei – Staatspolizeistelle Düsseldorf – dort einzog, nachdem ihr Hauptquartier in der Prinz-Georg-Straße durch Bombentreffer zerstört worden war. An diese Periode der Hausgeschichte erinnert eine Gedenktafel.

Nach dem Ende des Zweiten Weltkrieges waren amerikanische und britische Militäreinheiten in dem Gebäude untergebracht. Zwischen 1948 und 1967 war dort eine englische Schule ansässig. Seither wird das ehemalige Seminargebäude von der Städtischen Grundschule-Nord, später Anne-Frank-Schule, genutzt. Nach Umbauten zog 1987 in den rechten Gebäudeteil das Archiv der Stadt Ratingen (www.stadtarchiv-ratingen.de) ein.

Nach dem Scheitern privater Initiativen gelang zu Ostern 1900 die Eröffnung einer Städtischen höheren Knabenschule. Am 10. Oktober 1901 beschloss die Stadtverordnetenversammlung den Ausbau dieser Einrichtung zum **Progymnasium** ③. Am 19. Januar 1903 erfolgte die staatliche Anerkennung der Schule durch das Königliche Provinzialschulkollegium in Koblenz und somit die offizielle Gründung eines altsprachlichen Progymnasiums in Ratingen. Da ein hohes Schulgeld zu zahlen war, konnten sich in erster Linie Kinder aus dem gehobenen Bürgertum den Besuch dieser Einrichtung leisten. Das Progymnasium diente der Vorbereitung auf den Besuch der höheren Klassen des Gymnasiums, des Realgymnasiums oder der Oberrealschule. Der Unterricht fand zunächst im evangelischen Gemeindesaal, dann im Rathaus im ehemaligen Minoritenkloster und in der Graf-Adolf-Schule statt. 1903/04 wurde auf einem von Theodor Franken der Stadt als Geschenk überlassenen Grundstück an der Kronprinzenstraße (heute Poststraße) ein neues Schulgebäude mit Turnhalle errichtet. In unmittelbarer Nähe entstand ein Wohnhaus mit einer Dienstwohnung für den Direktor der Schulanstalt. Architekt des Neubaus war der städtische Beigeordnete Jean Schlösser.

1928/29 wurde ein Anbau errichtet und gleichzeitig das altsprachliche Progymnasium in ein Realgymnasium umgewandelt. Vor allem der Ratinger Bürgermeister Max Scheiff trieb diese Entwicklung voran. Er betrachtete den Ausbau zu einer Vollanstalt als wichtige Infrastrukturmaßnahme im Rahmen der kommunalen Neugliederung und im Abwehrkampf gegen Düsseldorfer Einge-

Progymnasium, 1910

meindungsbestrebungen. 1934 wurde diese Entwicklung revidiert und die Oberstufe abgebaut. Die Ratinger höhere Schule sah sich erneut auf den Status eines Städtischen Realprogymnasiums reduziert. 1937 erfolgte die Umwandlung in eine Städtische Oberschule für Jungen. Da die beiden konfessionellen privaten Mädchenschulen, die evangelische Luisenschule und das katholische Lyzeum in der Schwarzbachstraße gleichzeitig aufgelöst wurden, besuchten allerdings auch Mädchen die Oberschule. Nach dem Zweiten Weltkrieg wurde aus dieser Einrichtung das Städtische Gymnasium, 1958 aufgeteilt in ein Gymnasium für Jungen (Theodor-Heuss-Schule) und eines für Mädchen (Geschwister-Scholl-Schule), die weiterhin im gleichen Gebäude blieben. 1968 erfolgte der gemeinsame Umzug in das neue Schulzentrum am Karl-Mücher-Weg und 2000 die Zusammenlegung der beiden Innenstadtgymnasien. Im alten Gymnasium in der Poststraße ist heute die städtische Musikschule untergebracht; auch VHS-Kurse finden hier statt.

Der moderne Zweckbau des **Postamtes in der Poststraße** ④ lässt nicht mehr erkennen, dass dasselbe Gebäude früher einmal ein repräsentatives Bauwerk aus dem Jahr 1906 war. Dieser Teil der Poststraße hieß damals Kronprinzenstraße, später Speestraße. Anfang der 1960er Jahre wurde das Postamt grundlegend umgebaut, ein Nachbarhaus vollständig abgerissen.

Kaiserliches Postamt, um 1907

Bereits 1727 richtete der Ratinger Magistrat eine Stadtpost ein, die in Düsseldorf Anschluss an die Thurn- und Taxi'sche Kaiserliche Reichspost hatte. Eine Fahrpost von Wülfrath nach Ratingen nahm 1851 ihren Betrieb auf. Von dort bestand Anschluss nach Kalkum und Kaiserswerth und weiterhin nach Düsseldorf. Weitere Postlinien kamen in der Folgezeit hinzu. Anfang 1809 erfolgte die Einrichtung einer Großherzoglich-Bergischen Postanstalt in Ratingen, die 1816 eine preußische Behörde wurde. Die Posthaltereien wechselten häufig ihren Standort. Vor 1868 befand sich die Postexpedition im Gasthof der Witwe Strucksberg und im Eigen'schen Gasthof in der Oberstraße, später war eine Posthalterei der Königlichen Post am Steinernen Kreuz an der Mülheimer Straße eingerichtet. 1883 wurde ein Postamt in der Bahnstraße erbaut, das bis 1906 in Betrieb war.

Nachdem 1899 die Initiative für die Gründung einer evangelischen Privatschule für Mädchen, der späteren Luisenschule, ergriffen worden war, gründete Pfarrer Johann Heinrich Weyers ein Kuratorium, das die Einrichtung einer **katholischen höheren Mädchenschule** ⑤ in die Wege leiten sollte. Diese nahm am 23. April 1901 zunächst in Räumen der katholischen Volksschule II in der Graf-Adolf-Straße, wenig später dann in einem Privathaus in der Grabenstraße ihren Betrieb auf. 1910 übernahm die Kongregation der »Schwestern Unserer Lieben Frau« aus Mülhausen bei Kempen die Trägerschaft der Schule. Zusammen mit dem Erzbistum Köln und dem Kuratorium erwarb der Orden im gleichen Jahr aus dem Besitz der Pfarrgemeinde St. Peter und Paul ein großes Grundstück an der Schwarzbachstraße, auf dem ein Schulneubau entstehen sollte. Die Pläne lieferte der Neusser Architekt Claus Röhlinger. Am 2. Juli 1911 konnte die Grundsteinlegung gefeiert werden und am 16. April 1912 wurde das imposante Gebäude seiner Bestimmung übergeben. An die »Marienschule« der »Schwestern Unserer Lieben Frau«, die allgemein Lyzeum genannt wurde, war das Internat »Maria Immaculata« angegliedert. Während des Ersten Weltkrieges wurde ein Teil des Schulgebäudes als Lazarett genutzt. 1919 erfolgte die Gründung einer einjährigen Frauenschule, die Kenntnisse in der Haushaltsführung, Kochen, Handarbeiten und der Kinder- und Kran-

Katholische höhere Mädchenschule (»Liebfrauenschule«), um 1910

kenpflege vermittelte. Die Schülerinnen absolvierten auch Praktika im Krankenhaus und im hauseigenen Kindergarten.

Den Nationalsozialisten war der Bestand konfessioneller Schulen ein Dorn im Auge. 1939/40 erfolgte die sukzessive Schließung des Lyzeums an der Schwarzbachstraße. Am 20. März 1940 endete der Unterricht. Bereits im August 1939 war das Oberkommando 4 der Luftwaffe dort eingezogen, 1943 folgte das Kriegsgericht. Nachdem während des verheerenden Bombenangriffs am 22. März 1945 das St. Marienkrankenhaus zerstört worden war, diente das Schulgebäude als Behelfskrankenhaus. In der Pfarrkirche St. Peter und Paul konnte nach schweren Bombenschäden kein Gottesdienst mehr stattfinden; daher wurde im Bühnenraum der heutigen Schulaula eine Notkapelle eingerichtet.

Seit dem 17. April 1945 war die Schule für kurze Zeit Sitz der amerikanischen, dann der britischen Militärverwaltung in Ratingen. 1948 wurde in einem Teil der Schule die Frauenfachschule eröffnet. 1954 erfolgte die offizielle Wiedereröffnung der katholischen Mädchenrealschule, seit 1955 führte sie den Namen »Liebfrauenschule«. Zwei Jahre später kam die staatliche Anerkennung. Die folgenden Jahrzehnte sahen zahlreiche bauliche Maßnahmen. So wurde 1957/58 ein Erweiterungsbau errichtet. 1963 fielen einer Umgestaltung der Außenfassade die neobarocken Schmuckelemente zum Opfer. 1994 übergaben die Ordensschwestern die »Liebfrauenschule« in die Trägerschaft des Erzbistums Köln. 2001 konnte die Erzbischöfliche Realschule für Mädchen ihr hundertjähriges Jubiläum feiern.

Als im Zuge der Industrialisierung vor allem im Osten der Stadt, wo sich zahlreiche Unternehmen ansiedelten, die Bevölkerung stark zunahm, wurde in der katholischen Gemeinde der Wunsch laut, dort ein neues Gotteshaus zu errichten. 1912 wurde der »Katholische Kirchbauverein Ratingen-Ost« ins Leben gerufen. Das Grundstück für den Neubau an der Rosenstraße stellte Katharina Schäfer zur Verfügung. Allerdings konnten die Pläne wegen des Ausbruchs des Ersten Weltkrieges zunächst nicht realisiert werden. Erst im Sommer 1928 wurde der Baubeginn gefeiert. Die Kirche

Die alte Herz-Jesu-Kirche, um 1935

sollte dem »Göttlichen Namen Jesu« geweiht werden. Die Entwürfe für die moderne Stahlskelettkonstruktion lieferte der Stuttgarter Architekt und Regierungsbaumeister Hans Herkommer. Am 9. Juni 1929 erfolgte die Konsekrierung der **Herz-Jesu-Kirche** in der Rosenstraße ⑥ durch den Weihbischof Dr. Hermann Joseph Sträter. Wilhelm Veiders wurde erster Rektor der Gemeinde. Das Bauwerk stieß allgemein auf positive Resonanz. So stand in der »Kölnischen Volkszeitung« zu lesen, dass die Bauherren stolz darauf sein könnten, »die erste wirklich wertvolle neuzeitliche Kirche in der ganzen weiten Umgebung gebaut zu haben«. Insbesondere für die Gestaltung der Ostwand wurde eine aufsehenerregende

Lösung gefunden: »Schön ist die Hinordnung auf den Chor als den beherrschenden Mittelpunkt der Kirche. Über dem schlichten Altar erhebt sich als Altarbild ein gewaltiges Herz Jesu. Es ist in Putzmosaik technisch vollendet (von Fa. Puhl u. Wagner, Gottfried Heinersdorff) ausgeführt. Begrüßenswert ist, daß der Künstler, der Maler Oeser aus Mannheim, darauf verzichtet hat, in gewohnter Weise das Herz selbst darstellen zu wollen. Er gibt den Heiland als den gütigen, sich uns zuneigenden Menschenfreund, und es ist dem Künstler vor allem durch den sprechenden Ausdruck der Hände besser gelungen, uns die Herz-Jesu-Idee nahezubringen, als es sonst durch die Darstellung des meist so unangenehm wirkenden Herzen geschehen ist. Mit seinen warmen Goldtönen, die sich wirkungsvoll von dem Blau des Mantels und dem dunklen Rot des Untergrundes abheben, überstrahlt es, zumal im Glanz des Lichtes, festlich die Kirche und die ganze Gemeinde.« (Zit. nach: Ratinger Zeitung vom 20. Juni 1929)

In der Kirchengemeinde selbst stieß die »allzu moderne Arbeit« Dr. Willi Oesers allerdings auf ein geteiltes Echo.

Die schwierigen Folgejahre waren durch den Ausbau der Gemeinde mit zahlreichen Einrichtungen und Vereinen gekennzeichnet. 1933 bekam die Kirche drei neue Glocken. Als einzige der Ratinger Kirchen trug Herz Jesu kaum Kriegszerstörungen davon. Auch auf diesem Kirchturm, dem damals höchsten Punkt Ratingens, wurde am 17. April 1945 um 3.15 Uhr morgens die weiße Fahne

Mosaik von Willi Oeser in der alten Herz-Jesu-Kirche

gehisst, das Zeichen, dass der Zweite Weltkrieg in dieser Stadt beendet war.

Im Jahr 1948 konnte die katholische Volksschule »Auf der Aue« an der Bruchstraße ihren Betrieb aufnehmen. 1949/50 wurde ein neues Pfarrheim mit Kindergarten erbaut. 1952 erfolgte die Erhebung der Herz-Jesu-Gemeinde zur Rektoratspfarre. 1956 standen Restaurierungsarbeiten in der Kirche an. 1963 wurde Herz Jesu kanonische Pfarre, womit die endgültige Loslösung von der Mutterkirche St. Peter und Paul abgeschlossen war. Sorgen bereitete vor allem der bauliche Zustand des Gotteshauses; insbesondere die Stahlträger waren völlig durchgerostet. Die Gemeinde entschloss sich schließlich für einen Neubau auf dem gleichen Grundstück, für den der Oberhausener Architekt Theodor Scholten die Pläne lieferte, der auch die Kirche St. Bartholomäus in Hösel erweitert hatte. Zwischenzeitlich fand der Gottesdienst in einer Notkirche statt. Am 7. Juni 1970 konnte der Kirchenneubau in Ratingen-Ost eingeweiht werden. Der Ratinger Künstler Erich Elsner schuf Teile der Ausstattung – Altar, Ambo, Kreuz und Leuchter. Die später entstandenen Kreuzwegstationen, Tabernakel und die Kirchenfenster waren Arbeiten von Hildegard Bienen aus Marienthal bei Wesel. 1986 erhielt der Kirchturm ein 5,60 Meter hohes Kreuz. Mehrere Jahrzehnte lang war Heinrich Roth Pfarrer der Gemeinde. Seit 1998 betreuen die Minoriten von St. Suitbertus die Herz Jesu-Pfarre. Seit 2001 gehörte auch Herz Jesu zum Seelsorgebereich Ratingen-Mitte/Homberg. Im gleichen Jahr konnte eine grundlegende Sanierung des Gotteshauses abgeschlossen und ein neuer Kindergarten eingeweiht werden. Im Jahr 2004 feierte die Gemeinde Herz Jesu das 75. Jubiläum der Weihe ihrer Pfarrkirche. Seit 2006 ist Herz Jesu eine von vier Gemeindekirchen der neuen Pfarrei St. Peter und Paul.

Die heutige Herz-Jesu-Kirche

Nicht weit von Herz Jesu entfernt steht die 1648 an der Kreuzstraße errichtete Kreuzkapelle, auch »Heiligenhäuschen« genannt.

Die Kreuzkapelle (»Heiligenhäuschen«)

St. Suitbertus in Ratingen-Süd ⑦ ist nach St. Marien in Tiefenbroich, Herz Jesu in Ratingen-Ost und St. Joseph in Eckamp der jüngste Pfarrbezirk, der sich aus der Mutterpfarre St. Peter und Paul entwickelt hat. Eine Kirche für die wachsende Einwohnerschaft im Ratinger Süden konnte entstehen, als Wilhelm Bröcker 1952 ein Grundstück an der Schützenstraße Ecke Südstraße stiftete. Nach Plänen des Ratinger Architekten Kurt Schweflinghaus entstand ein moderner, an Industriearchitektur angelehnter Kirchenbau, in dem am 8. Dezember 1954 der erste Gottesdienst stattfand. Am 2. Oktober 1955 wurde die Kirche durch Weihbischof Wilhelm Cleven konsekriert. Von Anfang an betreuten die Brüder der Oberdeutschen Minoritenprovinz in Würzburg das neue Rektorat. 1954/55 entstand im Anschluss an die Kirche das Minoritenkloster. Anfang 1955 konnte ein eigener Kindergarten eingeweiht werden. Am ersten Adventssonntag 1956 läuteten die Glocken zum ersten Mal zum Gottesdienst. Im Frühjahr 1959 stand

Die Kirche St. Suitbertus

ein Pfarr- und Jugendheim zur Verfügung, für das Kurt Schweflinghaus ebenfalls die Entwürfe lieferte. Im gleichen Jahr wurde St. Suitbertus selbständige Rektoratspfarre. 1962 nahm die Suitbertusschule am Dürerring ihren Betrieb auf. Zu Beginn der 1960er Jahre wurde das Gotteshaus mehrfach umgebaut und vergrößert: Dabei entstanden Seitenflügel mit Emporen und ein Raum für Orgel und Chor. Weitere Umbaumaßnahmen hatten vor allem zum Ziel, mehr Licht in den Kirchenraum zu bringen. 1973/74 gelang eine Erweiterung des Klosters durch einen Neubau gegenüber der Sakristei. Im Herbst 1973 erhob Erzbischof Joseph Kardinal Höffner St. Suitbertus zur kanonischen Pfarre. 1986 übernahmen die Franziskaner-Minoriten aus der Ordensprovinz Krakau die Seelsorge an St. Suitbertus. 1994 wurde die Marienkapelle umgestaltet. Mit einer grundlegenden Renovierung 2001/02 bereitete sich die Gemeinde auf die Feiern zum 50-jährigen Bestehen der Pfarrgemeinde vor. Heute ist St. Suitbertus eine der vier Gemeindekirchen der neuen Pfarrgemeinde St. Peter und Paul.

Typische Bauten der 1970er Jahre sind die 1976 eingeweihte **Stadthalle** ⑧ zwischen Europaring und Hans-Böckler-Straße und das gegenüberliegende **Stadttheater**. An die Stadthalle schließt sich der Stadtpark an. Die Stadthalle wurde von den Architekten Dipl.-Ing. Jörg Schuler und Ekkehard Jatzlau entworfen, bei denen auch die Bauleitung lag. Die Pläne für das Stadttheater stammen von dem Architekten Dipl-Ing. Dansard. In der Stadthalle stehen ein 850 Quadratmeter großer Saal für 1.138 Personen (Suitbertus-Saal), ein kleinerer Raum für 206 Personen (Angersaal), ein großes Foyer sowie das neu gestaltete Restaurant »Ratingia« zur Verfügung. Das Stadttheater bietet 650 Pätze in aufsteigenden Reihen. Den prägnanten Beton-

Die Stadthalle

obelisken vor der Stadthalle stiftete die Firma Readymix und das Architektenteam Schuler/Jatzlau. 2008 erhielt die Stadthalle die Bezeichnung »Dumeklemmer-Halle«. 2010 wurden die Außenanlagen völlig neu gestaltet.

Am Voisweg steht die hochmoderne **Rettungswache der Ratinger Feuerwehr** ⑨, die am 18. September 2009 eingeweiht werden konnte. Josef Knipping ist der Architekt des 18 Millionen Euro teuren Neubaus, dessen besondere, allerdings nicht allgemein auf Begeisterung stoßende Attraktion der bei Anbruch der Dunkelheit illuminierte Schlauchturm ist.

Die neue Feuerwache am Voisweg

Die Anfänge der Ratinger Feuerwehr waren von Schwierigkeiten begleitet. Am 3. Februar 1872 wurde im Lokal des Johann Buschhausen ein Turn- und Feuerwehrverein gegründet. Zuvor waren alle Bürger der Stadt verpflichtet, bei Bränden die Löscharbeiten zu unterstützen. Eine Menschenkette schaffte das Wasser vom Brandteich, vom Stadtgraben oder einem Brunnen zur Brandstätte. Symbol dieses bürgerschaftlichen Engagements war der lederne Brandeimer. Die Turnerwehr von 1872 hatte es nicht leicht. Schlechte Ausrüstung, finanzielle Probleme, mangelndes Interesse in der Bürgerschaft und schließlich interne Streitigkeiten führten dazu, dass die Einrichtung schnell wieder einschlief. 1882 reklamierte der Landrat des Kreises Düsseldorf-Land, dass die Ratinger

Feuerlöscheinrichtungen nach den Kriterien der Feuerlöschordnung von 1807 völlig unzureichend waren. Im gleichen Jahr erließ der Landrat eine neue Feuerwehr- und Feuerlöschordnung, die alle männlichen Einwohner eines Bürgermeisterei-Bezirks im Alter zwischen 16 und 60 Jahren verpflichtete, der Feuerwehr beizutreten. Die Stadt Ratingen beschloss daraufhin die Einführung dieser Ordnung und richtete eine Pflichtfeuerwehr ein. Chef der Wehr war Bürgermeister Karl Esser, sein Stellvertreter der Apotheker Max Bretz. Bei der Anschaffung notwendiger Geräte unterstützten die Feuerversicherungsgesellschaften die neue Einrichtung, deren Unterhaltung indessen sehr kostenintensiv war. Daher entschied sich die Stadt 1893 zur erneuten Einführung einer Freiwilligen Feuerwehr, die jetzt straff organisiert wurde und deren Mitglieder sich einer Ausbildung unterziehen mussten. Die Ratinger Feuerwehr wurde gegen Vergütung auch in Tiefenbroich und Eckamp aktiv, bis nach der Kommunalreform von 1910 eine eigene Freiwillige Feuerwehr für die Gemeinde Eckamp gebildet wurde. Mit der Kommunalreform von 1929/30, die zu einer Eingemeindung Eckamps nach Ratingen führte, wurde auch diese Wehr in die Freiwillige Feuerwehr Ratingen eingegliedert.

Das erste Spritzenhaus der Ratinger Feuerwehr lag in der Bechemer Straße. 1910/11 wurde es durch einen Neubau mit Steigeturm auf dem Grundstück der Minoritenschule ersetzt. Die 1920er Jahre standen im Zeichen der Modernisierung der Gerätschaften. 1925 konnte ein motorisierter Tankwagen angeschafft werden, den die in Ratingen beheimatete Deutsche Lastautomobilfabrik AG (DAAG) lieferte. Ab 1933 wurde die Ratinger Wehr vollständig motorisiert. 1960 wurde das neue Feuerwehrgerätehaus in der Lintorfer Straße errichtet, das in den 1970er Jahren einen Umbau erfuhr. 1989 rief die Stadt Ratingen eine Jugendfeuerwehr ins Leben. Der Bau der Großsiedlung Ratingen-West in einer hoch verdichteten Bauweise stellte die Feuerwehr vor neue Herausforderungen. Mit der Kommunalreform von 1975 erfolgte die Zusammenfassung aller in den nunmehrigen Stadtteilen bestehenden Löscheinrichtungen zur Ratinger Wehr. Ihren verantwortungsvollen Dienst versehen heute 360 Mitglieder der Freiwilligen Feuerwehr und 80 Mitarbeiter der Berufsfeuerwehr.

Im Jahr 1910 gründeten die Ingenieure Christian Köster, Theodor Engelhardt und Otto Becker, der Rechtsanwalt Peters und der Ratinger Bauunternehmer August Wermeister eine Aktiengesellschaft zur gewerbsmäßigen Produktion und zum Verkauf von Lastautomobilen – die **Deutsche Lastautomobilfabrik AG (DAAG)**. Ausgedehnte Fertigungshallen und Verwaltungsgebäude entstanden in der Bahnstraße in der Nähe des Ostbahnhofs auf dem Gelände der alten Stinshoff'schen Dampfmühle. Noch heute steht das 1913 erbaute **Bürohaus** an der Bahnstraße 47 ⑩. Wenn man genau hinschaut, erkennt man im Rundgiebel unter der dicken Putzschicht den Firmenschriftzug. Gegenüber, an der Bahnstraße 60 und 62 sind die **Wohnhäuser für leitende Angestellte** ⑪ erhalten.

Im Jahr 1913 produzierte die Firma neun verschiedene Lastwagen- und fünf Omnibusmodelle. Während des Ersten Weltkrieges setzte sich die positive wirtschaftliche Entwicklung fort. Die DAAG profitierte von lukrativen Aufträgen der Heeresverwaltung. 900 Arbeiter waren in dem Unternehmen beschäftigt, das Betriebsgelände umfasste eine Fläche von 65.000 Quadratmetern. Die ersten krisenhaften Jahre der Weimarer Republik überstand die DAAG trotz mancher Schwierigkeiten recht gut. Das Unternehmen gehörte damals zu den größten Lkw-Produzenten in Deutschland und war Ratingens größter Arbeitgeber. 1923 entwickelte die DAAG den ersten deutschen Zwei-Tonnen-Schnelllastwagen mit Luftbe-

Ehemaliges DAAG-Bürohaus mit historischem DAAG-Postbus

DAAG-Bus für Besichtigungsfahrten vor dem Kölner Dom, um 1925

reifung, ein sehr erfolgreiches Modell. Auch die Omnibusse wurden rege nachgefragt. So bestellte das Reichspostministerium 1925 628 DAAG-Schnelllaster. Die Ratinger Firma produzierte auch Kipplaster für Baugeschäfte, Steinbrüche und Sandgruben sowie Feuerwehr-, Müll- und Sprengwagen, Krankentransporter, Zirkuswagen für Sarrasani und Panorama-Busse. 1924 entwickelte die DAAG einen neuen Vierzylinder-Motor, der sich gut verkaufte. Mit dem Gewinn konnten die Rheka-Werke (Rheinisches Karosseriewerk Gesellschaft m. b. H.) in Lintorf erworben werden, wo fortan alle Karosserien für die DAAG gebaut wurden. Mitte der 1920er Jahre, als sich die politische und wirtschaftliche Lage in Deutschland stabilisiert hatte, geriet die DAAG in Schwierigkeiten. Der harte Konkurrenzkampf führte zu sinkenden Preisen und einem Rückgang der Gewinne. Der neu entwickelte Sechszylinder-Motor war zudem noch nicht ausgereift. Zahlreiche Reklamationen waren der Reputation des Unternehmens wenig zuträglich. Die Aktienmehrheit ging von der Gelsenkirchener Gussstahl- und Eisenwerke AG auf den Stumm-Konzern über, der sofort die Produktion in Ratingen drosseln ließ, auf Fließbandmontage umstellte und einen Großteil der Arbeiter und Führungskräfte entließ, letztlich allerdings nicht bereit war, grundlegende Investitionen vorzunehmen. Seit 1926 versuchte der Stumm-Konzern, die DAAG wieder abzustoßen. Nachdem Gespräche mit der Daimler Motoren-Gesellschaft gescheitert waren, erfolgte 1929 die Übernahme der Aktienmehrheit durch die Friedrich Krupp AG, die vermutlich vor allem an der zehnprozentigen Quotenzuteilung an Aufträgen des Reichspostministeriums, nicht aber an einer Sicherung des Standorts Ratingen interessiert war. Krupp schloss das Ratinger Werk 1930 und war damit einen Konkurrenten mehr los.

Das Ende der Deutschen Lastautomobilfabrik AG (DAAG), 1930

Erhalten hat sich im Frankfurter Museum für Kommunikation ein restaurierter Postbus Typ Aco, der 1925 produziert worden war und bis 1953 seinen Dienst in Dortmund versah.

An der Ecke Bahnstraße/Wilhelmstraße stehen zwei interessante Industriebauten, die mit der Geschichte der Firma **Calor Emag** verbunden sind. Das 1959/60 erbaute Verwaltungsgebäude an der Bahnstraße 43/45 und das Pförtnerhaus ⑫.

Die Calor Emag entstand 1934 durch Fusion zweier Unternehmen: der von Dr. Alfred Henkel 1925 in Duisburg gegründeten Calor AG (calor = lat. Wärme, Hitze, Glut) und der in Frankfurt am Main ansässigen Emag Elektrizitäts AG. Beide Firmen bauten Schaltgeräte-Anlagen für die Industrie und die öffentliche Energieversorgung: die Calor Niederspannungs-Schaltgeräte vor allem für den Bergbau und die Schwerindustrie im Ruhrgebiet, die Emag Anlagen im Bereich Hochspannung. Mitte 1936 erfolgte die Verlagerung der Hauptverwaltung und von Teilen der Fertigung nach

Ratingen, wo sich das ungenutzte Firmengelände der DAAG als Standort anbot. Nach dem Zweiten Weltkrieg erlebte die Firma einen enormen Aufschwung. Ende der 1950er Jahre entstanden das heute denkmalgeschützte Hauptgebäude sowie neue Werkshallen und Werkswohnungen. 1968 wurde auch das Frankfurter Zweigwerk nach Ratingen verlegt und eine neue 6.000 Quadratmeter große Produktionsfläche geschaffen. 1.800 Menschen waren damals bei Calor Emag beschäftigt. 1973 wurde die Calor Emag in die Brown-Boveri-Gruppe (BBC) integriert, seit 1988 gehört das Unternehmen zu ABB, die aus der Fusion der BBC mit der schwedischen ASEA entstand. 1990 war die Calor Emag mit 1.300 Arbeitsplätzen der größte Arbeitgeber in Ratingen.

Fabrikgelände der Calor Emag

Im Jahr 1990 beabsichtigte die Calor Emag, ihre als veraltet bewerteten Verwaltungsgebäude in der Bahnstraße abreißen zu lassen, um moderne Neubauten zu errichten. Es ging vor allem auch um eine adäquate Unterbringung der EDV-Anlage. Bei den zum Abriss vorgesehenen Bauten handelte es sich um das alte DAAG-Gebäude von 1913 und die ehemalige, 1879 erbaute Dampfmühle mit Backsteinfassade, die sich in einem sehr schlechten baulichen Zustand befanden. Der Calor-Emag-Vorstand betrachtete die Neubaupläne als Vorbedingung für eine Standortsicherung. Das Rheinische Amt für Denkmalpflege in Pulheim-Brauweiler widersprach allerdings vehement den Abrissplänen und betrachtete die Industriebauten als schutzwürdig. Die Firmenleitung schwenkte dann zunächst auf Neubaupläne an anderer Stelle des Firmengrundstücks an der Bahnstraße um. 1999 entschloss sich die ABB Calor Emag Mittelspannung GmbH zu einem Umzug an die Oberhausener Straße in die Nähe der Düsseldorfer Stadtgrenze. Die Fertigungshallen auf dem riesigen Firmengrundstück wurden ebenso abgerissen wie die marode alte Dampfmühle. Hier entstand nach 2000 das Calor-Carrée mit Wohnungen, Geschäften und Arztpraxen sowie einem Hotelneubau. Das alte DAAG-Verwaltungsgebäude blieb erhalten, das Calor Emag-Hauptgebäude von 1959/60 wurde saniert und aufgestockt. Im ehemaligen Pförtnerhaus finden heute gelegentlich Kunstausstellungen statt.

Pförtnerhäuschen am früheren Calor Emag-Firmensitz

Hinter dem S-Bahnhof Ratingen-Ost und den Gleisanlagen erstreckt sich das Gelände der **Balcke-Dürr-Werke** ⑬ mit der Hauptverwaltung und den Produktionsstätten. Eigentlich handelt es sich bei Balcke-Dürr um zwei Firmen, die bis 1972 getrennte Wege gingen. Deshalb soll im Folgenden auch kurz auf die Geschichte jedes Unternehmens gesondert eingegangen werden.

Mit den Dürr-Werken beginnt die Industrialisierung der Stadt Ratingen. Im Jahr 1883 wurde die Düsseldorf-Ratinger Röhrenkesselfabrik Dürr & Co. gegründet, die die geniale Erfindung des Ingenieurs Gustav Dürr (1853–1908), den Einkammer-Wasserrohrkessel (»Dürr-Kessel«), produzieren und vermarkten sollte. Gustav Dürr betrieb die Firma zusammen mit seinem Bruder, dem Kaufmann Walther Dürr (1851–1928). Im Gründungsjahr produzierte das Werk 18 Kessel, 1889 bereits 180 Kessel. Ein Jahr später war Dürr & Co. mit 270 Mitarbeitern das größte industrielle Unternehmen Ratingens.

1889 wurde die Firma in die AG Düsseldorf-Ratinger Röhrenkesselfabrik vorm. Dürr & Co. umgewandelt. Dürr produzierte nicht nur Kessel für die Industrie, sondern seit 1894 auch für die Marine des Deutschen Kaiserreichs sowie für die englische Marine und die Rheinschifffahrtsgesellschaften. Um diese Auftraggeber pünktlich beliefern zu können, wurde im Düsseldorfer Hafen ein Zweigwerk erbaut, das allerdings bereits 1905 wieder stillgelegt werden musste, als die militärischen Aufträge ausblieben. Das Jahr 1908 stand im Zeichen der Modernisierung der Kesseltechnologie (»Garbekessel«). Nach dem Tode Gustav Dürrs konnte Felix Loch als technischer Leiter und Prokurist gewonnen werden, der das Unternehmen in eine Aufschwungphase führte, die bis in die Inflationsjahre nach dem Ersten Weltkrieg anhielt. Seit 1924 hieß das Unternehmen Dürr-Werke AG. Kontinuierliche Modernisierungsbestrebungen führten 1934 zur Entwicklung des »Bensonkessels«, der heute noch beispielsweise in der Kraftwerkstechnologie Standard ist. 1935 ging die Mehrheit der Dürr-Aktien an die Deutsche Babcock & Wilcox-Dampfkesselwerke in Oberhausen über, ohne dass dies zunächst zu größeren Veränderungen geführt hätte. 1938 erfolgte der Bau einer neuen Fabrikhalle und eines neuen Konstruktionsbüros. Nach dem Zweiten Weltkrieg hatte Dürr mit der Produktion von neuartigen Kesseln für hohe Dampftemperaturen und Dampfdrücke Erfolg.

Im Jahr 1894 entwickelte der Ingenieur Hans-Joachim Balcke (1862–1933) den Kaminkühler (Naturzugkühlturm), eine äußerst wichtige Technologie zur Rückkühlung von Industrieabwässern. Vor allem im Kraftwerksbau, in der Chemieindustrie und im Schiffsbau war diese Erfindung nicht wegzudenken. Im gleichen Jahr gründete Balcke zusammen mit seinem Schwager, dem Kaufmann Otto Kleinschmidt, das Ingenieurbüro Balcke & Co. in Bochum, aus dem 1905 die Maschinenbau Aktiengesellschaft Balcke (MAG Balcke) hervorging. 1904 waren bereits mehr als 1.400 Kaminkühler weltweit verkauft.

Im Jahr 1972 erfolgte die Fusion der MAG Balcke und der Dürrwerke AG zur Balcke-Dürr AG. 1974/75 beschäftigte das gut aufgestellte Unternehmen 2.723 Mitarbeiter. 1990 wendete sich die Entwicklung zum Schlechteren, als der Kesselbau zum Babcock-Standort nach Oberhausen verlegt wurde. In Ratingen verblieben die Unterneh-

Balcke-Dürr (SPX) heute

mensteile, die Balcke 1972 eingebracht hatte und die sich in der Folgezeit sehr günstig entwickelten. Allerdings war es 1990 kein Geheimnis, dass sich der in Schwierigkeiten befindliche Babcock-Konzern durch die Fusion mit Balcke-Dürr sanieren wollte. Diese Strategie scheiterte und Balcke-Dürr wurde 2002 in den Insolvenz-Strudel des Gesamtkonzerns hineingerissen. In diesem Jahr übernahm die US-amerikanische Finanzgruppe SPX-Corporation Balcke-Dürr, das nunmehr als GmbH geführt wurde. Die Rückkühltechnik arbeitet seit 2004 unter dem Namen SPX Cooling Technologies GmbH. 2005 erfolgte der Umzug nach Ratingen. Die gesamte Verwaltung der SPX Cooling Technologies GmbH und der Balcke-Dürr-GmbH wurde in einem völlig neu- und umgebauten Bürogebäude am Ernst-Dietrich-Platz 2 untergebracht. Balcke-Dürr baut heute unter anderem Filtersysteme und Abhitzekessel sowie Kraftwerkskomponenten und -systeme, wozu auch Bauteile für Geothermie-Kraftwerke gehören.

An der Homberger Straße 6 fallen die rot gestrichenen Fabrikationshallen der ehemaligen **Ratinger Maschinenfabrik und Eisengießerei** ⑭ auf, die 1978 ihren Betrieb einstellte. Neben verschiedenen Gewerbebetrieben hat sich dort seit dem Jahre 2000 auch das Puppentheater Ratingen angesiedelt, das von Günther und Gisela Breitenfeldt gegründet wurde.

Die Ratinger Maschinenfabrik und Eisengießerei ging aus der 1893 gegründeten Maschinenfabrik Hentschel & Co. hervor, die 1900 in die Maschinenfabrik und Apparate-Bau-Anstalt, Eisen-

Ehemalige Ratinger Maschinenfabrik und Eisengießerei

und Metallgießerei Ulrich & Hinrichs AG überging. Im Jahr 1900 wurde die eigentliche Ratinger Maschinenfabrik und Eisengießerei als Aktiengesellschaft gegründet. Damals wurden vor allem Apparate für Brennereien, Cognac- und Likörfabriken, Spiritus- und Hefefabriken hergestellt. Das Schwergewicht lag auf der Herstellung von Destillier- und Rektifizierapparaten und Gärbottichen. Später kamen Maschinen für die Nahrungsmittelindustrie (z. B. Silos) sowie der besonders lukrative Kunstseide-Maschinenbau hinzu. In schwierigen Zeiten übernahm Richard Stenske 1927 die gesamte technische Leitung des Werkes; er führte in der Folgezeit eine Modernisierung der Fabrikationsmethoden und des Maschinenparks durch. Nach dem Verkauf der gesamten Kunstseide-Abteilung nach Chemnitz geriet das Ratinger Restunternehmen Ende der 1920er Jahre in eine schwere Krise. Die Familie Stenske übernahm Zug um Zug die Aktienmehrheit und ebnete den Weg für die Produktion von Spezialmaschinen für die Schwerindustrie, vor allem Transportwagen. Apparate für das Gärungsgewerbe und die Nahrungsmittelindustrie wurden weiterhin hergestellt. Nach dem Zweiten Weltkrieg kam als weiteres Standbein die Produktion von Zubehörteilen für den Brückenbau hinzu. Die Ratinger Maschinenfabrik arbeitete am Wiederaufbau der zerstörten Rheinbrücken in Düsseldorf und Köln sowie der Moselbrücken mit. In den 1970er Jahren geriet das stark exportorientierte Unternehmen in eine existenzielle Krise, da zahlreiche Auftraggeber dazu übergingen, früher fremd vergebene Aufträge selbst zu realisieren. 1978 wurde die Ratinger Maschinenfabrik stillgelegt.

Das letzte in diesem Kapitel vorgestellte sehenswerte Objekt führt uns bereits ins 21. Jahrhundert. Das 2003 fertiggestellte »Global Business Headquarter«, die Europazentrale des Mode- und Lifestyle-Konzerns **Esprit** an der heutigen Esprit-Allee, ⑮ ist ein gelungenes Beispiel für einen architektonisch anspruchsvol-

Esprit-Firmenzentrale

len Gewerbebau. Bereits 1983 zog das zentrale Auslieferungslager von Düsseldorf nach Ratingen-Tiefenbroich. Als das Headquarter in Düsseldorf dann zu klein wurde, entschied sich Esprit für den entwicklungsfähigen Standort im neuen Gewerbe- und Dienstleistungspark Ratingen-Ost. Dort, im Bereich Am Brüll, Am Sandberg und Oststraße, wo bereits im 19. Jahrhundert Gustav Linden seinen Ton abgebaut hatte, entstand das markante Firmengebäude für etwa 650 Mitarbeiter, das von dem Duisburger Architektenbüro Ropertz & Partner entworfen und von der Oberhausener August Heine Baugesellschaft AG ausgeführt wurde. Der Esprit-Konzern logiert hier als Mieter, Eigentümer ist ein Tochterunternehmen der Bayerischen Landesbank.

Der transparente Gebäudekomplex gliedert sich in fünf viergeschossige Baukörper, die über eine verglaste Mall mit umlaufenden Galerien, Brücken, Treppenanlagen und gläsernen Aufzügen erschlossen werden, sowie einen Rundbau im Süden. Der Rundbau, an den sich weitere Arbeitsbereiche anschließen, ist durch den »esprit-roten« Turm mit dem Firmennamen besonders markiert. Die sehr qualitätvolle Innenarchitektur entspricht dem Leitbild des Unternehmens. Besonders hervorzuheben ist die »e-lounge«, die Kantine. Der bekannte italienische Designer Ettore Sottsass gestaltete das Büro des Vorstandsvorsitzenden und eine Skulptur im Außenbereich. Eine Außenanlage mit einem kleinen See schließt sich nach Westen an.

Die Anfänge des Unternehmens Esprit waren bescheiden. Seit 1968 verkauften Susie und Doug Tompkins selbst genähte Mode aus einem Mini-Transporter heraus, mit dem sie durch Kalifornien fuhren. Heute setzt das Unternehmen, das ein hundertprozentiges Eigentum an der Marke Esprit hält, 810 Millionen Euro jährlich um. Es beschäftigt mehr als 8.000 Mitarbeiter. Neben der Ratinger Zentrale als »Business Headquarter« agieren das internationale Image-Zentrum in New York und das Finanzzentrum in Hongkong. Esprit verkauft heute nicht nur qualitätvolle und preisgünstige Mode in verschiedenen Produktlinien, sondern auch Accessoires, Uhren, Schuhe, Homeware und vieles mehr.

Esprit in Ratingen expandiert weiter. Das Tochterunternehmen »edc by esprit« zog bereits in die Nähe der Firmenzentrale. Auch das Outlet in Tiefenbroich, das zahlreiche Kunden anzieht, soll auf das ehemalige Pulch-Phoenix-Gelände am Voisweg verlegt werden.

Von Tiefenbroich nach Ratingen-West

Das folgende Kapitel der Ratinger Stadtgeschichte führt uns in die benachbarten Stadtteile Tiefenbroich, Alt-Eckamp und das nach der Kommunalreform von 1975 in Ratingen-West umbenannte Neu-Eckamp, die indessen eine recht unterschiedliche historische Entwicklung hinter sich haben.

Tiefenbroich bzw. die Honnschaft »Zur Heide« gehören seit Mitte des 14. Jahrhunderts definitiv zur Stadt Ratingen. Dort besaßen auch zahlreiche Ratinger Bürger Besitzungen. Lediglich in den zwanzig Jahren zwischen 1909/10 und 1929/30 war Tiefenbroich Teil der Gemeinde und Bürgermeisterei Eckamp. Der Hof Eckamp, der bereits in einem Heberegister des Stiftes Gerresheim erwähnt wird, in dem Abgaben aller dem Stift gehörenden Höfe zur Regierungszeit der Äbtissin Guda (1212–1232) verzeichnet sind, gab der Honnschaft, der Bürgermeisterei, der Gemeinde und dem Ortsteil den Namen. Der Hof lag am Ende der heutigen Schützenstraße und wurde während des Zweiten Weltkriegs zerstört. 1929/30 wurde das Amt Eckamp aufgelöst: Eckamp mit Tiefenbroich sowie andere Gebiete kamen zur Stadt Ratingen. Zur Entwicklungsgeschichte von Tiefenbroich sollen im Folgenden einige Hinweise gegeben werden. Zu Ratingen-West finden sich Informationen in dem Kapitel »Vom Wiederaufbau bis zur kommunalen Neugliederung« im historischen Überblick zur Ratinger Stadtgeschichte.

Bereits zwei Jahre nach der Stadterhebung Ratingens ist ein Streit zwischen den Bürgern der Stadt und den gräflichen Leuten zur Heide (den Tiefenbroichern) überliefert, den Graf Adolf V. 1278 schlichten musste. Der Hintergrund war, dass sich die Bewohner der Honnschaft Heide durch Abgaben ungebührlich belastet fühlten. Das Verhältnis zwischen Ratingen und Tiefenbroich war also von Anfang an nicht einfach. Am 18. Januar 1358 gestattete dann Graf Gerhard I. von Jülich-Berg den Bürgern und Markgenossen der Ratinger Mark, den Erlenbruch, genannt das »Dyetenbruch« (Tiefenbroich) zu teilen und abzugrenzen. In dieser Urkunde begegnet uns zum ersten Mal der Name Tiefenbroich. Die Erlenwälder wurden gerodet und das morastige Land so gut es ging kultiviert. Das

Tiefen-
broich
West
RATI
Sackerhof
Sp.Pl.
Kläranl.
Anger
Kaiserswerther Str.
Volkardeyer Str.
Schwarzbach
Grüner
See
Silbersee
Gut
Volkardey
Theo-Leuchten-Weg
Wasser-
gewinnungs-
anlage
Gr.Broichhof
Broichhofstr.
An den Dörnen
Am Roten Kreuz
Süd-Dakota-Brücke
Blyth-Valley-Ring
Jägerhofstr.
Halskestr.
Borsigstr.
Am Schimmersfeld
Stadt
werke
Eissporth.
Am Sandbach
Städt
Bauhof
Dechenstr.
Berliner Str.
Berliner Pl.
Realsch.
Gymn.
Grundsch.
Düsseldorfer Str.
Mühlenterhof
Schwarzbach-
klinik
Meyguer Busch
Jugend-
herberge
(23) Ratingen
(22/32) Autobahnkreuz
Düsseldorf-Nord
1
2
3
4
5
6
7
8
9
10
11

Was ist eine Honnschaft?

Der Begriff Honnschaft (Honschaft, Hunnschaft, Hundschaft, Hondschaft etc.) bezeichnet während des Mittelalters und der Frühen Neuzeit in Teilen des Rheinlandes, insbesondere am Niederrhein und im Bergischen Land, als unteren Verwaltungsbezirk die ländliche Ortsgemeinde. Die Bezeichnung kommt nur in fränkischen Siedlungsgebieten vor, im sächsisch-westfälischen Bereich herrscht der Begriff »Bauerschaft« vor. Abgeleitet ist der Begriff offenbar von »Hundertschaft«, wobei offen bleiben muss, ob ursprünglich eine militärische Einheit oder eine Organisationseinheit zur Steuererhebung oder zur Rechts- und Friedenswahrung gemeint ist.

Der ländliche Bereich der Grafschaft bzw. des Herzogtums Berg war fast gänzlich in Honnschaften aufgeteilt. Die Bezeichnungen Ortsgemeinde/Honnschaft und Dorf meinen nicht in allen Fällen dasselbe: manche Dörfer bestehen aus mehreren Honnschaften, andererseits erstreckte sich der Bezirk einer Honnschaft gelegentlich über mehrere Dörfer. Auch Kirchspiel und Honnschaft sind nicht deckungsgleich: ein Kirchspiel umfasste meistens mehrere Honnschaften. Ein Beispiel, bei dem Kirchspiel und Honnschaft identisch sind, ist Lintorf. Die Honnschaft weist eine besondere Organisation bzw. Verwaltung auf: die Gemeindeversammlung als Zusammenkunft der vollberechtigten Mitglieder, die Geschworenen als eine Art Gemeindeausschuss, bestehend aus den besonders privilegierten, d. h. wohlhabenden Hofbesitzern, sowie die Gemeindevorsteher (Honnen), Feldschützen und Hirten als bestellte »Beamte« der Honnschaft.

Land diente vermutlich auch zur Ansiedlung von Ratinger Neubürgern.

Im Ratinger Stadtbuch von 1362 werden bereits einige Höfe in der Tiefenbroicher Außenbürgerschaft erwähnt: Der wichtige Heiderhof, der Duisburger Hof (Klein Schimmers), der Schimmershof, Kixberg, Söttgen, Heimsang. Im Jahr 1399 wurde das Wegerecht zwischen der Außenbürgerschaft und Ratingen geregelt. Herzog Wilhelm II. von Jülich-Berg gestattete der Stadt Ratingen, den über die »Schoemechers brugge in dat Deipenbroich« (Tiefenbroich) führenden Weg als »gemeynen voerweg« zu benutzen. Außer dem Landesherrn waren in Tiefenbroich die Grafen von Spee sowie die

Besitzer des Schlosses Kalkum, des Hauses Hain und die Ratinger Pfarrei St. Peter und Paul begütert.

Tiefenbroich war eine Ansammlung von weit voneinander entfernt liegenden Höfen, die Menschen lebten ausschließlich von der Landwirtschaft. Von der Stadt Ratingen fühlten sich die Tiefenbroicher häufig vernachlässigt. Für den schlechten Zustand der Straßen gab es beispielsweise keine Abhilfe. Noch in der zweiten Hälfte des 18. Jahrhunderts mussten die Außerbürger darum kämpfen, dass die Ratinger Mühlenkarre – wie früher üblich – durch ihr Gebiet fuhr, um das von ihnen geerntete Getreide zur Schimmersmühle zu bringen. Auch die 1874 gegründete Martinschule wurde von der Ratinger Verwaltung als große Bürde betrachtet, der man sich möglichst schnell wieder entledigen wollte.

Dörfliche Strukturen entstanden erst, als Ende des 19. Jahrhunderts die Industrialisierung auch Tiefenbroich erreichte. Dort fanden Arbeiter aus den Betrieben in Rath, Huckingen und der Rheinischen Spiegelglasfabrik in Eckamp preiswerte Wohnungen. Das 1889 gegründete Unternehmen, das 1891 die Produktion aufnahm, entwickelte sich um 1900 zu einem der größten Arbeitgeber in Eckamp und Ratingen. Entlang der 1874 in Betrieb genommenen Westbahn siedelten sich in den 1920er Jahren Industriebetriebe an. 1861 wohnten in Tiefenbroich rund 500 Menschen, 1924 zählte der Ort etwa 1.000 Einwohner. 1924 bekamen die Tiefenbroicher Katholiken eine eigene Kirche – St. Marien. Seit den 1920er Jahren wurde

Häuser des Tiefenbroicher Spar- und Bauvereins werden Am Heimsang Ecke Feldkothen in Eigenleistung erbaut, um 1930

auch der Siedlungsbau in Tiefenbroich forciert. Es entstanden die Neubaugebiete »An den Dörnen« (später: Sohlstättenstraße), »Am Angerbach« (später: Angermunder Weg), »Am Söttgen«, »Zur Heide« und »Am Heimsang« (heute Angerstraße). 1937 sah der »Aufbauplan Tiefenbroich« des Gauheimstättenwerks Düsseldorf vor, den Ort vollständig zu bebauen und Infrastrukturmaßnahmen wie Straßen- und Sportstättenbau zu realisieren. Diese Pläne blieben Makulatur. Die Siedlergemeinschaft Tiefenbroich ließ in der Folgezeit in der Lönsstraße und in der Flexstraße Häuser errichten, wobei große Schwierigkeiten zu überwinden und umfangreiche Eigenleistungen zu erbringen waren. Ab 1938 wurde der Bau der »SA-Siedlung« im damaligen Bereich »An den Dörnen«/ Kalkumer Straße und in der Nähe der Anger realisiert.

In der Nachkriegszeit wuchs die Bevölkerung, zahlreiche Flüchtlinge siedelten sich in Tiefenbroich an. 1955 zählte der Ort 3.700 Einwohner, fünf Jahre später waren es bereits 5.000 Einwohner. Gebaut wurde auch weiterhin, so die Siedlung »Am Gehren«

Blick von Tiefenbroich (»Zur Heide«) auf den Alten Kirchweg und Ratingen, um 1950

Ende der 1950er Jahre. 1956 entstand eine neue katholische Kirche, da die alte Marienkirche baufällig geworden war. Im gleichen Jahr weihten auch die evangelischen Bürger ihr neues Gotteshaus ein. 1952 wurde der Friedhof Am Gratenpoet angelegt, die erste Kapelle konnte 1962 errichtet werden (1981 Neubau). 1960 erwarb die Stadt Ratingen das weitläufige Gelände des Heiderhofs, um dort ein ehrgeiziges Wohnungsbauprojekt zu realisieren. 1960 entstand das Hochhaus an der Jägerhofstraße.

Der Ausbau Tiefenbroichs als zukunftsträchtige Wohnvorstadt Ratingens scheiterte schließlich an den Plänen, den nahe gelegenen Düsseldorfer Flughafen zu erweitern. Neue Wohnbauten waren angesichts des zu erwartenden verstärkten Fluglärms kaum mehr möglich. In Neu-Eckamp bzw. dem späteren Ratingen-West wurde ein gigantisches Neubauprojekt realisiert. In Tiefenbroich entstanden große Gewerbeansiedlungen. Die Wohnbevölkerung sank von 7.858 Personen im Jahr 1977 auf 6.601 Ende 2007, während Ratingen-West heute über 18.000 Einwohner zählt. Die Entwicklungsprognosen für den Wohnort Tiefenbroich scheinen wenig positiv zu sein. Die folgende Darstellung möchte dazu einladen, dennoch Tiefenbroich und einige seiner bemerkenswerten Sehenswürdigkeiten aufzusuchen.

Wollten die katholischen Einwohner Tiefenbroichs den Gottesdienst besuchen, mussten sie den langen und beschwerlichen Weg zur Ratinger Pfarrkirche St. Peter und Paul auf sich nehmen. Mit dem kontinuierlichen Anwachsen der Bevölkerung wurde der Wunsch immer lauter, eine eigene Kirche im Dorf zu haben. 1904 kam es zur Gründung eines Kirchbauvereins und 1915 zum Erwerb eines Grundstücks. Nach dem Ausbruch des Ersten Weltkrieges mussten die Baupläne zunächst zurückgestellt werden. Immerhin konnten seit 1917 sonntags und dreimal wöchentlich Gottesdienste in einem leer stehenden Zimmer in der katholischen Volksschule gefeiert werden. Der Raum war indessen für die zahlreichen Gläubigen viel zu klein. 1919 wurde das Rektorat St. Marien ins Leben gerufen und damit der erste Schritt zur Gründung einer katholischen Kirchengemeinde getan. 1923/24 entstand in Eigenleistung der Gemeindemitglieder an der Sohlstättenstraße die Kirche, die Maria, Königin des Friedens (St. Marien), geweiht wurde. Am 1. Juni 1923 erfolgte die Grundsteinlegung und am 25. Mai 1924 konsekrierte Erzbischof Karl Joseph Kardinal Schulte das neue Gotteshaus.

Neben St. Peter und Paul war die **Marienkirche** ① in Tiefenbroich das Gotteshaus, das während des Zweiten Weltkrieges die

Die alte Marienkirche, 1920er Jahre

schwersten Schäden davontrug, die bald notdürftig repariert wurden. In der Nachkriegszeit wuchs die katholische Kirchengemeinde stark an, so dass sich die alte Kirche bald als zu klein erwies. Der Gedanke an eine Erweiterung des Baus war bald vom Tisch, als sich herausstellte, dass in den 1920er Jahren aus Kostengründen wenig qualitätvolle Baumaterialen, beispielsweise aus Asche und Zement angerührter Beton, verwandt worden waren. Die Marienkirche war baufällig, sie konnte nur noch von dem Düsseldorfer Architekten Kurt Schweflinghaus zum Pfarrsaal umgebaut werden, wobei der Turm aus Sicherheitsgründen niedergelegt werden musste. 1955 wurde wiederum ein Kirchbauverein ins Leben gerufen. Den Bauplatz für den Neubau an der Marienstraße stellte die Mutterpfarre St. Peter und Paul zur Verfügung, die Entwürfe lieferte ebenfalls Kurt Schweflinghaus, der bereits St. Suitbertus im Ratinger Süden erbaut hatte. Am 11. Dezember 1955 erfolgte die Grundsteinlegung, am 20. Oktober 1956 weihte Erzbischof Josef Kardinal Frings die neue Kirche. Gleichzeitig mit der Kirche entstanden auch das benachbarte Pfarrhaus, das Küsterhaus und die Pfarrbücherei.

Die neue Marienkirche ist eine moderne Stahl-Beton-Konstruktion auf dem Grundriss eines unregelmäßigen Fünfecks. Die roten Ziegelsteinfassaden haben keine tragende Funktion. Formal ist der Kirchenbau von der alttestamentarischen Vorstellung des »Zeltes Gottes unter den Menschen« beeinflusst. Der dreigliedrige Turm ist im Innern der Kirche verankert; seine Säulen bilden den Baldachin für den zentralen Altar aus Basaltlava, ebenfalls ein Werk Schwefling-

Die neue Marienkirche, 1956 erbaut

haus'. St. Marien birgt bemerkenswerte moderne sakrale Kunstwerke, von denen einige erwähnt werden sollen: Das über dem Hauptaltar hängende Kreuz schuf die Bonner Bildhauerin Helene Lüdenbach. Die an sehr alte Darstellungen anknüpfende Bronzeplastik »Maria mit Kind« stammt von der Düsseldorfer Künstlerin Maria Fuss, die expressive Statue des Evangelisten Johannes entwarf der Franziskanerpater Laurentius Englisch, die vierzehn kleinen Betonglasfenster hinter dem Altarbereich und das umlaufende Lichtband sind ein Werk des Glaskünstlers Jochem Pönsgen, Ambo und Tabernakel schuf der Düsseldorfer Bildhauer Karl Franke. Eine Seitenkapelle, durch ein Netz (»Fischernetz«) vom Altar abgetrennt, dient dem stillen Gebet, als Werktagskirche sowie als Beicht- und Marienkapelle; auch sie entstand nach Plänen von Kurt Schweflinghaus. Drei Glocken rufen zum Gebet: Die »Marienglocke« seit 1956, die »Christusglocke« und die »Dreifaltigkeitsglocke« seit 1960.

Das Gemeindezentrum St. Marien wurde 1958/59 durch eine Kaplanei, 1962 durch einen Kindergarten, der auch evangelische Kinder aufnimmt, und 1964 durch ein Jugendheim vervollständigt. 1969 musste das Pfarrheim in der alten Marienkirche, das nicht mehr standsicher war, abgebrochen und durch einen Neubau ersetzt werden. 1963 wurde die Rektoratskirche St. Marien eigenständige Pfarrkirche. Seit 2002 gehört die Kirche St. Marien als Filiale zur Pfarrgemeinde Heilig Geist in Ratingen-West.

Auch die Tiefenbroicher Kinder mussten den langen Weg bis nach Ratingen zur Schule gehen, bis 1825 ein erster Schulraum im Privathaus Linneper Kothen (heute: Zur Heide 17) zur Verfügung stand. 1874 wurde das erste Tiefenbroicher Schulgebäude in der Sohlstättenstraße, die spätere **Martinschule** ② eingeweiht. In der katholischen Volksschule wurden auch evangelische Kinder unterrichtet. Aufgrund steigender Bevölkerungszahlen mussten 1903 zwei neue Schulräume angebaut werden.

Die katholische Volksschule (Martinschule)

Während der Zeit des Nationalsozialismus tat sich der Schulleiter der Tiefenbroicher Volksschule, Josef Mocken, der früher in der katholischen Kirchengemeinde aktiv gewesen war und sich nun der neuen politischen Führung anbiederte, sehr unrühmlich hervor. Als er 1939 als Organist an der Pfarrkirche St. Marien entlassen wurde, denunzierte er den Pfarrrektor Clemens Theodor Prinz mehrfach bei der Gestapo. Der Geistliche kam allerdings noch recht glimpflich davon. 1943 wurden das Schulgebäude und die Kirche durch Bombentreffer beschädigt, der Unterricht musste eingestellt werden. In der Folgezeit wurden Ausgebombte und Flüchtlinge dort untergebracht. 1953 entstand ein moderner Erweiterungsbau, der durch einen eingeschossigen Trakt mit offenem Bogengang mit dem Altbau verbunden war. Seit 1954 als »Katholische Volksschule« bezeichnet, wurde die Einrichtung doch weiterhin als Gemeinschaftsschule geführt. Die stets drängenden Raumprobleme konnten nur dadurch gelöst werden, dass einige Klassen in der 1954 gegründeten evangelischen Volksschule untergebracht wurden, die 1962 ein eigenes neues Schulgebäude Am Söttgen (seit 1963 Gerhard-Tersteegen-Schule) bekam. 1959 erhielt die katholische Volksschule eine neue Turnhalle, seit 1964 hieß sie Martinschule. Seit 1980 war sie als Konfessionsschule auch für Ratingen-West zuständig. Wegen kontinuierlich rückläufiger Schülerzahlen bilden die Martinschule und die Gerhard-Tersteegen-Schule derzeit einen Verbund, der die Bezeichnung Paul-Maar-Schule trägt. Inzwischen ist die Entscheidung gefallen, dass die Martinschule ab 2011 abgelöst wird.

Im gleichen Jahr wie St. Marien – 1956 – wurde auch die **Evangelische Kirche** Tiefenbroich am Alten Kirchweg (**heute Paul-Gerhardt-Kirche**) ③ eingeweiht. In früheren Zeiten besuchten die Tiefenbroicher Protestanten die Ratinger evangelische Stadtkirche in der Lintorfer Straße oder die kleine lutherische Kirche in der Düsseldorfer Straße.

Die evangelische Paul-Gerhardt-Kirche

Nach dem Zweiten Weltkrieg kamen zahlreiche Flüchtlingsfamilien nach Tiefenbroich, unter ihnen viele evangelische. Seit 1953 fand eine evangelische Bibelstunde in der katholischen Schule statt. Am 23. März 1953 konnte erstmals ein evangelischer Gottesdienst gefeiert werden. Am 12. Juni 1954 wurde ein Kirchbaufonds gegründet mit dem Ziel, ein evangelisches Gotteshaus und ein Gemeindezentrum zu errichten. Auf Beifall stießen in der Gemeinde die Entwürfe des Düsseldorfer Architekten Fritz Heinemeyer, der eine moderne Hallenkirche plante, deren Fassaden mit gelben Steinen verklinkert waren. Neben der Kirche, der Sakristei und dem Foyer ragt der freistehende Turm auf, der mit den anderen Gebäuden durch einen Gang verbunden ist. Die zur Straße gelegene Fassade und die Westwand sind fast vollständig durch eine Buntverglasung ausgefüllt. Am 11. November 1956 konnte die neue Kirche eingeweiht werden. 1959 beschloss das Presbyterium der Evangelischen Kirchengemeinde Ratingen die Gründung eines dritten Gemeindebezirks für Tiefenbroich und Eckamp sowie die Bereiche Kleiner Rahm und Felderhof. Im gleichen Jahr wurde für die evangelische Kirche eine Orgel angeschafft, der Anbau eines kleinen Gemeindesaals realisiert und ein Pfarrhaus eingeweiht.

In den Jahren 1967 bis 1969 fand eine umfangreiche Renovierung der Kirche statt; die ständigen Erschütterungen infolge des zunehmenden Flugverkehrs hatten Schäden am Bauwerk angerichtet. Die Gesamtplanung des Umbaus wurde dem Kölner Künstler Wolfhard Röhrig übertragen. Röhrig fertigte auch die Entwürfe für die neuen Glasfenster, deren Gestaltung den Leitthemen »Frieden« und »Versöhnung« folgte. 1967 bis 1969 wurde ein neues

Das Fenster an der Westseite der Paul-Gerhardt-Kirche, geschaffen von Wolfhard Röhrig

Gemeindezentrum errichtet. Seit 1976 heißt das Gotteshaus am Alten Kirchweg Paul-Gerhardt-Kirche. Im Jahr 2004 wurden noch einmal eine Renovierung im Innern durchgeführt und die Außenanlagen umgestaltet.

Eine der wenigen landwirtschaftlichen Betriebe, die heute noch in Tiefenbroich existieren, ist der **Schimmershof** Am Roten Kreuz ④.

Bereits im Stadtbuch von 1425 wird der »alde Schymershof«, auch als Groß Schimmers bezeichnet, im Besitz von Kirstien Dechen erwähnt. Das benachbarte Klein Schimmers hieß auch »hoff zu Duyssburch«. 1445 war Lewe Coelken, Schöffe in Ratingen, Inhaber des Schimmershofs, der in den Folgejahren sehr häufig seinen Besitzer wechselte. Bereits drei Jahre später wird der Schimmershof als Objekt eines Tauschgeschäftes erwähnt: Heinrich von Eller der Alte und seine beiden Söhne übertrugen am 9. September 1448 ihr Lehnsgut Eller an die Eheleute Adolf und Metza Quade und erhielten im Gegenzug das »Schymbers guet« »in dem kyrspell van Ratyngen gelegen an der heyden« sowie eine Summe von 2.900 Kaufmannsgulden. Adolf Quade war Amtmann des Amtes Angermund. Zwischen Groß und Klein Schimmers lag die Schimmersmühle (auch »unterste Mühle« genannt), die 1447 erstmals erwähnt wurde und seit 1466 als zweite Ratinger Stadtmühle diente. Die Schimmersmühle stellte 1815 ihren Betrieb ein und machte der Ansiedlung einer Papierfabrik Platz. Neben dem Heiderhof nahm der große Schimmershof in der alten Honnschaft »Zur Heide« eine exponierte Stellung ein. So war er zeitweise auch Sitz eines Hofgerichtes.

Im Jahr 1455 ging der Schimmershof an Johann vom Haus, den Marschall des Herzogs von Berg. Damit beginnt die enge Verbindung des Tiefenbroicher Anwesens mit dem Adelssitz Haus zum

Der Schimmershof

Haus. 1496 wird erstmals ein Pächter des Schimmershofs namentlich erwähnt: Volmar to Schymmersshuyss. Landwirtschaft in dieser Gegend muss schon immer ein schwieriges Geschäft gewesen sein, denn die Flächen waren sehr feucht und schlecht zugänglich. Mitte des 17. Jahrhunderts ging der Schimmershof durch Erbschaft an die Grafen von Schaesberg über, um Ende des Jahrhunderts kurzzeitig in den Besitz der Familie von Schöller zu kommen. 1896 verkaufte Heinrich Reichgraf von Schaesberg das landwirtschaftliche Anwesen an die Grafen von Spee zu Heltorf, die auch Besitzer von Haus zum Haus waren.

Im Jahr 1739 wird Johann Peter Claeshaußen als Pächter des Schimmershofs erwähnt, der Ahnherr der Familie Paas, der heutigen Besitzer. 1846 übernahm Johann Lambert Paas die Pacht des Schimmershofs. Die Familie Paas war auch im Besitz des Bertramshofs, des alten Gutes Pesch. 1971 heiratete Johannes Paas Christa Brügelmann von Gut Lohof und so kam auch dieser, südöstlich von Ratingen gelegene Hof in die Familie. Inzwischen war es immer schwieriger geworden, in Tiefenbroich noch Landwirtschaft zu betreiben: Die Gewerbeansiedlungen kamen im Zuge des Flughafenvergleichs seit den 1960er Jahren immer näher, und die Stadt Ratingen hatte zudem das gesamte Hofgelände als Gewerbegebiet ausgewiesen. Johannes Paas bemühte sich in dieser Zeit sehr intensiv darum, aufgegebene landwirtschaftliche Betriebe zu pachten und zu bewirtschaften. Alle Höfe wurden sukzessive modernisiert. 1983/84 konnte das Wohnhaus des Schimmershofs modernisiert werden. 1988 gelang es der Familie Paas, das Schimmershofgelände mit den aufstehenden Gebäuden aus dem Besitz der Gräflich von Spee'schen Zentralverwaltung zu erwerben. Seit Anfang der 1990er Jahre engagiert sich die Familie auch in Ostdeutschland, vor allem in Sachsen. 1995 gelang der Erwerb des Lorenzhofes in Ostrau-Delmschütz im Kreis Döbeln. Der Lohhof in Ratingen war einer der ersten Reiterhöfe in der Region.

Im Jahr 1978 wurde in Ratingen ein türkisch-islamischer Kulturverein gegründet, der zunächst über bescheidene Beträume in der Kaiserswerther Straße verfügte. 1993 gelang dem Verein der Ankauf des ehemaligen Gebäudes der Spedition Emons Am West-

Die Moschee

bahnhof 15–17. Dort wurde nach einem Umbau eine **Moschee** ⑤ eingerichtet. In der Folgezeit wuchs die muslimische Bevölkerung in Ratingen stark an. Heute leben etwa 2.000 Menschen türkischer Abstammung in Ratingen. 2008/09 baute die nunmehrige »DITIB-Türkisch-islamische Gemeinde zu Ratingen e.V.« nach Zustimmung des Rates der Stadt Ratingen das Gebäude am Westbahnhof zu einer repräsentativen Moschee um. Der Düsseldorfer Architekt Enver Ünal lieferte die Pläne dazu. Die Außenfassaden wurden umgestaltet und mit vorgebauten Betonbögen versehen, das Gebäude erhielt eine Kuppel und ein Minarett. Neben einem großen Betsaal für die Männer existiert auch ein kleinerer für die Frauen. Eine Moschee ist nicht nur eine Gebetsstätte, sondern auch ein Gemeinde- und Kommunikationszentrum und so gibt es auch Schulungs- und Seminarräume für Jugendliche, Räume, in denen Sprachförderung vor allem für Frauen angeboten wird, sowie eine Cafeteria, ein Lebensmittelgeschäft und eine Bäckerei. Am Westbahnhof 31 hat der Marokkanische Kulturverein »Masjid Assuna« eine Gebetsstätte.

An der Bachstraße in Eckamp steht **St. Josef** ⑥, ein ganz außergewöhnliches Kirchengebäude. Die Bemühungen, im alten Dorf Eckamp eine eigene Kirche zu errichten, begannen in den 1920er Jahren: »Der Neubau eines Gotteshauses war schon seit Jahren der sehnlichste Wunsch der Bewohner Eckamps in der Volkardey und des katholischen Kirchenvorstandes in Ratingen schwerste Sorge. Eine halbe bis dreiviertel Stunde Weges mußten die Katholiken Eckamps bei Wind und Wetter zu ihrer Pfarrkirche in Ratingen zurücklegen, um wenigstens ihrer Sonntagspflicht und auch ihren Vereinspflichten in den katholischen Vereinen nachzukommen. Dieser Umstand war für ältere Leute und kleinere Kinder mit großen Beschwernissen verknüpft und bedeutete auf die Dauer einen unhaltbaren Zustand im Interesse einer geregelten Seelsorge.« (Düsseldorfer Nachrichten, 27. August 1927)

Das Engagement der Gemeindemitglieder und die Spendenbereitschaft der Firmenleitung der nahe gelegenen Spiegelglasfabrik ermöglichten 1927 den Baubeginn. Die Entwürfe lieferte der Ratinger Architekt Karl Granderath. Am 25. September 1927 konnte die Grundsteinlegung von St. Josef und bereits am 18. März 1928 die Einweihung des Kirchengebäudes gefeiert werden. Da die meisten Gläubigen, die hier die Messe feierten, ihren Lebensunterhalt in der Spiegelglasfabrik verdienten, wurde St. Josef auch die »Kirche der Arbeiter« genannt. Schließlich ist der hl. Josef auch der Patron der Arbeiter. Neben dem Gotteshaus entstand gleichzeitig ein Kindergarten. Die Gestaltung des neuen Sakralbaus wurde seinerzeit als modern empfunden. Granderath wählte eine expressionistische Formgebung, ein heute selten gewordener Anblick. In der Landeshauptstadt Düsseldorf können ebenfalls einige interessante expressionistische Bauten besichtigt werden: der Ehren-

Die katholische Kirche St. Josef

hof-Komplex mit der Tonhalle, die nahe gelegenen Rheinterrassen sowie das Marx-Hochhaus in der Innenstadt. Auffällig sind in Eckamp der pagodenartige Turm, die hier besonders dominierende vertikale Gliederung mit Klinkern, die spitzbogigen Fenster und die Gestaltung des Portals. Die Bekrönung des Kirchturms mit einer Zwiebelhaube wirkt als Kontrapunkt. Die Entwürfe für die schönen Glasfenster stammen von dem Kölner Künstler Ludwig Preckel.

Auch St. Josef trug Kriegsschäden davon, die aber bis 1952 beseitigt waren. 1955 wurde St. Josef ein Rektorat, 1959 eine selbständige Pfarre. 1957 konnte ein Pfarrhaus nach Plänen Karl Granderaths errichtet werden. 1965 baute der Düsseldorfer Architekt Kurt Schweflinghaus einen neuen Kindergarten in der Volkardeyer Straße und zwei Jahre später einen Pfarrsaal als Anbau an die Kirche. Anfang der 1970er Jahre traten schwere Bauschäden auf, St. Josef galt als einsturzgefährdet. Durch den Einzug einer Holzdecke anstelle der schweren Rabbitzdecke konnte das Gebäude stabilisiert werden. St. Josef ist eine Filiale der Pfarrei Heilig Geist in Ratingen-West.

Als Ende der 1960er Jahre das Neubaugebiet im Westen Ratingens – zunächst Neu-Eckamp genannt – Gestalt annahm, wurde auch bald die Notwendigkeit erkannt, für die wachsende Bevölkerung neue kirchliche Einrichtungen zu schaffen. Die katholische Gemeinde wuchs von 900 Personen in den 1950er- auf nahezu 9.000 Personen in den 1970er Jahren. St. Josef an der Bachstraße in Alt-Eckamp war viel zu klein, um die Gläubigen aufnehmen zu können. Die evangelischen Einwohner in den neuen Siedlungsgebieten mussten nach Tiefenbroich zum Gottesdienst gehen; später fand auch evangelischer Gottesdienst im Pfarrsaal von St. Josef und einmal im Monat in einem Klassenraum der Karl-Arnold-Schule statt. Seit 1969 konnte evangelischer und katholischer Gottesdienst sonntags zu unterschiedlichen Zeiten in der Aula der Albert-Einstein-Hauptschule gefeiert werden.

Als dann die Planungen für die Kirchenbauten voranschritten, hatten sich der katholische Pfarrer Karl Napp und sein evangelischer Amtskollege Dieter Bruch gegen Absichten zu wehren, die beiden Kirchen an verschiedene Standorte der Peripherie des

Neubaugebietes zu verbannen. Sie setzten sich schließlich mit ihren Vorstellungen durch, ein gemeinsames Kirchenzentrum im Herzen des heutigen Ratingen-West an der Oppelner Straße bzw. am Maximilian-Kolbe-Platz zu errichten. Ende Oktober 1972 wurde der Grundstein für die **katholische Heilig-Geist-Kirche** ⑦ gelegt, die wiederum nach Entwürfen von Kurt Schweflinghaus entstand, am 27. Mai 1973 fand die Grundsteinlegung für die **evangelische Versöhnungskirche** ⑧ statt, für die der Architekt Konrad Beckmann verantwortlich zeichnete. Am 10. November 1974 weihte Weihbischof Dr. Hubert Luthe die Heilig-Geist-Kirche ein; eine Reliquie des ugandischen Märtyrers Karl Lwanga wurde in den Altar eingelassen. Gleichzeitig fand der Einweihungsgottesdienst in der Versöhnungskirche statt.

Die Heilig-Geist-Kirche ist nach Osten ausgerichtet, steht auf dem Grundriss eines Siebenecks und erinnert in ihrer äußeren Form an den Bug eines Schiffes. Ein Kirchturm war nie geplant, allerdings wurde in die Außenfassade des Chores eine kleine Glo-

Die katholische Heilig-Geist-Kirche

cke eingelassen. Über einen Seiteneingang erreicht man einen kleinen Betraum für stille Andachten, die Bußkapelle und die Krypta. 1976 wurde an der Wand im Chorbereich ein Bronzecorpus angebracht, den der Münchener Bildhauer Roland Friedrichsen schuf. An das Gotteshaus schließen sich Pfarrhaus, Kaplanei und Küsterwohnhaus an, die durch den quer gestellten Kindergarten mit dem Pfarrsaal und der Pfarrbücherei verbunden sind.

Die Versöhnungskirche ist ein in das Gemeindezentrum integrierter Multifunktionsraum. Das Kirchenzentrum in Ratingen-West ist eine gelungene architektonische Umsetzung des Programms der ökumenischen Zusammenarbeit. Seit 2001 findet im benachbarten Grünzug einmal im Jahr ein ökumenischer open-air-Gottesdienst statt, bei dem auch Mitglieder der Moschee-Vereine und des jüdischen Vereins »Schalom« eingeladen sind.

Die Geschichte von **Haus Volkardey** am Schwarzbach ⑨, das von der Volkardeyer Straße aus erreicht werden kann, ist bei weitem nicht so gut erforscht wie die der anderen ehemals adeligen Häuser, die heute im Gebiet der Stadt Ratingen zu finden sind. Auf dem Gelände ist eine fränkische Wohnanlage aus dem 10. Jahrhundert nachgewiesen. Der Rittersitz Volkardey, 1458 erstmals im Besitz der Familie Linnepe erwähnt, gehörte zur Honnschaft Rath und zum Gerichtsbezirk Kreuzberg. Später war der Gerresheimer Kanoniker Henrich im Hove Eigentümer des Objekts, dann der Pastor Johann Rode zu Gerresheim (1529–55 erwähnt). Im 16. und 17. Jahrhundert lebte die Familie Hochsteden dort. Das Rentbuch der Kellnerei Angermund von 1634 zählt alle »edelleuts heuser« in der Gegend auf und nennt den Herrn von Godenaw – Ferdinand Waldbott von Bassenheim – als damaligen Besitzer. In der Folgezeit wechselten die Besitzer häufig. Im 18. Jahrhundert führte die Eigentümerfamilie von Rulandt einen Prozess am Reichskammergericht, bei dem es auch um Haus Volkardey ging. Der Status des Hauses Volkardey als

Haus Volkardey, Lithografie von 1857

adeliger Sitz war umstritten. Als die Gemeinde Rath, die zur Bürgermeisterei Eckamp gehörte, 1899 nach Düsseldorf eingemeindet wurde, kam Haus Volkardey zu Eckamp.

Als die Lintorferin Elisabeth Küster, geborene Füsgen, Ende des 19. Jahrhundert als Kindermädchen in Haus Volkardey in Stellung ging, war das Herrenhaus, zu dem immer schon ein Bauerngut gehörte, Eigentum einer Familie Wülfing. Friedrich Hermann Wülfing ließ das vermutlich im 18. Jahrhundert errichtete Herrenhaus 1866 umbauen und den schönen Garten anlegen. Elisabeth Füsgen erinnerte sich später an die Volkardey: »So erfuhren Liesas Eltern, daß das Schloß an der Volkardei der Familie Wülfing gehörte, die sehr wohlhabend und höchst vornehm sei. Zumeist sei die verwitwete Frau Wülfing dort anwesend. Von Zeit zu Zeit werde sie von ihren beiden Söhnen besucht, von denen der eine die elterliche Lackfabrik in Elberfeld weiterführe und der andere als Professor an der Tübinger Universität wirke. Dann pries Herr Cohnen [der die Stelle für Elisabeth Füsgen vermittelt hatte; d. Verf.] die landschaftliche Schönheit des Rittergutes, das reine klare Wasser der Gräben, die sowohl das Bauernhaus als auch den Rittersitz umgeben, den stillen Teich hinter dem Schloß und den ihn umschließenden stillen Wald.« (Die Quecke 49, 1979, S. 33) Zu dieser Zeit bewirtschaftete Karl Bernsau, bei dem Elisabeth Füsgen arbeitete, das landwirtschaftliche Gut. 1932 gingen der ehemalige Rittersitz und das bäuerliche Anwesen an Alex Wirtz über, der es seit 1947 auch selbst bewirtschaftete. Wirtz' Tochter heiratete den Landwirt Theo Leuchten und dieser Familie gehört heute noch die Volkardey. Sie betreiben hier einen Reitstall und eine über die Grenzen Ratingens bekannte Pferdezucht.

Zum Rittersitz gehörte stets auch eine Mühle, die **Volkardeyer Mühle** ⑩, die 1530 in einer Auseinandersetzung zwischen »Reynart up der Volkardeien« und dem Kloster in Rath erwähnt wird. Damals ging es um den Bau einer neuen Schleuse, die Mühle musste demnach schon längere Zeit bestanden haben. Im 17. Jahrhundert wurde das zweieinhalbgeschossige Backsteingebäude neu errichtet. Bei einem Umbau 1820 wurde das Radhaus mit Grabplatten aus der säkularisierten Kirche des Düsseldorfer Kreuzherrenklosters

Volkardeyer Mühle

verkleidet. Die Inschrift des Grabsteins des Hofapothekers Arnold Weidenfeld und seiner Ehegattin war vor einigen Jahren noch gut zu lesen. Seit 1950 wird das Gebäude nicht mehr als Mühle genutzt. 1984 wurde die Mühlenanlage ausgebaut. Die Volkardeyer Mühle ist heute ein Wohnhaus.

Der **Erholungspark Volkardey** ⑪ in Ratingen-West ist die größte Parkanlage der Stadt Ratingen. Diese liegt zwischen der Volkardeyer Straße, der A 44 und den Gleisanlagen der Westbahn. In der Gegend fanden sich die ältesten Belege für menschliches Leben im heutigen Stadtgebiet, die in die mittlere Steinzeit datieren: In einer Kiesgrube bei Gut Niederbeck entdeckte man zahlreiche Steinwerkzeuge aus dem Paläolithikum, die einen Werkstattplatz der Neandertaler vermuten lassen. 1989 fand man beim Bau der A 44 bei Gut Heiligendonk eine ausgedehnte germanische Streusiedlung aus der La Tène-Zeit (ca. 500 v. Chr.).

Die rund 160 ha große Fläche des Erholungsparks verteilt sich auf den Grünen See, den Silbersee sowie Park-, Spiel- und Wiesenlandschaften. Die Gegend gehörte früher zum Überschwemmungsgebiet des Rheins. Lößablagerungen führten zur Ansiedlung zahlreicher landwirtschaftlicher Güter (z. B. Niederbeck, Felderhof, Zum Eigen, Kleinbroichhof, Gut Volkardey, Gut Heiligendonk). Die Seen sind nicht natürlich entstanden, sondern es handelt sich um rekultivierte Kiesgruben der Firmen Dr. Blasberg & Co. bzw. Kölbl. Zwischen den Seen fließt der Schwarzbach durch den Park. Nach Plänen des Düsseldorfer Garten- und Landschaftsarchitekten Werner Schumann wurde die Anlage seit 1976 angelegt. Die letzte Ausbauphase fand in den 1990er Jahren statt, nachdem der Kiesabbau eingestellt wurde. Am Grünen See kann der Erholungssuchende aktiv werden. Das Angebot zur Freizeitgestaltung

Blick auf den Erholungspark Volkardey mit dem Grünen See und Ratingen-West im Hintergrund

ist vielfältig: Wandern, Boot fahren, Surfen, Trimmpfad, Beachvolleyball; des Weiteren stehen zahlreiche Grillplätze, eine Grillhütte, mehrere Spielplätze sowie Spiel- und Liegewiesen zur Verfügung. Der Bereich des Parks um den Silbersee und am Schwarzbach steht unter Landschaftsschutz. Dieses Biotop kann von einer Aussichtsplattform beobachtet werden.

Das »Schreitende Tor« von Beatrix Sassen steht am Niederbeckweg im Erholungspark Volkardey. Die Skulptur markiert das Ende des Euroga-Kunstwegs in Ratingen

Am besten kann man die Parkanlage kennenlernen, wenn man dem »Ökopfad Volkardey« folgt, der zu 12 Stationen führt, die verschiedene Lebensräume und Aspekte des Natur-, Umwelt- und Denkmalschutzes verdeutlichen wollen. Die Themen des Ökopfades sind: Entstehungsgeschichte und Geologie, Teich, Bäume, Sukzession – natürliche Entwicklung, Siedlungsgeschichte, Wiese, See, Fließgewässer, Wasservögel, Wald, Energie und Denkmalschutz, Grachtensiedlung. Weitere Informationen findet man auf der Homepage der Stadt Ratingen: www.stadt-ratingen.de.

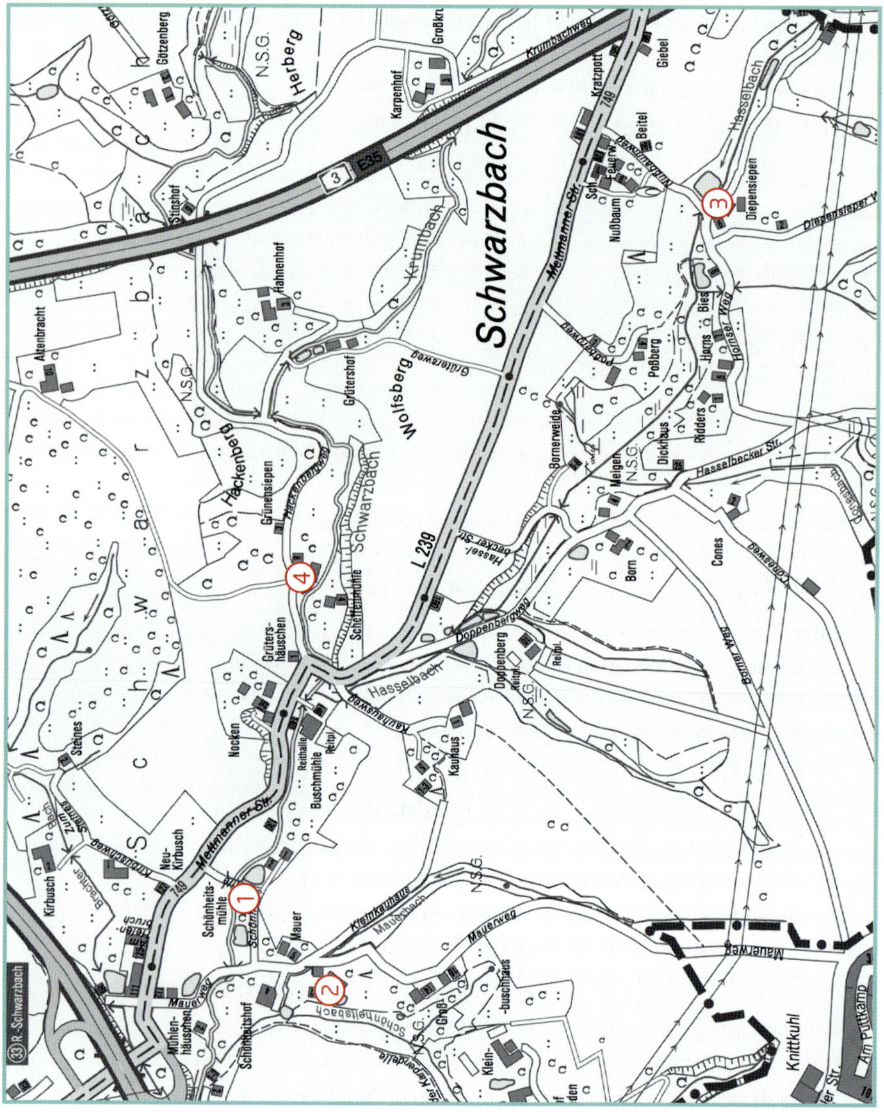

33 R.-Schwarzbach
Schwarzbach
Herberg
Hackenberg
Wolfsberg
Götzenberg
Stinshof
Karpenhof
Altenbracht
Hahnenhof
Grütershof
Grünensiepen
Hackenbergweg
Grütersweg
Krumbach
Krumbachweg
E35
3
L 239
Mettmanner Str.
749
Kratzpott
Giebel
Beitel
Nußbaum
Hasselbach
Diepensiepen
Diepensieper W.
Poßberg
Horns
Bies
Hornser Weg
Ridders
Dickhaus
Meigen
Bornerweide
Hasselbecker Str.
Hassel-becker Str.
Born
Cones
Conesweg
Doppenberg
Doppenbergweg
Reitpl.
Schwarzbach
Scheifenmühle
Grüters-häuschen
Nocken
Buschmühle
Reithalle
Kauhausweg
Kauhaus
Steines
Zum Steines
Kirbusch
Neu-Kirbusch
Kirbuschweg
Brachter
Schönheits-mühle
Mauer
Mauerweg
Kleinkauhaus
Mauerbach
Schönheitsbach
Schönheitshof
Mühlen-häuschen
Groß-
Klein-buschhaus
Knittkuhl
Am Püttkamp
N.S.G.

Der kleinste Stadtteil: Auf nach Schwarzbach

Der heutige Ratinger Stadtteil Schwarzbach, südöstlich des Stadtzentrums und südwestlich von Homberg gelegen, besteht aus Teilen der historischen Honnschaften Hasselbeck, Krumbach und Schwarzbach. Eine Reihe von Höfen wurde bereits im 13. Jahrhundert erwähnt. Einflussreicher Grundherr war in diesem Gebiet im Hochmittelalter das Gerresheimer Damenstift. Nach dem »Codex Ratingensis« aus dem 12.–13. Jahrhundert gehörten die Honnschaften »Suayspe« (Schwarzbach) und »Hasilbeg« (Hasselbeck und Krumbach) zum Ratinger Pfarrbezirk.

Im Gebiet dieser Honnschaften lebten 1816 722 Menschen in einzelnen Bauernhöfen und Kotten, 412 von ihnen waren katholisch und 310 evangelisch. Alle drei Honnschaften gehörten damals zur Bürgermeisterei Hubbelrath. Zahlreiche Gehöfte hatten im 19. Jahrhundert eigene Frucht- und Ölmühlen, so Born und Diepensiepen in der Honnschaft Hasselbeck, Am Nussbaum in der Honnschaft Krumbeck und Steineshof, Lohhof, Kierbers (Kirbusch), Schönheitshof und Voishof in der Honnschaft Schwarzbach. Die Hausmannsmühle Am Butterbusch wurde 1634 erwähnt, die Scheffenmühle, vom Hackenbergweg aus erreichbar, stammt aus dem 18. Jahrhundert, das dazugehörende Gesindehaus Grünensiepen wurde Ende des 17. Jahrhunderts erbaut. Es existierten zwei Schulen: die um 1700 gegründete Nussbaumschule für die Honnschaft Krumbach und die hundert Jahre später ins Leben gerufene Mauerschule.

Heute zählt der kleinste Ratinger Stadtteil Schwarzbach 490 Einwohner. Schwarzbach ist auch der Stadtteil mit dem größten prozentualen Bevölkerungsrückgang im ersten Jahrzehnt des 21. Jahrhunderts. Noch immer wohnen die Menschen im Schwarzbachtal in einzeln gelegenen, mehrheitlich modernisierten Höfen oder restaurierten früheren Mühlengebäuden. Man besucht das Schwarzbachtal, um sich an der idyllischen Landschaft und den pittoresken Bauten zu erfreuen. Eine kleine Auswahl sehenswerter Gebäude wird nachfolgend vorgestellt.

Die **Schönheitsmühle** ①, die man über den Mauerweg erreicht, ist wunderschön gelegen. Die Bezeichnung Schönheitsmühle lei-

tet sich von einem Eigennamen ab. Im erneuerten Rentenbuch des Ratinger Gasthauses »Zum heiligen Geist« von 1456 wird ein Mann namens »Schinheyde« erwähnt, der Abgaben an diese Einrichtung der Armen- und Krankenpflege leistete. Diese Abgaben stammten von Ländereien bei seinem Hof in Schwarzbach, das die Vorfahren dem Gasthaus in Erbpacht gegeben hatten. Neben dem Hof wird im gleichen Dokument ausdrücklich die »Molen modo Schinheyde«, also die Schönheitsmühle, erwähnt, deren Besitzer vier Malter Roggen an das Gasthaus lieferte. Da die Angaben vermutlich aus dem alten Rentenbuch des Gasthauses übertragen worden waren, kann man davon ausgehen, dass Gut und Mühle bereits im 14. Jahrhundert vorhanden waren. 1525 wird eine Memorienstiftung zugunsten von Johann Schynheit und seiner Ehefrau Jutta sowie Bertram Schynheit und seiner Ehefrau Styngen erwähnt; der Ratinger Pfarrer hatte an bestimmten Tagen Messen zum Andenken an diese Personen zu lesen. 1541 stiftete ein Johann Schynheit eine Kornspende für die Hausarmen. 1588 war Hermann in der Schinheidtsmüllen Schöffe im Landgericht »In der Brüggen«. 1730 wohnte und arbeitete ein Heinrich in der Schinßmühlen in der Mühle am Schwarzbach. Er hat vermutlich das heute bestehende Gebäude errichtet. Über dem Eingang ist das Entstehungsjahr 1721 zu lesen. Die Schönheitsmühle war ursprünglich eine Getreide-, später dann auch eine Ölmühle. Mühle und Hof gehörten zunächst zusammen, wurden aber im 19. Jahrhundert getrennt. 1832 lebten in dem Anwesen, das aus zwei Wohnhäusern, einer Mühle und einem landwirtschaftlichen Gebäude bestand, 26 Menschen, acht von ihnen gehörten der katholischen, 18 der evangelischen Konfession an. 1928 wurde die Müllerei aufgegeben und Teiche zur Fischzucht eingerichtet. Auch eine Obstplantage und ein Fuhrbetrieb gehörten zur Schönheitsmühle. Seit 2005 befindet sich hier ein Hofkindergarten, die Eigentümerfamilie bietet kunsthandwerkliche Kurse an und unterhält liebevoll die Gebäude ebenso wie die landschaftliche Idylle in der Umgebung der alten Mühle.

Am Mauerweg ist heute noch das Gebäude der alten »Schule an den Mauren« zu besichtigen, die auch Schwarzbachschule genannt wurde. Ihren Namen erhielt sie von dem nahe gelegenen Gehöft »An der Mauer«. Ehemalige Schüler der **Mauerschule** ② sorgten im Jubiläumsjahr 2006 dafür, dass eine Gedenktafel am Schulgebäude angebracht wurde. 1806 wurde die Einrichtung gegründet, der Unterricht fand aber zunächst auf benachbarten Höfen statt. 1810 konnte das Schulgebäude fertig gestellt werden. Erster Lehrer war Peter Johann König, der hier bis 1859 wirkte. Grundsätzlich war die Mauerschule eine evangelische Bildungseinrichtung, wurde aber von katholischen Kindern besucht; ihr Einzugsbereich war die Honnschaft Schwarzbach sowie die weiter entfernten ländlichen Gebiete bis nach Ratingen und Düsseldorf. Die Schulwege waren weit, die Klassen sehr groß und der Schulunterricht hatte dem Umstand Rechnung zu tragen, dass die Kinder vor allem bei den Erntearbeiten im Herbst auf den Bauernhöfen gebraucht wurden. Unterrichtet wurden – wie so oft – acht Schuljahre in einer Klasse. Im Jahr 1903 schrieben die Lehrer erstmals Zeugnisse, zuvor hatte man dafür keine Notwendigkeit gesehen.

Die Mauerschule war nie in einem sehr guten baulichen Zustand gewesen. In den 1950er Jahren waren eklatante Feuchtigkeitsschäden zu beklagen, so dass ein Neubau in Angriff genommen werden musste. 1959 konnte auf einem benachbarten Grundstück die neue Mauerschule eingeweiht werden, ein schmuckes Backsteingebäude mit einer Dienstwohnung für den Lehrer. Die »Rheinische Post« vom 31. Januar 1959 widmete der »schönsten Schule im Amt Hubbelrath« einen Artikel. Unterrichtet wurde zunächst in einer, später in zwei Klassen. Gut besucht war die Einrichtung auch in den nächsten Jahren, vor allem von Kindern aus der sogenannten

»NATO-Siedlung« an der Bergischen Landstraße. Nachdem die Hubbelrather Kaserne 1967 an die Bundeswehr übergeben worden war, zogen zahlreiche Familien von Bundeswehrangehörigen dorthin (später Knittkuhl), so dass die zuständige Mauerschule im Schwarzbachtal überfordert war. Die Gründung einer Behelfsschule in der Kaserne sollte Abhilfe schaffen. Der Schulreform von 1968/69 fiel dann die Mauerschule zum Opfer. Die ehemalige Behelfsschule wurde in das Zentrum von Knittkuhl verlegt, das durch die Kommunalreform von 1975 zu Düsseldorf kam. Das ehemalige Schulgebäude wird heute als Wohnhaus genutzt.

Die Ursprünge des **Gutes Diepensiepen** am Diepensieper Weg ③ lassen sich bis ins 14. Jahrhundert gesichert zurückverfolgen. In einem Register der Häuser und Güter, die Abgaben an das Damenstift Gerresheim zu zahlen hatten, wird 1336 ein Everadus de Dypesypen genannt. 1372 war Heine von Dyepensipen Schöffe in Gerresheim. Das Anwesen gehörte zur alten Honnschaft Hasselbeck. Weitere Abgaben waren die Zehntzahlungen, die für Gut Diepensiepen an das Stift Kaiserswerth gingen und für den dazugehörenden Kotten Am Tüg an das Domkapitel in Köln zwecks Unterhaltung der Ratinger Pfarrkirche und Dotierung des dortigen Pfarrers. Im Rentbuch der Kellnerei Angermund von 1634 ist indessen vermerkt, dass der Zehnt in der Honnschaft Hasselbeck der adeligen Familie Kessel zu Hackhausen zukäme, während er in der Honnschaft Schwarzbach dem Dompropst zu zahlen sei. Während der Reformation traten die Besitzer von Gut Diepensiepen zum reformierten Glauben über; sie gingen nach Homberg zum evangelischen Bethaus. Seit dem 17. Jahrhundert waren die Höfe in der Honnschaft Hasselbeck nach Hubbelrath hin orientiert, sie gehörten im 19. Jahrhundert dann offiziell zur Bürgermeisterei Hubbelrath. Die Kinder besuchten die nahe Nussbaumschule, die zu Beginn des 18. Jahrhunderts eingerichtet wurde.

Am 9. Oktober 1740 heiratete Johann Gottfried Benninghoven aus Haan Gertrud Hülsbeck, die Tochter des Pächters Dietrich zu Diepensiepen, genannt Hülsbeck, und seiner Ehefrau Maria Eidamshaus. Johann Gottfried Benninghoven übernahm mit der Heirat die Bewirtschaftung des Gutes: Seither lebt die Familie Benninghoven auf Gut Diepensiepen. 1744 führte sie einen größeren Umbau des damaligen Wohnhauses durch. Zu dieser Zeit waren der Duisburger Kaufmann Johann Anton Bongarts und seine Ehefrau Sybille Maria Eigentümer des landwirtschaftlichen Betriebes, die ihn 1751 an die Familie Benninghoven veräußerten. Aus Anlass des Kaufvertrags wurde eine Beschreibung des Guts aufgenommen, aus der hervorging, dass neben dem Kotten Am Tüg auch eine Öl- und eine Mahlmühle zu dem Besitz gehörten. 1759 wurde eine neue Betriebsgenehmigung für die Ölmühle beantragt, die 1969 abbrannte.

Das Wohnhaus wurde um 1810 durch einen Anbau aus Feldbrandsteinen erweitert. Etwa 1835 kam es zur Erneuerung der Getreidemühle: Sie wurde auf den alten Fundamenten aus Feldbrandsteinen neu aufgemauert. Durch Grundstückskäufe wurde der landwirtschaftliche Betrieb enorm vergrößert: Heute umfassen die Ländereien von Gut Diepensiepen rund 500 Morgen. 1937 wurde der für die Region eher untypische Gemüseanbau aufgenommen. Heute wird wieder Forst- und Landwirtschaft (Ackerbau und Tannenbaumschonungen) betrieben. Daneben vermietet die Familie Benninghoven die 1789 erbaute, restaurierte und unter Denkmalschutz stehende Getreidemühle, die bis vor dem Ersten Weltkrieg noch in Betrieb war, sowie eine moderne Scheune für private Feiern.

Mühle bei Gut Diepensiepen

Über den **Hahnenhof** am Ende des gleichnamigen Weges ist wenig bekannt. In einem Verzeichnis der Einkünfte der Vikarie »Unserer Lieben Frau« in der Ratinger Pfarrkirche St. Peter und Paul wird er erstmalig erwähnt: »hannes hoff to Crumbeck« gab zur Unterhaltung des Inhabers der Vikarie jährlich einen halben Malter Roggen. Zum Hahnenhof gehört ein interessantes Gebäude, über das bereits Paul Herder im Januar 1928 in der Zeitschrift »Alt-Ratingen« schrieb: »Im Schwarzbachtal bei Nocken liegt abseits des Weges, der das Tal aufwärts führt, zur Rechten, an einem kleinen, schmalen Nebenpfad, welcher zur Scheffenmühle hinleitet, ein frisch im Anstrich gehaltenes, echt bergisches Haus. Weiß leuchten die gekälkten Wände, deutlich heben sich die schwarzen Balken davon ab. Zur Wetterseite fällt das Dach tiefer zur Erde nieder. So liegt, immer von den Obstbäumen, die das Anwesen umgeben, beschattet das Haus im Grünen; während an der Rückseite der Schwarzbach vorbeifließt und so einigen Entchen Spielgelegenheiten im nassen Element gibt. Es ist bestimmt, daß die meisten Menschen, die durch das Schwarzbachtal wandern, – es sind ihrer wenige, denn der große Strom geht noch vorüber, es ist noch nicht »entdeckt«, – nicht achten auf jenes einsam stehende Haus. Wer sich jedoch der Mühe unterzieht und die wenigen Schritte vom breiten Weg abweicht, wird über der Haustüre die folgende Inschrift lesen:

Hahnenhofs »Leibzuchthaus«

HANENHOFES.LEIB
ZVCHTS.HAVS
16 (Wappen) 91«

Das zweigeschossige Fachwerkhaus am Hackenbergweg 2 ④ ist nun kein Zuchthaus des Hahnenhofs, wie gelegentlich zu lesen ist. Es handelt sich beim »**Leibzuchthaus**« um ein »Altenteilerhaus« des Hahnenhofs, wohin sich die betagten Besitzer nach Übergabe der Landwirtschaft an die nächste Generation zurückzogen. Ein solches Gebäude könnte auch ein Witwensitz gewesen sein. Als moderne Bauten findet man »Altenteilerhäuser« sehr häufig in ländlichen Gegenden, ein »Leibzuchthaus« aus dem 17. Jahrhundert ist indessen ein seltenes Denkmal.

Breitscheid – ein historischer Überblick

Philipp von Landsberg, Wernher von Linnep und der Töpfer Gerhard: Breitscheid im Mittelalter

Im Zusammenhang mit der Inkorporation der Mintarder Kirche in das Stift Gerresheim wird 1303 die Honnschaft Breitscheid (»breytscheyde«) erstmals erwähnt; der Begriff Honnschaft bezeichnet eine untere Verwaltungseinheit im ländlichen Bereich. Das Gerresheimer Damenstift erhielt damals die Einkünfte aus dem großen Zehnt der Honnschaften Breitscheid und Mintard, während für den Unterhalt des Mintarder Pfarrers andere Abgaben vorgesehen waren. Die in der Honnschaft Breitscheid wohnenden Christen besuchten jahrhundertelang den Gottesdienst in der Pfarrkirche St. Laurentius in Mintard. Ihre Abgaben hatten die Breitscheider an den Gerresheimer Hof in Mintard, den der Äbtissin zugeordneten Hof »Zur Nieden«, zu zahlen. Wenn in einer aus der ersten Hälfte des 14. Jahrhunderts stammenden Heberolle des großen Dernerhofes, einem der Haupthöfe des Stifts Gerresheim, ein »Albertus de britscheide« in der »parrochia Hoymberg«, der Pfarrei Homberg, aufgeführt ist, so kann man davon ausgehen, dass dieser Albertus aus Breitscheid fortgezogen war. Im 15. Jahrhundert hatten aus Breitscheid stammende oder auch dort noch immer wohnende Personen Hausbesitz in Ratingen, so beispielsweise 1425 Hermann van Breytscheit in der Oberstraße, Tilmann van Bretschet und seine Ehefrau Stynken um 1450, Heynen van Brytscheyt außerhalb der Stadtmauer am Lintorfer Tor 1472; um 1460 wohnten Wilhelm van Breitschit und seine Familie in Ratingen.

Auch die Reichsabtei Werden war in der Breitscheider Gegend begütert. In einem um 1400 entstandenen Dokument über die zu leistende Vogtbede sind verschiedene Höfe aufgelistet: zum »summen guede in der hunschap van Sarne« gehörte auch der Hof »Breydsched«. Die Lehnsgüterverzeichnisse aus der Zeit des Abts Adolf von Spiegelberg geben Aufschluss darüber, dass am 7. Oktober 1400 der Ministeriale Wilhelm von Stammheim mit verschiedenen Gütern und Einkünften belehnt wurde, unter anderem mit den Besitzungen des Otto »Breydsceyde«. Unter den Personen, die Abt Adolf zu Beginn des 15. Jahrhunderts als »Dienstmannen« aufnahm, befanden sich auch eine Styne van Breydschede mit ihrem Sohn und ihren Knechten im Kirchspiel Mintard sowie Wilhem van Breytschede im Kirchspiel Ratingen.

Die Honnschaft Breitscheid gehörte ebenso wie das Kirchdorf Mintard und die Honnschaften Selbeck und Laupendahl zum Landgericht Mintard im Amt Landsberg bzw. im Amt Angermund.

Im Bereich der Honnschaft Breitscheid befanden sich zwei bedeutende Rittersitze mit ihren Herrschaftsgebieten. Zwischen 1276 und 1289 ließ Graf Adolf V. von Berg, der Gründer der Stadt Ratingen, auf einem 65 Meter hohen Bergsporn im Ruhrtal in der Nähe der heutigen Essener Straße eine Burg errichten, die spätere

Schloss Landsberg, um 1910

Burg bzw. das Schloss Landsberg. Die Burg lag in der Nähe einer für die Grafschaft wichtigen Handelsstraße, die in Kettwig über eine 1282 erstmals erwähnte Brücke führte. Neben der Sicherung des Handelsweges bezweckte der Burgbau die Verteidigung des Bergischen Territoriums gegen die Machtpolitik der Erzbischöfe von Köln, die neben der Herrschaft über Kaiserswerth auch die Vogteien über die reichsunmittelbaren Klöster Werden und Essen an sich gezogen hatten. Die partielle Stoßrichtung gegen das Kölner Erzstift hatte auch eine wesentliche Rolle bei der Stadterhebung

Ratingens am 11. Dezember 1276 gespielt. Nachdem 1289 erstmals ein Philipp als Burghauptmann in Landsberg in einer Urkunde erwähnt wurde, blieb die Burg jahrhundertelang im Besitz der adeligen Familie Landsberg, zunächst als »Dienstsitz«, dann als erbliches Lehen und schließlich zu Beginn des 19. Jahrhunderts als Eigentum.

Das zweite im Bereich der Honnschaft Breitscheid ansässige adelige Geschlecht waren die Edelherren von Linnep, wohnhaft in Haus Linnep, östlich der Kölner Straße gelegen. Ein »Wernherus de linepe« wurde erstmals 1093 in einer Urkunde als Zeuge des Abts der Reichsabtei Werden genannt. Abgaben aus Linnep (»in Linepo siclus«) gingen auch an das Stift Kaiserswerth, was aus einer zwischen 1090–1120 entstandenen Urkunde ersichtlich ist, in der es um die Vermehrung der Brotrationen für die Kaiserswerther Kanonikergemeinschaft ging, deren Einkünfte nach Ort und Fälligkeitsdatum genau aufgeführt werden. Mit dem in der Urkunde erwähnten Linnep ist vermutlich eine bäuerliche Siedlung gemeint, die neben der Burg entstanden war. Konrad von Linnep, Freischöffe am Hauptgericht in Kreuzberg bei Kaiserswerth, trat 1148 in einer Urkunde als Zeuge auf, die den Kauf des Hauses Anger durch das Kloster Werden beurkundete.

Schloss Linnep, um 1910

Die nachgeborenen Söhne der Familie bekleideten hohe geistliche Ämter und auch die Töchter traten in angesehene Stifte und Klöster ein. Heribert von Linnep, Domherr in Köln, schenkte 1216 dem Domstift zum Seelenheil seiner Eltern Konrad und Clementine acht Häuser, die er in unmittelbarer Umgebung des Kölner

Domes besaß. Castor von Linnep wurde 1257 als Mönch in Deutz erwähnt. Der 1285 verstorbene Dominikanermönch Alexander von Linnep war vermutlich Dechant in Kaiserswerth und Domherr in Köln. Ein weiterer Alexander von Linnep trat 1306 als Zeuge bei der Stiftung der Düsseldorfer Kollegiatskirche, der Stiftskirche St. Lambertus, durch Erzbischof Heinrich II. auf; er wirkte später als Domdechant in Köln. Hadewig de Lynephe war 1328 Nonne im Kloster Dünnwald bei Köln. 1399 sind Kunigunde von Linnep als Kapitelsdame im Essener Stift und 1407 Heilwigis als Kanonissin an St. Ursula in Köln bezeugt. 1407 erwarb der Kölner Kleriker Johann von Linnep, vermutlich der Sohn des Edelherrn Johann von Linnep und der Aleydis von Helpenstein und der Bruder von Kunigunde und Dietrich von Linnep, aus dem Besitz des Ritters Arndt von Kalkum Haus, Hof und Hofstatt innerhalb der Stadt Ratingen. Hierin folgte der Linneper dem Beispiel zahlreicher anderer adeliger Familien. Johann von Linnep, der vor dem 6. September 1431 verstarb, war Domkanoniker in Köln, dann Subdekan der Domkirche und brachte es zum Propst des Kölner Stifts St. Gereon. 1416 belehnte Erzbischof Dietrich von Moers Propst Johann mit Helpenstein und dem Patronat zu Holzheim. Johann kann als Vertrauter des Erzbischofs gelten. Als Johanns Bruder Dietrich, Edelherr von Linnep und Helpenstein, 1465 starb, hinterließ er eine Tochter Eva, die sich vier Jahre zuvor mit dem Junggrafen Friedrich von Neuenahr und Herrn zu Alpen vermählt hatte. Mit dem Tod Dietrichs ging die Herrschaft Linnep an die Neuenahrer über. Seit dem 16. Jahrhundert entwickelte sich unter dem Schutz der Linneper Herrschaft und in unmittelbarer Nähe der Burg eine bedeutende reformierte Gemeinde.

Ausgehend von den Klöstern und Stiften, die in der Honnschaft Breitscheid über Besitz verfügten, sowie den adeligen Herrschaften, entstanden auf Rodungsland einzelne Höfe in einem riesigen Waldgebiet, die jahrhundertelang die Streusiedlung Breitscheid ausmachten. Auch auf Breitscheider Gebiet befand sich das alte Bergische Wildpferdegestüt, das zu mancherlei Beschwernis der Einwohner Anlass gab. Im 15. Jahrhundert schränkten die Herzöge von Jülich-Berg als Landesherren die Rodungs- und Siedlungstätigkeit ein, indem sie den sogenannten Wildbann verkündeten, der

Wild und Wälder im Interesse der herzoglichen Jagd schützte. Die Siedlungstätigkeit auch im Breitscheider Raum stagnierte daraufhin bis zum Beginn der Neuzeit. Hinweise auf die Ausdehnung Breitscheids geben eine Liste der Rottzehntpflichtigen mit der Beschreibung der einzelnen Grundstücke von 1759 sowie ein Kartenbuch der Parzellen, das der Landmesser Caspar Joseph Nosthofen 1781 anlegte. Der Rottzehnt war eine Abgabe an den Landesherrn für Ländereien, die er zur Rodung und Nutzung freigab.

Auch wirtschaftlich hat sich das Gebiet nicht recht entwickeln können. Es gelang nicht, Ansätze aus der Zeit vor dem 15. Jahrhundert weiter zu verfolgen. In den letzten Jahren wurden zahlreiche Funde reduziert gebrannter Irdenware aus mittelalterlichen Töpfereien, die in Fehlbrandhalden in Breitscheid abgelegt worden waren, intensiv erforscht. In der Hofeswüstung »Am Windhövel«, unterhalb der ebenfalls wüst gefallenen Hofstelle »Am Schumen« sowie »Am Geist«, wo mehrere tausend Fehlbrand-Gefäße gefunden wurden, an der Linneper Schlossallee, in der Nähe der katholischen Kirche an der Alten Kölner Straße, »An der Horst« in der Nähe des Kokeschbachs wurde Keramik gefunden, die für den häuslichen Gebrauch, aber auch für Repräsentationszwecke bestimmt war. Auch Reste abgebrochener Öfen wurden angetroffen. Aus der Masse der zum Teil sehr sorgfältig gearbeiteten und verzierten Gefäße ragen die Großgefäße heraus. Neuere Forschungen erlauben es, Breitscheider und auch Lintorfer Keramik des Mittelalters als eigenständige Warenart anzusprechen.

Mittelalterliche Kragenrandbecher aus Breitscheid

Der erste urkundliche Beleg für eine Breitscheider Töpferwerkstatt findet sich 1362, als aus Anlass des Todes des Töpfers Gerhard zu Linnep (»Gerhardus des Uleneres tho Linepe«) ein Mortuarium, eine Todesfallabgabe an den Leibherrn, hier die Reichsabtei

Werden, zu zahlen war. Das Kloster unterhielt also offenbar eine professionell organisierte Töpferwerkstatt in der Nähe des Adelssitzes Linnep. Die Breitscheider Töpferware wurde auch exportiert; so fand man Gefäße unter anderem in Duisburg, Angermund und Gerresheim, aber auch in Bonn-Villich, bei Monheim und Zons. Koch- und Vorratsgeschirr aus Breitscheid und Linnep entdeckten Forscher ebenfalls unter den Funden aus der »ersten Bauzeit« des gotischen Doms zu Köln (1248–1322); es diente vermutlich der Verpflegung der Arbeiter der Dombauhütte. Der Beginn der Breitscheider und Lintorfer Keramikproduktion ist in das 11./12. Jahrhundert zu datieren, ihr Ende fand sie Ende des 14. oder zu Beginn des 15. Jahrhunderts.

Verkehrsknotenpunkt Krummenweg

Breitscheid liegt an einer bedeutenden historischen Wegekreuzung. Die Nord-Süd-Verbindung, die heutige Kölner und Mülheimer Straße, verband den Hellweg mit der rheinischen Metropole Köln. Die Ost-West-Verbindung, heute Am Krummenweg und Am Sondert, war ein wichtiger Transportweg für Kohle und Kalk. An der Kreuzung beider Straßen, am Krummenweg, befand sich eine ertragreiche Barrierestation, bei der alle, die sie passierten, einen Wegezoll zu zahlen hatten, der in den Straßenbau und die Unterhaltung der Wege investiert wurde. Für die Pachtung der Barrierestation am Krummenweg war 1750 im Vergleich zur Ratinger Station die doppelte Summe zu zahlen.

Als Breitscheid 1815 Untergemeinde der Bürgermeisterei Mintard wurde, lebten die meisten Einwohner noch immer von der Landwirtschaft. Ziegeleien waren die einzigen Produktionsbetriebe, die in Breitscheid anzutreffen waren. Am Krummenweg, in herausragend verkehrsgünstiger Lage, entstanden in der Folgezeit zwei Gewerbebetriebe, die die wirtschaftliche Entwicklung Breitscheids prägten. 1825 gründete Friedrich Unterhössel, der vermutlich auch als Landwirt tätig war, am Krummenweg eine Brauerei und Brennerei, die zunächst als Nebenerwerbsbetrieb arbeitete. Sie lag auf der westlichen Seite der Kölner Straße. Produziert wurde in

Mitarbeiter der Brauerei Unterhössel

Aktienbrauerei- und Brennerei Unterhössel, Briefkopf von 1900

kleinerem Stil obergäriges Bier und ein beliebter Branntwein. Als der Sohn Fritz die Firmenleitung übernahm und etwa 1885 bis 1890 seinen Schwager Georg Starck aus Düsseldorf ins Geschäft aufnahm, begann für die Brauerei und Brennerei Unterhössel eine Periode des Aufschwungs und der Expansion. Die neuen Chefs schafften moderne Maschinen an und stellten die Produktion auf untergäriges Bier um, wie es im Ruhrgebiet vielfach getrunken wurde. Beinahe die gesamte nicht in der Landwirtschaft beschäftigte Bevölkerung Breitscheids arbeitete in der Brauerei und Brennerei Unterhössel. Beliefert wurden Kneipen vor Ort, aber auch in Mülheim an der Ruhr oder in Düsseldorf sowie die Hafengaststätten in Duisburg-Ruhrort; die Brennereierzeugnisse wurden vorrangig im Ruhrgebiet abgesetzt. Ende des 19. Jahrhunderts erfolgte eine Vergrößerung der Betriebsfläche durch den Hinzukauf mehrerer Grundstücke. Das Jahr 1896 brachte die Umwandlung in eine Aktiengesellschaft. Das Unternehmen trug nun den Namen »Aktien-Brauerei und Brennerei Krummenweg vorm. F. Unterhössel«. Alleiniges Vorstandsmitglied der neuen AG war Fritz Unterhössel. Um die Jahrhundertwende wurde eine

Destillerie zur Herstellung von Likören eröffnet. Vor 1900 erwarb die AG die benachbarte Gaststätte der Witwe Mentzen, die dann unter der Leitung des Gastwirts Josef Doerenkamp einen ungeahnten Aufschwung nahm. Die Brauerei und Brennerei am Krummenweg dagegen erlitt während des Ersten Weltkriegs einen Einbruch, von dem sie sich nicht mehr erholte. 1918 erfolgte die Übernahme durch die Brauerei Gebr. Dieterich AG in Düsseldorf. 1925 wurde der Betrieb aufgelöst.

Im Jahr 1900 übernahm Josef Doerenkamp (1868–1943), gelernter Koch und Konditor, als Pächter die ehemalige Gaststätte Mentzen, die inzwischen an die Brauerei Unterhössel übergegangen war. Die Gaststätte am Krummenweg wurde zunächst von seiner Ehefrau Gertrud betrieben, während Josef Doerenkamp noch seinen Verpflichtungen als Betreiber einer Militärkantine in Mülheim an der Ruhr nachkommen musste. Die Gaststätte Krummenweg entwickelte sich in der Folgezeit zu einem der beliebtesten Ausflugslokale im Angerland. Vor allem die Bewohner der

Im Biergarten des Restaurants Doerenkamp, um 1912

Ansicht des ersten Restaurants Doerenkamp, um 1913

benachbarten Großstädte Düsseldorf, Essen und Mülheim an der Ruhr schätzten die idyllische Lage im Wald und die gesunde Luft. Bereits vor dem Ersten Weltkrieg konnten am Krummenweg 1.000 Gäste gleichzeitig bedient werden. Den Kindern stand ein großer Spielplatz zur Verfügung.

Als das Unternehmen so richtig gut florierte, vernichtete ein Brand 1917 die Lebensgrundlage der Familie Doerenkamp. Die Katastrophe geschah zudem, nachdem das Etablissement gründlich renoviert worden war. Josef Doerenkamp warf indessen nicht das Handtuch, sondern eröffnete in der »Kutscherkneipe« auf der östlichen Seite der Straße von Ratingen nach Mülheim und Essen erneut ein Lokal: »Mit einem geliehenen Bierbuffet fand man in der Privatwohnung der Familie Ecke Unterschlupf, eben dort, wo sich jetzt die Gaststätte befindet. Die Hauptkunden waren in den ersten Jahren nun nicht mehr die bürgerlichen Sonntagsgäste oder die Offiziere der Düsseldorfer, Mülheimer oder Krefelder Regimenter, sondern die Chauffeure der zahlreichen Kohlentransporte. Und der Hauptschlager von damals war am Krummenweg die gute Tasse Bohnenkaffee und die vielgelobte Erbsensuppe, von Frau Doerenkamp selbst zubereitet und serviert!« (Th. Volmert, Gaststätte Krummenweg. »Konferenzzimmer« des Ruhrgebietes. In: Die Quecke 10, 1952, S. 7)

1921 erwarb die Familie Doerenkamp alle Gebäude und Grundstücke der früheren Brauerei Unterhössel. Insgesamt umfasste das Unternehmen am Krummenweg nun 20 Morgen Land, darunter 12 Morgen Wald. Auf der Grundlage dieses Landerwerbs erfolgte die Expansion des Unternehmens, obwohl die Konkurrenz im Breitscheider Raum groß war, wo noch die Gaststätten »Proske«, »Zur Grenze«, »Gut Kost«, »Schwarzebruch« und »Haus Steinbrenner« Gäste anlockten.

Der Gastraum am Krummenweg wurde erweitert und modernisiert, 1925 kamen der »Rote Saal«, 1929 und 1938 zwei Wintergärten und 1928 der prunkvolle Kuppelsaal hinzu. Ein weitläufiger Gartenbereich, dessen Attraktivität durch einen großen Teich mit Fontäne erhöht wurde, stand für die Außengastronomie zur Verfügung. 1934 wurde auf der anderen Straßenseite im Anschluss an die noch bestehenden Gebäude der ehemaligen Brauerei Unterhössel ein komfortables Schwimmbad mit Restaurant eröffnet. Im gesamten Gaststättenbereich am Krummenweg konnten 3.300 Personen bedient werden, über 800 Automobilen bot das Terrain Parkmöglichkeiten.

Überhaupt hat der Bau der Reichsautobahn Köln – Oberhausen (heute A 3) mit dem 1936/37 fertiggestellten Teilstück zwischen Düsseldorf-Mitte (heute Mettmann) und Düsseldorf-Nord (heute Breitscheider Kreuz) den Publikumsverkehr am Krummenweg ganz enorm erhöht. Der Verwaltungsbericht über die Angelegenheiten der Landgemeinde Breitscheid für den Zeitraum zwischen 1930 und 1938 beschrieb die Verkehrssituation am Krummenweg folgendermaßen: »Die Reichsautobahnstrecke Köln – Düsseldorf – Industriegebiet mit ihrer Auf- und Abfahrstelle ›Krummenweg‹ ist durch die Gemeinde geführt. Der sogenannte nördliche Zubringer von Düsseldorf über Lintorf mündet in Breitscheid in die Reichsautobahn. Die Reichsstraße Krefeld – Essen, welche sich im Bau befindet, wird ebenfalls einstweilen in Breitscheid in die Reichsautobahn münden. Durch die Brücke am ›Krummenweg‹ wird die Reichsautobahn überquert von der Provinzialstraße Krummenweg – Kettwig. Die Brücke ›Am Imesberg‹ dient der Überquerung der Provinzialstraße Ratingen – Mülheim durch die Reichsautobahn. Außerdem ist noch die Brücke an der Einmündung des nördlichen Zubringers in die Reichsautobahn in der Höhe der Wirtschaft Stöcker ›An der Pönt‹ zu nennen, welche die Auf- und Abfahrt ermöglicht.« (Stadtarchiv Ratingen, AL 222)

Naturgemäß entwickelte sich auch die von Gustav Flocken 1928 an der Kölner Straße eröffnete Tankstelle, eine der ersten in Deutschland, ausgesprochen positiv. Außerdem hielten in den 1930er Jahren die Autobuslinien Düsseldorf – Saarn – Mülheim an der Ruhr, Düsseldorf – Selbeck – Saarn – Essen der Rheinbahngesellschaft sowie die Kraftverkehrslinie Krefeld – Essen, die auch die Gemeinden Lintorf, Angermund und Kalkum berührte, am Krummenweg.

Zurück zur Familie Doerenkamp. Der Ausbruch des Zweiten Weltkrieges brachte zunächst einen Rückgang der Besucherzahlen in der Gastronomie. 1942 mietete die Düsseldorfer Firma Schloemann, die für die NS-Kriegswirtschaft produzierte und deren Firmenzentrale in der Steinstraße einem Bombentreffer zum Opfer gefallen war, die gesamte Gaststätte am Krummenweg sowie den Saal der Gaststätte »Zur Grenze«. Schloemann verlegte das Konstruktionsbüro und die Firmenleitung nach Breitscheid. Die Familie Doerenkamp übernahm die Versorgung der Angestellten von Schloemann.

Nach dem Zweiten Weltkrieg kam die Wirtschaftswunderzeit und mit ihr der Aufstieg der Gaststätte Krummenweg. Familienfeiern, Konferenzen und Tagungen großer Firmen aus Düsseldorf und dem Ruhrgebiet (»Konferenz-Zimmer des Ruhrgebiets«), Vereinsaktivitäten und Karnevalsfeiern fanden dort statt. Im Gefolge der Wiedereröffnung der Düsseldorfer Messe wurden zahlreiche Gäste auch am Krummenweg untergebracht. 1955 wurde auf der gegenüberliegenden Straßenseite auf dem Gelände der ehemaligen Brauerei Unterhössel nach Plänen des Architekten Emil Fahrenkamp ein kleines komfortables Hotel gleich neben dem Schwimmbad erbaut. Zahlreiche Prominente gaben sich in der Blütezeit der 1950er und 1960er Jahre am Krummenweg ein Stelldichein: Die Schauspieler Gustav Knuth, Walter Giller und Nadja Tiller, Gisela Uhlen, Peter Pasetti, Grit Boettcher und Ursula Herking, der Sänger Peter Maffay und die Sängerin Gitte Haenning, der Fußballspieler Fritz Walter und die Kicker des FC Bayern München.

Mitte der 1970er Jahre erfolgte ein allmählicher wirtschaftlicher Einbruch. Vor allem der Bau der Ratinger Stadthalle 1976 lockte

Luftaufnahme des Gebäudekomplexes von Hotel und Gaststätte Doerenkamp, 1930er Jahre

zahlreiche Veranstaltungen in die Innenstadt. Ende der 1970er Jahre erwarb ein Immobilienhändler aus Wittlaer Hotel und Schwimmbad zusammen mit allen Gebäuden der ehemaligen Brauerei Unterhössel. Da der neue Besitzer Investitionen scheute, erfolgte Mitte der 1980er Jahre die Schließung des Hotels. Die Anlage verwahrloste zunehmend. In der Nacht vom 31. Mai zum 1. Juni 1989 vernichtete ein Brand einen Teil der unter Denkmalschutz stehenden Brauereigebäude. Auf der anderen Straßenseite führte die Familie Doerenkamp ihre Gaststätte bis zum 1. April 1986 fort. 1987 zog die Diskothek »Remix« in die alten Schankräume ein, deren Betreiber umfangreiche Renovierungen vornahmen, um dort ein Tanzcafé zu eröffnen. Auch diese Pläne verhinderte ein Großfeuer, das Konkurrenten gelegt hatten. Im vorderen Bereich des Restaurants wurde bis 2001 wiederum eine Disko betrieben. Nach Überwindung diverser rechtlicher Probleme konnte auf dem Gelände der alten Gaststätte ab 2002 ein Hotelneubau entstehen, der am 18. Oktober 2004 als »Landhotel Krummenweg« seine Pforten öffnete. In der denkmalgeschützten »Kutscherkneipe« steht inzwischen ein Restaurant zur Verfügung. Der Betreiber des »Landhotels Krummenweg« hat inzwischen auch die Grundstücke des ehemaligen Brauereigebäudes erworben und die Ruinen abräumen lassen; dort entsteht ein Konferenzzentrum für das Hotel.

Breitscheids Ringen um einen Gemeindemittelpunkt

Bis weit ins 20. Jahrhundert blieb Breitscheid eine Streusiedlung von Höfen und Kotten inmitten ausgedehnter Waldgebiete. Ein Siedlungszentrum mit entsprechender Infrastruktur konnte sich nicht entwickeln; es gab keine zentrale Wasserversorgung, man war nach wie vor auf Brunnen und Pumpen angewiesen. Die weit voneinander entfernt liegenden Behausungen konnten nicht an die Kanalisation angeschlossen worden. Elektrisches Licht lieferten die RWE Reisholz. 1936/37 wurde zwar das Breitscheid berührende Teilstück der Autobahn Oberhausen – Frankfurt gebaut; abgesehen von den drei Landstraßen Kölner, Essener und Stooter Straße bestanden in den 1930er Jahren aber nur Nebenwege. Die

Breitscheider waren auf die Eisenbahnhaltestelle Hösel angewiesen. Der überwiegende Teil des Gemeindegebiets umfasste Ackerland, Holzungen, Wiesen und Weiden. Mehrere große Jagdbezirke waren im Privatbesitz unter anderem der Familie von Spee auf Schloss Linnep, von Fürstenberg auf Schloss Hugenpoet und der August-Thyssen-Stiftung, der Schloss Landsberg gehört.

In der Breitscheider Feldmark wurde auf guten, zum Teil erstklassigen Böden vorwiegend Brotgetreide – Roggen, Weizen, daneben Hafer und Gerste – angebaut. Der Anbau von Kartoffeln und Futterrüben erfolgte im Wesentlichen für den Eigenbedarf. Ertragreich war aufgrund der günstigen Bewässerungsverhältnisse die Gras- und Kleewirtschaft, eine Voraussetzung für die Milchvieh- und Pferdehaltung. 1930/31 bestanden 93 landwirtschaftliche Betriebe in Breitscheid.

Bis 1908 wurde im Bereich der heutigen Straße An der Hoffnung Bergbau betrieben. In den 1930er Jahren war das einzige Industrieunternehmen die Ziegelei van Dyk, später van Eick (heute Nelskamp), deren Belegschaft von 20 Personen 1930/31 auf 85 Arbeiter 1937 stieg. Breitscheider waren in den Industriebetrieben in Hösel, Mülheim an der Ruhr, Kettwig und Ratingen beschäftigt.

Bis 1929 bestand die Gemeinde Breitscheid-Selbeck in der Bürgermeisterei Mintard und im Landkreis Düsseldorf. Am 15. Mai 1930 kam es im Rahmen der kommunalen Neugliederung im Rheinisch-Westfälischen Industriegebiet zur Bildung des Amtes Ratingen-Land, dem die Gemeinden Angermund, Breitscheid, Eggerscheidt, Hösel, Lintorf und Wittlaer angehörten. Ratingen-Land wurde in den neu geschaffenen Landkreis Düsseldorf-Mettmann eingegliedert. Der Ortsteil Selbeck kam zur Stadt Mülheim an der Ruhr. Der nun selbständigen Gemeinde Breitscheid wurden kleinere Gebietsteile von Laupendahl und Mintard angeschlossen. 1935 verlor Breitscheid wieder einige Parzellen an die Stadt Kettwig. 1905 wohnten in Breitscheid 800 Personen (Selbeck 1.120 Einwohner). In beiden Ortsteilen gehörten 1.381 Einwohner der katholischen und 538 Einwohner der evangelischen Glaubensrichtung an, ein jüdischer Bürger wohnte in der Gemeinde. 1930/31 zählte Breitscheid 1.206 und 1939 1.129 Einwohner.

Nach 1945 erfolgte ein Bevölkerungswachstum, das die Gemeinde vor große Probleme stellte. 1946 hatte Breitscheid

2.209 und 1950 2.333 (1960 2.947, 1971 3.457) Einwohner. Es zogen vor allem Personen zu, die in ihren Heimatorten, vor allem in Essen, infolge von Luftangriffen während des Zweiten Weltkrieges ihre Wohnungen verloren hatten, sowie nach Kriegsende zahlreiche Flüchtlinge und Vertriebene aus Ostdeutschland.

Ein großer Teil der Zugezogenen – insgesamt 1.500 Personen – wurde zunächst in Lagern untergebracht, im ehemaligen »Krupp-Lager« nördlich des Höseler Bahnhofs und in den Schloemann-Hallen hinter der Tankstelle Flocken am Krummenweg. Am längsten währte das Provisorium im »Essener Lager« an der Essener Straße 5, heute Am Sondert, das 1943 für die »Organisation Todt« errichtet, von dieser aber nie belegt worden war. Die »Organisation Todt« war eine nach ihrem Gründer, dem Ingenieur Fritz Todt, benannte NS-Organisation zur Durchführung von Hoch- und Tiefbauarbeiten im großen Stil, vorrangig im Rüstungsbereich und unter Einsatz von Zwangsarbeitern und Kriegsgefangenen. Im Oktober 1945 verschafften sich Essener Bürger dort eine Unterkunft, die durch den verheerenden Bombenangriff vom Mai 1943 obdachlos geworden, dann nach Württemberg evakuiert worden waren und auf der Heimreise fast fünf Monate lang auf einem Nebengleis des Bahnhofs Hösel verharren mussten. In Selbsthilfe gestalteten sich die Bewohner des Barackenlagers ihr Lebensumfeld etwas angenehmer und »komfortabler«. 1947 wurde die »Wald-

Waldschule im Lager an der Essener Straße, 1948

schule« gegründet, die auch andere Breitscheider Kinder besuchten. 1956 gingen 112 Schüler in die »Waldschule«. 1949 wurde ein Kinderhort eingerichtet. Auch katholischer Gottesdienst fand in einem Saal des Lagers statt, während die evangelischen Bewohner nach Linnep zum Gottesdienst gehen mussten. Seit Mitte der 1960er Jahre löste sich das Lager auf. Die Bewohner, die nicht selten Diskriminierung und Ausgrenzung erfahren hatten, siedelten sich in Mülheim, Lintorf und Hösel an; viele bezogen auch Wohnungen oder Eigenheime in den Breitscheider Neubaugebieten »Am Kiefernhain«, »Am Bruch«, in der »Flurstraße« und »An der Horst«. 1975 ließ die Stadt Ratingen, zu der Breitscheid nun gehörte, drei Baracken abreißen. In den verbliebenen Unterkünften wurden später Asylsuchende untergebracht.

Der Bevölkerungszuwachs setzte in der Gemeindeverwaltung Diskussionen in Gang, in welcher Weise die ländliche Streusiedlung Breitscheid ausgebaut werden könnte. Ein »Leitplan« für die Siedlungsentwicklung wurde in den 1950er Jahren erstellt. Ziel war die Bildung eines Ortsmittelpunktes, also eine Siedlungsverdichtung, die auch vom Ausbau des Autobahnnetzes abhing, der 1960 mit dem Bau des Breitscheider Kreuzes und 1966 mit der Errichtung der Ruhrtalbrücke seinen vorläufigen Abschluss fand. Eine wesentliche Beschränkung fanden die »Leitplan«-Konzeptionen der Gemeinde durch die Interessen der gräflichen Familie von Spee, des größten Landbesitzers der Gegend. Ihrem Wunsch, kein Bauland im Bereich der geplanten Schule sowie südlich des Mintarder Weges auszuweisen, wurde weitgehend Rechnung getragen. Karl Graf von Spee hatte zudem gefordert, das nördlich des Mintarder Weges vorgesehene Baugebiet bis auf die Höhe des Pachthofes »Hannen« und des Geländes »Zur Hoffnung« zu begrenzen. Auch die zunächst geplante Bebauung am »Siepenkothen« wurde aufgegeben. Die Siedlungsplanung verlagerte sich in östlicher Richtung. Es entstanden in der Folgezeit die Baugebiete Flurstraße, im Bereich Kahlenbergsweg, Stooter Straße und An den Dellen sowie die an Lintorf angrenzende Siedlung zwischen Pappelweg und Am Krummenweg.

Eine Art Ortsmittelpunkt wurde im Bereich Alte Kölner Straße, Ehrkamper Bruch und Mintarder Weg geschaffen. Neben Wohnsiedlungen entstanden dort 1966 das Evangelische Gemeindezentrum und 1979 die katholische Pfarrkirche St. Christophorus. Im östlichen Abschnitt des Mintarder Wegs erhielt 1972 die Breitscheider Gemeinschaftsgrundschule einen Erweiterungsbau. Dort stand schon der Neubau der evangelischen Schule von 1959 und dort befand sich auch die alte, 1683 nach dem Ankauf des »Hobshäuschens« mehrere Jahrhunderte lang genutzte und immer wieder erweiterte reformierte Schule. Im neuen Schulgebäude am Mintarder Weg wurden auch die Kinder der »Waldschule« an der Essener Straße sowie der ehemaligen katholischen Schule untergebracht, die zu Beginn des 19. Jahrhunderts eingerichtet worden war und zuletzt in einem 1936 errichteten Gebäude an der Alten Kölner Straße bestand. 1976 wurde das Schulzentrum in »Matthias-Claudius-Schule« umbenannt. In der Nachbarschaft der Schule entstanden Sportplätze und 1971 ein Kindergarten. Östlich der Siedlung Ehrkamper Bruch entwickelte sich das neue Wohngebiet »An der Horst« (Mintarder Weg/An der Klemm).

Die Siedlungserweiterung zog den Ausbau der Infrastruktur nach sich. 1955 wurde das Gemeindegebiet an die Müllabfuhr des Angerlandes angeschlossen; ab 1961 erhielten die Neubaugebiete eine Kanalisation. Ebenfalls 1961 wurde nach Plänen des Architekten Emil Fahrenkamp ein Feuerwehrhaus erbaut; damit verbunden war eine Nebenstelle der Amts- und Stadtsparkasse. Letztlich gelang es nicht, eine geschlossene Bebauung der Gemeinde Breitscheid zu realisieren, es entstanden mehrere Siedlungsschwerpunkte.

Bereits der »Leitplan« aus den 1950er Jahren hatte die Ansiedlung gewerblicher und industrieller Unternehmen auf das Gebiet westlich der Kölner Straße beschränkt. 1950 entstand hier das Falzziegelwerk Nelskamp. An der Pönt eröffnete am 2. April 1967 die weithin bekannte Miniaturstadt »Minidomm« offiziell ihre Pforten, konzipiert von dem Düsseldorfer Architekten Wilhelm Dommel nach dem Vorbild der Miniaturbauten-Anlage »Madurodam« in Den Haag/NL. Zehn Jahre lang waren Ingenieure, Handwerker und Künstler im Einsatz, um auf einer Fläche von 42.000 Quadratmetern 2.500 Einzelbauten deutscher und später europäischer Denkmäler und Sehenswürdigkeiten mit Eisenbahnen, Brücken und Tunneln im Maßstab 1:25 zu errichten. Wilhelm Dommel

Modell der Ratinger Kirche St. Peter und Paul und des Bürgerhauses im Freizeitpark »Minidomm«

Modell von Schloss Neuschwanstein im Freizeitpark »Minidomm«

investierte 26 Millionen Mark in seine Miniaturstadt, die ständiger Instandhaltung bedurfte. Das höchste Gebäude war eine Nachbildung des Stuttgarter Fernsehturms, das kleinste ein malerisches Schwarzwälder Bauernhaus. Spektakulär waren die Anlage des Bremer Hafens mit 200 Schiffsmodellen und ein Flughafen. Zu den weiteren Attraktionen zählten unter anderem der Dresdner Zwinger, das Brandenburger Tor, Schloss Neuschwanstein, das Ulmer Münster, Kloster Ettal, das Holstentor in Lübeck, die Würzburger Residenz, die Wuppertaler Schwebebahn, der Pariser Eifelturm, der Petersdom in Rom und das Brüsseler Atomium. Seit 1968

standen den Besuchern des »deutschen Disneylandes« ein Autokino mit 1.500 Plätzen, ein Restaurant und seit 1970/71 ein Hotel zur Verfügung. Mit der Zeit indessen wurden Freizeitparks wie »Minidomm« auch aufgrund der fehlenden Aktionsmöglichkeiten des Publikums altmodisch und unattraktiv. Das veränderte Freizeitverhalten, Managementfehler und Vorbehalte der Stadtverwaltung führten dazu, dass der Freizeitpark am 1. November 1992 geschlossen werden musste. Zahlreiche Modelle wurden zwangsversteigert. Heute befindet sich dort ein Gewerbegebiet.

Auch heute noch wird der Ort Breitscheid, in dem 2007 5.332 Menschen lebten, mit dem gleichnamigen Autobahnkreuz assoziiert. Der vorstehende historische Überblick und vor allem die nachfolgenden Hinweise »Breitscheid entdecken« zeigen, dass Breitscheids Geschichte weitaus vielschichtiger und interessanter ist.

Breitscheid entdecken

Schloss Linnep, die evangelischen Gemeindebauten um die Waldkirche und die katholische Kirche St. Christophorus

Umgeben von Wiesen und Wäldern liegt in einem weitläufigen Park am Linneper Weg das **Wasserschloss Linnep** ①, bis 1802 Zentrum der Herrschaft Linnep. Die Herren von Linnep wurden Ende des 11. Jahrhunderts erwähnt. Damals wird bereits ein Rittersitz existiert haben. Der älteste Teil der heute bestehenden Anlage, der mächtige Rundturm aus Bruchsteinen mit Pyramidendach zwischen den beiden neueren Bauten, stammt vermutlich aus dem 12. Jahrhundert. Die Burg war bis 1465 im Besitz der Herren von Linnep. Dietrich von Linnep und Helpenstein, der in diesem Jahr starb, hinterließ eine Tochter Eva, die mit Friedrich Graf von Neuenahr verheiratet war. An diese Familie ging nun der Rittersitz Linnep über. Bereits zu Lebzeiten von Adolph Graf von Neuenahr (1545–1589) und seines Onkels und Vormunds Hermann Graf von Neuenahr (1520–1578), beide energische Förderer der Reformation calvinistischer Prägung, wurde vermutlich reformierter Gottesdienst in Haus Linnep gefeiert.

Adolph Graf von Neuenahr

1584 verpfändete Graf Adolph von Neuenahr den Rittersitz Linnep, sein Geburtshaus, in dem inzwischen kein Mitglied der gräflichen Familie mehr lebte, an den niederländischen Obristen

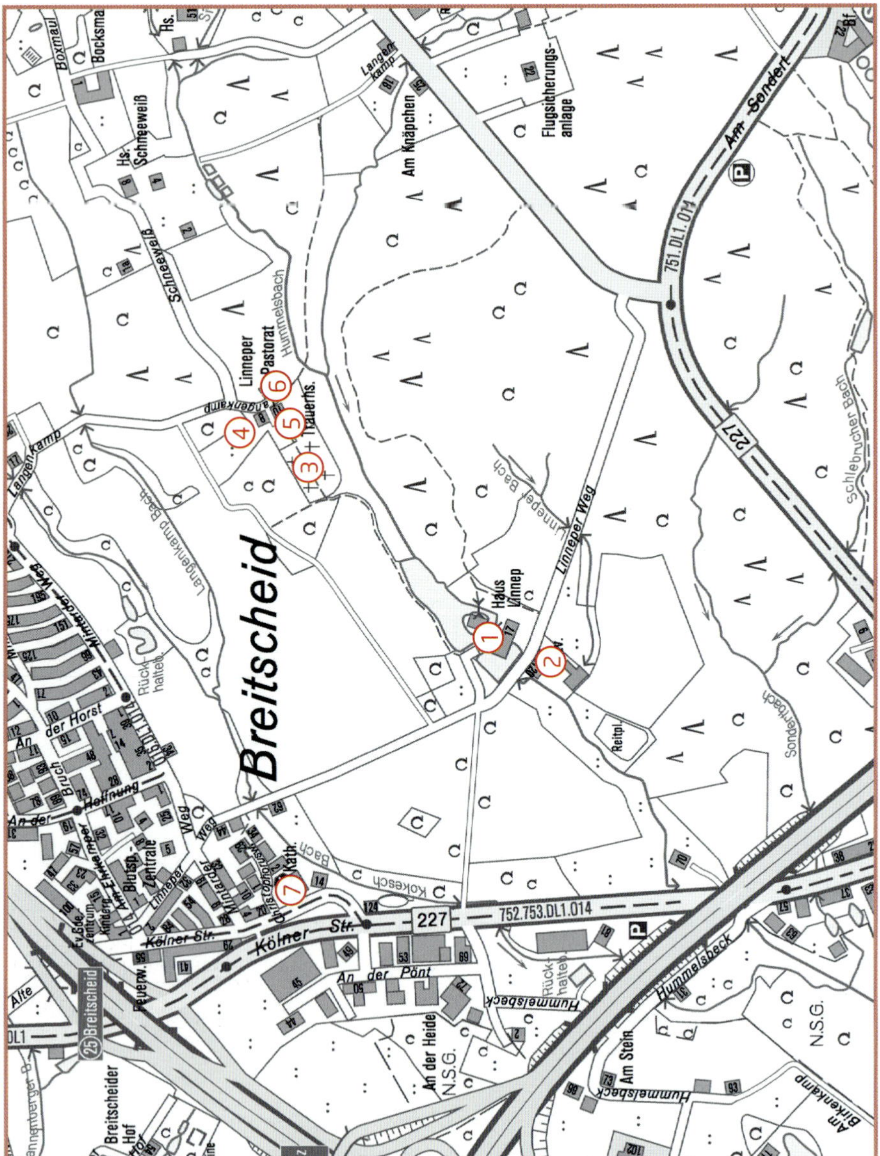
Breitscheid
Haus Linnep
Linneper Weg
Linneper Pastorat
Trauerhs.
Kölner Str.
Am Knäpchen
Flugsicherungsanlage
Am Sondert
Hummelsbeck
Schneeweiß
Langenkamp
Langenkamp Bach
Linneper Bach
Hummelsbach
Schlebrucher Bach
Sondertbach
Kokesch Bach
Reitpl.
Am Stein
An der Heide
N.S.G.
An der Pönt
Am Birkenkamp
Breitscheider Hof
Ruine
Mintarder Weg
An der Horst
Kath.
Blutsp.-Zentrale
Feuerw.
25 Breitscheid
227
1
2
3
4
5
6
7

Christoffel von Isselstein, dessen Familienbesitz in der Nähe von Utrecht lag. 1643 erwarb Moritz von Isselstein den Rittersitz. Vincent Schott von Isselstein schenkte der evangelischen Gemeinde Linnep 1683 das Grundstück für den Bau der Waldkirche, die bis heute gegenüber dem Schloss zu finden ist. 1708 kam Haus Linnep durch Erbteilung in der Familie Isselstein an den niederländischen General Jacob Graf von Wassenaer zu Obdam und an Johann Wilhelm Freiherrn von Hacke, der als Oberst in pfalz-neuburgischen Diensten stand. 1710 wurden die Pforten und Brücken erneuert. 1731 wechselten wiederum die Besitzer: Über diese, den Hofrat Dr. Fuhr und den Amtmann Heinrich Monschau, ist kaum etwas bekannt. Mitte des 18. Jahrhunderts befand sich Haus Linnep in einem sehr schlechten Zustand. 1753 hieß es, »dass der inwendige Bau des Hauses und Rittersitzes aus Altertum und völliger Baulosigkeit leider schier ganz ein- und zusammengefallen, daneben die Brücken in solch schlechtem Zustand geraten seien, dass sie ohne Gefahr eines Unglücks weiter nicht zu gebrauchen seien.« Initiiert durch den Hofrat J. Paul von Katz, den neuen Eigentümer und Schwiegersohn Monschaus, erfolgte 1769 ein schlossähnlicher Neubau im barocken Stil, das heutige Vorderhaus mit dem breiten Mittelrisaliten und der

Wasserschloss Linnep

großzügigen, über die Gräfte führenden Freitreppe. An den Bau erinnert eine Inschrift mit dem Katz'schen Wappen über dem Eingang. Damals wurde auch ein Teil des Wassergrabens zugeschüttet. 1790 wurde die Vorburg neu aufgebaut. Nach dem Tod von Katz' 1817 ging Schloss Linnep in den Besitz der Familie des Schwiegersohns von Hauer und 1833 an die Familie Brügelmann über.

1855 veräußerte Baron von Owstien, der mit Dorothea Brügelmann verheiratet war, Schloss Linnep an Ferdinand Reichsgraf von Spee, der als nordwestlichen Anbau ein Backsteingebäude im neogotischen Stil errichten ließ und den Grundbesitz rund um Schloss Linnep auf über 300 ha vergrößerte. Im mittelalterlichen Rundturm, der nun zusammen mit der halb abgebrochenen Ringmauer teilweise in die bestehenden Gebäude integriert wurde, wurde eine Kapelle eingerichtet. 1837 und 1873 entstanden neue Gebäude der Vorburg. 1914 wurde nach einem Brand der östliche Teil der Vorburg neu gebaut.

Seit 1967 erfolgte im Backsteingebäude im Auftrag der Kommunalen Arbeitsgemeinschaft Bergisch Land e. V. und unter Federführung des Landkreises Düsseldorf-Mettmann der Aufbau der Bergischen Bibliografie. In den Jahren zuvor wurden die Räumlichkeiten als Materiallager des Technischen Hilfswerks genutzt. Seit 1972 war in Schloss Linnep das Archiv des Kreises Düsseldorf-Mettmann (heute Kreis Mettmann) beheimatet. Nach dem Auszug des Kreisarchivs 1996 wird dieser Trakt des Schlosses von der Kreissparkasse für Veranstaltungen und von der Stadt Ratingen als Standesamtsnebenstelle genutzt, während das barocke Haupthaus von der Familie des Barons Wilderich von Ketteler, des Schwiegersohns von Clemens Graf von Spee, bewohnt wird.

Eng mit Schloss Linnep verknüpft ist die Geschichte der benachbarten **evangelischen Waldkirche** ② am heutigen Linneper Weg. Die reformierte bzw. evangelische Gemeinde Linnep ist nicht nach einem Ort, sondern nach dem Rittersitz Linnep in Breitscheid benannt. Paul Herder beschrieb 1929 in der Zeitschrift »Alt-Ratingen« sehr eindrucksvoll, wie sich ein Wanderer und Gottesdienstbesucher dem abgeschiedenen Gotteshaus nähert: »Die Zeiger der Uhr rücken weiter, immer weiter. Nun muß ich mich sputen, wenn

Die evangelische Waldkirche, daneben das Gasthaus »Landskrone«

Portal der Waldkirche

ich zeitig zum Gottesdienst kommen will. Ja, wer vermutet hier mitten im Walde eine Kirche oder Kapelle. Nun, dem will ich es sagen: mein Weg führt nach Schloß Linnep. Am Rande des großen Gemarkenwaldes, in der Nähe des bekannten Ausflugslokales Krummenweg, liegt in einer Talmulde eingebettet die mittelalterliche Wasserfeste Linnep. Treten wir aus dem Walde hinaus und kommen nach Linnep, glauben wir vor einem verwunschenen Schloss zu stehen. Die mittelalterlichen Gebäude stehen noch alle und ein breiter, mit Wasser gefüllter Graben umgibt die Burg. Doch nicht zum Schloß gehe ich, sondern in das kleine Kirchlein, dicht am Wege; dessen Glöckchen eben zum Gottesdienst ruft. Nun trittst du Wanderer nicht in einen mit Schätzen überladenen Dom oder in eine weihrauch-durchtränkte Kathedrale, sondern in eine einfache reformierte Kirche des Bergischen Landes, die aus der Not ihrer Zeit heraus entstand.« (Nr. 1, 5. Jg, 1929)

Zur reformierten Gemeinde Linnep gehörten die in Breitscheid, Mintard (heute Mülheim an der Ruhr), Selbeck (heute Mülheim an der Ruhr) und Hösel wohnhaften Gemeindemitglieder. Als Hermann Graf von Neuenahr Mitte des 16. Jahrhunderts die Vormundschaft für seinen Verwandten Adolph von Neuenahr, den Erben des Rittersitzes Linnep, und dessen Geschwister übernahm, lebten vermutlich bereits einige Reformierte in Haus Linnep. Hermann von Linnep, kaiserlicher Rat, Humanist und Förderer der Reformation, verwaltete von 1554/55–1570 die Besitztümer der Geschwister. Er war mit einer Halbschwester Wilhelms von Nassau-Oranien verheiratet, der die Niederländer im Befreiungskampf gegen die spanischen Besatzer führte. Es ist zu vermuten, dass bereits Hermann von Neuenahr die Entstehung einer reformierten Gemeinde in Linnep förderte und Gottesdienste auf seinem Rittersitz zuließ. Auch Adolph von Neuenahr, Gatte von Hermanns Schwester Walburga, der Witwe des von den Spaniern ermordeten Grafen Hoorn, bekannte sich zum reformierten Glauben. Sowohl Hermann als auch sein Erbe Adolph von Neuenahr hatten demnach enge Verbindungen zu den Niederlanden, einem Kernland der Reformation calvinistischer Prägung.

Im Jahr 1584 kam Haus Linnep zunächst als Pfandobjekt an den niederländischen Obristen Christoffel von Isselstein. Der neue Herr auf Linnep ließ weiterhin reformierten Gottesdienst und auch den Unterricht der Kinder in seinem Hause zu und förderte die Beziehungen der Gemeinde zum niederländischen Calvinismus. 1643 erwarb die Familie Isselstein Linnep. Während der gesamten Zeit des 1566 beginnenden Spanisch-Niederländischen Krieges, der 1618 in den Dreißigjährigen Krieg überging, hatte die reformierte Gemeinde in Linnep Bestand. 1611 nahm sie zusammen mit Wülfrath an der Düsseldorfer Synode teil, seit etwa 1618 wurde sie von Daniel Goldbach, früher Prediger in Ratingen, dann in Wülfrath, betreut. Erst mit dem Ende des Dreißigjährigen Krieges wurde die Linneper Gemeinde eine »heimliche Gemeinde«, da der Friedensvertrag bestimmte, dass diejenigen evangelischen Gemeinden aller Konfessionen das Recht der freien Religionsausübung haben sollten, die 1624 ihren Gottesdienst in einem öffentlich zugänglichen Gebäude abgehalten hatten. Das war im Falle der Linneper

Gemeinde, die ja ihren Gottesdienst auf Schloss Linnep, einem Privathaus, feierte, nicht gegeben. Zudem machte 1668 der Pfarrer der katholischen Gemeinde Mintard, wozu die Christen im Gebiet von Breitscheid, Mintard, Selbeck und Hösel vor der Reformation gehörten, seinen Einfluss in Düsseldorf geltend, woraufhin die Regierung den Gottesdienst in Haus Linnep verbot. Auf Intervention des brandenburgischen Kurfürsten wurde das Verbot ein Jahr später aufgehoben. Erst der Religionsvergleich von 1672 legalisierte die reformierte Gemeinde Linnep und ihren Gottesdienst.

Da der Gottesdienstsaal für die etwa 600 Mitglieder umfassende und stetig wachsende Gemeinde auf Schloss Linnep bald nicht mehr ausreichte, wurde der Ruf nach einem eigenständigen Kirchenbau lauter. Auf Empfehlung der Familie Isselstein unternahm der Prediger der Gemeinde, Theodor Christian Schaef, 1682 eine Kollektenreise an den Niederrhein und nach Holland, um Gelder für den Kirchenbau zu sammeln. Die Summe von 3.714 Clevischen Talern, die er nach Linnep mitbrachte, war sehr beachtlich. Eine weitere Hürde wurde genommen, als Vincent Schott Freiherr von Isselstein der Gemeinde am 10. März 1683 ein Grundstück, die sogenannte Reitbahn, für den Kirchenbau schenkte. Nun konnte mit dem Bau der reformierten Kirche gegenüber von Schloss Linnep begonnen werden. Als der Rohbau vollendet war, ordnete die Regierung des Kurfürsten Johann Wilhelm II. von Pfalz-Neuburg einen Baustopp an, weil der brandenburgische Kurfürst die Zusatzvereinbarungen zum Religionsvergleich von 1672 noch nicht unterzeichnet habe. Vincent Schott von Isselstein setzte sich in Düsseldorf für die reformierte Gemeinde ein und so konnte im August 1683 weitergebaut werden. Am 5. November 1684 wurde die Waldkirche eingeweiht. Um 1700 war die Inneneinrichtung vollständig.

Die Linneper Waldkirche ist ein schlichter Saalbau auf rechteckigem Grundriss, die Außenwände sind aus Bruchsteinen. Ein Dachreiter bekrönte das Satteldach. In der Werksteinrahmung der Tür sieht man eine Inschrift »Aedificatum 1682«, erbaut 1682, was ja nicht ganz richtig ist. Die hell gestrichenen Bänke für die Gläubigen sind auch heute zum Altar und der von einem Baldachin überdachten Kanzel ausgerichtet. In der Mitte nahmen die Gläubigen aus den Honnschaften Breitscheid und Selbeck Platz, rechts (mit Blickrichtung auf den Altar) die Gemeindemitglieder aus der Honnschaft Hösel und links diejenigen aus der Honnschaft Mintard. Rechts vom Altar stand eine mit einem Baldachin versehene Bank, die die dankbare Gemeinde den Mitgliedern der Familie Isselstein vorbehalten hatte. Gegenüber nahm das Konsistorium, der damals so bezeichnete Kirchenvorstand, Platz. Links hinter dem Altar unter dem Fenster an der Stirnwand saß der Prediger, rechts hinter dem Altar die Lehrer. Links neben dem Kirchenportal hatten der Verwalter und der Jäger auf Haus Linnep samt Familien Plätze. Die Orgel steht auf einer Empore über dem Eingang zum Gotteshaus. An den Wänden der Kirche befinden sich Gedenktafeln (Totenbretter) für einige Besitzer von Schloss Linnep, die die reformierte Gemeinde gefördert hatten: Vincent Schott Freiherr von Isselstein (gestorben 1705), Ida Elisabeth Freifrau von Gürtzgen zu Leuchtenberg geb. Freiin von Isselstein (gest. 1702), Louise Freifrau von Hacke geb. Isselstein (gest. 1720), Johann Wilhelm Freiherr von Hacke (gest. 1720). Ein Epitaph an der linken Seitenwand in der Nähe des Altars ist Jacob Graf von Wassenaer, Freiherr von Obdam, gewidmet, 1708–1714 Besitzer von Schloss Linnep. Dorothea Freifrau von Owstien, geb. Brügelmann, schenkte der Kirche 1848 eine Altardecke.

1810 wurde eine Sakristei angebaut. 1831 schloss sich die Linneper Gemeinde der Kirchenunion an, die wenigen Lutheraner wurden integriert.

Die evangelische Gemeinde profitierte jahrhundertelang vom Wohlwollen der Besitzer von Schloss Linnep. Das änderte sich, als die Freiherrn von Owstien 1855 ihren Besitz an den katholischen Ferdinand Reichsgraf von Spee veräußerten. Für die Familie von Spee waren die Institutionen der evangelischen Gemeinde, vor allem der Friedhof, ein Fremdkörper im eigenen Grundbesitz. 1883 beanspruchte Hubertus Graf von Spee zwei Kirchenstühle in der Linneper Kirche als sein Eigentum, den mit einem Baldachin versehenen breiten Stuhl rechts vom Altar und den »Dienerstuhl« neben dem Kirchenportal, beide ursprünglich für die reformierten Stifter der Kirche und ihr Personal vorgesehen. Von Spee schwebte letztendlich vor, ein Kirchenpatronat über die Waldkirche durchzusetzen, was im Falle des Gotteshauses einer evangelischen Gemeinde nicht vorgesehen ist. 1887 wies das Reichsgericht in Leipzig als oberste Instanz seine Ansprüche ab. Auch über die Benutzung der Wege zur Kirche wie zum Friedhof entstanden häufig Auseinandersetzungen.

1826, 1888 und wiederum 1972 wurden neue Orgeln angeschafft.

Seit 1958 gehört die evangelische Gemeinde Linnep nicht mehr zum Kirchenkreis Düsseldorf, sondern zum Kirchenkreis Mettmann.

Nach dem Ende des Zweiten Weltkrieges verbesserte sich das Verhältnis zur Familie von Spee. Clemens Reichsgraf von Spee wurde 1958 Hausherr auf Schloss Linnep und verpachtete ab 1967 Teile des Schlosses. Der evangelischen Gemeinde bot der Graf 1976 seinen an die Waldkirche grenzenden Baumhof als Parkplatz an. In der Waldkirche finden auch heute noch regelmäßig Gottesdienste und gelegentlich Konzerte statt.

Nachdem die Gastwirtschaft »Landskrone« nach 1945 keinen Pächter mehr fand und in einen Reiterhof umgewandelt wurde, fehlte für die Besucher der Waldkirche ein Ort, an dem sie nach dem Gottesdienst noch zusammensitzen konnten. Dem konnte 1978 mit der Einweihung eines »Pfarrsaals« direkt neben der Kirche abgeholfen werden.

1683/84 wurde an der reformierten Kirche auch ein Friedhof angelegt, der 1831 erweitert werden musste. In den 1850er Jahren stellte sich heraus, dass der Begräbnisplatz im Hinblick auf das Wachstum der evangelischen Gemeinde bald nicht mehr ausreichen würde. Als die Gemeinde 1856 eine Option auf die Erweiterung des Friedhofs wahrnehmen wollte, die der frühere Besitzer von Schloss Linnep, Freiherr von Owstien, eingeräumt hatte, scheiterte das am Widerspruch von Ferdinand Reichsgraf von Spee, dem die Leichenzüge und der Besucherverkehr in der Nähe seines Schlosses ein Dorn im Auge waren. Da der alte Friedhof auch den sanitätspolizeilichen Vorschriften nicht mehr entsprach, die Gemeinde allerdings eine vollständige Verlegung ihrer Gemeindeeinrichtungen ablehnte, blieb nichts anderes übrig, als den Friedhof auf ein anderes Grundstück zu verlegen. Am 21. September 1859 wurde der **evangelische Friedhof** am heutigen Langenkamp eingeweiht ③. Aufgrund von Streitigkeiten mit dem Grafen von Spee musste der Leichentransport auf einen weiter nördlich verlaufenden Weg verlegt werden. Der evangelischen Kirchengemeinde blieb nichts anderes übrig, als den Spee'schen Privatbesitz anzuerkennen. 1876 kam es zu erneuten Auseinandersetzungen mit von Spee wegen des Zugangs zum Friedhof von Hösel aus (Höseler Leichenweg, heute Linneper Weg zwischen der Waldkirche und der Essener Straße). Immer wieder standen Trauergäste und Besucher vor Straßensperren. Erst allmählich fand man zu einem akzeptablen »modus vivendi«.

Ganz in der Nähe des neuen Friedhofs lagen und liegen weitere Einrichtungen der evangelischen Gemeinde Linnep: das **ehemalige Küsterhaus**, ein Fachwerkbau aus dem 18. Jahrhundert ④, ein altes Backhaus, der 1893/94 durch den Kreisbaumeister Sens erbaute und am 29. September 1895 eingeweihte Gemeindesaal, der heute als **Friedhofskapelle** dient ⑤, das 1909 erbaute **Pfarrhaus**, das das alte Pfarrhaus ersetzte, heute ein Wohnhaus ⑥.

Im Jahr 1967 erfolgte die Einweihung des neuen evangelischen Gemeindezentrums am Ehrkamper Bruch (Alte Kölner Straße), das nach Plänen des Ratinger Architekten Emil Fahrenkamp erbaut wurde. Es beherbergt folgende Einrichtungen: Gemeindesaal, Kindertagesstätte, Landeskrankenstation mit Schwesternwohnung, Jugendräume, Büroräume, Pfarrhaus und eine Hausmeisterwohnung.

St. Christophorus in Breitscheid ist eine sehr junge katholische Gemeinde ⑦. Die in Breitscheid lebenden Katholiken gehörten von alters her zur Pfarrgemeinde St. Laurentius in Mintard im Dekanat Duisburg. Der Pfarrbezirk von St. Laurentius umfasste neben Breitscheid auch Selbeck, Kettwig v. d. Brücke, Laupendahl sowie die Adelssitze Linnep, Hugenpoet und Landsberg. 1927 wurde die Rektoratspfarre Breitscheid-Selbeck ins Leben gerufen; die Breitscheider Katholiken besuchten nun den Gottesdienst in der 1892 eingeweihten Kirche St. Theresia in Selbeck.

In den 1950er Jahren, als Breitscheid durch den Zuzug zahlreicher Flüchtlinge einen erheblichen Bevölkerungszuwachs erfuhr, wurde erstmals der Wunsch laut, eine Kirche vor Ort zu haben. Den wöchentlichen Weg nach Selbeck empfanden die katholischen Gläubigen zunehmend als zu lang und beschwerlich. Zu einer Realisierung des Vorhabens kam es dann im Zusammenhang mit der Gründung des Ruhrbistums Essen, die 1958 ihren Abschluss fand. Die Stadtgrenze von Mülheim an der Ruhr sollte die südliche Grenze des neuen Bistums bilden. Damit wäre die Kirchengemeinde Breitscheid-Selbeck geteilt worden, denn Selbeck gehörte zur Zivilgemeinde Mülheim. Zum 1. Januar 1958 wurde dann die Kirchengemeinde geteilt und die selbständige Gemeinde Breitscheid ins Leben gerufen, die im Erzbistum Köln verblieb. Die neue Kirchengemeinde, die sich nach dem heiliggesprochenen Papst Pius X. benannte, feierte zunächst ihren Gottesdienst in einem behelfsmäßigen Raum im Lager an der Essener Straße. Der Selbecker Pfarrer Gustav Schaefer betreute anfangs auch Breitscheid seelsorgerisch, bis 1960 der Kreuzherr Pater Carl Fischer (1911–1978) als Rektoratspfarrer nach Breitscheid kam; die Kreuzherren hatten sich bereits 1957 bereit erklärt, die Gemeinde zu betreuen. Kurz vor Weihnachten 1960 erfolgte dann die Weihe der Notkirche an der heutigen Alten Kölner Straße, die von Bonn-Beuel transloziert worden war. Ebenfalls 1960 wurde die Kirchengemeinde in St. Christophorus umbenannt, den Schutzheiligen der Reisenden und Autofahrer, was angesichts der Lage Breitscheids an einer viel befahrenen Autobahn und an einem wichtigen Verkehrsknotenpunkt Sinn machte. Zudem wurde mit den Planungen eines Kirchenbaus für Breitscheid begonnen, der zugleich Pfarr- und Autobahnkirche sein sollte. Eine Autobahnkirche wurde schließlich nicht realisiert, da die Probleme des Anschlusses nicht gelöst werden konnten und zudem die Gefahr bestand, dass das in Aussicht genommene Grundstück durch Ablagerungen einer großen Sondermülldeponie kontaminiert war.

In den 1960er Jahren begann die Verwaltung der Gemeinde Breitscheid, im Zusammenhang mit der Realisierung von Bebauungsplänen einen Ortsmittelpunkt zwischen Kölner Straße, Am Ehrkamper Bruch und Mintarder Weg zu realisieren. Der katholischen Kirchengemeinde gelang es, an der heutigen Alten Kölner Straße ein günstig gelegenes Grundstück zu erwerben, auf dem 1974 mit dem Bau der Kirche St. Christophorus begonnen werden konnte. Die Entwürfe lieferten die Kölner Architekten Carl und Gero Band. 1975 erfolgte der Abriss der Notkirche; für die Gottes-

Die katholische Kirche St. Christophorus

dienste stand in den folgenden Monaten ein Saal im Evangelischen Gemeindezentrum Am Ehrkamper Bruch zur Verfügung. Im Sommer 1976 wurden zunächst das Jugendheim und die Altentagesstätte fertiggestellt.

Am 22. September 1979 fand die feierliche Einweihung von St. Christophorus statt. Das weithin sichtbare rote Kirchendach assoziiert das Zelt als das Provisorische und Transitorische, die Ideen des »Zelts Gottes unter den Menschen«, des »wandernden Gottesvolkes«, der »Kirche unterwegs«. Die heilige Zahl »drei«, versinnbildlicht durch die Dachform und den dreieckigen Grundriss, steht für die göttliche Trinität. Im Hauptaltar wurden Reliquien des hl. Christophorus und des afrikanischen Märtyrers Karl Lwanga eingebracht. Links vom Hauptaltar entstand eine Marienkapelle. Geschmückt ist die Kapelle mit einer in einer neugotischen Architektur stehenden Muttergottes aus dem Besitz von Isabella Reichsgräfin von Spee. Erst 1992 erfolgte die Vervollständigung der Inneneinrichtung mit der von dem Wermelskirchener Steinmetz- und Bildhauermeister Rüdiger Decker geschaffenen Tabernakelsäule, dem Taufstein und der Sitzbank aus Basaltina. Das Kloster der Breitscheider Kreuzherren wurde 1985 aufgelöst, als sich die Patres nach St. Johannes in Lintorf zurückzogen. An die Kirche schließt sich das katholische Pfarrzentrum an. Seit 2003 trägt das rote Dach ein Kreuz. Vor der Kirche begrüßt heute die imposante St. Christophorus-Skulptur des Aldenhovener Künstlers Juan Fernandez die Besucher.

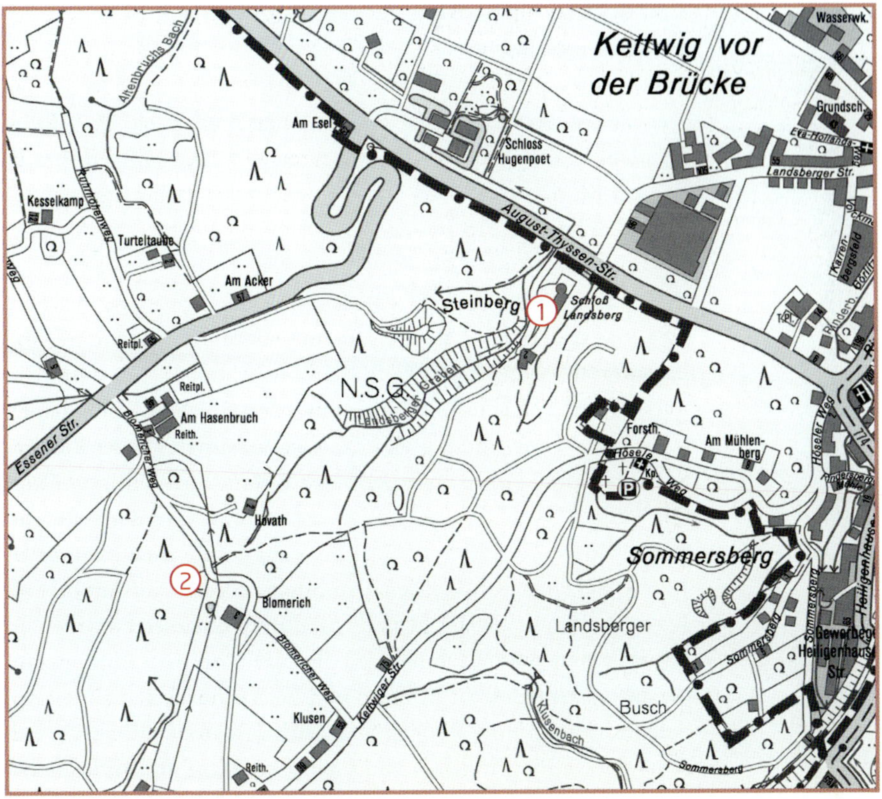
Kettwig vor der Brücke
Wasserwk.
Grundsch.
Eva-Hollande-
Landsberger Str.
Am Esel
Schloss Hugenpoet
August-Thyssen-Str.
Altenbruchs Bach
Kesselkamp
Turteltaube
Am Acker
Steinberg
Schloß Landsberg
Reitpl.
N.S.G.
Landsberger Graben
Am Hasenbruch
Reith.
Essener Str.
Blomericher Weg
Forsth.
Am Mühlenberg
Höseler Weg
Kp.
Sommersberg
Hovath
Blomerich
Landsberger
Busch
Klusen
Kettwiger Str.
Kusenbach
Sommersberg
Höseler Weg
Heiligenhauser Str.
Gewerbegebiet Heiligenhauser Str.

Von Schloss Landsberg zum jüdischen Friedhof am Blomericher Weg

Der zweite Besichtigungsschwerpunkt in Breitscheid ist **Schloss Landsberg** an der August-Thyssen-Straße und **der jüdische Friedhof am Blomericher Weg**. Der Landsberger Busch bietet sich für ausgedehnte Spaziergänge an.

Erstmals erwähnt wird die von Graf Adolf V. von Berg zwischen 1276 und 1289 erbaute Burg ① in einer Urkunde, in der ein »Philippus castellanus in Landsberg« als Zeuge auftritt. 1291 wird Philipp als Ritter von Landsberg, als »miles de Landsberg« bezeichnet. In einer Urkunde von 1294 oder 1295, die sich im Besitz des Klosters Saarn bei Mülheim an der Ruhr befand, nennt sich Philipp »Miles de Werdina Castellanus in Landsberg venerabilis viri domini comitis de Monte«. Philipp, der aus dem alten und reich begüterten Rittergeschlecht von Werden stammte, war von Graf Adolf V. als Burghauptmann auf der neu erbauten Burg eingesetzt worden. In der Folgezeit wurden immer wieder Nachkommen Philipps mit der Burg, dem Gericht Mintard und der Honnschaft Laupendahl belehnt. Am 4. November 1548 übertrug Herzog Wilhelm V. von Jülich-Kleve-Berg Bertram von Landsberg Burg und Amt Landsberg als erbliches Lehen unter der Bedingung, dass die Anlage den Bergischen Herzögen als Offenhaus zur Verfügung stehen musste.

Schloss Landsberg von Süden, 1906

Der Inhaber eines Offenhauses war verpflichtet, seinen Lehnsherrn samt Gefolge jederzeit aufzunehmen.

Die Familie von Landsberg blieb Burg- bzw. Schlossherr an der Ruhr, bis das Geschlecht 1705 im Mannesstamm ausstarb. Durch Heirat der letzten Erbtochter mit Sigismund Freiherr von Bevern kam die Anlage an diese Familie. Nach Aufhebung des Lehnswesens in der Napoleonischen Zeit ging Schloss Landsberg in das Eigentum der Landsberg-Bevern über. 1825 veräußerte die Witwe Gottfrieds von Bevern den Besitz an Gerhard Freiherr von Carnap, der aber nur zwölf Jahre Schlossherr auf Landsberg war. 1837 ging Schloss Landsberg in den Besitz von Franz Engelbert Alexander von Landsberg-Velen in Steinfurt über, der dem nach einer um 1300 erfolgten Erbteilung entstandenen westfälischen Zweig der Familie Landsberg angehörte. Schloss Landsberg diente fortan als Sommersitz.

1903 verkaufte Ignatz Freiherr von Landsberg-Velen das inzwischen stark verfallene Schloss mit dem dazugehörenden Wald an den Industriellen August Thyssen, der nach der Durchführung tiefgreifender Umbaumaßnahmen seinen Wohnsitz von Mülheim an der Ruhr nach Landsberg verlegte. Nach Thyssens Tod am 4. April 1926 wurde Schloss Landsberg gemäß seinem Testament in die August Thyssen-Stiftung Schloss Landsberg eingebracht, die das Ziel verfolgte, die Anlage zu erhalten. Seine Söhne Fritz, Heinrich und August konnten als Stifter Schloss Landsberg turnusmäßig bewohnen oder Freunden als Wohnsitz überlassen. Ab 1943 quartierte sich der unter dem Oberbefehl des Reichsministers Albert Speer stehende »Ruhrstab« (vor

August Thyssen, Gemälde von Franz Josef Klemm

allem der »Stab Rohland«) auf Schloss Landsberg ein. Aufgabe des »Ruhrstabes« war es, dafür zu sorgen, dass Produktions- und Versorgungseinrichtungen im Ruhrgebiet, die durch Luftangriffe der Alliierten in Mitleidenschaft gezogen worden waren, instand gesetzt wurden. Während des Zweiten Weltkriegs erlitt Schloss Landsberg keine Schäden. Die Anlage wurde 1945 bis 1947 von den Alliierten beschlagnahmt. Nach verschiedenen Nutzungen, beispielsweise als Kinderheim und in Regie des Gesamtverbandes der Evangelischen Kirchengemeinde Essen für Alten- und Kinderfreizeiten, ist Schloss Landsberg seit 1992 Tagungs- und Seminarstätte der Thyssen bzw. ThyssenKrupp AG.

Der Kern der auf beinahe halbkreisförmigem Grundriss stehenden Schlossanlage datiert in das 13. Jahrhundert. Älteste Bauteile sind neben umfangreichen Abschnitten der Ringmauer der viergeschossige, rechteckige und fast 33 Meter hohe Bergfried. Über die Schildmauer verlief ein in Teilen noch vorhandener, früher vermutlich überdachter Wehrgang. Erste größere Umbaumaßnahmen fanden in der Mitte des 15. Jahrhunderts statt: Damals wurden die Mauern instandgesetzt und ein dreigeschossiger Rundturm (»Archivturm«) zwecks Verstärkung der Ringmauern erbaut. Auch der Brunnenturm im Schlosshof stammt vermutlich aus dem 15. Jahrhundert.

Nach erheblichen Schäden während des Dreißigjährigen Krieges fanden sehr bald Ausbesserungsarbeiten, bauliche Veränderungen am Bergfried und der Wiederaufbau des Rundturms statt. Nach 1650 (Bauinschriften 1655 und 1666) ließen die Besitzer Arnold Friedrich von Landsberg und seine Ehefrau Katharina von Meschede umfangreiche Baumaßnahmen durchführen, die dazu führten, dass aus der mittelalterlichen Burganlage ein Renaissance-Schloss wurde. Es entstanden das heutige Torhaus mit dem steinernen Allianzwappen der Familien Landsberg-Meschede und Landsberg-Hatzfeld, ein schmaler länglicher Trakt und das neue Wohngebäude mit geschweiften Giebeln, das auf den Grundmauern des mittelalterlichen Palas errichtet wurde. Die mittelalterliche Zugbrücke wurde durch eine steinerne Bogenbrücke ersetzt.

Unter dem neuen Besitzer Sigismund von Bevern wurden zu Beginn des 18. Jahrhunderts insbesondere die Außenanlagen umgestaltet: Es entstanden auf neu angelegten Substruktionen und Terrassen ein barocker Ziergarten und ein Baumgarten, darüber hinaus vermutlich auch der Landschaftspark und die erst 1991 abgebrochene Orangerie: »Aus dem Renaissance-Schloss war ein vornehmer Herrensitz in der Art eines Manor House geworden.« (G. Knopp, Schloß Landsberg, 1993, S. 17)

Schloss Landsberg, Gebäudeteil aus der 2. Hälfte des 17. Jh.

Als August Thyssen 1903 in den Besitz des ziemlich heruntergekommenen Schlosses kam, ließ er es durch den Architekten Otto Lüer und den Gartenplaner Julius Trip, beide in Hannover tätig, umbauen und modernisieren. Insbesondere die Fassaden an der Hofseite wurden stark verändert, neue Gebäude errichtet und im Innern beinahe alle Trennwände entfernt, um großzügigere Räume wie die Halle, das Speisezimmer und den Empfangssalon im Erdgeschoss zu schaffen. Ein Wintergarten wurde angebaut. Damals erfolgte auch die einheitliche Deckung aller Dächer mit Schieferschindeln. Auch die Gartenanlagen wurden grundlegend umgestaltet. Nach August Thyssens Tod ließen die Erben im Erdgeschoss des Bergfrieds ein Mausoleum für die Familie errichten. Hier fand August Thyssen 1928 seine letzte Ruhestätte.

Im Zuge der geplanten Nutzung als Tagungs- und Seminarstätte der Thyssen AG wurde Schloss Landsberg 1989 bis 1992 unter der Aufsicht des Rheinischen Amtes für Denkmalpflege saniert und restauriert. In Anlehnung an die Formen des mittelalterlichen Bergfrieds schuf das Düsseldorfer Architekturbüro HPP Hentrich-Petschnigg & Partner einen neuen siebenstöckigen Wohnturm, in dem – ebenso wie im Gärtnerhaus – die Gästeappartements untergebracht wurden.

Siebenstöckiger Wohnturm, um 1990 erbaut

Die Innenräume von Schloss Landsberg präsentieren sich heute im Wesentlichen so, wie sie im Auftrag von August Thyssen 1903/04 geschaffen wurden. Im Erdgeschoss befinden sich die Repräsentationsräume, vor allem die große Halle, im Obergeschoss die Wohnräume des früheren Hausherrn. Wenige Einrichtungsgegenstände aus älterer Zeit wurden beibehalten, so zum Beispiel die barocken Ledertapeten im Arbeitszimmer August Thyssens und die Kamine aus der gleichen Zeit. Aus der Periode des Umbaus zu Beginn des 20. Jahrhunderts stammen wertvolle Wandbespannungen und Holzpaneelen, Decken und Wandgemälde, Stuckmarmor- und Schnitzarbeiten. Besonders bemerkenswert ist der Wintergarten in Formen des

Schloss Landsberg, Rittersaal

Jugendstils, der 1989 bis 1992 wieder in seinen ursprünglichen Zustand versetzt wurde; die Restaurierungsmaßnahmen umfassten auch einen Nachbau der Tische und Sessel. Im Wintergarten standen früher die von August Thyssen erworbenen Marmorskulpturen des französischen Bildhauers Auguste Rodin, die heute Bestandteil der Kunstsammlung Thyssen-Bornemisza sind. Während die Privaträume des Schlossherrn eher schlicht eingerichtet waren, wurde den Gästen auf Schloss Landsberg außergewöhnlicher Wohnkomfort geboten. Besonders reich ausgestattet ist das »Beste Gästeappartement« mit Originalpaneelen aus Mahagoniholz, auf das vergoldete Bronzeappliken aufgebracht sind. Zu diesem Gästezimmer gehört auch das außergewöhnliche Bade- und Toilettenzimmer in Jugendstilformen, geschaffen von dem Straßburger Unternehmen Voltz & Wittmer. Das Badezimmer, in dem polierter Kalkstein, Marmor und besonders kunstvoll eingefärbte Fliesen auffallen, fand 1900 auf der Pariser Weltausstellung besondere Beachtung und Anerkennung. Einschließlich der Seifenschalen in der Form von Seerosenblättern ist die gesamte Ausstattung original erhalten: »Das Landsberger Jugendstilbad ist eine Kostbarkeit von einzigartiger künstlerischer Bedeutung, die ihresgleichen im deutschen Raum sucht.« (G. Knopp, Schloss Landsberg, 1993, S. 45)

Schloss Landsberg, Jugendstil-Badezimmer

Die Kapelle im ersten Obergeschoss des Bergfrieds wurde 1903/04 umgestaltet. Die Gewölbe und Wände malte der Hannoveraner Kirchenmaler Oskar Wichtendahl in neugotischen Formen aus. Den Altar schuf 1910 der Mülheimer Künstler Ferdinand Hachenberg.

August Thyssen hat sich mit dem Umbau von Schloss Landsberg keine feudale Prunkbehausung geschaffen. Dem Bauherrn, der das Schloss allein bewohnte und durch einige Bedienstete versorgt wurde, kam es auf die respektvolle Beachtung historischer Formen an, die verbunden war mit der Schaffung eines hohen Wohnkomforts und einer beachtlichen Aufgeschlossenheit gegenüber modernen Stilformen.

Der **jüdische Friedhof in Breitscheid** ②, westlich des Landsberger Busches in der Nähe des Blomericher Weges gelegen, ist der ältere Begräbnisplatz der jüdischen Gemeinde Kettwig vor der Brücke in der Herrschaft Hugenpoet. Er liegt heute auf Ratinger Stadtgebiet. Ein 1954 gesetzter Gedenkstein besagt, dass der Friedhof im Jahr 1790 angelegt worden sei. Der älteste erhaltene Grabstein für Samuel ben Benjamin stammt indessen schon aus dem Jahr 1786. Das Grundstück war stets Eigentum der Herrschaft Hugenpoet, nicht der jüdischen Gemeinde – auch heute noch gehört die Parzelle der Familie Fürstenberg auf Schloss Hugenpoet. Zu den Grunddienstbarkeiten von Schloss Landsberg, die noch bei der Eigentumsübertragung an August Thyssen 1903 eine Rolle spielten, gehörte auch die Duldung eines öffentlichen Fußwegs durch den Wald, der »von Alters her ein Leichenweg zu einem Judenkirchhof war«. 1909 musste der Ruhrindustrielle einen neuen Zugangsweg anlegen lassen.

Bis 1880 wurde der Friedhof belegt, 43 Grabsteine mit überwiegend hebräischen Inschriften sind erhalten. Die Grabsteine sind sehr schlicht gestaltet, wie es für alte jüdische Begräbnisplätze typisch ist. Als Symbole bemerkt man zum Beispiel die »Segnenden Hände der Kohanim« (Handhaltung beim Sprechen des Priestersegens) auf Grabsteinen für Personen, die sich in der Nachfolge der von Aron abstammenden Tempelpriesterschaft sahen. Prof. Dr. Michael Brocke betonte die Bedeutung des Friedhofs am Blomericher Weg: »Auch heute noch außerhalb der Siedlungen im Wald gelegen, bleibt der kleine, wahrscheinlich neu arrangierte Friedhof ein schönes Beispiel für die ländliche Schlichtheit mit ihrer fraglosen Nähe zur allgemeinen jüdischen Tradition in den Formen der Steine einerseits, aber andererseits auch in seinen teils geradezu erlesenen hebräischen Inschriften. Die meisten Texte stammen aus der Mitte des 19. Jahrhunderts, doch gibt es dort auch einige schöne Exempel der Grabmalkunst gegen Ende des 18. und zu Beginn des 19. Jahrhunderts. Insgesamt gesehen ist dies der Friedhof mit dem ältesten Bestand im heutigen Raum Essen, ungeachtet seiner wahrscheinlichen Dezimierung durch ›die Zeit‹ und die Jahre nach 1933.« (M. Brocke, Jüdische Friedhöfe in Essen. In: Alte Synagoge (Hg.), Jüdisches Leben in Essen 1800–1933, Essen 1993, S. 127)

Seit 1888 stand der neue Friedhof der jüdischen Gemeinde Kettwig am Görscheider Weg zur Verfügung, der am Ortsrand des Ratinger Stadtteils Hösel liegt. Heute gehört das Grundstück zur Stadt Heiligenhaus. Nach 1945 gab es Pläne, den jüdischen Friedhof im Wald aufzuheben. Gespräche der jüdischen Gemeinde in Düsseldorf mit der Fürstenberg'schen Verwaltung auf Schloss Hugenpoet 1954 führten dann aber zu dem Ergebnis, den Begräbnisplatz wiederherzustellen und zu erhalten. Die Grabsteine, die in der NS-Zeit umgeworfen worden waren, wurden aufgerichtet und fundamentiert. Der 1261 qm große Friedhof wurde durch einen Zaun eingefriedet. Seit 1954 wird der Friedhof von der Zivilgemeinde betreut. Seit 1985 steht die idyllisch gelegene Anlage unter Denkmalschutz.

Jüdischer Friedhof am Blomericher Weg

Jüdische Friedhöfe

Als die am häufigsten erhaltenen materiellen Zeugnisse jüdischen Lebens in Deutschland können die Friedhöfe gelten, von denen noch gut 2.200 erhalten sind. Für Nordrhein-Westfalen kann man von 474 heute noch bestehenden Anlagen ausgehen.

Der jüdische Friedhof, der auch »Haus der Ewigkeit«, »Haus des Lebens«, »Guter Ort« genannt wird, ist nach jüdischer Religionsauffassung unantastbar. Er darf weder aufgehoben noch verkauft oder verschenkt werden. Ein jüdischer Friedhof kennt keinen Bestattungsturnus, Umbettungen sind lediglich in Ausnahmefällen gestattet, beispielsweise wenn die Umbettung ins Familiengrab oder nach Israel erfolgt oder wenn Ruhe und Würde der Toten auf dem alten Friedhof durch Naturgewalten oder bei drohender Gewaltanwendung durch Personen nicht mehr gewährleistet sind. Mit dem Erwerb des Grabes gehört dieser Teil des Grundstücks ausschließlich dem Toten, ihm allein steht die »Nutznießung« zu. Die Ruhe der Toten ist von ewiger Dauer; die Verstorbenen ruhen in ihren Gräbern bis zur Auferstehung.

Hinter dem Grundsatz der ewigen Totenruhe, einem Gebot des jüdischen Religionsgesetzes, steht die fundamentale Vorstellung der Einheit von Körper und Seele, der Glaube an die Bedeutung der Leibhaftigkeit, an das Weiterleben des Körpers in veränderter Form in seinem Grab. Die Unversehrtheit des Leibes wird als notwendige Voraussetzung für die künftige Auferstehung begriffen. Die Geschichte der jüdischen Gemeinden in Deutschland und Europa ist geprägt von eklatanten Verletzungen des Grundsatzes der ewigen Unversehrtheit des Grabes, die seit dem Mittelalter bis in die Gegenwart zu beklagen sind. Seit 1945 engagieren sich die jüdischen Gemeinden und die Landesverbände der jüdischen Gemeinden in Zusammenarbeit mit den Kommunen, dem Land Nordrhein-Westfalen und zahlreichen Bürgerinitiativen für den Erhalt und die Pflege der jüdischen Friedhöfe.

Eggerscheidt – ein historischer Überblick

Dorfsiedlung am Fuße des Gräfgenstein

Eggerscheidt wird erstmals 1254 anlässlich einer landesherrlichen Amtshandlung erwähnt: Graf Adolf IV. entließ in diesem Jahr Aleydis von Eggerscheidt (Ecgirsceid), ihre Kinder Heinrich, Hermann und Lupert sowie Methildis von Mettmann aus seiner Dienstbarkeit (»ad nos servili conditione pertinentes, ad hoc jure absolventes«) und übergab sie als Wachszinspflichtige, d. h. Abhängige oder Zensuale, dem Kloster Gerresheim. Aleydis und Methildis waren vermutlich Witwen und lebten als Unfreie auf einem Hof, den die Grafen von Berg in Eggerscheidt besaßen.

Die auf die Urkunde von 1254 folgende nächste Erwähnung von Eggerscheidt findet sich etwa hundert Jahre später: In einem Ver-

Ersterwähnung Eggerscheidts (»Ecgirsceid«) in einer Urkunde Graf Adolfs IV. von Berg, 1254 (LAV NRW R, Gerresheim, Stift, Urkunden Nr. 17)

zeichnis derjenigen Ratinger Kirchspielsleute, denen der Landesherr im 14. Jahrhundert freies Rodungsland zur Verfügung stellte, erscheint auch Heyne von Eggerscheidt. In Heberegistern des Klosters Werden aus dem 15. Jahrhundert ist von zwei Höfen die Rede, die die Abtei in Eggerscheidt besaß: der eine Hof war »Wylhem Kelners gude to Eggerschede«, mit dem anderen war ebenfalls ein »Wyllem van Heggerschede« belehnt. Eine Urkunde des Stifts Kaiserswerth von 1411 nennt im Zusammenhang mit einem Grundstücksverkauf einen Dorfbewohner, Peter van Eggerscheit.

Auch in den Ratinger Stadtbüchern des 14. Jahrhunderts tauchen aus Eggerscheidt stammende Bürger auf: 1362 lebte Johann von Eggerscheidt in der Oberstraße, Hermann von Eggerscheidt war Schneider, Heinrich von Eggerscheidt zahlte Abgaben von seinen Ländereien unter anderem am Lohoff und seinem Haus in Eggerscheidt. 1425 hatte der Außenbürger Gerat zum Ancgeren van Eggerscheit vergleichsweise hohe Abgaben in Höhe von 47 Maltern zu leisten. 1472 besaßen Henken van Eggerscheidt und seine Frau Styne up der Hirdenburg die Hälfte eines Hauses am Lintorfer Tor in Ratingen. Einige Jahre zuvor war Styne offenbar mit dem wohlhabenden Bürger Wilhelm Winter verheiratet gewesen: die beiden nannten einen Hof in Eggerscheidt ihr Eigen. Aus einer Rentenrolle der St. Jodocus-Bruderschaft in Ratingen aus dem ersten Viertel des 15. Jahrhunderts geht hervor, dass Hermann Knefel mehrere Hofstätten in Eggerscheidt besaß. In einem Verzeichnis der Ratinger Außenbürger aus dem Jahr 1539 wird das »Pier guidt« in Eggerscheidt erwähnt.

In diesem Dokument ist auch eine Kirche in Eggerscheidt genannt. In einem am 9. August 1582 verfassten Visitationsbericht über die kirchlichen Verhältnisse in Lintorf findet eine Eggerscheidter Kapelle etwas ausführlicher Erwähnung: »Das gericht von der Bruggen hat nur ein kirspelskirch gnant Lyntorff. In diesem kirspel sein keine capellen, vicarien oder andere officien gewesen oder noch vorhanden, iedoch steit ihm dorf Eggerscheidt ein klein holzen capelchen, dar man wol vorzeiten, als man noch mit den hilgen umbs korn gangen, miss und predig gehalten. Wirt vom gemeinen man der dumb zu Eggerscheidt genant, ist aber nit berent.« (O. R. Redlich, Jülich-Bergische Kirchenpolitik am Ausgange des Mittelalters und in der Reformationszeit, Bd. II 2, Bonn 1915, S. 20) Der sogenannte »Eggerscheidter Dom« war also ein hölzernes Kapellchen, das bei Feldprozessionen aufgesucht wurde und vermutlich während des Dreißigjährigen Krieges verschwunden ist.

Nach dem »Codex Ratingensis«, der teilweise aus dem 12.–13. Jahrhundert stammt, gehörte Eggerscheidt (Ecgersceyde) zum Pfarrbezirk Ratingen. Die Eggerscheidter besuchten den Gottesdienst in der Ratinger Stadtkirche St. Peter und Paul, seit 1929 in der Herz-Jesu-Kirche in Ratingen-Ost. Hin und wieder gab es auch die Möglichkeit, Gottesdienste im Dorf zu feiern.

Auch Eggerscheidt war nicht nur eine Dorfsiedlung, sondern eine Honnschaft, ein unterer ländlicher Verwaltungsbezirk, der seit Mitte des 14. Jahrhunderts zum Landgericht »In der Brüggen«, einem der Landgerichte des Amtes Angermund, gehörte.

Über dem Reihendorf thront auf einem zum Angertal abfallenden Steilhang der im 15. Jahrhundert erstmals erwähnte Rittersitz Gräfgenstein. Ob hier die Herren von Eggerscheidt saßen, ob es diese überhaupt gegeben hat und ob der an einer alten Straßenkreuzung liegende trutzige Wohnturm einmal eine Zollstätte gewesen ist – dazu lassen sich heute keine eindeutigen Belege finden. Mit dem Gräfgenstein verbunden war offenbar stets eine landwirtschaftliche Nutzung, da wohl von Anfang an Ökonomiegebäude vorhanden waren. Zudem waren die Besitzer von Gräfgenstein in späterer Zeit auch Inhaber der freien Höfe Gardumshof, Obersthof, Hof zum Hof sowie zeitweise auch des Lengelshofs. Der älteste Eggerscheidter Hof ist wohl der bereits 1362 erwähnte »Hof uf dem Gaden«, der heutige Gardumshof. Der Obersthof, der Gardumshof und der Hof zum Hof werden in einem Verzeichnis der Zahlungen erwähnt, die 1517 an die Ratinger Küsterei zu leisten waren. 1634 war auch der Ratinger Richter im Besitz eines in der Honnschaft Eggerscheidt gelegenen Hofes.

Schulgeschichte: Die reformierte Dorfschule und die katholische Berger Schule

Wenngleich das Dorf Eggerscheidt nie ein kirchliches Zentrum besaß, so bemühten sich die dort lebenden Familien, vor allem diejenigen, die das reformierte Bekenntnis gewählt hatten, doch sehr früh um eine geregelte Erziehung ihrer Kinder. Der erste namentlich bekannte Lehrer war der Leineweber Adolf Lohecker, der zwischen 1649 und 1677 in seinem eigenen Haus an der Lohheck unterrichtete. Seit 1684 gab Marten auf der Hötten Unterricht auf dem Obersthof. Später wurde im Steinershaus Schule gehalten. 1692 schlossen sich die reformierten Einwohner von Eggerscheidt, die Nachbarn, wie es damals hieß, zusammen, um ein Schulhaus einzurichten, das durch Stiftungen auf eine tragfähige Basis gestellt werden sollte. Initiator der Schulgründung war Paulus »von der Müschen-Auwen«. Am 11. April 1692 konnte die Hälfte des Hauses Knevels erworben werden, um dort eine Schule einzurichten. 1707 kam die andere Hälfte des Knevelshauses hinzu. Die Schulstiftungen sind besonders gut dokumentiert: sie reichten von den 50 Reichstalern, die Katharina Steines 1687 für die Schularmen und den Lehrer zur Verfügung stellte, über die gleiche Summe, mit der Martin Scheifenhoff von der Auer-Mühle 1727 das karge Lehrergehalt aufbesserte, bis zu den 250 Reichstalern, die Jakob Wilhelm Brügelmann, der Besitzer der Baumwollspinnerei Cromford, 1804 für den gleichen Zweck aussetzte. Brügelmann stellte den Lehrern auch ein Stück Garten- und Ackerland zur Verfügung. 1787 schenkte der Kaufmann Johann Engelbert Evertsen aus Barmen 250 Taler, mit denen arme Schulkinder unterstützt werden sollten. Die Schule besaß auch einen Garten bei Gut Kauhaus in der Nähe des Hasselbachs, der verpachtet wurde.

Trotz der zahlreichen Stiftungen kam die Schule in Eggerscheidt recht schlecht über die Runden. Das Gebäude war zudem von Anfang an baufällig. Bereits 1707 klagten die Schulvorsteher anlässlich der Übernahme der zweiten Hälfte des Knevelshauses über mangelnde finanzielle Ressourcen, da die »armen Einwohner, die meistens von ihrer Beschwerlichen Hand arbeyt an Kalcköfen, als Leineweber etc. sehr kümmerlich sich durchbringen müßten«, kaum in der Lage seien, das Schulgebäude zu erhalten (H. Wilmsen, Die evangelische Schule Eggerscheidt im Wandel der Zeiten, Wuppertal 1968, S. 23). 1810 war das Schulhaus schon lange einsturzgefährdet, so dass ein Neubau nicht zu umgehen war. Zwei Jahre später wurde die Eggerscheidter Schule eine Gemeindeeinrichtung mit der Maßgabe, nun auch katholische Kinder aufzunehmen. Da zu Beginn des 19. Jahrhunderts schlecht gebaut worden war, kam es 1859/60 wieder zu einem Neubau von Schule und Lehrerwohnung (Haus Nr. 18), diesmal mit staatlicher Unterstützung.

Klassenausflug der evangelischen Schule in Eggerscheidt mit Lehrer Kiltzer, 1900

Evangelische Schule am Hölenderweg

In der Folgezeit wuchs die Zahl der katholischen Schüler stark, so dass die Gemeindeschule am 2. Januar 1872 geteilt wurde: 41 katholische Schüler wechselten auf die im Vorjahr erbaute Berger Schule, die weit außerhalb des Dorfes lag. Die Zahl der evangelischen Schüler sank dagegen stetig. Im Jahr 1902 waren drei Viertel der 580 Einwohner katholisch. Im Jahr 1921 besuchten 37 Knaben und 40 Mädchen die zweiklassige Berger Schule und 17 Knaben und 14 Mädchen die einklassige evangelische Volksschule in Eggerscheidt. Der Unterricht an der evangeli-

Ehemalige katholische Schule am Hölender Weg 51

schen Schule wurde durch ständige Lehrerwechsel sehr erschwert. 1912 und 1932 erfolgten Erweiterungsbauten. 1939/40 wurde die Berger Schule als Konfessionsschule aufgehoben und fortan als Wohnhaus genutzt. Die von den nationalsozialistischen Behörden ins Leben gerufene »Deutsche Schule« nahm in der evangelischen Schule im Dorf ihren Unterricht auf. 1950 wurde das Gebäude für die katholische Schule am Hölender Weg 51 errichtet, das bis zur Schulreform von 1968 Bestand hatte.

Gewerbe und Infrastruktur vom Beginn der Industrialisierung bis heute

Die Einwohner Eggerscheidts lebten vorwiegend von der Landwirtschaft. Allerdings waren in der ersten Hälfte des 19. Jahrhunderts bereits Gewerbeansiedlungen zu verzeichnen. Friedrich von Restorff schrieb 1830 in seiner »Topographisch-Statistischen Beschreibung der Königlich preußischen Rheinprovinz«, dass in der Honnschaft Eggerscheidt mit ihren 440 Einwohnern ein Reckhammer und Schleifkotten vorhanden sei, in dem Tuchscheren fabriziert werden, sowie eine Papiermühle. Johann Bargmann, der auch eine Kalkbrennerei betrieb, erhielt 1789 die Konzession zum

Betrieb einer Papiermühle, die 1852 von Peter August Bagel übernommen und zu einer Papierfabrik ausgebaut wurde, die lange Zeit der größte Arbeitgeber in der Umgebung war. Die Auermühle am Angerbach bestand vermutlich seit dem späten Mittelalter.

In den 1850er Jahren mutete der Kaufmann Gustav Georg Stinnes aus Ruhrort »die im landesherrlichen Freien liegende flötzartige Eisenlagerstätte in der Nähe der von Hymen'schen Papiermühle«. 1861 wurde die Konzession auf die Förderung von Eisen-, Blei-, Zink- und Manganerz erweitert.

Als Jabob Wilhelm Brügelmann 1821 Haus Gräfgenstein und die dazugehörenden Höfe übernahm, entstanden unter seiner Regie in der Umgebung Eggerscheidts vermehrt Steinbrüche, Kalksteinbrüche und Kalköfen, die vor allem im Osten des Dorfes arbeiteten und auch zahlreiche auswärtige Arbeiter anzogen: »Die östlichen Hügel des Dorfes lieferten dauerhafte Mühlsteine für Mehlmühlen. Tagtäglich wanderten eine Anzahl Arbeiter aus Ratingen mit ihren Essgeschirren durch die Dorfstraße. Um einen Tagelohn von 60–80 Pfennigen verrichteten sie wohlgemut die anstrengende Arbeit in Steinbrüchen und Kalköfen.« (F. Hauck, Aus Eggerscheidts alten und jungen Tagen, Barmen 1904, S. 41)

Andererseits kamen an Sonn- und Feiertagen zahlreiche Ratinger Ausflügler nach Eggerscheidt, vor allem in Cromford beschäftigte Spinner und Weber, um im alten Gasthaus des Dorfes, dem

Restauration und Gartenwirtschaft von Gustav Kessel (»Kessel im Pött«), 1906

Kuhnenhaus, einige angenehme Stunden zu erleben. In den traditionsreichen Gastwirtschaften des Ortes herrschte stets reges Treiben. Eine der ältesten Gastwirtschaften wurde 1833 gegründet und seit 1844 von dem Krämer und Schuster Johann Plänk betrieben. Dessen Schwiegersohn Johann Brüggen verlegte sie 1907 in einen Neubau; zuvor müssen die Zustände in der Gast- und Schankwirtschaft ziemlich schauerlich gewesen sein. Auch die Gastwirtschaft »Kessel am Pött« bestand schon sehr lange. 1878 existierten in Eggerscheidt vier Gastwirtschaften, zwei lagen im Ortskern, die anderen beiden 20 und 45 Minuten vom Dorf entfernt. Im gleichen Jahr beabsichtigte Friedrich Bruchhaus eine Gastwirtschaft im Engel'schen Haus zu eröffnen, die die »besser situirten Bürger« anziehen sollte, während in dem anderen Etablissement vornehmlich »Leute der untersten Volksklasse« verkehrten, die sich von dem »unglaublich groben und unfreundlichen Benehmen des Wirtes« offenbar nicht abschrecken ließen. In den 1870er Jahren flossen Gelder, die bei der Veranstaltung von Tanzmusik in den Gastwirtschaften Kuhlendahl, Plänk, Kessel und von der Bey eingenommen worden waren, in die Eggerscheider Armenkasse. Weitere gern besuchte Gaststätten waren in späterer Zeit Schwarzebruch an der gleichnamigen Straße und der Lindenhof am Ortseingang von Eggerscheidt am Hölenderweg.

Im Jahr 1853 gründete Theodor Fliedner, der Gründer der Diakonissen-Anstalt in Kaiserswerth, Auf der Aue die Einrichtung

Rosenmontagszug in Eggerscheidt 1930: Festwagen mit Dorfprinzenpaar, links ein Eggerscheidter Bürger zu Pferd als Dorfpolizist verkleidet

»Salem«, eine Erholungsstätte für Diakonissen, heute ein Seniorenheim.

Die Straße durch den Wald, der Hölender, wurde nach 1820 chausseemäßig ausgebaut. Als der Brügelmann'sche Besitz in Eggerscheidt 1860 an den Reichsgrafen von Spee überging, der in Ratingen eigene Kalksteinbrüche und -öfen betrieb, wurde die Arbeit in den Eggerscheidter Anlagen eingestellt. Die Fahrstraße Hölender, der direkte Weg nach Ratingen, verfiel in der Folgezeit wieder; die weiter entfernt liegende Wegestrecke über den Schwarzebruch wurde nunmehr als Kommunalweg ausgebaut. Aufgrund der schlechten Verkehrsanbindung führte Eggerscheidt ein recht isoliertes Dasein. Daran änderte auch der Eisenbahnbau nichts.

Nach den Erhebungen der Volkszählung vom 1. Dezember 1905 bestand das 449 ha große Gemeindegebiet aus 76 bewohnten Häusern. Von den 558 Einwohnern waren 384 katholisch und 174 evangelisch. Im Bereich Auf der Aue, wo sich auch die Auermühle und die Bagel'sche Papierfabrik befanden, lebten allein 183 Einwohner in 20 Häusern. Zu Eggerscheidt gehörten auch die folgenden Wohnstätten: Gräfgenstein, Kickenau, Aufm Berg, Baulof, Deckersweide, Gardumshof, Hof zum Hof, Lengelshof, Müschenau, Obersthof, Papiermühle, Selfhammer, Sengelspütt, Steineskämp, Steinkothen und Windfoch. Eggerscheidt gehörte bis 1930 zur Bürgermeisterei Eckamp. Im Rahmen der Kommunalreform 1929/30 verlor Eggerscheidt das Wohngebiet Auf der Aue an Ratingen. Die Einwohnerschaft sank von 780 auf 475 Personen. Eggerscheidt gehörte nun zum Amt Ratingen-Land, später Amt Angerland. Bis nach dem Zweiten Weltkrieg war Eggerscheidt nicht an den öffentlichen Nahverkehr angebunden. Planungen in den 1920er Jahren, zwischen Ratingen, Eggerscheidt und Heiligenhaus eine Straßenbahn zu bauen, waren zum Scheitern verurteilt.

Im Jahr 1908 kam es zur Einrichtung eines gemeinsamen Feuerlöschwesens in den Gemeinden Eggerscheidt, Hösel und Homberg-Bracht-Bellscheidt. 1935 nahm eine freiwillige Feuerwehrgruppe in Eggerscheidt ihre Arbeit auf. Die meisten notwendigen Infrastrukturmaßnahmen konnten jedoch erst nach 1945 durchgeführt werden. 1955 richtete die Gemeinde eine eigene Wasserversorgung ein. 1968 wurde Eggerscheidt an das Wasserwerk Mülheim an der

Ruhr angeschlossen. Seit 1960 besitzt der Ort eine funktionierende Kanalisation. 1958 begann die Gemeinde mit der Installierung einer Straßenbeleuchtung. 1956 wurde die einfache und 1963 die staubfreie Müllabfuhr eingeführt. 1965 errichtete die Post eine öffentliche Fernsprechzelle. Seit 1964 betreibt die Stadtsparkasse Ratingen eine Zweigstelle in Eggerscheidt. 1970 wurde eine Poststelle, 1971 ein Kindergarten eingerichtet. Sparkassenfiliale und Poststelle wurden inzwischen wieder aufgegeben.

Nachdem die katholische Schule am Hölenderweg 51 im Rahmen der Schulreform 1968 aufgelöst worden war, zogen hier eine Seniorentagesstätte und ein Kinder- und Jugendtreff ein. Die Grundschulkinder besuchten fortan die Schule in Hösel, die Hauptschüler wurden in Lintorf eingeschult. Höhere Schulen stehen in Ratingen,

Gottesdienstraum in der katholischen Volksschule am Hölenderweg, 1951

Lintorf und Heiligenhaus zur Verfügung. Im Gebäude der katholischen Schule wurden seit 1950 an den Sonn- und Feiertagen Gottesdienste gefeiert, nachdem vorher bereits die Heilige Messe im Saal der Gastwirtschaft »Kessel am Pött« stattgefunden hatte. Nach der Schließung der Schule kam es zu Gesprächen über die Einrichtung eines von beiden Kirchengemeinden genutzten Gemeindehauses, in dem auch ein Gottesdienstraum zur Verfügung stehen sollte. Die Zivilgemeinde beabsichtigte ebenfalls, in dem großzügig projektierten Gemeindezentrum Einrichtungen unterzubringen. Die Planungen scheiterten allerdings am Widerstand der Erzdiözese

Köln gegen einen ökumenischen Gottesdienstraum. Die Eggerscheidter Katholiken, die zunächst zur Herz-Jesu-Gemeinde in Ratingen gehörten, feierten in den 1970er Jahren ihren Gottesdienst in der neuen Friedhofskapelle. 1984 kamen sie zur Gemeinde St. Bartholomäus in Hösel. Die evangelischen Bürger besuchen seit 1975 ihre kleine Kirche am Kesselsströttchen, die aus dem heutigen Bonner Stadtteil Holzlar hierher transloziert worden war; zuvor fanden Gottesdienste in der evangelischen Schule statt.

Evangelische Kirche am Kesselsströttchen

Erst 1960 erhielt Eggerscheidt einen eigenen Friedhof am Hölenderweg; bis zu diesem Zeitpunkt mussten die Verstorbenen in Ratingen bestattet werden. 1964 wurde auf dem Friedhof

Eines der zahlreich erhaltenen Fachwerkhäuser in Eggerscheidt

ein Mahnmal für die Kriegsopfer eingeweiht, das der Düsseldorfer Bildhauer Grauer geschaffen hatte. 1968 wurde die Kapelle nach den Entwürfen des Architekten Hugenbruch erbaut.

Zu Beginn der 1950er Jahre wurde Eggerscheidt endlich an die Buslinie Velbert-Hösel-Ratingen-Düsseldorf angeschlossen. 1959/60 wurden die Neubaugebiete in der Rehstraße (heute Zum Schluchtor), an der Stichelshecke, Am Feld, Am Obersthof, Zu den Höfen und An der Deckersweide erschlossen. In der Folgezeit stieg die Bevölkerung von 542 im Jahr 1950, auf 988 (1974) und 1.070 (2001). Im Jahr 2006 hatte Eggerscheidt 1.033 Einwohner. Der nach Schwarzbach kleinste Stadtteil Ratingens konnte sich seinen durch zahlreiche sorgfältig restaurierte Fachwerkhäuser geprägten Dorfcharakter bis heute erhalten.

Eggerscheidt entdecken

Von Haus Gräfgenstein zur Bagel'schen Papierfabrik

»Eine kleine Stunde oberhalb Ratingen blickt malerisch Haus Gräfgenstein von einem Bergvorsprung in das liebliche Tal hinab. Die an der alten Straße Homberg – Duisburg gelegene Burg war von vornherein als Wehrbau gedacht, und bis heute hat der trotzige wartturmartige Bau diesen Charakter bewahrt. Nur vom Westen her ist der steile Burgberg leichter zugänglich, hier aber war er durch zum Teil noch erkennbare Halsgräben geschützt, die den Burgbering von dem übrigen Gelände abtrennten, indem sie den ›Hals‹ durchschnitten.« (E. Winternheim, Angerburgen. In: Alt-Ratingen 1, April 1925, S. 2)

Der mittelalterliche Rittersitz **Gräfgenstein** ① besteht noch heute aus dem prägnanten viergeschossigen Wohnturm aus Bruchstein, dem zweigeschossigen Wohntrakt, der an den Turm angebaut ist, sowie einer Fachwerkscheune und einem Stallgebäude.

Häufig kolportiert wird die Darstellung, dass mit der eingangs erwähnten Urkunde von 1254 Graf Adolf IV. von Berg der Edelfrau

Haus Gräfgenstein, 1920er Jahre

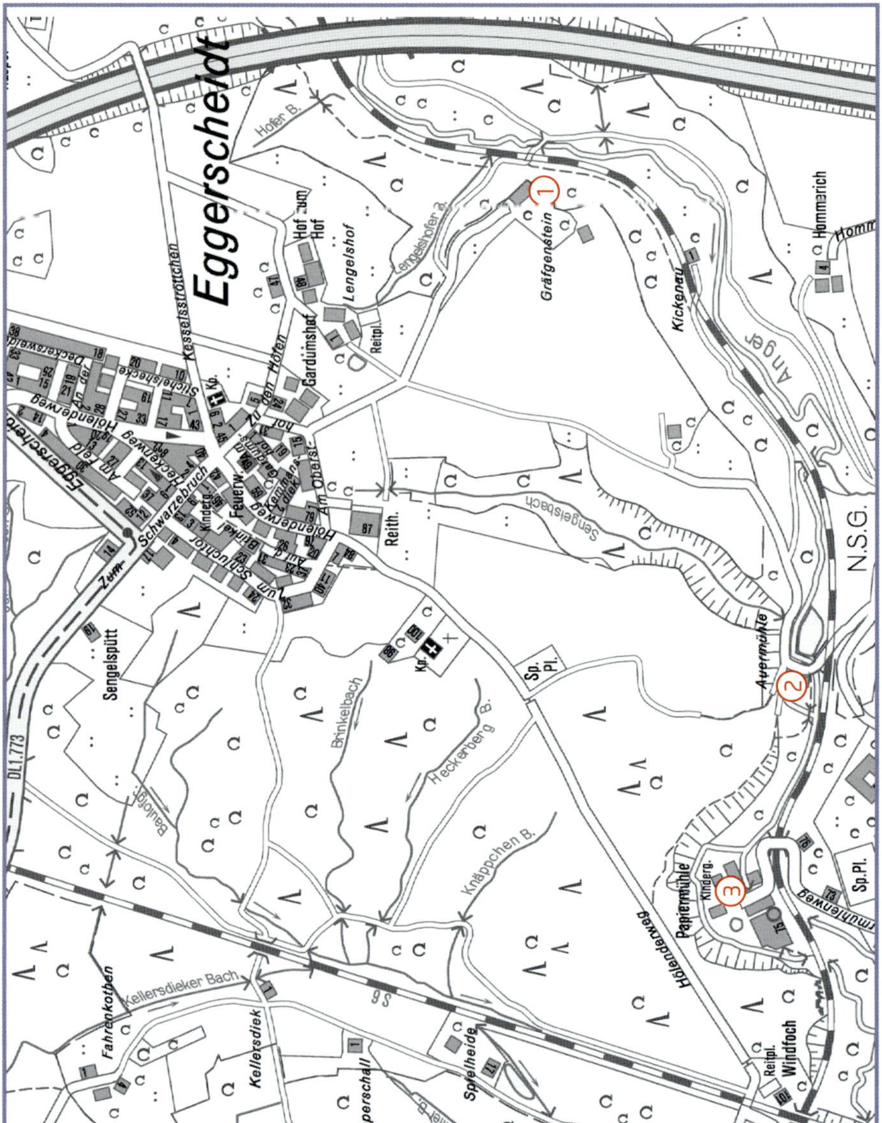
Eggerscheidt
Kesselsströttchen
Hofer B.
Hof zum Hof
Lengelshof
Gardümshof
Reitpl.
Engelshofer B.
Gräfgenstein
1
Kickenau
Hommerich
Anger
N.S.G.
Sengelsbach
Reith.
Sengelspütt
Schwarzebruch
Hölenderweg
Heckenweg
Am Feld
Zum Schluchtor
Feuerw.
Kindergt.
Am Oberst.
Zu den Höfen
Stichelsbecke
An der Deckerswelle
Kp.
Sp. Pl.
Auermühle
2
Brinkelbach
Heckenberg B.
Knäppchen B.
Baulofs
Papiermühle
Kinderg.
3
Sp.Pl.
Windfoch
Reitpl.
Hölenderweg
DL1.773
Kellersdieker Bach
Fahrenkothen
Kellersdiek
Spelheide
S6

Aleydis von Ecgirceid die Burg Gräfgenstein als Wohnort übergeben habe. Aleydis war indessen keine Edelfrau, sondern eine hörige, unfreie Person, die mit großer Wahrscheinlichkeit auf einem Hof gelebt hat; Gräfgenstein wird in der Urkunde überhaupt nicht erwähnt. 1457 verkaufte die Stadt und der Magistrat von Ratingen einem Hans Geylen von Grefgenstein sowie der Grietgen, Ehefrau des Coyn Dechens zu Ratingen, eine jährliche Erbrente von zehn Goldgulden. Am 27. Januar 1539 bekundeten die Schöffen des Landgerichts »In der Brüggen«, dass nach Aussage verschiedener Zeugen Wilhelm Norentyn bei der Eheberedung mit seiner Frau den »Greeffkensteyn« als ältester Sohn seines Vaters erhalten habe. Folglich befand sich der Rittersitz damals in Besitz der Familie Norentyn. An Haus Gräfgenstein waren Zehntabgaben zu leisten. Gräfgenstein kam dann in den Besitz von Everhard von der Recke und Heinrich von Aschenberg, die den Rittersitz an Johann Gogreve veräußerten. Gogreve, Amtmann des Amtes Angermund und Kanzler des Herzogtums Berg, war ein durch humanistisches Gedankengut beeinflusster Beamter, dem unter anderem die Gründung der Düsseldorfer Lateinschule zu verdanken war. Johann Gogreves Tochter Agnes aus seiner Ehe mit Agnes von Binsfeld erbte Haus Gräfgenstein und bewohnte den Rittersitz offenbar auch. Agnes von Gogreve war mit Ludolf von Fürstenberg zu Hollinghofen verheiratet. Als Agnes 1598 starb, wurde ein Inventar der Einrichtung von Haus Gräfgenstein aufgenommen. Im gleichen Jahr nahm ihre Verwandte Katharina von Binsfeld, Witwe von der Horst, Haus Gräfgenstein in Besitz. Es folgten langwierige Erbauseinandersetzungen zwischen den verwandten Familien Binsfeld, Gogreve, Wachtendonck, Harff-Dreiborn und von der Horst, die sich bis zum Ende des 17. Jahrhunderts hinzogen. 1634 war eine »wittib von Binsfeldt« Eigentümerin des Anwesens. In einer Huldigungsliste von 1730 wird der »Renthmeister aufm Hauß Greffgenstein Joh. Heintgeß« geführt. 1747 wurde das hoch verschuldete Haus Gräfgenstein an Wirich Gaddum aus Ratingen verkauft. Drei Jahre später veräußerten es dessen Erben an den kurkölnischen Kämmerer Johann Wilhelm Freiherr von Hochsteden sowie an Ferdinand Graf von Hochsteden. Später gehörte der Rittersitz den Herren zu Landsberg, seit 1821 Wilhelm Brügelmann und seit 1860 den Grafen Spee zu Heltorf. 1934 ging Haus Gräfgenstein in den Besitz des Mönchengladbacher Architekten Karl Ritzdorf über. Heute wird die Anlage für landwirtschaftliche Zwecke genutzt.

Vorzugsweise zu Fuß von Eggerscheidt aus sowie mit Fahrrad oder Auto auf der kurvenreichen Straße Auf der Aue erreicht man die tief im Angertal gelegene **Auermühle** ②, die heute zu Ratingen-Ost gehört. Im erneuerten Rentenbuch des Ratinger Gasthauses von 1456 wird der »Mülner in der Awen« erwähnt, der von einer gepachteten Wiese sechs Schillinge an das Hospital an der Oberstraße zu zahlen hatte. 1477 hatte Heintgen in der Aue die

Auermühle im Angertal, um 1915

Mühle in Erbpacht, die eine Zwangsmühle für die Honnschaften Eggerscheidt und Hösel war. 1634 wird im Rentbuch der Kellnerei Angermund, der landesherrlichen Finanzabteilung für das Amt Angermund, die »mullen in der Awen« als landesherrliche Mühle bezeichnet, die an einen Müller verpachtet war, der an die Kellnerei drei Malter Roggen abzuliefern hatte. In einer Huldigungsliste von 1730 ist ein Merten »in der Awermühlen« erwähnt. Während des Dreißigjährigen Krieges, als die beiden Ratinger Stadtmühlen durch Kriegseinwirkungen stillstanden, übernahm die Auermühle teilweise deren Aufgaben. Seit Beginn des 17. Jahrhunderts (1611 Heinrich in der Müllersawen, seine Hausfrau und Hermann der Müller daselbst samt Ehefrau und Schwiegermutter) gehörten die Besitzer der Auermühle der evangelischen Gemeinde Ratingen an;

sie engagierten sich sehr für die reformierte Dorfschule in Eggerscheidt und bekleideten bis zum Beginn des 20. Jahrhunderts das Amt des Schulvorstands. 1708 waren Johann »an der Auer-Möhlen«, 1731 Martin Scheifenhof in der Auermühle, 1785 Peter Fänger in der Auermühle und 1845 J. H. Bernsau zur Auermühle Schulvorstände in Eggerscheidt.

Laut Kataster der Gemeinde von 1833 wurde die Auermühle als Kornmühle und- brennerei genutzt. Seit 1863 war Wilhelm Vedder, seit 1895 sein Schwiegersohn Heinrich Hausmann Besitzer der Auermühle, nach Letzterem wurde die Anlage auch »Hausmannsmühle« genannt.

Nachdem die Mühle vor 1900 einem Brand zum Opfer gefallen war, wurde das heute noch bestehende Gebäudeensemble errichtet. Im Jahr 1900 wurde der Neubau des Kessel- und Maschinenhauses mit der 15 Meter hohen Kaminsäule aus Radialsteinen errichtet. Die Auermühle ist ein dreistöckiges Backstein-Winkelgebäude, dessen Mühlrad wohl zur Zeit der Erbauung nur noch dekorative Zwecke erfüllte. Am 21. November 1908 bat Heinrich Hausmann in einem Schreiben an die Polizeiverwaltung in Eckamp um die Erteilung einer Wirtschaftskonzession für die Auermühle. Einen Teil der Gebäude wollte er »zu einem vornehmen Restaurant und Ausflugslokal« umbauen. Der vor dem Haus um den Teich herumliegende Garten sollte zu einem Restaurationsgarten hergerichtet werden. Für Sommergäste wurden acht Logierzimmer eingerichtet. Ein Garten mit schattigen Bäumen, ein Kinderspielplatz und der große Teich für Kahnfahrten standen den Gästen zur Verfügung. Hausmann begründete die Erfolgsaussichten des Gastronomiebetriebes: »Das Grundstück liegt ca. 20 Minuten von Ratingen entfernt im Angerthale, in ruhiger gegen Wind geschützter Lage und wird vom Angerbach durchflossen. Die Eröffnung des Locales wird von den zahlreichen Besuchern des Angerthales gewiss freudig begrüsst werden, da sich in der Umgebung kein derartiges Lokal befindet und daher ist die Eröffnung geradezu ein Bedürfnis. Namentlich auch Sommergäste, die sich in reiner staubfreier, frischer Waldluft erholen wollen, finden hier eine seltene Gelegenheit.« (Stadtarchiv Ratingen, AL 586). Noch 1908 wurde die Genehmigung zur Eröffnung eines Gastronomiebetriebes in der Auermühle erteilt.

Um 1930 wurde ein Teil der früheren Scheune für die Anlage eines Parkplatzes niedergelegt. Im verbliebenen Scheunengebäude wurde eine Kegelbahn eingerichtet. Vor der Gartenwirtschaft befand sich ein Scheibenschießstand. In der Weimarer Zeit war die Ausflugsgaststätte gut besucht. Trotz der wunderschönen Lage im Angertal war es für die Pächter nicht immer einfach, das Ausflugslokal Auermühle erfolgreich zu betreiben; die Gebäude verfielen zusehends. 1977 erwarb die Sparkasse Ratingen die Anlage. Ein Jahr später ging die Auermühle an den Zweckverband »Erholungsgebiet Angertal« über, der sie einer gründlichen und denkmalgerechten Restaurierung unterzog. Seit 1979 wirbt wieder ein Restaurant und Ausflugslokal um Gäste, in den letzten Jahren mit sichtbar großem Erfolg. Seit 1995 ist die Auermühle wieder in Privatbesitz.

Die **Bagel'sche Papierfabrik** ③ war das einzige Industrieunternehmen von einiger Bedeutung auf dem Gebiet der Gemeinde Eggerscheidt. Das Gelände gehört heute zu Ratingen Ost. Am 12. September 1789 erteilte Kurfürst Karl Theodor von Pfalz-Sulzbach dem Elberfelder Papierhändler Johann Bargmann die Konzession zum Betrieb einer Papiermühle. Die Mühle wird damals bereits gearbeitet haben, denn 1786 wird sie als »im Amte Angermund nicht weit von Ratingen auf der Anger« bestehend erwähnt. Die Papiermacher im Bergischen Land hatten sich gegen die neue Papiermühle ausgesprochen, da sie befürchteten, nicht mehr ausreichend mit den für die Papierherstellung benötigten Lumpen versorgt zu werden. Johann Bargmann betrieb bereits mit Erfolg Papiermühlen in der Grafschaft Mark und im Herrschaftsbereich der Abtei Werden. Der Betrieb an der Anger produ-

Papiermühle Bagel am Papiermühlenweg, 1986

zierte zunächst Nadelpapier, ein starkes graues Papier, das für Patronen- und Feuerwerkshülsen gebraucht wurde, sowie Glanzdeckel, spiegelglatte Pappen, die in der Tuchfabrikation beim Pressen des Tuches als Zwischenlagen dienten. 1803 übernahm Johann Abraham Bargmann, der Sohn des Gründers, zusammen mit seinem Düsseldorfer Cousin Johann Peter Flügel die Papiermühle. 1836 beschäftigte die Papiermühle 24 Arbeiter, zwei Bütten waren im Betrieb; jährlich wurden etwa 2.000 Ries Papier und 8.000 Pfund Pappendeckel hergestellt. Später geriet das Unternehmen in Schwierigkeiten und musste an den in Düsseldorf ansässigen Freiherrn von Hymen veräußert werden, der es 1852 an Peter August Bagel verkaufte, dessen Familie seit 1826 in Wesel eine Verlagsbuchhandlung, eine Maschinenpapierfabrik, eine Buchdruckerei und – binderei und eine Lithografische Anstalt betrieb. In Dorsten besaß Bagel bereits eine Papiermühle.

Unter Peter August Bagel erfolgte die Umstellung auf eine maschinenbetriebene Produktion. Eine Langsiebmaschine, zwei Dampfmaschinen, ein Lumpenkocher und fünf »Holländer« zum Rühren des Lumpenbreis wurden angeschafft. 1859 wurden die Bagel'schen Firmen von Wesel nach Düsseldorf verlegt. Die Papiermühle arbeitete zunächst für den Eigenbedarf der Bagel'schen Druckerei, belieferte aber bald auch andere Kunden, vor allem am Niederrhein. Das Unternehmen wurde laufend erweitert: Aus der Papiermühle wurde die Bagel'sche Papierfabrik. Diese sah sich stets Vorwürfen ausgesetzt, zur Verschmutzung des Angerbachs beizutragen. Die Klagen über eklatante Umweltverschmutzungen rissen nicht ab, wobei sich die Bagel'sche und die weiter westlich gelegene Graf Spee'sche Papierfabrik in gegenseitigen Schuldzuweisungen übten. Auch die Sandbetriebe am Hahnerhof waren an der Verschmutzung beteiligt. 1885 versuchte Bagel, das Problem durch die Anlage von Klärteichen zu lösen, die aber offenbar zu klein waren und nicht immer hinreichend gewartet wurden. Am 7. November 1921 schrieb ein Vertreter des Preußischen Gewerbeaufsichtsamts Düsseldorf-Land an die Firma Bagel: »In der letzten Zeit häufen sich die Klagen über Verschmutzung des Angerbachs durch Ihre Eggerscheider Papierfabrik infolge Einführung nicht genügend gereinigter und faserstoffführender Abwässer. Eine am 29. vr. Mts.

durch mich vorgenommene Nachprüfung an Ort und Stelle hat die Berechtigung dieser Klagen in vollem Umfange bestätigt. Das vorhandene Klärbecken konnte nur sehr mangelhaft wirksam werden, da es fast bis zum Rand mit Stoff zugesetzt war, beim Einlauf der Abwässer in die Anger zeigten sich infolgedessen dicke gelblich graue Schmutzwolken aus Stoff- und Beschwerungsmaterial. Ich bin zu der Überzeugung gekommen, daß die vorhandenen Filter- und Absetzeinrichtungen nicht ausreichend sind, um die begründeten Beschwerden über unzulässige Verschmutzung des Angerbachs durch Ihre Eggerscheidter Papierfabrik gründlich abzustellen.« (Stadtarchiv Ratingen, E 285)

1922 wurde die Bagel'sche Papierfabrik in eine Aktiengesellschaft umgewandelt. Nach dem Zweiten Weltkrieg, den die Papierfabrik unbeschadet überstanden hatte, wurden die Gebäude zunächst modernisiert. In den 1950er Jahren waren 150 Mitarbeiter im Angertal beschäftigt. Ein neues Verwaltungsgebäude und ein Kesselhaus wurden errichtet. Trotz kontinuierlicher Investitionen in die Produktionsanlagen war die Papierfabrik in den 1970er Jahren nicht mehr konkurrenzfähig. 1984 stellte sie ihren Betrieb ein. Der Maschinenpark wurde demontiert und nach Pakistan verkauft. Die Fabrikationsstätten blieben weitgehend erhalten. Der älteste Teil, die Backsteingebäude mit weiß getünchtem Bruchsteinsockel, sind das Papierlager, die Bleicherei mit dem rechteckigem Turm, der heute noch die Inschrift »A. Bagel Papierfabrik« trägt, dahinter, durch zwei eiserne Brücken miteinander verbunden, das Lumpenlager. Erhalten blieb auch der von der Anger gespeiste Vorteich samt Stauwehr, der ursprünglich zum Antrieb der Papiermühle diente. Das Wasserrad und später die Turbine befanden sich inmitten des Mühlengebäudes. Westlich schließt sich eine neuere Fabrikhalle mit hohem Schornstein an, östlich der Kernanlage stehen Lagerhallen. In einem Teil der ehemaligen Papierfabrik produziert heute noch die Bagel Druck GmbH & Co. KG, ein Mitglied der »bagel label group«, Etiketten für die Getränkeindustrie. In die alten Fabrikgebäude am Papiermühlenweg sind sehr verschiedenartige Nutzer eingezogen: Galerien, Ateliers, Kunstworkshops, eine Tanz- und Gymnastikschule, kosmetische und medizinische Praxen, Kleingewerbetreibende und Büros.

Hösel – ein historischer Überblick

Hösel als Oberhof des Stiftes Gerresheim

Die sogenannte Duisburger Mauerbauinschrift, zwischen 1115 und 1125 entstanden und in einer Nachzeichnung aus dem 16. Jahrhundert überliefert, hält fest, dass Kaiser Heinrich V. die Bewohner der zu Hösel gehörenden Höfe und Hofstätten (»Incole curtium et mansorum attinentium Husel«) davon befreite, Zollzahlungen in Duisburg an allen Tagen mit Ausnahme der großen Markttage zu leisten. Die Hofbewohner, denen diese Gnade bereits früher zugestanden worden war, wurden zur Befestigung des königlichen Pfalzortes Duisburg mit Mauer und Wall verpflichtet. Michael Buhlmann, der in der Zeitschrift »Die Quecke« interessante Quellentexte zur mittelalterlichen Geschichte der Stadt Ratingen und ihrer Stadtteile vorstellt, räumt ein, dass der Bezug der »Duisburger Mauerbauinschrift« zu den Bewohnern Hösels umstritten ist, hält es aber durchaus für möglich, dass Arbeitskräfte aus der königlichen Grundherrschaft im Bereich des Reichsforstes, in dem auch Hösel lag, zur Befestigung Duisburgs herangezogen wurden. Im Anschluss an andere Wissenschaftler sieht auch Buhlmann im Ortsnamen Hösel die Begriffe »Saal, Haus, Wohnung« (-sel) und »hoch« beinhaltet: das hoch gelegene Haus also. Hösel war damals vermutlich ein Fronhof als Mittelpunkt eines Fronhofverbandes (Villikation) innerhalb der königlichen Grundherrschaft.

Auch die Schenkungsurkunde des Franko und seiner Ehefrau Werinhild, die 1052 ihr unter anderem in der Laupendahler Mark gelegenes Eigengut an die Werdener Reichsabtei übertrugen, berührt Höseler Gebiet, wenn auch Hösel selbst nicht erwähnt wird. Die nächste Erwähnung der Höfe-Siedlung stammt aus einem Heberegister des Stiftes Gerresheim, in dem die Abgaben aller dem Stift gehörenden Höfe zur Regierungszeit der Äbtissin Guda (1212–1232) verzeichnet sind und das bis ins 14. Jahrhundert fortgeführt wurde. Der Grundbesitz des Stiftes bestand aus zwölf

Ansicht von Gerresheim mit dem ehemaligen hochadeligen Damenstift, um 1850

Fron- oder Oberhöfen, von denen neun dem Konvent und drei der Äbtissin zugeordnet waren. Auch »Hoysele« oder die »curia hoysele« waren Kapitelshöfe. Hösel war zudem Sitz eines Hofgerichts; im Hinblick auf die Hochgerichtsbarkeit gehörte die Honnschaft Hösel zum Landgericht Homberg. Das Stift Gerresheim bewirtschaftete im 13. Jahrhundert die Höfe selbst mit Hilfe von Beamten, die Meier oder »villicus« genannt wurden. Aus dem Heberegister der Äbtissin Guda lässt sich in etwa der damalige Umfang der Gerresheimer Grundherrschaft ableiten; es fehlen allerdings – mit

Wetzelshof am Peddenkamp, um 1914. Vor der Türe stehen Peter und Maria Stinshoff mit Tochter und Enkel

Pachtvertrag zwischen Reinhard von Anger, seiner Ehefrau Liese und dem Kapitel des Stiftes Gerresheim, 2. Februar 1348:

»[...] Zum ersten sollen wir ihnen [den Stiftsdamen] am nächsten Samstag vor dem Tag Unserer Lieben Frau, der purificatio genannt wird (Mariae Lichtmeß, 2. Febr.), geben und dienen mit 21 Malter Roggen, jeder Sester bis auf einen Pfennig so gut, wie man ihn zu Gerresheim auf dem Markte feilgeboten findet, – wie es Pächterrecht ist – und 6 Malter Hofeshafer nach großem Maß und auf jede Weise in dem Monat Dienst leisten, in Bezug auf Geld, Hühner, Eier, Heringe und auf Erbsen, wie sich der Dienst gebührt innerhalb der Fastenzeit oder außerhalb der Fastenzeit und in Sonderheit unserer Herrin Äbtissin 4 Schillinge zahlen, die man *wekelose* nennt. Ferner sollen wir 9 Sester Roggen zu Mandatbrot verbacken, wie die Gewohnheit ist. Am Samstage vor dem Tag der hl. Walburga (1. Mai) sollen wir ihnen liefern und dienen mit 21 Malter Gerste, jeder Sester bis auf einen Pfennig so gut wie der beste, den man zu Gerresheim feilgeboten findet, und in dem Monat Dienst leisten, wie es sich gebührt; ferner sollen wir am Tage des hl. Hippolyt (13. Aug.), des hl. Michael (29. Sept.), des hl. Martin (11. Nov.), zu Weihnachten und zu Ostern mit Geld Dienst tun, der dann fällig ist. Ferner sollen wir ihnen 2 Malter Zinshafer nach großem Maß am Tage des hl. Blasius (3. Febr.) von unserem Gut zu Hösel geben und die Lehnleute, die in ihren (d. h. der Stiftsdamen) vorgenannten Hof zu Hösel gehören und dies zu tun schuldig sind und von jeher getan haben, dazu anzuhalten und mit Pfandnahme dazu zu zwingen, daß sie die vorgenannten 21 Malter Roggen, 6 Malter Hafer und die 21 Malter Gerste alljährlich mit uns nach Gerresheim fahren und überbringen an den hiervor geschriebenen Tagen, und daß sie mit uns zu dem Gerichtstag kommen, wie es Gewohnheit und Recht ist. Dazu sollen wir ihnen (d. h. den Stiftsdamen) alljährlich ein Viertel Klüppelholz am Tage des hl. Martin (11. Nov.) nach Gerresheim liefern, um ihre Stube zu heizen. Hierfür haben wir zum Unterpfand gesetzt und setzen ihnen zum Pfand unser Gut, wo wir das haben, zu ihrem Hof zu Hösel für die also getroffenen Verabredungen. Käme es aber vor, daß wir ihnen ihre Pacht nicht in jedem Jahr bezahlten, noch den Dienst leisteten, wie er gebührt, wann immer wir das versäumten, mögen sie sich an unserem Gut, wo wir das auch haben, schadlos halten, ohne irgendeinen Einspruch und ohne Hinterlist [...].« (J. Milz, Einige Quellen zur Geschichte von Hösel – Haus Gräfgenstein und Haus Anger. In: Angerland Jahrbuch Bd. 1, 1968, S. 118 f.)

Ausnahme vielleicht der Bezeichnung »Wetzels« – Angaben über die Lage der von Hösel abhängigen Höfe. Hugo Weidenhaupt, der intensiv die Geschichte des Stiftes Gerresheim erforscht hat, vermutete, dass ein sehr großer Teil des gerodeten Landes im Höseler Raum zum Stift gehörte. Ein Teil der Hofstätten, die dem Höseler Oberhof zugeordnet waren, lag weit von der heutigen Ortschaft Hösel entfernt. Die Namen der Hofstätten erfahren wir aus späteren Quellentexten. Ein 1641 angelegtes Register der Abgaben, die im Höseler Oberhof eingesammelt wurden, nennt beispielsweise Oberhoessel, Spindeck, Wetzels, Hinöver, ahm Broich, Unter- und Oberilp, Broichhauß, Schlippen, Steinkothen, Vogelbusch, Kuckelshauß, Niederhoessel, Noven.

Im Jahr 1348 wurde der Oberhof Hösel (»irin hof zu Hussilde«) an den Ritter Reinard von Anger und seine Ehefrau Liese (»Reynart vame Angerin, rittir, unde Lyse myn eliche huysvrouwe«) auf Lebenszeit verpachtet. Spätestens zu diesem Zeitpunkt setzte das Stift nicht mehr eigene Beamte zur Verwaltung der Fronhöfe ein, sondern bevorzugte das Pachtsystem.

Im Jahr 1337 fand im Beisein des Grafen Adolf VI. von Berg als Landesherrn und des Bischofs Adolf II. von Lüttich eine Prozessverhandlung statt. Gegenstand des Streits war die Weigerung eines Hintersassen auf dem Höseler Hof, die doppelte Kurmud an das Stift zu zahlen, eine beim Tod des Hofinhabers fällige Abgabe, die meist in Gestalt des besten Stücks Vieh (Besthaupt) geleistet wurde. Die Schöffen entschieden zugunsten der Stiftsdamen. Auch in der Streitsache »Arnolde van Hesscheide as van deme hove van Hoyssel« gegen das Gerresheimer Stift 1370–1373, in der es um ähnliche Abgaben ging, wurde mit Vermittlung des Gerresheimer Schultheißen Hermann von Winkelhausen zugunsten der Äbtissin und des gesamten Kapitels entschieden. 1535 war der Hof Hösel an Adolf Roede, Richter zu Mettmann, seine Ehefrau Anna und deren Nachkommen, 1583 an die Eheleute Hentzgen und Angnießen zu Hoysell und 1615 an Johann zu Hueßell und seine Ehefrau verpachtet. Die Pachtverträge hatten eine Laufzeit von zwölf oder 48 Jahren. Die Höhe der Pachtabgaben ist bis ins 17. Jahrhundert im Großen und Ganzen unverändert geblieben.

Aus Protokollen des Hofgerichts zu Hösel, die seit Ende des 16. Jahrhunderts mit Lücken überliefert sind, erfahren wir, dass der Hof Hösel abwechselnd »Maßhof« oder »Hoff im Hoissel«, seit 1701 durchgängig »Gützenhof« oder »Götzenhof« genannt wurde. Aus dem Rentbuch der Kellnerei Angermund von 1634 geht hervor, dass das Höseler Hofgericht des Stiftes Gerresheim im »Hoff zu Huessel gnant Moeskenshof gehoerent« sei. Alle drei Bezeichnungen sind demnach mit großer Wahrscheinlichkeit identisch: der Oberhof Hösel ist der Maßhof bzw. der Gützenhof, dessen Nachfolgebau heute noch im Sondersbachtal steht. Bis 1947 existierte noch die alte Zehntscheune, in der früher die Abgaben der Bauern vor dem Abtransport nach Gerresheim gelagert wurden.

1780 gingen die Höfe in das Eigentum der Höseler Hofleute über. Die höchsten Kaufpreise – 102 Reichstaler, 1 Stüber und 8 Heller – erzielten Unter-Hüßel, Kückels, Brughaus (Bruchhausen) und Auf der Schlippen, mit 1 Reichstaler und 30 Hellern am preisgünstigsten waren Spindeck, Scharpenstein, Unterilp und Steinkothen. Der Gützenhof wurde 1791 nochmals verpachtet und zwar an Wilhelm und Johannes Stinshoff. Einige Jahre später ging der 133 Morgen große Hof in den Besitz der Familie über.

Die historische Entwicklung Hösels zeichnet sich durch eine Besonderheit aus: Seit der Reformation, die in der Höseler Gegend von Haus Anger ausging, blieb der überwiegende Teil der Höseler Bevölkerung protestantisch-reformiert. Die wenigen katholischen Familien bildeten eine ausgesprochene Diaspora-Gemeinschaft. Insbesondere die Besitzer der Höfe und zahlreiche Pächter hielten der neuen Glaubensrichtung die Treue: die Bernsau auf Haus Anger, Brochhaus, Unterhößel, Wetzels, Stols, Spindeck, Kückels, ten Ofen (Nofen), Steinkothen, Boltenburg, Stinshoff, Heimsang, Hasper, Adels, Schlagbaum beispielsweise. Die Höseler Reformierten gehörten zunächst zur reformierten Gemeinde in Homberg, seit Ende des 17. Jh. hielten sich die Familien zur Linneper Gemeinde.

Der reformierten Gemeinde gelang es bereits 1696, eine Schule in Hösel, die »oberste Schule«, einzurichten. Gotteshaus und Begräbnisplatz lagen in Linnep.

Hösel wird Wohnsiedlung des gehobenen Bürgertums

Hösel blieb bis ins 20. Jahrhundert eine Streusiedlung weit voneinander entfernt liegender Höfe, die von ausgedehnten Waldgebieten umgeben waren. Der älteste Siedlungskern war das Sondersbachtal im Bereich der heutigen Straße In den Höfen. Die Gegend um Hösel war jahrhundertelang landwirtschaftlich geprägt. Die relativ verkehrsgünstige Lage am Weg von Eggerscheidt nach Heiligenhaus bzw. von dort ins Ruhrtal brachte indessen keine Entwicklungsimpulse für die Siedlung, ebenso wenig wie die für den Handel wichtige Kalkstraße oder die Kohlstraße, auf der früher Kohle von Werden und Essen zu den Höseler Kalköfen transportiert wurde.

Seit 1728 saß die Familie Stinshoff auf dem Hof Bruchhausen, dem mit Abstand größten landwirtschaftlichen Betrieb in Hösel. Seit den 1860er Jahren betrieben die Stinshoffs südlich von Bruchhausen beim Steinkothen gelegene Kalksteinbrüche. 1874 stellte Jacob Stinshoff den Antrag, zwei neue Kalköfen anzulegen, die insgesamt 25 Meter lang und fast neun Meter breit waren; die neuen Kalköfen befanden sich am Dörchensbusch nördlich des Weges von Krummenweg über Hösel nach Homberg, ein weiterer Kalkofen lag etwas weiter südlich. Bei der Boltenburg besaß die Familie Stinshoff eine Sandgrube. 1899 wurde die Kalkgewinnung und -verarbeitung eingestellt. Die Stinshoffs betrieben fortan auf Gut Bruchhausen neben der Landwirtschaft zeitweise Bierbrauerei und Branntweinbrennerei, die bereits 1857 konzessioniert worden war. Im Bereich der ehemaligen Gaststätte »Die Eule« besaß die Familie Brügelmann Kalköfen, die 1874 in den Besitz der Reichsgrafen von Spee übergingen. Reste von Brennöfen sind an der »Eule« noch erhalten. Die Versuche des Düsseldorfer Bankiers Heinrich Kirschbaum, im 18. Jahrhundert in der Umgebung von Hösel Bleierz zu fördern, waren wenig erfolgreich und blieben eine Episode.

Auf dem Gebiet des Gutes Kronenberg am Pannschoppen/Sinkesbruch wurden bereits Ende des 18. Jahrhunderts Tongruben ausgebeutet und Dachziegel in einer »Pfannenbäckerei« hergestellt. Nach der Säkularisation erwarb Johann Stinshoff die ehemals zum Stift Gerresheim gehörenden Ländereien, die er an Friedrich Wilhelm Riegels vom Gut Stolsheide veräußerte, bis sie schließlich seit 1848 peu à peu in den Besitz des im Metier der Pfannenbäckerei erfahrenen Johann Ludger Gormann kamen, dessen Vater Bernhard Joseph Gormann bereits auf dem alten Pannschoppen gearbeitet hatte. Neben Dachziegeln wurden auch Blumentöpfe, vor allem kleinere Gefäße für Setzlinge hergestellt. Ein Fuhrdienst transportierte die Tonerzeugnisse bis nach Düsseldorf und ins Ruhrgebiet. Großabnehmer war die Gärtnerei der Familie Krupp in Essen. Seit den 1870er Jahren umfasste das Sortiment kunstvoll dekorierte Pflanzgefäße, Reliefs, auch Grabmäler, für die gelegentlich auch die Düsseldorfer Kunstakademie Entwürfe schuf. 1923 musste die Pfannenbäckerei am Pannschoppen aufgegeben werden, da die Tonlager erschöpft waren. Seit 1926 betrieb die Familie Gormann in den Bauten der Pfannenbäckerei eine Gastwirtschaft »Am Pannschoppen«, die auch heute noch besteht.

Bis zum Ende des 19. Jahrhunderts stieg die Bevölkerung Hösels nur unwesentlich, von 628 im Jahr 1828 auf 708 (1867), 754 (1880) und 791 im Jahr 1890. Wichtig für die Entwicklung Hösels war der Ausbau der Verkehrswege: 1872 wurde die Bahnlinie der Bergisch-Märkischen Eisenbahngesellschaft von Düsseldorf über Ratingen,

Bahnhof Hösel, um 1915

Hösel, Kettwig ins obere Ruhrtal eröffnet. 1897 bekam Hösel ein eigenes Bahnhofsgebäude. Am 10. Oktober 1899 fuhr zum ersten Mal die Schmalspurbahn von Heiligenhaus in Richtung Hösel, der »Püffer«, der innerhalb des Ortsgebietes an vier Stationen Halt machte: Am Bruch, Boltenburg/Stinshoff, Schlipperhaus und Staatsbahnhof. 1923 wurde der Betrieb des inzwischen sehr veralteten Bähnchens eingestellt und durch Omnibus-Verkehr abgelöst. Die 1903 eröffnete Angertalbahn bediente im Angertal bei Hösel

Bus der privaten Linie Hösel – Heiligenhaus in den 1920er Jahren. Vor dem Fahrzeug Mitglieder der Familie Batz, die das Unternehmen gründete

die Haltestelle Steinkothen, von wo aus zahlreiche Ausflügler in das schöne Angertal wanderten. 1955 wurde der Personenverkehr eingestellt, Güter wurden und werden weiterhin mit der Angertalbahn transportiert. Auch heute noch kann man das Angertal im Sommer zu bestimmten Zeiten mit der Angertalbahn erkunden.

In der ersten Hälfte der 1870er Jahre wurde die Straße von Heiligenhaus über Hösel, die heutige Heiligenhauser Straße über Bahnhofstraße, Am Sondert in Richtung Krummenweg ausgebaut. 1936 erfolgte die Einweihung der Reichsautobahn, der heutigen A 3. Die Eggerscheidter Straße wurde verlegt und mit einer Brücke über die Autobahn geführt. Die Verbesserung der Verkehrswege zog einige Gewerbebetriebe nach Hösel: die Metallwarenfabrik der Gebrüder Nofen an der Kieselei, später Tasch, die 1901 erbaut und 1970 abgerissen wurde, die Firma Ruferos-Ernesti, die zu Beginn der 1920er Jahre gegründet wurde und Eisen- und Metallwaren sowie landwirtschaftliche Maschinen produzierte, die nach dem Ersten Weltkrieg gegründete Höseler Tapetenfabrik am Bahnhof, später Tapetenfabrik Hösel & Saar GmbH, die 1982 ihre Produktion einstellte, die Höseler Spiegelglasfabrik, 1924 von Hugo Wagener gegründet und 1989 abgerissen.

Die Gewerbebetriebe, die in den 1930er Jahren insgesamt rund 150 Beschäftigten Lohn und Brot boten, prägten allerdings keineswegs den Charakter der Waldgemeinde, die mehr und mehr den Charakter einer Sommerfrische annahm. Die landschaftlich reizvolle Umgebung und die guten Verkehrsanbindungen lockten vor allem im Sommer Scharen von Ausflüglern aus dem Umland, aber auch aus Düsseldorf und dem Ruhrgebiet nach Hösel, die die Gelegenheit gerne wahrnahmen, in den zahlreichen Gaststätten einzukehren, die zum Teil mit Außengastronomie, Saalbauten und Kegelbahnen ausgestattet waren. Als Johann Bernhard Gormann 1926 sein Gesuch um eine Schankerlaubnis »Am Pannschoppen« begründete, führte er das Argument ins Feld, dass bislang die meisten Wirtschaften entlang der viel befahrenen Landstraße (Bahnhofstraße) oder westlich von ihr lagen; im östlichen Orts-

Gaststätte »Am Pannschoppen« mit einem Gedicht, verfasst von dem Besitzer Johann Gormann, um 1960

teil, den Gormann attraktiver fand, existierte damals nur das Lokal »Zum Hohlenweg« und bald darauf eben der »Pannschoppen«. Ging man vom Bahnhof aus die heutige Bahnhofstraße entlang, hatte man tatsächlich die Qual der Wahl: die Bahnhofsgaststätte, »Waldeslust«, »Zum Jägerhof«, das Café Scholten, später der »Georgenhof«, der »Höseler Hof«, die »Dickelsmühle«, »von der Bey«, »Zum Stern«, die »Boltenburg« und »Der Anker«. Einige Schritte von der Hauptstraße entfernt lockten Am Graben »Die Waldeck« sowie im Tal des Dickelsbachs das »Schlipperhaus«. Etwas abseits Richtung Angerbachtal lagen »Die Eule« und »Zum Steinkothen«, idyllisch am Bach die Sommergaststätte »Müschenau«.

Hotelpension Dickelsmühle, um 1910

Zwar scheiterte in den 1920er Jahren eine Initiative, das Angerbachtal zum Naturschutzgebiet zu erklären, die weitgehend unberührte Natur zog seit Ende des 19. Jahrhunderts neben Ausflüglern, Wanderern und Erholungssuchenden auch zahlreiche wohlhabende Neubürger an, die Ruhe und gute Luft schätzten.

Bereits 1907/08 entstand inmitten eines weitläufigen Parks südlich des Dickelsbachs das Genesungsheim der Vereinigten Krankenkassen Düsseldorfs. Mitte der 1930er Jahre wurde Hösel Luftkurort, die Gemeinde kassierte Kurtaxe, ein Kurpark wurde angelegt. Waldkonzerte erfreuten sich besonderer Beliebtheit.

Die ersten umfangreichen und systematischen Bebauungspläne wurden in Hösel zu Beginn des 20. Jahrhunderts umgesetzt. Um 1900 beabsichtigten die Besitzer des Hofes Groß-Eickelscheidt, die Familie Spieker, ihre Ländereien zu verkaufen. Durch Vermittlung von Franz Reichsgraf von Spee auf Schloss Heltorf, der ebenfalls umfangreiche Besitzungen in Hösel hatte, wurde die Steyler Missionsgesellschaft auf die Grundstücke aufmerksam gemacht. Den Zuschlag erhielt allerdings der Düsseldorfer Grundstücksmakler Friedrich Woker, der das Projekt entwickelte, auf dem Terrain von Groß-Eickelscheidt eine Waldsiedlung zu erbauen, die sich von der Bahnlinie bis zur heutigen Kohlstraße, von der Bahnhofstraße bis zum Ende der heutigen Preußenstraße erstreckte. Woker hatte zuvor die Pläne für die Villenkolonie in Düsseldorf-Grafenberg entworfen. 1907 war der Bauplan fertiggestellt, 1910 erfolgte der Baubeginn. Das erste Haus entstand in der Preußenstraße 14. Bis 1914 wurden zunächst 24 Villen im gehobenen Landhausstil errichtet. Die Bauherren und die Behörden achteten darauf, dass qualitativ sehr hochwertige Baumaterialien zum Einsatz kamen und eine einheitliche Bauweise verwirklicht wurde. Ein 1913 verabschiedetes Ortsstatut sorgte dafür, dass »Schöner Wohnen« in Hösel auch in Zukunft die Regel war. 1922 wurde das Ortsstatut dahingehend ergänzt, dass die Straßen und Plätze der Ortschaft oder das Ortsbild nicht durch Reklameschilder und Schaukästen, Aufschriften und Abbildungen verschandelt werden sollten. Selbst dem gehobenen Düsseldorfer Bekleidungsgeschäft Gustav Carsch & Co. wurde es versagt, an der Bahnhofstraße ein Reklameschild anzubringen.

Postkarte aus dem Luftkurort Hösel mit dem »Haus am Bach«, 1922

Im Zusammenhang mit dem Bau der Waldsiedlung erhielt Hösel auch peu à peu einen Anschluss an die Wasserversorgung durch das Wasserwerk Heiligenhaus. Nach dem Ersten Weltkrieg wurde die Bautätigkeit in der Waldsiedlung fortgesetzt. In den 1930er Jahren wurden in der Fernholzstraße weitere repräsentative Häuser erbaut. Immer mehr Bauernhöfe wurden parzelliert. Auch zahlreiche Villen in Einzellage, umgeben von weitläufigen Parkanlagen, entstanden in Hösel. 1917 erwarb der Düsseldorfer Industrielle Hugo Henkel aus dem Besitz des Fabrikanten Selner ein Grundstück »Am alten Holenweg«, heute Sinkesbruch 31. Henkel vergrößerte sein Villengrundstück in den folgenden Jahren immer mehr

Ortsstatut für Neubauten in Hösel von 1913

»[...] Bezüglich der Bauausführung wird Nachfolgendes bestimmt:

1) Die Gebäude müssen in der Bauart, dem Aufbau, den Ansichten, den Baustoffen und der Farbe so hergestellt werden, dass sie in den architektonischen Merkmalen und in der baulichen Eigenart der Straße und ihrer Bebauung einen diesen Merkmalen und dieser Eigenart entsprechenden gleichartigen Bestandteil derselben bilden.
2) Zur Erlangung einer malerischen Wirkung der zu errichtenden Gebäude ist die Gliederung ihrer Grundrisse durch eine gruppierende Anordnung der Räume und eine ebensolche Lagerung der Gebäudemassen im Aufbau mit Höhenwechsel auszuführen, soweit dieses nach Zweck, Größe, Umfang und Lage der Gebäude möglich ist. Ausnahmen können zugelassen werden, sofern sie sich dem gesamten Straßenbild ohne Störung anpassen.
3) Es sind nur hohe Dachformen, wie z. B. Mansarden, Walm- und Satteldächer zugelassen. Alle Aufbauten auf Dächern, welche sich aus dem Zweck und der Benutzung der Gebäude als nicht notwendig ergeben, sind zu vermeiden. Flache Dächer können nur ausnahmsweise auf Nebengebäuden zugelassen werden, wenn ihre Anlage dem Zwecke dieses Ortsstatuts nicht zuwiderläuft.
4) Die Außenflächen der Gebäude sind entweder zu verputzen oder mit Hausteinen zu verblenden. Flächen in Backsteinrohbau in grauroten Ziegeln mit heller Ausfugung können gestattet werden; ebenso bergischer Holzfachwerksbau mit Beschieferung, soweit Schiefer für die Dachflächen zugelassen ist.
5) In den Ansichtsflächen der Gebäude ist die Verwendung von Kalksand- und Schwemmsteinen, von unverputzten Wandflächen aus Schütt- oder Stampfbeton sowie die Anbringung von fabrikmäßig hergestellten Architekturteilen, wie z. B. aus gegossenem und gestanztem Zink, aus Gips oder Cement, welche als Nachbildung oder Ersatz für architektonische oder bildhauerische Arbeiten aus echtem Material dienen sollen, verboten.
6) Für die Dachdeckung werden nur Schiefer und silbergraue und naturrote Hohlziegel zugelassen. Dachdeckungen aus Cementplatten, aus Zink in Schieferform und ähnlichen Nachahmungen, ferner aus Dachpappe, Dachfilz, Dachleinwand, Holzcement und Zinkblech sind verboten.
7) Brandgiebel, Brandmauern, Hinter- und Seitenwände müssen, soweit

Villen-Kolonie, um 1923

sie von der Straße aus sichtbar sind, architektonisch ausgebildet werden.

8) Einfriedungen müssen in Form, Farbe und dem zu verwendenden Material mit den Gebäuden des Grundstücks übereinstimmen und den Einfriedungen der Nachbargrundstücke sich anpassen.

Vorgartenflächen und die sich an dieselben anschließenden, von den Straßen oder Plätzen aus sichtbaren, nicht durch künstliche oder natürliche Einfriedungen verdeckten Freiflächen sind mit gärtnerischen Anlagen zu versehen. […]

(Stadtarchiv Ratingen, E 238)

bis zur heutigen S-Bahnlinie am Tannenbaum. Er machte seinen Einfluss auch geltend, um die Kettwiger Straße im Höseler Gemeindegebiet, die heutige Hugo-Henkel-Straße, ausbauen zu lassen. Die um 1900 erbaute Villa der Familie Lessing lag inmitten eines weitläufigen Terrains, das von der heutigen Kohlstraße, der Sachsenstraße und der heutigen Waldstraße begrenzt war. Das opulente Haus der Familie Lack-Schmidt, ebenfalls in einem großen Park

Wohnhaus des Malers Gregor von Bochmann, Fernholz 5, um 1917

an der Kohlstraße/Rodenwald gelegen, wurde 1904 errichtet. Zum Landhaus der Familie vom Hagen, 1904 am heutigen Wachtelweg erbaut, gehörte umfangreicher Landbesitz, der sich zwischen den heutigen Straßen Sinkesbruch, Finkenweg, Am Pannschoppen und Stieglitzweg erstreckte.

Auch zahlreiche Künstler zog es nach Hösel, so die Maler Gregor von Bochmann, wohnhaft Fernholz 5, Carl Gustav Krause (Strunzi), der in einem idyllisch gelegenen Fachwerkanwesen Am Tannenbaum 72 lebte, so auch Ernst Miesler in der Badenstraße 3 sowie Helmut Liesegang, der einige Jahre in der Preußenstraße lebte. Der Schriftsteller Werner Oellers beschrieb sehr anschaulich seinen ersten Eindruck von Hösel nach dem Umzug der Familie 1933. Der Dichter und Lyriker Wolf von Niebelschütz flüchtete 1940 zusammen mit seiner Ehefrau Susanne vor den Luftangriffen in Essen nach Hösel.

Die Einwohnerschaft Hösels wuchs von 791 zur Jahrhundertwende auf 1.170 im Jahr 1910, 1.431 (1925), 1.717 (1939) und 2.865 (1946). Im Jahr 1911 erhielt Hösel mit St. Bartholomäus eine eigene katholische Kirche, am 26. Oktober 1930 konnten die evangelischen Bürger der Waldgemeinde die Einweihung der Adolf-Clarenbach-Kirche feiern.

Bis 1929 gehörte Hösel zur Bürgermeisterei Eckamp im Landkreis Düsseldorf, nach der kommunalen Neugliederung 1930 zum ungeliebten Amt Ratingen-Land im Landkreis Düsseldorf. Auch

Teile von Laupendahl und Hasselbeck kamen damals zu Hösel. Die kommunale Neugliederung brachte für das wirtschaftlich gut aufgestellte Hösel im Vergleich zu den anderen eingemeindeten Kommunen enorme steuerliche Belastungen mit sich.

Die auf Kosten der Gemeinde Hösel 1930 durchgeführte Kommunalreform, die allgemeine Wirtschaftskrise ab 1929, die auch und vor allem die bürgerlichen Schichten in der Waldgemeinde erfasste sowie die wachsende Arbeitslosigkeit führten zu einer schnell wachsenden politischen Radikalisierung in Hösel. Dass die Unterstützung der nationalsozialistischen Bewegung in Hösel im Vergleich zu den benachbarten Landgemeinden überdurchschnittlich hoch ausfiel, war der Tatsache zu verdanken, dass in Hösel stets diejenigen Kräfte, die die demokratische Weimarer Republik ablehnten, die Mehrheit besaßen. Von dieser Einstellung war es nicht mehr weit zur Akzeptierung des nationalsozialistischen Regimes. Bereits 1920 votierte mehr als die Hälfte der Höseler Bevölkerung für die nationalistische und monarchistische Deutschnationale Volkspartei (DNVP) und die immer mehr ins antidemokratische Lager abdriftende Deutsche Volkspartei (DVP), die in Hösel mit der katholischen Zentrumspartei zusammengingen. Bei den Reichspräsidentenwahlen am 10. April 1932 entschieden sich 303 Höseler für Paul von Hindenburg, 389 für Adolf Hitler und immerhin 71 für den Kommunisten Ernst Thälmann. Bei den Landtagswahlen vom 24. April 1932 wählten 125 Höseler das Zentrum, 78 die SPD, 357 unterstützten die NSDAP und 92 die KPD. DNVP und DVP, die Parteien des konservativ-nationalistischen Bürgertums waren bereits der Erosion anheimgefallen. In Lintorf dagegen votierten 699 Bürger für das Zentrum, 118 für die SPD, 158 für die NSDAP und 270 für die KPD. Bei den letzten noch nicht unter dem Vorzeichen des Terrors stattfindenden Reichstagswahlen am 5. März 1933 gaben 52 Prozent aller Höseler den Nationalsozialisten ihre Stimme. Die destruktiven Folgen des Nationalsozialismus bekam auch die Gemeinde Hösel zu spüren, wenngleich der Ort von Luftangriffen durch die Alliierten weitgehend verschont blieb. Zahlreiche Höseler verloren im Zweiten Weltkrieg ihr Leben, ausländische Kriegsgefangene und Zivilarbeiter mussten unter anderem in der Landwirtschaft Zwangsarbeit leisten. Für die Opfer des Zweiten

Weltkrieges wurde Mitte der 1950er Jahre auf dem Höseler Kommunalfriedhof eine Gedenkstätte eingerichtet.

Auch nach dem Krieg wurde in Hösel wieder viel gebaut. Für die zahlreichen Flüchtlinge und Evakuierten, die zunächst in der ehemaligen Wehrmachtsbaracke an der Ecke Hessenstraße/Württemberger Straße und im sogenannten »Waldlager« oder im »Krupp'schen Lager« am Bahnhof untergebracht waren, wurden zu Beginn der 1950er Jahre Am Graben und in der Bismarckstraße Häuser errichtet. Zahlreiche Landwirte verkauften Grundstücke für Bauzwecke. Auf dem landwirtschaftlichen Areal des Hofes Spindeck entstanden seit 1959/60 Neubauten. Der Hof wurde 1975 abgerissen. Heute befinden sich dort die Liegnitzer, Beuthener und Annaberger Straße, Marienburger Straße, Habichtsweg, Fasanenring und das Spindecksfeld. Das Land des Obstgutes Heimsang wurde 1969/70 für die Anlage einer großen Wohnsiedlung genutzt, die zwischen den Straßen An der Hasper, Fuchsweg, Dachsring und Heimsang entstand. Gützenhof, Unterhösel, Nofenhof, Auf der Schlippen und zum Teil auch der Stollshof stellten ihre landwirtschaftlich genutzten Flächen zur Anlage des Höseler Golfclubs zur Verfügung. Auch einige große Villengrundstücke wurden nach 1945 parzelliert und als Bauland ausgewiesen, so der Landbesitz der Familie vom Hagen am Sinkesbruch, Hochstein im Bereich Stieglitzweg und Finkenweg, Lessing südlich der Sachsenstraße und Lack-Schmidt an der Kohlstraße/Rodenwald. Kurz vor der Autobahnbrücke im Bereich Eggerscheidter Straße und Ernst-Stinshoff-Straße bebaute seit 1966 die Düsseldorfer Baubetreuungs- und Kaufeigentums-GmbH ein 60.000 Quadratmeter großes Areal mit 61 Einfamilienhäusern. 1991 fanden die Bemühungen um die Schaffung eines Ortsmittelpunktes mit dem Bau des Hösel-Centers auf dem Gelände der ehemaligen Spiegelglasfabrik ihren Abschluss: An der Ecke Bahnhofstraße/Heiligenhauser Straße entstanden Ladenlokale, Büros und Wohnungen um einen begrünten Innenhof herum, den Friedel Leppers Brunnen-Figuren der »Hepp-Leute« zierten.

Die Waldgebiete im Norden und Osten der Gemeinde bieten weiterhin hervorragende Erholungsmöglichkeiten. Auch innerhalb der Ortschaft ist der Wald noch sehr präsent und erhöht die Lebensqualität der Höseler. Die Bevölkerung Hösels stieg von

Der Charakter Hösels als Gartenstadt ist heute noch deutlich zu erkennen

rund 3.000 Einwohnern im Jahr 1950 auf 7.698 (1983). 2007 wohnten 8.605 Personen in Hösel. Die Waldgemeinde ist nach wie vor ein beliebter Wohnort mit komfortablen Eigenheimen und einem Hauch von Exklusivität.

Hösel
Höselberg
158
Hugenpoter
Busch
Bahnhofstr.
227
Vogelbusch
Unterhösel
Schinnenburg
Tannenbaum
Kückelshaus
Steinberg
Blumenheide
Görscheid
Ender Berg
An der Tüsen
Bruchhausen
Allscheidt
Senioren- u. Pflegeheim
1
2
3
4
5
6
7

Hösel entdecken

Rechts und links der Bahnhofstraße

Am 11. März 1983 wurde das an der Bahnhofstraße 71 errichtete **Oberschlesische Landesmuseum** eröffnet. Getragen wird die Einrichtung von der 1970 gegründeten Stiftung Haus Oberschlesien, ins Leben gerufen von der Landsmannschaft der Oberschlesier. Das Land Nordrhein-Westfalen, seit 1964 Patenland der Oberschlesier, unterstützte den Neubau finanziell. Ministerpräsident Johannes Rau hielt während der Einweihungsfeierlichkeiten die Festansprache. In Nordrhein-Westfalen leben zahlreiche aus Oberschlesien stammende Familien, die bereits im 19. Jahrhundert zuwanderten, um im rheinisch-westfälischen Industriegebiet Arbeit zu finden. Auch Flucht, Vertreibung und Spätaussiedlung als Folge des Zweiten Weltkrieges brachten zahlreiche Oberschlesier nach Nordrhein-Westfalen.

Im Juli 1998 zog das Museum in einen auf der gegenüberliegenden Straßenseite errichteten Neubau (Bahnhofstraße 62), der von dem Kölner Architekten Walter von Lom & Partner entworfen wurde ①. Die Büros der Stiftung, die Bibliothek und das Archiv blieben im Altbau.

Oberschlesisches Landesmuseum

Aufgabe des Oberschlesischen Landesmuseums ist es, die Sachkultur Oberschlesiens zu sammeln, zu bewahren, zu erforschen und der Öffentlichkeit zu präsentieren. Über die Geschichte und Kultur des Gebietes, das heute zu Polen und der Tschechischen Republik gehört, soll ebenso informiert werden wie über die heutigen Verhältnisse in Oberschlesien. Eine Zusammenarbeit mit Museen und anderen kulturellen Einrichtungen in Polen und Tschechien wurde von Anfang an angestrebt und in zahlreichen Wechselausstellungen realisiert. Die Völkerverständigung ist eine wichtige Leitlinie der Museumsarbeit. Auf der Grundlage einer Kooperationsvereinbarung zwischen dem Land Nordrhein-Westfalen und der Woiwodschaft Schlesien vom 1. September 2000 unterstützt das Oberschlesische Landesmuseum auf kultureller Ebene die Umstrukturierung des oberschlesischen Industriegebiets.

Im Obergeschoss wird auf ca. 875 Quadratmetern die Dauerausstellung gezeigt, die sich drei Hauptthemen widmet: »Oberschlesien vor der Industrialisierung«, »Oberschlesien und die Industrie« und »Oberschlesien in der Politik des 20. Jahrhunderts«. Neben dem kulturhistorischen Engagement ist ein weiterer Schwerpunkt die Literatur, insbesondere das Leben und Werk des Dichters Joseph von Eichendorff, 1788 geboren auf Schloss Lubowitz bei Ratibor, 1857 verstorben in Neiße. Im Oberschlesischen Landesmuseum ist auch die Eichendorff-Gesellschaft e. V. untergebracht.

Im Erdgeschoss stehen ca. 550 Quadratmeter Fläche für Wechselausstellungen zur Verfügung. Eine breite Palette von Themen wurde in den letzten Jahrzehnten präsentiert, so beispielsweise »Synagogen in Oberschlesien« (1988), »Junge Kunst aus Kattowitz« (1999), »Hans Poelzig in Breslau« (2001), »100 Jahre Industrieentwicklung in Oberschlesien 1750–1850« (2002), »Johannes Paul II. als Kardinal in Krakau. Fotoausstellung von Henry Maitek« (2005), »Anfang und Ende Preußens in Schlesien« (2007) und »Oberschlesier in der deutschen und polnischen Fußballnationalmannschaft« (2008), »Bernhard Grzimek. Mein Leben für die Tiere« (2009), Erich Elsner. »… ich lächle, leuchte, wandere …« (2011).

Am 22. August 1908 wurde das **Genesungsheim Hösel** ②, eingerichtet vom Verband der Krankenkassen Düsseldorfs, seiner

Bestimmung übergeben. Aufgenommen wurden männliche und weibliche Personen mit inneren, nicht ansteckenden Krankheiten, bei denen eine Wiederherstellung der Arbeitskraft erwartet werden konnte. »Schäden, die die heutige Arbeits- und Lebensweise mit sich bringt«, sollten kuriert werden. Um diese Aufgaben erfüllen zu können, erwarb der Verband der Krankenkassen Düsseldorfs ein 75.000 Quadratmeter großes Grundstück zwischen Eggerscheider Straße und Dickelsbach, in einer Umgebung, die die Genesung

Grüße aus dem ehemaligen Genesungsheim, 1910

der Patienten unterstützen sollte: »Inmitten eines herrlichen Waldes, 113 Meter ü. M. gelegen, fern von dem Hasten und Treiben der Großstadt, erscheint es schon jedem flüchtigen Beschauer ganz dazu angetan, Menschen, die durch harte Arbeit und den Kampf ums tägliche Brot an ihrer Gesundheit geschädigt worden sind, in verhältnismäßig kurzer Zeit ihre Gesundheit wieder zu geben und für das Leben und die Arbeit wieder brauchbar zu machen.« (Bericht über das Genesungsheim Hösel von Chefarzt Dr. med. Loges, 1911, Stadtarchiv Ratingen, E 289)

Der Krankenkassenverband beauftragte den Architekten Paul Engler mit der Realisierung der Entwürfe. Der Rohbau wurde errichtet durch die Düsseldorfer Firma Boswau & Knauer. Erbaut wurde das imposante Bauwerk mit dem weithin sichtbaren Turm in Ziegelmauerwerk und Rauputz, zum Teil in Pfälzer Werkstein; Decken und Treppen wurden in Eisenbeton ausgeführt. Für die Fassade wurden »einfache Formen in modernem Barockstil« gewählt. Die technische Einrichtung war auf dem neuesten Stand; so wurde der gesamte Abdampf der Maschinen zu Heizzwecken genutzt. 150 Personen konnten im Genesungsheim Hösel untergebracht werden. Eine Auflistung der sozialen Schichtung der Patienten aus dem Jahr 1911 ergibt, dass die Fabrik- und Hilfsarbeiter sowie in der Gruppe der Handwerker die Schlosser und Schreiner am häufigsten nach Hösel kamen. Unter den Frauen waren es Näherinnen, Verkäuferinnen, Fabrikarbeiterinnen, Kontoristinnen, Dienstmädchen, Lehrmädchen und Hausfrauen. Die häufigsten Krankheiten, die zu einer Überweisung führten, waren Bleichsucht und Blutarmut, Lungenleiden im Anfangsstadium, Bronchialkatarrh, Nervenleiden, Magen- und Darmleiden sowie Krampfadern. Die Höseler Bevölkerung hatte ihre Probleme mit dem Genesungsheim. 1910 klagte ein Höseler Bürger-Verein über die mangelhafte Aufsicht der Patienten. Beim gemeinsamen Spazierengehen von Männern und Mädchen hätten sich Zustände herausgebildet, »welche zur sittlichen Verderbnis, auch der Jugend unseres Ortes, führen müssen.« (Stadtarchiv Ratingen, E 289). Es käme häufig zu Beschädigungen von Wiesen und Wäldern, eine große Anzahl der Patienten neige zum Vandalismus. Die Klinikleitung trug den Beschwerden insofern Rechnung, als sie eine rigide Hausordnung und getrennte Waldzonen für männliche und weibliche Spaziergänger einführte. Während des Ersten

Ehemaliges Genesungsheim, heute Senioren-Residenz

Weltkrieges diente das Gebäude als Lazarett für lungenkranke Soldaten, bis 1924 als Lungenheilstätte der AOK Düsseldorf, später auch wieder als Genesungsheim. Während des Zweiten Weltkrieges beherbergte das ehemalige Genesungsheim ein Krankenhaus, ab April 1945 ein Lazarett für verwundete Soldaten. Ab 1954 war hier eine Diabetes-Klinik (»Waldklinik«) untergebracht, und 1988 wurde das Gebäude unter hohem Kostenaufwand zu einer Senioren-Residenz umgebaut. Das alte Pförtnerhaus steht heute noch an der Eggerscheidter Straße 82, ansonsten erfolgt die Zufahrt heute über den Bellscheider Weg, der alte Zugang steht nur noch Fußgängern und Radfahrern zur Verfügung.

Am 10. Mai 1936 fand an der Bahnhofstraße nahe der neuen Schule die Einweihung des **Kriegerdenkmals** ③ zur Erinnerung an die Gefallenen des Ersten Weltkrieges aus Hösel statt, das der Krieger- und Landwehrverein Hösel bereits 1920 initiiert hatte. Das Baugrundstück stellte die evangelische Kirchengemeinde Linnep-Hösel zur Verfügung. Lange Zeit konnten die Pläne nicht realisiert werden, weil die Gemeindeverwaltung das Projekt nicht sehr nachhaltig unterstützte. Im November 1934 machte Hugo Henkel, der Direktor der Düsseldorfer Henkel-Werke, der seit 1921 in Hösel lebte, den Vorschlag, einen Künstler zu beauftragen, der eine Figur oder ein Relief für das Ehrenmal schaffen solle. Er beabsichtigte, das Kunstwerk der Gemeinde Hösel zu stiften. Henkels Wahl fiel auf Ewald Mataré (1887–1965), der ihm bereits persönlich bekannt war. Mataré war zu diesem Zeitpunkt schon ein bekannter Bildhauer und Maler, der allerdings bei den in Deutschland herrschenden Nationalsozialisten inzwischen wegen seiner modernen Kunstauffassung in Ungnade gefallen war. Seine Professur an der Düsseldorfer Kunstakademie, die er erst 1932 erhalten hatte, wurde ihm 1933 entzogen. Matarés Skulptur »Die Katze« wurde in der NS-Propagandaschau »Entartete Kunst« in München gezeigt. Sein von der Stadt Kleve in Auftrag gegebenes Mahnmal »Der tote Krieger« von 1934 rief scharfe Proteste in der Öffentlichkeit hervor und wurde 1938 wieder abgebrochen. Das Höseler Ehrenmal aber, das in Abstimmung mit dem Architekten Fritz Hitzbleck entstand, nahmen Gemeinde und Kriegerverein recht positiv auf. Dass es aber auch starke kritische Stimmen gab, geht aus einem in den 1940er Jahren verfassten Bericht Peter Vogels, des Lehrers an der evangelischen Schule, hervor, der zunächst bedauerte, dass Karl Ackermann, der Erbauer der Adolf-Clarenbach-Kirche und der neuen evangelischen Schule, nicht den Auftrag für die Gestaltung des Ehrenmals erhalten habe. Vogel fuhr dann fort: »Wir hätten dann bestimmt im Mittelpunkte Hösels ein feines architektonisches Ganzes erhalten. Und so denkt man jetzt schon an eine Änderung des Ehrenmals, das keinem gefällt.« (Die Quecke 63, 1993, S. 73)

Kriegerdenkmal an der Bahnhofstraße, geschaffen von Ewald Mataré, 1936 eingeweiht

Mataré schuf einen etwa 1,80 Meter hohen Steinblock, aus Kunststeinen mit eingepresstem Eichenblatt gemauert, der an einen Altar erinnert. Auf dem Steinblock steht eine bauchige Urne aus Bronze, gefüllt mit »Bluterde von den Schlachtfeldern des Weltkriegs«. Auf der Vorderseite des Denkmals ist die Widmung »Ihren gefallenen Söhnen/Die Gemeinde Hösel/1914–1918«, auf der Rückseite eine Tafel mit den Namen der 36 Gefallenen aus Hösel angebracht. Das Kriegerdenkmal umgibt ein Gitter aus 36 hohen »Schwertern«, die auf einer kreisrunden Bruchsteineinfassung angeordnet sind, ausgeführt von Schmiedemeister Wilke aus Hösel. Die Einweihung des Kriegerdenkmals geriet dann kurioserweise zu einer Loyalitätsbekundung gegenüber dem nationalsozialistischen Regime.

Nach dem Ende des Zweiten Weltkrieges wurde Mataré mit zahlreichen bedeutenden Aufträgen bedacht: er schuf unter anderem die Türen des Südportals des Kölner Doms, das »Tor der Hoffnung« am Portal des Salzburger Doms, die Türen der Weltfriedenskirche in Hiroshima, das Portal zur St.-Lambertus-Basilika in Düsseldorf, den neuen Altarbereich in St. Andreas in Düsseldorf, die Fassadengestaltung des Hauses »Atlantis« in der Bremer Böttcherstraße sowie den »Kallendresser« am Haus »Em Hanen« am Kölner Alter Markt.

Matarés Höseler Kriegerdenkmal wurde 1987 von der Künstlerin Margarete Tuttaß grundlegend restauriert.

Ein Ehrenfriedhof für die Gefallenen des Zweiten Weltkrieges, zu dem auch die Begräbnisse ausländischer Kriegsgefangener und Zivilarbeiter vom katholischen Friedhof sowie auf dem Gelände des Lintorfer »Ausländerlagers« bestattete Tote umgebettet wurden, konnte Mitte der 1950er Jahre nach Plänen des Düsseldorfer Gartenarchitekten Josef Buerbaum auf dem seit 1944 belegten Höseler Kommunalfriedhof am Sinkesbruch fertiggestellt werden.

Die evangelische Adolf-Clarenbach-Kirche an der Bahnhofstraße, von der Gartenseite aus gesehen

Am Ende der Bahnhofstraße und gegenüber Matarés Kriegerdenkmal liegt die evangelische **Adolf-Clarenbach-Kirche** ④. Obwohl die überwiegende Mehrheit der Höseler seit der Reformation evangelisch-reformierter Konfession war, erhielt sie erst 1930 ein eigenes Gotteshaus. Religiöser Bezugspunkt war von jeher die reformierte Gemeinde Linnep mit der Waldkirche bei Schloss Linnep (vgl. »Breitscheid entdecken«). Das Grundstück, auf dem dann die Höseler evangelische Kirche gebaut wurde, befand sich bereits 1695 im Besitz der reformierten Gemeinde Linnep. Auf den »Brackbanden«, Brachland, das zum Gut Spindeck gehörte, stand auch die alte reformierte Schule, die »oberste Schule«, samt Lehrerwohnung, Scheune und Stallung sowie das 1904 errichtete Lehrerwohnhaus.

Im Jahr 1910 wurde ein Kirchbauverein gegründet; das bald recht ansehnliche gesammelte Kapital ging allerdings in der Inflationszeit verloren. In der zweiten Hälfte der 1920er Jahre wagte die Kirchengemeinde einen Neubeginn: der Baubeschluss fiel am

Hugo Henkel

(1881–1952, Unternehmer, Direktor der Henkel-Werke in Düsseldorf)

Hugo Henkel wurde am 21. Januar 1881 in Düsseldorf als Sohn von Fritz Henkel und seiner Ehefrau Elisabeth, geborene von der Steinen, geboren.

Hugo Henkel im Jahre 1951

Fritz Henkel gründete 1876 in Aachen die Seifensiederei Henkel & Cie., die 1878 nach Düsseldorf verlegt wurde. 1899 erfolgte die Ansiedlung des Unternehmens in Reisholz, wo das Unternehmen Henkel AG & Co. KGaA (Wasch- und Reinigungsmittel, Klebstoffe, Kosmetik) heute noch beheimatet ist. Während sein Bruder Fritz eine kaufmännische Ausbildung erhielt, studierte Hugo Henkel nach dem Besuch der Oberrealschule am Fürstenwall und einem Praktikum in einer Maschinenfabrik ab 1900 Chemie in Stuttgart und ab 1902 Chemie und Physik in Berlin. Am 4. März 1905 wurde er mit einer Arbeit über »Beiträge zur Kenntnis der physikalisch-chemischen Eigenschaften verdünnter Glyzerinlösungen und zur Analyse derselben« zum Dr. phil. promoviert. 1905 übernahm Hugo Henkel die Leitung der Produktion im Henkel-Werk, die er in der Folgezeit auf eine wissenschaftliche Basis stellte. Er richtete das erste Laboratorium ein und begann mit der systematischen Forschung. Des Weiteren führte er neue Werbeformen auf der Grundlage von Marktanalysen ein. 1907 entwickelte er das Waschmittel »Persil«, das heute noch ein Dauerbrenner in deutschen Haushalten ist. 1908 wurde er Teilhaber von Henkel & Cie. Im gleichen Jahr heiratete er Gerda Janssen, die Tochter des Bildhauers und Professors der Düsseldorfer Kunstakademie Karl Janssen. Aus der Ehe gingen fünf Kinder hervor: Jost, Ruth, Lisa, Konrad und Paul.

Die Jahrzehnte zwischen 1909 und 1929 waren für die Firma Henkel eine Zeit stetiger Expansion. Zahlreiche Unternehmen – auch Konkurrenzbetriebe – konnten hinzugekauft werden. Nach dem Tod seines älteren Bruders

Fritz und seines Vaters übernahm Hugo Henkel 1930 die Leitung des Henkel-Konzerns. 1936 ließ Hugo Henkel eine Walfangflotte von acht Schiffen bauen. Der Unternehmer setzte sich gleichfalls für die Gründung der »Ersten deutschen Walfang-Gesellschaft mbH« mit Sitz in Bremerhaven ein. Walfett und Tran wurden bei der Herstellung von Waschmitteln benutzt, bevor diese Rohstoffe durch synthetische Tenside ersetzt wurden. Auf Henkels Initiative ging auch der Erwerb der Deutschen Hydrierwerke A.G. in Rodleben und der Deutschen Fettsäure GmbH in Witten zurück.

Bereits im Mai 1933 war Hugo Henkel Mitglied der NSDAP geworden. 1938 musste er allerdings die Firmenleitung auf Druck der Nationalsozialisten räumen und in den Aufsichtsrat wechseln. Nach dem Zweiten Weltkrieg wurde das Unternehmen von der amerikanischen Besatzungsmacht beschlagnahmt, 1947 aber wieder freigegeben. Hugo Henkel war an maßgeblicher Stelle am Wiederaufbau der zerstörten Industrieanlagen beteiligt.

Aus Anlass seines 70. Geburtstags am 21. Januar 1951 verlieh ihm die Medizinische Akademie Düsseldorf die Ehrendoktorwürde, die Universität Bonn ernannte ihn zum Ehrenbürger. Er erhielt ebenfalls die Normann-Medaille der Gesellschaft für Fettwissenschaft für das Jahr 1950. Der Unternehmer war Ehrenbürger der Stadt Düsseldorf und Ehrenmitglied des Verbandes der Chemischen Industrie.

Hugo Henkel und seine Familie waren im kulturellen und sozialen Bereich vielfältig engagiert. Auch in Hösel, wo er seit 1921 lebte, förderte er zahlreiche Projekte, so den Bau der Adolf-Clarenbach-Kirche und die Errichtung des Kriegerdenkmals von Ewald Mataré. Hugo Henkel starb am 18. Dezember 1952 und wurde auf dem evangelischen Waldfriedhof in Linnep bestattet.

8. November 1927. Mit den Entwürfen beauftragt wurde Regierungsbaumeister Karl Ackermann aus Düsseldorf, der für das neue Gotteshaus gemäßigt moderne Formen vorschlug. Die Bauleitung lag bei dem ebenfalls aus Düsseldorf stammenden Architekten Karl Hartdegen. Die Bauarbeiten stießen wiederholt auf große Schwierigkeiten, da aufsteigendes Grundwasser die Fundamentierungsarbeiten behinderte. Um der Probleme Herr zu werden, mussten die Bauarbeiter eine Eisenbetonplatte legen, die auf Fließsand stand. Die Grundsteinlegung fand am 27. Oktober 1929, die Glockenweihe

Klasse der evangelischen Schule in Hösel mit dem Lehrer Peter Vogel

am 26. April 1930 statt. Die Einweihung konnte am 26. Oktober 1930 gefeiert werden, dem 70. Geburtstag von Pfarrer August Becker aus Linnep. Die Einweihung nahm Generalsuperintendent Stoltenhoff aus Koblenz vor. Zahlreiche Ehrengäste waren angereist, so der Landrat Friedrich und der Bürgermeister von Ratingen-Land Heinrich Hinsen sowie der Superintendent und Präses der Rheinischen Provinzialsynode Wolff aus Aachen und Superintendent Meinberg aus Düsseldorf.

Namensgeber für den Kirchenneubau war Adolf Clarenbach, der am Ende des letzten Jahrzehnts des 15. Jahrhunderts im Kirch-

Einbringung der Glocken für die Adolf-Clarenbach-Kirche, 1930

spiel Lüttringhausen (heute Remscheid) geboren wurde, nach dem Studium der Philologie in Köln als Lehrer in Münster, Wesel und Osnabrück wirkte und Ende der 1520er Jahre im Bergischen Land reformatorisches Gedankengut verbreitete. Clarenbach war durch humanistisches Gedankengut tief geprägt und konnte die Bibel in den Ursprachen lesen. In Köln wurden seine Predigten von der herrschenden, strikt antireformatorischen katholischen Elite als besonders gefährlich empfunden. Im April 1528 wurde Adolf Clarenbach gefangen genommen und am 28. September 1529 zusammen mit Peter Fliesteden in Melaten bei Köln hingerichtet.

Das Baumaterial für die Adolf-Clarenbach-Kirche sind oldenburgische Klinker, einzelne Architekturteile sind aus gebrannten Terrakotten gefertigt. Das Schmuckrelief über dem Eingang »Lasset die Kindlein zu mir kommen« schuf die Düsseldorfer Künstlerin Hedwig Reiss-Schmidt. Bei den Zeitgenossen stieß der Kirchenbau auf positive Resonanz: Mit dem Glockenturm von 30 Metern, dem abgestuften Giebel des Hauptschiffes und der beschwingten Linie der Gesamtausführung fügte sich die neue Kirche sehr gut in das Straßenbild ein. Im Hauptschiff fanden 250 Gläubige Platz. An den Chor schloss sich der kleine Gemeindesaal an, der für 60 Personen ausgerichtet war. Durch Klapptüren konnte der Gemeindesaal mit dem Kirchenschiff verbunden und in den Gottesdienst einbezogen werden. Der Innenraum war in freundlichen, warmen Tönen gehalten. Der Altar war aus Klinker, glasierten Steinen und vergoldeten Profilierungen gefertigt, die einen Kontrast zu den graugrünen Wandfarben im Chorbereich bildeten. Die farbigen Glasfenster mit dem Motiv der Schöpfung schuf der Düsseldorfer Künstler Arthur Kampf. Sie wurden 1955 durch neue helle Fenster ohne figürliche Darstellun-

Portal der evangelischen Adolf-Clarenbach-Kirche mit dem Relief von Hedwig Reiss-Schmidt

gen ausgetauscht und befinden sich – bis auf eins – heute im Foyer des Gemeindehauses. Das Fenster mit dem Motiv des dritten Tages ist weiterhin in der Kirche zu sehen. Von Gespür für technischen Fortschritt zeugten das elektrische Geläut – die Glocken waren aus Stahl gefertigt – und der Einbau einer Mikrofon-Anlage für Schwerhörige.

Die Gesamtkosten für den Neubau beliefen sich auf 185.000 Reichsmark. Der Unternehmer Hugo Henkel erwies sich wieder einmal als großzügiger Stifter. Auch nach dem Kirchenbau gehörten die evangelischen Bürger Hösels weiterhin zur Kirchengemeinde Linnep. Erst 1954 konnte ein eigener Pfarrer berufen werden und 1957 wurde Hösel eine selbständige Pfarre. Auf dem Grundstück der früheren evangelischen Schule entstand 1953 ein Kindergarten. Die Einweihung des Gemeindehauses neben der Kirche, das nach Entwürfen der Architekten Wolfgang von Chamier und Rolf Dieter Grundmann erbaut wurde, fand am 29. September 1968 statt. Vor der 70-Jahr-Feier am 28./29. Oktober 2000 wurde die Kirche grundlegend saniert und renoviert, wobei man sich vor allem im Innern an den ursprünglichen Gestaltungsentwürfen orientierte. Höhepunkt der Generalüberholung war der Einbau der qualitätvollen Sandtner-Orgel. Seit 1996 hat die Adolf-Clarenbach-Kirche in Hösel Denkmalstatus.

Haus »Zum Stern« an der Bahnhofstraße 160, ehemalige Gaststätte Stichmann/Bergbusch

An der Kreuzung von Bahnhofstraße, Heiligenhauser und Eggerscheidter Straße fällt heute noch an der Bahnhofstraße 160 das ehemalige **Haus »Zum Stern«** ⑤ auf. Das hervorragend restaurierte zweigeschossige Bruchsteinhaus wurde 1884 von dem Wirt und Spezereiwarenhändler Carl Stichmann erbaut. 1893 erfolgte im hinteren Bereich der Anbau eines Saales und einer Veranda, die inmitten eines großen Gartengrundstücks lagen. Die Gastwirtschaft Stichmann, die ihren

Gästen auch eine Kegelbahn bot, war eines der größten Lokale in Hösel. Im Haus befand sich auch ein Kramladen. 1912 wurde das Gebäude mit der Wirtschaftskonzession an den Kaufmann Wilhelm Bergbusch veräußert. Die Familie Bergbusch betrieb hier lange Zeit eine Gastwirtschaft und ein Café.

An der Ecke Bruchhauser/Eggerscheidter Straße steht die Höseler katholische Pfarrkirche **St. Bartholomäus** ⑥. Die in Hösel wohnenden katholischen Christen gingen bis zum Beginn des 19. Jahrhunderts nach Homberg zum Gottesdienst, danach nach Mintard, um in der altehrwürdigen Pfarrkirche St. Laurentius die Messe zu hören. Auch Kettwig v. d. Brücke, Laupendahl, Breitscheid und die Adelssitze Landsberg, Hugenpoet und Linnep gehörten zum Mintarder Pfarrsprengel. Von all diesen Ortschaften war Hösel am weitesten von Mintard entfernt. In Hösel existierte auch keine katholische Schule, den Kindern stand die evangelische Schule offen. Katholischer Religionsunterricht wurde ebenfalls nicht erteilt. Hösel galt als katholische Diaspora.

Seit den 1880er Jahren wurde die Bildung einer Filialgemeinde von Mintard diskutiert, die in Laupendahl oder Hösel eingerichtet werden sollte. Da in Laupendahl 1888 572, in Hösel aber nur 273 katholische Bürger wohnten, entschied sich das Erzbischöfliche Generalvikariat in Köln für Laupendahl (Kettwig v. d. Brücke) als Standort der Filialgemeinde. 1888 wurde das neue Rektorat in der Pfarre Laupendahl begründet. Den Höseler Katholiken stellte man in Aussicht, zu einem späteren Zeitpunkt zusammen mit Eggerscheidt ein neues Rektorat zu bilden. Auch die Kirchenpatrone St. Bartholomäus und St. Benediktus standen damals bereits fest. Ein Kirchenbau ließ noch lange auf sich warten, trotz großzügiger Stiftungen und Spenden, trotz des nimmermüden Engagements des Ziegeleibesitzers Johann Heinrich Gormann und anderer Höseler Katholiken. Im Jahr 1905 sagte Franz Graf von Spee in Heltorf eine Spende in Höhe von 15.000 Mark für den Kirchenbau zu, stellte aber die Bedingung, dass die neue Kirche an einer auch für die Eggerscheidter Katholiken nicht allzu weit entfernten Stelle erbaut werden müsse, um seinen dort lebenden Pächtern die Möglichkeit zum Gottesdienstbesuch zu geben.

Am 14. Oktober 1905 erteilte das Erzbischöfliche Generalvikariat seine Genehmigung zur Errichtung eines Rektorats in Hösel, und ein Jahr später bestimmte die kirchliche Oberbehörde ein von der Familie Stinshoff angebotenes Grundstück an der Eggerscheidter Straße als Kirchenbauplatz. Der Düsseldorfer Baumeister Alfred Tepe wurde mit den Entwürfen beauftragt. Es entstand ein Bauwerk im neogotischen Stil, das eigentlich ein Gebäudetorso war. Tepe konnte nur den Chorbereich, einen kurzen dreischiffigen Kirchenraum, das Querhaus und die Sakristei errichten. Der Neubau hatte keinen Turm, sondern lediglich einen Dachreiter. Der Architekt bezeichnete seine Entwurfszeichnungen ausdrücklich als Teilbau. Erweiterungspläne für den Kirchenbau lagen vor, konnten aber aufgrund der Auflagen der Regierung und der hohen Kosten nicht realisiert werden. Am 6. November 1910 fand die Grundsteinlegung, am 19. November 1911 die Einweihung des Kirchleins statt. Die Inneneinrichtung war zunächst sehr bescheiden: August Thyssen stiftete den Altartisch, andere Ausstattungsstücke stellten die Kirchen der Umgebung zur Verfügung. Die geistliche Betreuung der Höseler Gemeinde lag zunächst bei den Patres des Düsseldorfer Franziskanerklosters, dann beim Heiligenhauser Pfarrer. 1913 wurde mit Aloys Klemens Oertgen der erste Höseler Rektor berufen. 1910 feierte die Höseler Gemeinde die lang ersehnte Eröffnung einer katholischen Schule, 1927 den Bau eines Pfarrhauses. 1933 konnte die erste öffentliche Fronleichnamsprozession in Hösel durchgeführt werden.

Die katholische Kirche St. Bartholomäus, 1911 eingeweiht

Nach 1945 wuchs die Zahl der Katholiken in Hösel, insbesondere bedingt durch den Zuzug von Flüchtlingen aus Schlesien. 1953 erfolgte die Trennung von Mintard. St. Bartholomäus wurde selbstän-

Innenansicht der Pfarrkirche St. Bartholomäus, Anfang 1970er Jahre

unten: St. Bartholomäus mit dem 1965 eingeweihten Erweiterungsbau

dige Pfarre. 1958 wurde die Küsterwohnung fertiggestellt, 1959 der Kindergarten und das Pfarr- und Jugendheim mit der Pfarrbücherei. Von 1953 bis zum Ende der 1950er Jahre erfolgte eine gründliche Renovierung der Kirche. Es war allerdings bereits abzusehen, dass der Platz in der alten Kirche bald nicht mehr ausreichen würde, sodass 1959 Planungen für einen Erweiterungsbau durch den Oberhausener Architekten Theodor Scholten begannen. Scholten entschied sich schließlich dafür, einen Neubau in gemäßigt modernen Formen vor den neugotischen Altbau zu setzen, der nun den Chorbereich ausfüllte. Am 29. September 1965 konnte die neue Kirche konsekriert werden. 1974 wurde an der Bruchhauser Straße ein neuer Kindergarten eingeweiht. 1980 erfolgte die Erhebung der Höseler Rektoratspfarre St. Bartholomäus zur kanonischen Pfarre. 1984 wurden die Eggerscheidter Katholiken nach Hösel umgepfarrt. Die katholische Gemeinde zählte im Jahr 2006 3.044 Mitglieder und damit 33,5 Prozent der Höseler Bevölkerung.

Der jüdische Friedhof am Görscheider Weg ⑦, am Ortsrand von Hösel gelegen, gehört eigentlich nicht mehr zum Gebiet der

Stadt Ratingen. Seit der Kommunalreform von 1975 liegt er auf dem Gebiet der Gemeinde Heiligenhaus. Es handelt sich um den neuen Friedhof der Synagogengemeinde Kettwig vor der Brücke, der 1888 angelegt wurde und den Friedhof am Blomericher Weg (vgl. »Breitscheid entdecken«) als Begräbnisstätte ablöste. Aus der Zeit zwischen 1891 und 1945 sind am Görscheider Weg rund 60 Grabsteine erhalten, die zum Teil sehr viel aufwändiger als diejenigen am Blomericher Weg gestaltet sind. Es überwiegen deutsch-hebräische oder deutschsprachige Inschriften. Sowohl jüdische Symbole wie die segnenden Hände der Kohanim, die Menora und der Davidstern als auch allgemein gebräuchliche Kränze, Fruchtkörbe und die verschlungenen Hände als Ausdruck inniger Verbundenheit über den Tod hinaus (auf dem Grabstein von Jenny Levy, geb. Seligmann) sind zu erkennen. Heiligenhauser Juden sind hier nicht bestattet, es befindet sich allerdings auf dem Begräbnisplatz ein Gedenkstein für das am 23. November 1938 aus der nahen Ruhr tot geborgene Ehepaar Aron. Seit 1983 steht der Friedhof unter Denkmalschutz.

Grabstein-Fragment mit der Menora, dem siebenarmigen Leuchter

Jüdischer Friedhof am Görscheider Weg

Im 19. Jahrhundert hat sich die rechtliche, politische und soziale Situation der deutschen Juden eklatant verändert. Aus Schutzjuden wurden Staatsbürger. Aus der isoliert lebenden Minorität wurden Deutsche, die sich in die Umgebungsgesellschaft integriert fühlten. Diese Veränderungen spiegeln sich auch in den jüdischen Friedhofsanlagen und der Grabsteingestaltung wider, die sich derjenigen christlicher oder kommunaler Begräbnisstätten annäherte. Eine wichtige, für das 19. Jahrhundert typische Veränderung betrifft die Entwicklung der Grabsteininschriften: Anders als die ausschließlich hebräischsprachigen Steine des Mittelalters und der Frühen Neuzeit kamen im 19. Jahrhundert zweisprachige Inschriften auf, wobei die hebräischen Teile allmählich zugunsten der deutschen zurückgedrängt wurden. Am Endpunkt dieser Entwicklung sind nur noch die Einleitung der Inschrift (»Hier ist begraben«, »Hier ist geborgen«) und der abschließende Segensspruch (»Seine/ihre Seele sei eingebunden in das Bündel des Lebens«) in hebräischen Schriftzeichen ausgeführt. Auch auf dem Lande ist diese Entwicklung festzustellen, wenn auch nicht mit der gleichen Intensität wie in den Städten. Orthodoxe Gemeinden hielten an der traditionellen Gestaltung fest.

Jüdische Friedhöfe des 19. Jahrhunderts lassen den Anspruch auf Gleichberechtigung der jüdischen Familien erkennen, bürgerliches Selbstbewusstsein, auch das steigende Repräsentationsbedürfnis der wirtschaftlich und sozial arrivierten jüdischen Familien. Prunk und Protz vor allem bei den Familiengruften sind auch auf jüdischen Friedhöfen unübersehbar. Am Ende der Entwicklung stehen pompöse Mausoleen, vollplastische Figuren wie Engel oder auch Porträts der Verstorbenen. Statt des traditionellen Sandsteins verwendete man nun mit Vorliebe schwarzen Granit und Marmor. Gegen den überbordenden Formenreichtum und den Materialluxus in der Grabsteingestaltung machte die Friedhofsreformbewegung Front, die sich der jüdischen wie der nichtjüdischen Friedhöfe annahm.

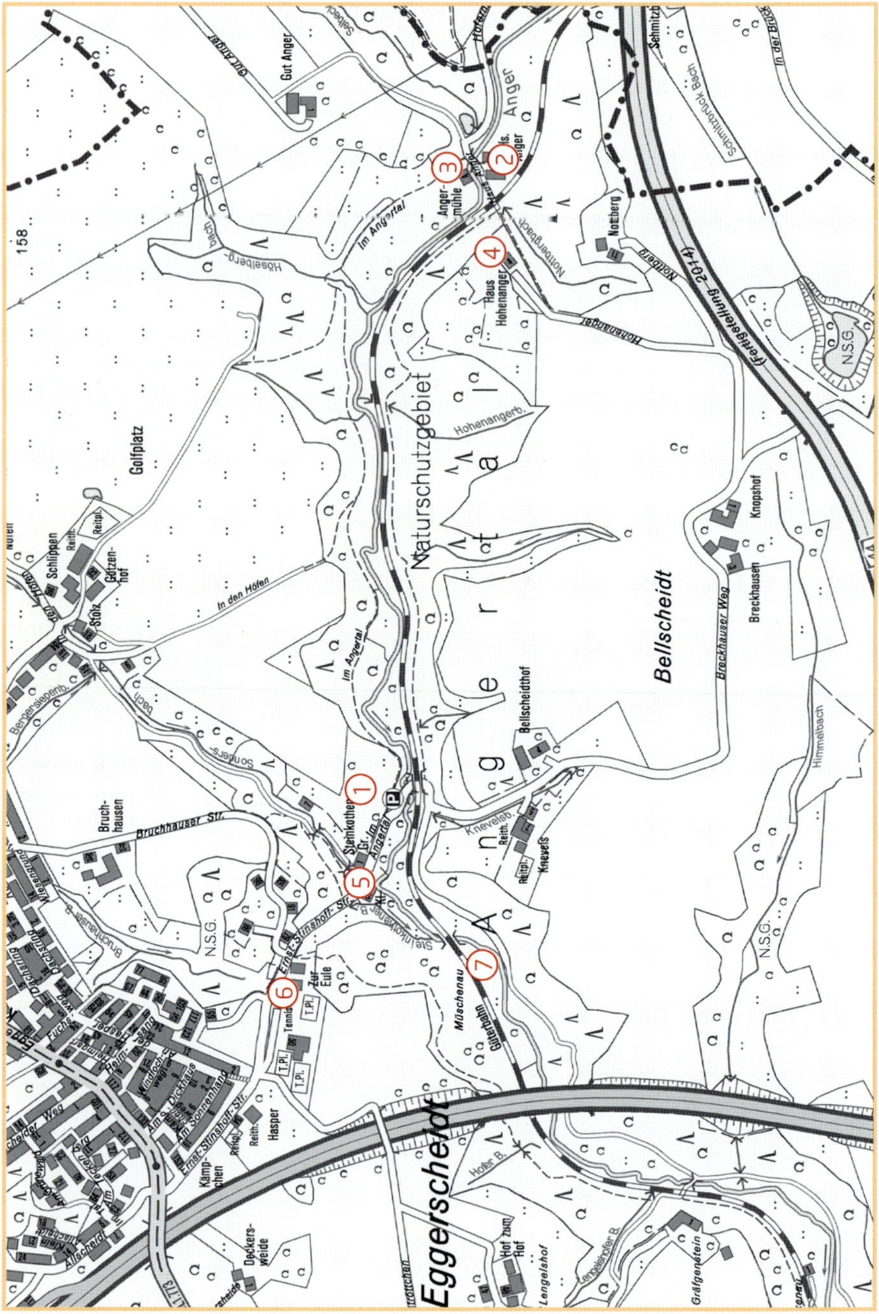
Gut Anger
Golfplatz
Naturschutzgebiet
Angertal
Bellscheidt
Eggerscheidt
Haus Anger
Anger-mühle
Haus Hohenanger
Notberg
Knopshof
Breckhausen
Breckhauser Weg
Bellscheidthof
Knevels
Bruch-hausen
Bruchhauser Str.
Steinkothen
Im Angertal
In den Höfen
Ernst-Stinshoff-Str.
Zur Eule
Hasper
Kämp-chen
Deckers-weide
Hof zum Hof
Lengelshof
Gräfgenstein
Müschenau
Güterbahn
Himmelbach
Hohenangerb.
Höseler-bach
N.S.G.
Stolz
Schlippen
Götzen-hof
158
1
2
3
4
5
6
7

Am Wanderparkplatz Steinkothen, wo sich früher ganz in der Nähe ein Haltepunkt der Angertalbahn befand, zieht zunächst die **Skulptur »Mann im Hirschgeweih«** die Aufmerksamkeit des Besuchers des idyllischen Angertals auf sich ①. Stephan Balkenhol, geboren 1957 in Fritzlar/Hessen, Schüler Ulrich Rückriems und seit 1992 Professor für Bildhauerei an der Staatlichen Akademie der bildenden Künste in Karlsruhe, schuf das etwas irritierende Kunstwerk aus patinierter Bronze im Jahr 2000. Es steht auf einem begrünten Hügel und setzt sich vom Himmel als Hintergrund ab. Die Skulptur ist dauerhafter Teil der »EUROGA 2002 plus«, einer europäischen Gartenschau, die im Zusammenhang mit der 2. Regionale »Kultur- und Naturräume NRW« entstand. In 58 Städten und Gemeinden der Region Düsseldorf/Mittlerer Niederrhein und der niederländischen Grenzprovinz Limburg wurden interessante Kultur- und Naturangebote erarbeitet und präsentiert. Grenzen wurden auch im Angertal überschritten, wo die Kommunen Wülfrath, Heiligenhaus und Ratingen gemeinsam Sehenswürdiges gestalteten. Bleibendes Ergebnis dieser Bemühungen sind auf Ratinger Stadtgebiet der »Kunstweg« und der »EUROGA Radweg Ratingen«. Der Betrachter von Balkenhols »Mann im Hirschgeweih« muss sich auf Metamorphosen einlassen: »Bei den sehr verhalten und typisiert wirkenden Skulpturen [Balkenhols] geht es um einen Balanceakt zwischen realistischer Wiedergabe und Abstraktion, die einerseits dem Betrachter jedwede eigene Reflexion erlaubt, andererseits es möglich macht, Figuren zu schaffen, die mehr sind als nur ein Abbild der Wirklichkeit und außerdem autonom blei-

Skulptur »Mann im Hirschgeweih« von Stephan Balkenhol

ben: ›Nämlich Skulptur als eine Form, die die Wirklichkeit spiegelt, interpretiert und als eine künstlerische Gestaltung eine neue Wirklichkeit schafft.‹ (Balkenhol) Diese neue Wirklichkeit betrifft sowohl den Raum, den sie neu definiert, wie den geistigen Standpunkt des Betrachters.« (U. Mildner u. K. Thelen, Skulpturale Erscheinungen. Der Kunstweg in Ratingen, Ratingen 2003, S. 6)

Am Angerbach

Der Weg vom Wanderparkplatz Steinkothen nach **Haus Anger** ist einer der landschaftlich reizvollsten im Naturschutzgebiet Angertal. Vorbei an einer alten Steinbrücke erreicht man Haus Anger ②. Ein dichter Zaun verbirgt heute den ehemaligen Rittersitz, ein zweigeschossiges Bruchsteingebäude auf quadratischem Grundriss, das mit einem Walmdach geschlossen ist. Die Anordnung der Fenster erscheint sehr unregelmäßig. Die Spuren zahlreicher früherer Öffnungen, die im Mauerwerk ablesbar sind, weisen auf mannigfache Umbauten hin. Früher war Haus Anger von einem Wassergraben umgeben, den der Angerbach speiste. Einen guten Blick auf die Anlage hat man im späten Herbst und im Winter, wenn man den Wanderweg an Haus Anger vorbei in Richtung Heiligenhaus etwas weitergeht. Zu Haus Anger gehören diverse Wirtschaftsgebäude.

Im Jahr 1148 erwarb Lambert, Abt des Klosters Werden, vor dem Hauptgericht in Kreuzberg für 40 Mark Silber aus dem Besitz des

Haus Anger, 1950er Jahre

Heinrich von Kaster den Hof, »der Anger genannt wird« (»curtim que dicitur Angera«) mit all seinem Zubehör an Hörigen, Hufen, Äckern, Wäldern, Wiesen, Wassern, Wasserläufen, erschlossenen und unerschlossenen Gebieten. Heinrich von Kaster plante am (Zweiten) Kreuzzug teilzunehmen, den insbesondere Bernhard von Clairvaux propagiert hatte. Mit dem in der Werdener Urkunde von 1148 erwähnten Hof wird vermutlich Haus Anger im Angertal gemeint sein, was heute als wahrscheinlicher betrachtet wird als die Identifizierung mit dem Hof zum Hof in Heiligenhaus-Hofermühle, obgleich auch dort das Stift Werden reich begütert war. Leo van der Loo hat behauptet, dass um bzw. nach 1400 der ursprünglich zum Haus Anger gehörende Hof bei Hofermühle abgetrennt wurde; seither habe das Kloster Werden keinen Einfluss mehr auf Haus Anger gehabt. Seit den Forschungen von Michael Buhlmann kann es zudem als überholt gelten, Hof oder Haus Anger mit einem Gut (» in Angeron curtem«) in Verbindung zu bringen, das 904 König Ludwig das Kind zusammen mit anderem Besitz dem Stift Kaiserswerth überwies. Haus Anger in Hösel ist auch sehr oft – gerade von van der Loo – mit dem nordwestlich von Ratingen liegenden Angerhof verwechselt worden, der sich im Besitz des Landesherrn befand und 1461 der Familie vom Haus bzw. später von der Horst überlassen wurde. Dort und nicht bei Haus Anger ist auch die 1443 erstmals erwähnte Stadtmühle zu lokalisieren.

1313 wird ein Ritter Heinrich von Angern erwähnt, der vielleicht auf Haus Anger wohnte. 1348 pachteten Reinard von Anger und seine Gattin Liese den Hof Hösel, der Eigentum des Stiftes Gerresheim war. Ob sich die Besitzübertragungen an Gerhard van der Brüggen, den herzoglichen Meisterkoch, an Adolf Quade, den Angermunder Amtmann, Burchard von Eller und schließlich Johann vom Haus tatsächlich auf das heutige Haus Anger beziehen, mag fraglich erscheinen. In einem 1474–77 entstandenen Abschnitt des »Pacht- oder Rentenbuchs des Stifts Werden« wird ein Willem van Roede, genannt Quade, Richter in Ratingen, als Besitzer des Hofes Anger genannt.

Sicheren Boden betreten wir erst Mitte des 16. Jahrhunderts. In einem Visitationsbericht über die kirchlichen Verhältnisse in Homberg von 1552 wird berichtet, dass in Homberg ein Liebfrauenaltar bestehe, den ein Vikar bediene (BMV = Beneficium Beatae Mariae Virginis), der von Junker Lodtwichen von Bernsau mit Zustimmung der Kirchspielsleute eingesetzt werde. Bereits in einem zwei Jahre zuvor verfassten Erkundigungsbericht beklagten Pastor, Küster und Kirchenmeister, dass der Vikar des Liebfrauenaltars seine geistlichen Pflichten nicht mehr wie von alters her in der Homberger Pfarrkirche, sondern »zum Angern up dat huis« versehe. Die Familie Bernsau residierte vermutlich seit 1537 auf Haus Anger und war wohl in den 1550er Jahren zum reformierten Bekenntnis übergetreten. Die Bernsau besaßen auch die Güter Breckhausen und Zur Heiden bei Homberg. 1565 setzte die Familie Bernsau zusammen mit anderen Homberger Kirchspielsleuten den von Ratingen kommenden Prediger Johann Wischmann in die Homberger BMV-Vikarie ein. Seither wurden reformierte Gottesdienste auf Haus Anger abgehalten. Haus Anger war auch Sitz eines Hofgerichts.

1606 ging der Rittersitz auf die Hardenberger Linie der Familie Bernsau über, 1654 an einen Verwandten der Familie, Wilhelm Heinrich Quadt von Wickrath zu Groß-Büllesheim. Weitere Eigentümer waren seit 1700 die Familie von Glasenapp, seit 1754 von Raesfeld, seit 1761 (zusammen mit Gut Hausmannshausen) Johann Wilhelm von Kylmann und seit 1860 die Familie von Heister. 1936 kam die Familie Sudhoff in den Besitz von Haus Anger, das heute gewerblich genutzt wird.

Angermühle, 1926

Die **Angermühle** ③ bei Haus Anger wird häufig mit der 1443 erstmals erwähnten Mühle am nordwestlich von Ratingen gelegenen Angerhof, der ersten Ratinger Stadtmühle, verwechselt. Die Mühle bei Haus Anger wird 1508 als Brochmoehle, 1671 als Bruchmühle und in einer späteren undatierten Urkunde als Bockmüller Gut bezeichnet. Die Mühle besteht aus verschiedenen Gebäudeteilen. Von dem Bruchsteingebäude wird vermutet, dass es aus dem Mittelalter stammt, das zweigeschossige Fachwerkhaus wurde im 18./19. Jahrhundert und der mittlere Backsteinbau im 19. Jahrhundert errichtet. 1860 ging die Mühle in Besitz Alexander von Heisters über. Die idyllisch gelegene Angermühle wurde 1984 restauriert und wird heute als Wohnhaus genutzt.

Überquert man bei der Angermühle den Angerbach und bewältigt den steilen Weg in Richtung Homberg, erreicht man bald **Haus Hohenanger** ④, das 1715 in Ploennies' »Topographia Ducatus Montani« als Weyerberg bezeichnet wird. Das heute existierende Gebäude wurde 1894 von dem Baron von Heister, der auch Haus Anger erworben hatte, als Sommerhaus erbaut. Das zweigeschossige massive Wohnhaus ist heute weiß verputzt und besitzt ein markantes Fachwerkquerhaus, dessen niederdeutscher Giebel 1894 ins Angertal transloziert wurde und vermutlich aus dem 16. Jahrhundert stammt. 1984 wurde Haus Hohenanger auf Initiative des neuen Besitzers, des Designers Werner Kreuser und seiner Ehefrau, grundlegend instand gesetzt. Damals wurde auch der Zugang über eine Holzbrücke geschaffen.

Kehrt man nun durch das Angertal zum Wanderparkplatz Steinkothen zurück und geht noch einige Schritte auf der Straße Im Angertal weiter, erreicht man die Häuser **Groß- und Klein-Steinkothen** ⑤, wo früher eine Station der Angertalbahn war. Groß-Steinkothen ist ein eingeschossiges Fachwerkhaus mit einem Stallgebäude und einem Backhaus aus Fachwerk; das heutige Gebäude wurde zu Beginn des 18. Jahrhunderts erbaut. Der Hof wurde 1553 erstmals erwähnt und hat seinen Namen von den Kalksteinbrüchen, die sich ganz in der Nähe befanden. Bis zum Ende des 18. Jahrhunderts war der »Steenhof«, wie er bei Ploennies heißt, abgabepflichtig an das Stift Gerresheim. 1641 wird in einer Liste der Abgaben, die die vom Oberhof Hösel abhängigen Höfe zu leisten hatten, ein »Herman ihm Steinkothen« erwähnt. Eine Schatzsteuerliste der Angermunder Kellnerei der Herzöge von Jülich-Berg nennt 1632 zwei Höfe Steinkothen. 1834 ist in einem Plan Hösels neben dem Groß-Steinkothen auch der Klein-Steinkothen eingezeichnet. Das gegenüberliegende Haus Klein-Steinkothen war bis 1966 eine Gaststätte mit einem idyllischen Garten, wo man im Sommer unter Obstbäumen saß.

Einige Schritte weiter befindet sich das frühere **Haus »Zur Eule«** ⑥. 1856 eröffnete die Familie Knevels dort eine Gaststätte und im Jahr 1901 beantragte der Bäcker Wilhelm Knevels erneut eine Konzession zur Einrichtung einer Gastwirtschaft »Zur Eule« an der heutigen Ernst-Stinshoff-Straße. 1911 wurde ein Gesellschaftsraum eingerichtet. Benannt war die Gastwirtschaft nach der benachbarten Töpferei (Euler, d. i. der Töpfer) am Kämpchen. In der »Eule«, die fünf Minuten von der Haltestelle Steinkothen der Angertalbahn entfernt lag, kehrten bereits vor der Einrichtung einer Gastwirtschaft die Fuhrleute der gegenüberliegenden Bruchhauser Steinbrüche der Familie Stinshoff ein. Wilhelm Knevels setzte dann vor allem auf den Besuch der Angertal-Ausflügler. Das Lokal lag auf

Gaststätte »Zur Eule«, um 1906

Eggerscheidter Gebiet, warb aber immer mit dem Standort Hösel, da der schöne Ort mit der reizvollen Umgebung offenbar bekannter war. Das Gebäude gehört heute zu Hösel. Die »Eule« hatte lange Zeit sogar eine eigene Autobahnabfahrt. Die Waldschänke florierte, bis Wilhelm Knevels 1935 ins Visier der NS-Behörden geriet, weil er jüdische Gäste in der »Eule« duldete. Am 14. August 1935 gab die Deutsche Arbeitsfront, Gauverwaltung Düsseldorf, ein Gutachten zu dem Vorhaben Knevels ab, seine Gaststätte zu erweitern: »Am Sonntag, den 11. August 1935 besuchten wir genanntes Lokal, um nachzuprüfen, ob eine Bedürfnisfrage zur Erweiterung der Schankwirtschaft auch vorliege. Herr Knevels beabsichtigt, eine geschlossene Veranda zu bauen, die sich einem Gesellschaftszimmer anschliesst. Beim Betreten der Wirtschaft bot sich uns hier ein erschreckendes Bild. Der grösste Teil der anwesenden Personen waren Juden. Unser Gaufachgruppenleiter Pg. Damm, welcher zur Prüfung der Schankerweiterung hier erschienen war, machte den Wirt auf den furchtbaren Zustand aufmerksam. Pg. Damm wurde aber mit den Worten abgewiesen: ›Wenn die Juden da sitzen, können sich ja die anderen wo anders hinsetzen.‹ Pg. Damm bemerkte dann, dass er festgestellt habe, dass kein Angestellter im Hause das Abzeichen der Deutschen Arbeitsfront trage. Der Wirt Knevels gab darauf wie folgt Antwort: ›Ach Quatsch, gehen Sie mir doch weg damit‹, drehte sich um und liess uns sitzen. Wir verliessen das Lokal ohne jeglichen Verzehr, das bei uns den Eindruck hinterliess, als ob es die Sammelstätte der Juden war und diese die Sympathien des Wirtes besassen. Wir erfuhren dann noch, dass im selben Lokal schon Sachen passiert sind, die von der Öffentlichkeit mit grossem Interesse aufgenommen wurden. Von ehemaligen Führerinnen einer Jugendgruppe der Deutschen Arbeitsfront wird uns mitgeteilt, dass ihnen nach gutem Verzehr mit einer Mädchengruppe von ca. 30 Mädchen das Singen von Fahrtenliedern im Lokal mit dem Bemerken verboten wurde, die anwesenden Gäste hätten sich beschwert, obwohl nur wenig Gäste dort waren (das war nämlich an einem Sonntagvormittag). Unter anderem Ausweisung von B. D. M.-Mädels nach gutem Verzehr aus dem Lokal. Wir haben das Gefühl, als wenn in dieser Wirtschaft antinationalsozialistisch gearbeitet wird und lehnen unsererseits jede Erlaubnis zur Erweiterung der Schankkonzession ab. Die zuständigen Dienststellen sind über die Angelegenheit ›zur Eule‹ in Kenntnis gesetzt.« (Stadtarchiv Ratingen, AL 560) Selbstverständlich wurde die Genehmigung zur Erweiterung der Gaststätte versagt. Die Waldschänke ist später in wirtschaftliche Schwierigkeiten geraten und wurde geschlossen.

In der Nähe der 1936/37 erbauten Autobahn – ebenfalls auf ehemals Eggerscheidter Gebiet – liegt direkt an der Anger »**Haus Müschenau**« ⑦, eine frühere Hofanlage. 1611 war Herman in der »Meuschen Awen«, Schöffe des Gerichts »In der Brüggen«, als Eingesessener der Honnschaft Eggerscheidt Mitglied der reformierten Gemeinde in Ratingen. Auch Paulus »in der Müschen-Awen« war 1692 Schöffe des Landgerichts »In der Brüggen« und Mitglied der evangelischen Gemeinde. 1684 übergab er vier Reichstaler, die die Eggerscheidter für den Bau der neuen reformierten Kirche in Ratingen gesammelt hatten. Die Huldigungsliste von 1730 nennt einen Reinardt »in der Muschenawen«. Im Jahr 1937 beantragte der damalige Besitzer Hermann Schlieper die Genehmigung für die Einrichtung einer Kaffeewirtschaft, die auch bereitwillig erteilt wurde, obwohl sich in der Umgebung noch die Gaststätten »Kessel«, »Knevels« und »Vogelbusch« befanden. Ein gastronomischer Betrieb in der »Müschenau« fand zunächst wohl nur im Sommer statt. In dem verputzten Fachwerkhaus mit Terrasse und großem Garten wird heute noch ein Restaurant betrieben.

Homberg – ein historischer Überblick

St. Georg, St. Ludgerus, St. Jacobus und andere: Homberg im Mittelalter und in der Frühen Neuzeit

Die heutige Ortschaft Homberg begegnet uns in mittelalterlichen Urkunden als Honberc, Honberge, Hoenberg, Hoynberch, Humburch, Hoembergh etc. Der Name deutet an, dass Homberg an einer erhöhten Stelle entstanden ist. Wie so viele andere Siedlungen im Rheinland und im Bergischen Land entwickelte sich Homberg, das als Teil des königlichen Reichsforstes ursprünglich zum Krongut gehörte, im Zuge von Rodungstätigkeit, d.h. Urbarmachung von Wald und Ödland. Die Könige ließen im Rodungsgebiet eigene Höfe anlegen, erteilten aber auch Rodungsprivilegien an freie adelige Herren oder kirchliche Institutionen, die ebenfalls Siedlungen begründeten.

In einem an der Wende vom 10. zum 11. Jahrhundert angelegten und Mitte des 12. Jahrhunderts abgeschriebenen und ergänzten Verzeichnis der Stiftungen für die Reichsabtei Werden, die 799 durch den friesischen Missionar Liudger/Ludgerus gegründet wurde, wird ein solcher freier Herr erwähnt: »Herimannus nobilis homo de Honberge«, der der Abtei anlässlich des Eintritts seiner Söhne Bernhard und Pilgrim in das Kloster Besitztümer in Sonnborn bei

Kloster und Stadt Werden auf einem Kupferstich von Mathäus Merian d. Ä., 1647

Elberfeld schenkte sowie eine Manse, ein Erbgut »iuxta pontem fluminis Angere«, bei der Brücke über die Anger. Die Familie von Herimannus lebte also in Homberg und war vermutlich auch Patronatsherr der Kirche, die wohl bereits im 11. Jahrhundert als einschiffiger Saalbau entstand. 1067 war die Kirche dann zur Hälfte im Besitz des Kölner Erzbischofs, der sie dem von ihm gegründeten Stift St. Georg schenkte. 1212 war St. Georg alleiniger Patronatsherr der Homberger Kirche, d.h. der Pfarrer wurde von Köln aus berufen und der Große Zehnt, die später meist verpachtete Abgabe von bestimmten und sehr ausgedehnten Ländereien, ging ebenfalls nach Köln. Im Gegenzug hatte St. Georg für den Erhalt des Kirchenschiffs Sorge zu tragen. Seit 1506 ist das Patrozinium St. Jacobus der Ältere bezeugt.

Die Stiftskirche St. Georg in Köln (rechts) mit der nicht mehr existierenden Pfarrkirche St. Jacobus, Lithografie von 1827. Heute ist St. Georg Pfarrkirche

Um die Kirche herum entwickelte sich die Siedlung Homberg. Der Kirchenbau aus der 2. Hälfte des 12. Jahrhunderts ist heute das einzige erhaltene mittelalterliche Gebäude in Homberg. 1265 wird eine »parrochia Hoemberghe«, also ein Kirchspiel erwähnt, dessen Grenzen weit über das Dorf Homberg hinausreichten. Die Homberger Pfarrkirche hatte zu dieser Zeit bereits eine gewisse zentralörtliche Funktion erlangt. Homberg war bis in die Neuzeit eine Honnschaft, womit eine ländliche Verwaltungseinheit auf unterer Ebene bezeichnet wird.

Zur Werdener Grundherrschaft gehörte nicht nur der bereits erwähnte Hof an der Angerbrücke, sondern auch weiterer umfangreicher Besitz im Kirchspiel Homberg. In einem zwischen 1474 und 1477 angelegten Verzeichnis der Pacht- und Rentengüter des Stifts Werden sind folgende Güter genannt: Aldenbracht/Altenbracht, »Anxte«, Bellscheidt, »Cloisterguet«, »Teyleken up den Homberge«, »dat guet ton Wostenhove«, »Weyle«, »Schonenbeicke« (vielleicht Schönenbeck), »Meysenhoel« (vielleicht Meisloch), »gude tor Bruggen«, »gude in der Herbecke« (Herbeck), »gude toe Lobecke super Anger bey der Eeren situ«, »Huesmansgude«. Die meisten dieser Höfe liegen heute in der Honnschaft Meiersberg, die später mit Homberg eine Einheit bildete. Das Kloster Werden besaß aber auch innerhalb des Dorfes bedeutenden Besitz, nämlich das in der Nähe der Kirche gelegene Gut Grashof. Der Grashof war spätestens seit der Mitte des 15. Jahrhunderts als Lehen an das Rittergeschlecht Landsberg vergeben, das in der Gegend zahlreiche andere Güter besaß.

Zum adeligen Frauenstift Gerresheim gehörten beispielsweise gemäß einem zwischen 1218 und 1231 angelegten Heberegister der Höfe die »bona (Güter) de Wile in parochia hoynberch« und die »bona in hesselt apud hoynberg«. 1559 wird das Gut »zur Heiden« als Lehen des Stifts Gerresheim an Adolf von Bernsau, den Besitzer des Hauses Anger vergeben. Zum Hofgericht des Derner Hofes, des

Die Pfarrkirche St. Jacobus d. Ä.

Oberhofs des Stiftes Gerresheim, zählten gemäß einer Auflistung aus der ersten Hälfte des 14. Jahrhunderts auch Groß- und Klein-Ilbeck.

Das Stift Kaiserswerth scheint nur über geringfügigen Landbesitz bei Homberg verfügt zu haben. So gab das Stift am 6. Juli 1447 eine längere Zeit wüst gelegene »Katstätte«, einen Kotten, mit 16 Morgen Ackerland und Heide, genannt das »Cleine Schoenenbecke«, gelegen im Kirchspiel Homberg, mit Willen der Erben und auf Rat der Stiftsbeamten für zwei Malter Jahreszins an die Eheleute Friedrich und Mettel van Steynbeck in Erbpacht. 1544 überließ das Stift Johann Averesch einen Busch genannt Elscheidt im Bergischen Land bei Homberg im Kirchspiel Mettmann, Honnschaft Niederschwarzbach, ohne das umliegende Land und die Heide. Offenbar war das Land zur Rodung vorgesehen. Dem Pächter wurde aufgegeben, Gebäude zu errichten, neue Bäume zu pflanzen und zu pflegen, das Land mit Gräben und Einfriedungen abzugrenzen, das Ackerland durch Einsatz von Kalk und Mist zu verbessern. Der Inhaber des Lehnguts sollte das Hofgericht als Schultheiss oder Vogt besitzen. Zu Kaiserswerth scheint auch das 1398 erwähnte Gut »Swazepe« (Schwarzbachhof?) gehört zu haben.

Auch der Landesherr war im Homberger Raum begütert. Die interessanteste Besitzung der Bergischen Herzöge war das Grevenhaus südlich des Dorfes. Zu Beginn des 15. Jahrhunderts verpachtete Herzog Adolf VII. den Hof zu »Swaetzpen (Schwarzbach) gen. das Grevenhuys« im Kirchspiel Homberg und Amt Angermund an Coen imme Rosendaell und seine Ehefrau Hilgen. 1446 überließ Herzog Gerhard II. den Hof »zu der Swaitzpe gen. Grevengut« dem Alf Quaden, Amtmann zu Angermund. Der Landesherr behielt sich allerdings vor, das Gut durch Zahlung von 600 rheinischen Gulden wieder einzulösen. Hundert Jahre später war das »Grevenhuys« an Rutger van Schoeler verpachtet, den Marschall und Rat Herzog Wilhelms IV. Die Erbpacht betrug jährlich 18 Malter Roggen, 24 Malter Hafer, 3 Malter Weizen, 3 Malter Gerste und 5 Mark Brabanter Pfennige. Zum Grevenhaus gehörte auch eine Mühle (»mullen zu des Gravenhaus«), die 1634 als Zwangsmühle für die Honnschaften Bracht, Bellscheidt und Krumbeck bezeichnet wird. Ein anderer landesherrlicher Besitz war das Sattelgut »Schrievers«, dessen Inhaber zunächst verpflichtet war, den Bergischen Grafen und Herzögen mit einem Pferd und einem bewaffneten Reiter in den Krieg zu folgen. Mit der Zeit wurde diese Verpflichtung durch eine Geldzahlung abgelöst. Vereinbart waren fünf schwere Gulden, die dem Landesherrn in einem seidenen Beutel zu überreichen waren. Zudem hatte die landesherrliche Regierung im Herzogtum Berg seit dem 15. Jahrhundert die Aufsicht über das Kirchenwesen.

Auch das Homberger Land- oder Schöffengericht, das für Akte der freiwilligen Gerichtsbarkeit (vor allem auch Beurkundung und Rechtssicherung in zivilen Angelegenheiten) sowie für die Kriminalgerichtsbarkeit (Blutgerichtsbarkeit) über die nichtritterliche ländliche Bevölkerung zuständig war, unterstand dem Landesherrn als obersten Gerichtsherrn. Das Homberger Landgericht, das wie alle landesherrlichen Gerichte vermutlich seit Mitte des 13. Jahrhunderts bestand und das sicherlich nicht am legendären »Knopslöken« tagte, setzte sich aus sechs Schöffen zusammen, denen der Ratinger Richter vorstand. Ein Gerichtsschreiber und ein geschworener Bote unterstützten die Arbeit von Schöffen und Richter. Zum Gerichtsbezirk gehörten die Dörfer und Honnschaften Homberg, Meiersberg, Hösel, Bellscheidt, Hasselbeck, Leubeck, Hetterscheidt, Velbert, Flandersbach, Krähwinkel, Rützhausen, Isenbügel und Tüschen. Seit der zweiten Hälfte des 15. Jahrhunderts zeigte das Homberger Schöffensiegel den hl. Jacobus d. Ä. mit Pilgermuschel und Schwert. Dieses Siegel, das für das Jahr 1510 erstmals überliefert ist und bis 1683 in Gebrauch war, wurde zusammen mit dem Gerichtsbuch in der Homberger Kirche verwahrt und von drei Schöffen unter Verschluss gehalten. Im Homberger Gerichtsbezirk bestanden 1634 fünf Hofgerichte: »Kalckhoven«, das dem Kloster Werden unter-

Siegel der Schöffen von Homburg, 2. Hälfte des 15. Jahrhunderts stand, Haus Anger im Besitz der Familie Bernsau, der Grashof im Besitz der Familie Landsberg, zwei weitere lagen in Hösel und Velbert.

Über die Topografie und das Alltagsleben im mittelalterlichen Dorf Homberg liegen nur wenige Angaben vor. Die Kirche war schon früh Zentrum einer dörflichen Streusiedlung. Der Grashof, die Große und die Kleine »Meuss«, das Gut »Auf'm Berg« sowie das Haus »Lilie« wird es schon im Mittelalter gegeben haben. In der »Kirchen Roll der Pfarrkirchen zu Homberg«, einem Rentenverzeichnis der Pfarrkirche von 1572, werden die Häuser »in der Meusen«, das »Kirchengut an der Linden« und »Johann auff dem Homberg« genannt. Ob sich die letzte Bezeichnung auf den Sitz der ehemaligen Herren von Homberg bezieht, mag dahingestellt sein. Des Weiteren wird erstmals eine Straße, die »oberste Gasse«, erwähnt. Dietrich der Schmied lebte »in der Lauben«. Johann »auff der Trappen« wird vermutlich in der Nähe der Kirche gewohnt haben, zu der damals bereits eine Treppe hinaufführte. Die Pfarrkirche war mit einer Mauer umgeben. Dietrich der Schmied wird nicht der einzige Handwerker in Homberg gewesen sein. Bereits das »Erneuerte Rentenbuch des Gasthauses zu Ratingen« von 1456 erwähnt die »smede ind slyper Renten zo Homberg«. Einen Bäcker, einen Müller und vielleicht auch einen Gastwirt hat es wohl auch gegeben. Die Dorfbewohner hatten ihre Häuser im Wesentlichen entlang der Dorfstraße, der Hauptachse des Ortes, und in den wenigen schmalen Gassen. Hinter den Behausungen dehnten sich Gärten aus, die der Selbstversorgung dienten. Ansonsten lebten die Einwohner vor allem von der Landwirtschaft, als Pächter adeliger Höfe oder auch der zahlreichen Klosterhöfe, als freie Bauern, die es auch gab, oder als Pächter kleiner Kotten, die nur den nötigsten Lebensbedarf erwirtschafteten.

Es ist zu vermuten, dass enge Beziehungen der Homberger zur benachbarten Stadt Ratingen bestanden. Manche Homberger hatten Besitzungen in Ratingen und umgekehrt. 1443 wird im Ratinger Stadtbuch die Homberger Straße erwähnt. Bereits im 12. und 13. Jahrhundert ging zwei Tage vor Christi Himmelfahrt eine Prozession von Ratingen nach Homberg. 1380 musste der »kirker van Hoembergh« am Jacobstag (25. Juli) jährlich sechs Denare an das

Beginenhaus in Ratingen zahlen. Im gleichen Jahr lebte Wyndrut van Hoembergh zusammen mit Cilia van Gotschalsberge und Drudekyn van Crumbech als Begine in Ratingen. Homberger werden auch in nahe gelegene geistliche Institutionen eingetreten sein. Einige Homberger zog es auch in die Ferne; leider haben sie nur spärliche Spuren hinterlassen. So legte 1351 die Stadt Ratingen Fürsprache ein für die in Homberg lebende Sophia, Witwe des Hennekin de Lipperode, die Erbin ihrer drei in Lübeck verstorbenen Kinder war. 1608 bittet Heinrich uf Ort zu Homberg bei Ratingen die Stadt Wismar um Rückgabe des Nachlasses seines Sohnes Dietrich Ortmans von Homberg, der vor etlichen Jahren in Köln das »benderhandtwerck« als junger Geselle erlernt hatte, also Fassbinder war, und auf der Reise nach Danzig im vergangenen Winter in Wismar verstorben war.

Homberg im Zeitalter der konfessionellen Auseinandersetzungen: Die Entstehung der evangelischen Gemeinde

In einem Visitationsbericht über die kirchlichen Verhältnisse aus dem Jahr 1725 wurden für das Kirchspiel Homberg (Homberg, Bellscheidt, teilweise Hösel, Leubeck, Hetterscheidt, Hasselbeck, Flandersbach, Meiersberg) fünfzehn katholische und über hundert reformierte Familien gezählt. Evangelische Gläubige, die sich zur lutherischen Richtung zählten, spielten in Homberg nie eine Rolle. Bereits in der Landesaufnahme des Herzogtums Berg durch Erich Philipp Ploennies von 1715 wurde das Kirchspiel Homberg als »reformiert« bezeichnet. Im Herzogtum Jülich-Kleve-Berg bestimmte der im Reichstagsabschied von Augsburg 1555 festgeschriebene Grundsatz »Cuius regio eius religio« (»Wer das Land regiert, soll auch die Religion bestimmen«) im Großen und Ganzen nie die Richtlinien der Landespolitik. Freilich zeigten sich die Landesherrn den religiösen und kirchenpolitischen Neuerungen gegenüber recht unentschlossen. Reformen der Glaubenspraxis strebten sie durchaus an, die Grundzüge der katholischen Glaubensinhalte und die kirchliche Hierarchie sollten jedoch nicht angetastet werden. Die ständigen kriegerischen Auseinandersetzungen – vom Spanisch-Niederländischen Krieg (ab 1568), dem Jülich-Klevischen Erbfolgestreit (1609-1614) bis zum Dreißigjährigen Krieg (1618-1648) – erschwerten die Entwicklung der sich herausbildenden jungen evangelischen Gemeinden. Das Schreckensregiment des Herzogs Alba in den Niederlanden seit 1566 trieb zahlreiche Glaubensflüchtlinge auch ins Rheinland und vergrößerte die evangelischen Gemeinden. Andererseits beendete die im Vergleich von Xanten 1614 festgeschriebene provisorische Erbteilung zwischen Jülich-Berg, wo fortan die katholisch gewordenen Pfalz-Neuburger herrschten, und Kleve, Mark, Ravensberg und Ravenstein, das an das reformierte Brandenburg-Preußen ging, eine relativ kurze Periode der religiösen Toleranz und freiheitlichen Entwicklung der Gemeinden. Die Reformierten schlossen sich zu »heimlichen Gemeinden unter dem Kreuz» zusammen, die vielfach Unterdrückung und Schikanen trotzen mussten. Gottesdienste waren zeitweise verboten und die Gegenreformation, getragen vor allem von den Jesuiten, befand sich auf dem Vormarsch. Zum Überleben der reformierten Gemeinden trug in erster Linie ihre Organisation, die presbyteriale und synodale Kirchen- und Lebensordnung bei.

Ein evangelischer Prediger ist für Homberg seit 1567 nachgewiesen. In diesem Jahr wurde Johann Wischmann, dem Inhaber der St. Katharinen-Vikarie in Ratingen, diese entzogen und dem katholischen Johann Steinhaus zugesprochen. Wischmann ging daraufhin nach Homberg, wo er in die Liebfrauen-Vikarie eingesetzt wurde, die die Familie von Bernsau, die evangelisch gewordenen Herren des Hauses Anger, weiterhin beanspruchte und ausübte. Auch der katholische Pfarrer in Homberg schien mit den Neuerungen zu sympathisieren: 1565 gingen Ratinger Bürger am Ostermontag nach Homberg zum Gottesdienst, um das Abendmahl in beiderlei Gestalt von Brot und Wein zu empfangen. 1590 schloss sich die nach wie vor »heimliche« reformierte Gemeinde Homberg der »Bergischen Synode« an, die ein Jahr zuvor in Neviges gegründet worden war. In einem reformierten Milieu wuchs auf Gut Kocks bei Homberg Heinrich Kocks (Henricus Coxhusius Hombergensis) auf, der seit 1586 an der Hohen Schule in Herborn evangelische Theologie studierte und 1607 bis 1609 der erste offizielle reformierte Prediger in seinem Heimatort wurde. Um diese Zeit waren wohl die Besitzer der meisten Höfe in der Honnschaft Homberg und den benachbarten Honnschaften (z. B. Anger, Rommeljans, Kocks, Zassenhaus, Grashaus, Ilbeck, Kesselhaus) zum Protestantismus übergetreten. Seit 1600 bestand vermutlich ein Presbyterium in Homberg. Nach Beendigung des Dreißigjährigen Krieges wurde die Existenz der reformierten Gemeinden abgesichert: Diejenigen Gemeinden, die im festgesetzten Normaljahr 1624 öffentlichen Gottesdienst gefeiert hatten, konnten das auch weiterhin tun, wenn auch unter gelegentlichen Anfechtungen. Homberg gehörte fortan zu den zahlreichen gemischtkonfessionellen Gemeinden im Bergischen Land. Die reformierte Gemeinde Homberg umfasste auch Meiersberg, Bellscheidt, Hösel und Hubbelrath. 1634 führte die Gemeinde ein eigenes Siegel ein, das eine Rose als Symbol für den Widerstand gegen Unterdrückung sowie eine Muschel zeigte. Die Muschel hatte keinen Bezug zu St. Jacobus, der eine große Rolle in Homberg spielte, sondern war wohl eher als Hinweis auf die »köstliche Perle« zu deuten, mit der Jesus Christus das Evangelium verglichen hat.

Reformierte Kirche »Im Grund«, 1684 erbaut, Foto um 1910

Schwierigkeiten bereitete nach wie vor die Beschaffung von Gottesdiensträumen. Die »Meuss«, die zu Beginn des 17. Jahrhunderts angemietet werden konnte, stand nicht kontinuierlich als Predigthaus zur Verfügung. Reformierte Gottesdienste mussten nach wie vor auf den umliegenden Gütern, in Scheunen oder auch im Freien gefeiert werden. Erst 1684 konnte trotz des Widerstandes der Regierung in Düsseldorf die kleine bescheidene reformierte Kirche »Im Grund«, heute »Am Dorfkrug«, eingeweiht werden. 1695 wurden Stange und Hahn auf dem nachträglich errichteten Turm angebracht, zwischen 1695 und 1705 drei Glocken angeschafft. Im Jahr 1700 baute Meister Vincenz aus Ratingen eine neue Kanzel für die Kirche und 1728 gelang der lang ersehnte Ankauf einer eigenen Kirchenuhr. Der Aufbau eigener Einrichtungen machte die reformierte Gemeinde unabhängig von der katholischen Gemeinde und der Zahlung von Nutzungsgebühren, die oftmals Anlass für Querelen boten. 1704 wurde in der Nähe der Kirche ein Schulhaus eingerichtet, 1754 die Schule »auf dem Bremenfeld« in Meiersberg gegründet. Ihre Toten beerdigten die Reformierten weiterhin auf dem Friedhof an der Pfarrkirche St. Jacobus d. Ä., bis 1808 ein neuer Friedhof auf dem Areal des Grashofs angelegt wurde; direkt neben dem evangelischen entstand der katholische Friedhof.

Bis zum Beginn des 19. Jahrhunderts hatten sich die konfessionellen Verhältnisse in Homberg erneut verändert. 1817 lebten in Homberg 317 Katholiken, 3 Lutheraner und 216 Reformierte. Die Gutsbesitzer waren nach wie vor überwiegend Mitglieder der reformierten Gemeinde. Mit dem Ende des Alten Reichs in der Französischen Revolution trat die konfessionelle Frage immer mehr in den Hintergrund.

Hombergs Weg in die Moderne

Auch weit über das Ende des Ancien Regime hinaus blieb die Landwirtschaft die wichtigste Erwerbsquelle der Homberger. Doch lassen sich bereits sehr früh Gewerbegründungen in der Umgebung des Dorfes feststellen. Im Jahr 1580 privilegierte Herzog Wilhelm V. von Jülich-Kleve-Berg ein Alaunbergwerk, das von Elberfelder Bürgern gegründet worden war. Das im Bergbau geförderte Salz Alaun wurde als Ätzmittel in der Färberei und als Beize in der Papierherstellung verwandt. Das Homberger Bergwerk besaß das Recht des Alleinvertriebs von Alaun im Herzogtum Berg und in der Grafschaft Ravensberg. An das Alaunbergwerk schloss sich auch ein alter Bleigang an. 1783 wurden Wilhelm und Heinrich Steinshoff mit einer

Eisenerzgrube belehnt, die im Bereich des Landgerichts Homberg in der Nähe der Höfe Steinhaus und Grashaus lag. Diese Grube, die vor allem Raseneisenerz förderte, war 1801 noch in Betrieb. Es ist nicht ganz sicher, ob die 1790 gegründete Strumpffabrik tatsächlich im bergischen Homberg stand. 1799 wurde eine Krankenlade, eine Art Krankenkasse, durch die »Einsassen des Kirchspiels« ins Leben gerufen, weil »die Fabriquen im Aufkeimen begriffen« waren (H. Weidenhaupt/E. Münster-Schröer, Die Geschichte der Pfarre St. Jacobus der Ältere in Ratingen-Homberg, Düsseldorf 1997, S. 100). Im Jahr 1807 suchte die Witwe Kimpenhaus beim Kellner in Angermund, der als oberster Finanzbeamter der Regierung für das Amt Angermund zuständig war, um eine Konzession nach, den beim Hahner Hof in der früheren Honnschaft Bracht gelegenen Kalkofen weiter zu betreiben. Der Kalkofen arbeitete seit 1773. Der Kalk sollte an die Festung Wesel verkauft werden. Ein weiterer Kalkofen bestand um 1800 am Gut Hausmannhausen.

Aber auch in der Landwirtschaft waren Veränderungen festzustellen. In Homberg, das um 1800 auch die Honnschaften Bellscheidt, Bracht und Meiersberg umfasste und das seit 1808 zur Mairie Eckamp, später zum Amt Eckamp gehörte, waren die meisten Höfe in die Hände von Bauern oder Landwirten gelangt, die sie auch selbst bewirtschafteten. Nur wenige Güter waren im Besitz von Adeligen geblieben, die sie von Pächtern bewirtschaften ließen. Das Pachtwesen überlebte auf den größeren Meiersberger Höfen länger als in Homberg. Daneben gab es zahlreiche kleinere Kotten, auf denen Familien lebten, die die Landwirtschaft häufig mit handwerklicher Betätigung kombinierten. Angebaut wurden neben Getreide auch Raps, Kartoffeln und Rüben. Obstbau, Viehhaltung, Vieh- und Pferdezucht sowie die Milchwirtschaft spielten eine große Rolle. Auf den Feldern wurden Ziegel gebrannt, eine Tätigkeit, die häufig von holländischen Saisonarbeitern ausgeübt wurde.

Fast das gesamte ackerfähige Land war um 1800 in Kultur genommen worden. Die Zehntabgaben, im Ancien Régime eine große Belastung für die Bevölkerung, waren inzwischen durch Geldzahlungen abgelöst worden. Die modifizierte Dreifelderwirtschaft vom Beginn des 19. Jahrhunderts konnte durch Einsatz von

Kaffeepause bei der Kartoffelernte auf Gut Obenanger, 1910

Düngemitteln verbessert werden. Insgesamt bescherten die guten Böden in der Homberger Gegend den Eigentümern der Höfe, die immer noch die Geschicke des Dorfes lenkten, einen soliden Wohlstand.

Im Bereich Homberg – Bracht – Bellscheidt war im Verlauf des 19. Jahrhunderts eine Bevölkerungszunahme zu beobachten: Im Kirchspiel Homberg lebten 1792 458 Einwohner, im Ort Homberg 1817 536 Einwohner, 1885 waren in Homberg – Bracht – Bellscheidt 904 und 1905 923 Personen ansässig. In der Honnschaft Meiersberg lebten 1832 608 Einwohner, im kleineren Meiersberg 1885 500 und 1905 529 Einwohner. Die Grenzen der Ortschaft Homberg – Bracht – Bellscheidt stellten sich gegen Ende des 19. Jahrhunderts wie folgt dar: Zur Katastralgemeinde Homberg gehörten neben dem Dorf auch die Höfe Hausmannshausen, Himmel, Hochstein, Hommerich, In den Höfen, Kimpenhaus, Unter Schrievers, Viegenkothen, Wiedenhof, Wittenhaus; die Katastralgemeinde Bracht umfasste auch die Höfe Altenbracht, Altenlohoff, Auf der Hufe, Brachterhof, Götzenberg, Hahnerhof, Gut Kliff, Neuenlohof, Rommeljans, Scheifenhof und Thomashof. Zur Katastralgemeinde Bellscheidt gehörten die Höfe Bellscheidthof, Breckhausen, Knevels, Knops und Obenanger.

Auch im kulturellen Bereich tat sich Einiges: 1845 wurde die katholische Schule an der Dorfstraße eröffnet. Ausgebildete Pädagogen übernahmen die Rolle des Küsters, der jahrhundertelang nebenher auch Lehrer gewesen war. 1863 konnte die evangelische Schule ihr neu erbautes Haus in der Dorfstraße beziehen. 1821 wech-

Abschlussklasse der katholischen Schule in Homberg vor der Kirche St. Jacobus d. Ä., rechts Pfarrer Franz Wilhelm Tosquinet und Rektor Andreas Becüwe, 1920er Jahre

selte die abgelegene Schule »auf dem Bremenfeld« in Meiersberg auf ein Grundstück gegenüber der Niederheide (1929 Neubau auf dem Nachbargrundstück).

Seit der zweiten Hälfte des 19. Jahrhunderts zogen die sich in den Städten der Umgebung ausbreitenden Industrieanlagen immer mehr Arbeitskräfte aus dem ländlichen Bereich ab, die sich besseren Lohn und sichere Arbeitsplätze versprachen. Hatte die 1847 gegründete Eisenhütte Hochdahl noch kaum einen Einfluss auf die Verhältnisse im Homberger Raum gehabt, so wurde das insbesondere mit den von August Thyssen 1903 gegründeten

75-jähriges Jubiläum der evangelischen Schule, 1938

Rheinischen Kalksteinwerken in Wülfrath und den in Wuppertal-Dornap 1887 gegründeten Rheinisch-Westfälischen Kalkwerken AG anders. 1903 nahm die Angertalbahn (Kalkbahn) ihren Betrieb auf, um den Kalk von Wülfrath nach Ratingen-West (seit 1941 nach Ratingen-Tiefenbroich) und von dort zu den Industriebetrieben im Ruhrgebiet zu transportieren. Bis 1945 brachte die Angertalbahn auch Ausflügler ins Angertal, die sich in der schönen Natur erholen und die zahlreichen Gaststätten besuchen konnten. Um

Sandgrube an der »Kesselsdell«, die einen eigenen Gleisanschluss in der Nähe des Gutes »Am Häuschen« hatte, 1945

1900 entstanden in der Umgebung Hombergs etliche Formsandgruben. Den Formsand, der für die Eisengießerei benötigt wurde, transportierte ebenfalls die Angertalbahn. Eine der ersten Sandgruben nahm in der Nähe des Schlagbaums an der Stadtgrenze zu Ratingen ihren Betrieb auf. Seit 1936 förderte die Grube Liethen in Homberg südlich der Meiersberger Straße Formsand. Für die Arbeiter in den Sandgruben, die vielfach auch aus Belgien oder Italien kamen, wurden einfache Unterkünfte z. B. in der heutigen Seilerstraße gebaut. Homberger fanden auch in den Ratinger Industrieunternehmen wie in der 1910 gegründeten Deutschen Lastautomobilfabrik AG (DAAG) oder in der Heiligenhauser Kleineisenindustrie Arbeit.

Die technischen Neuerungen erreichten auch die Landwirtschaft: Seit den 1860er Jahren wurden Dreschmaschinen eingesetzt; seit den 1920er Jahren ersetzten Trecker Pferdegespanne. 1888 wurde eine landwirtschaftliche Genossenschaft gegründet, die das Risiko für Investitionen in Modernisierungen streute.

Die heutige Seilergasse in den 1930er Jahren

Im Dorf Homberg hatten sich zahlreiche Handwerker und Händler niedergelassen. Neben acht Gutsbesitzern nennt das »Adressbuch der Kreise Düsseldorf (Land) und Mettmann« von 1880 einen Klempner, zwei Krämer, einen Kleinhändler, einen Kaufmann, eine Manufakturwarenhandlung, eine Kolonialwarenhandlung, einen Ökonom, einen Tabakhändler, der auch Barbier war, zwei Bäcker und einen Wirt, der ausschließlich diese Tätigkeit ausübte. Die anderen Wirte arbeiteten auch als Sattler, Schmied, Krämer, Schneider, Schreiner und Metzger. Witwe Kemperdick war Ackerin und ebenfalls Wirtin. Zwischen 1909 und 1925 wurden 40 Handwerksbetriebe gezählt. Die Arbeiterbevölkerung nahm seit den 1880er Jahren zu. Die Dorfbevölkerung orientierte sich zunehmend an städtischen Lebensformen.

Die Infrastruktur und die Verkehrsanbindung an die größeren Orte der Umgebung verbesserten sich allmählich. Um 1850 wurde der Kommunalweg von Ratingen nach Homberg chausseemäßig

Edmund und Otto Lücker mit weißem Oberhemd und Fliege auf einem Mähdrescher bei Erntearbeiten, um 1930

Straßenbau in Homberg, 1920er Jahre

bis Wülfrath ausgebaut. 1925 nahm die Omnibuslinie von Ratingen über Homberg nach Heiligenhaus und Velbert ihren Betrieb auf. Seit 1935 wurde die Reichsautobahnstrecke Köln - Duisburg gebaut. 1929 bekam Homberg eine geregelte Wasserleitung, eine Müllabfuhr konnte erst nach 1945 eingeführt werden. 1929 wurde die Gemeinde Homberg – Bracht – Bellscheidt im Zuge der kommunalen Neugliederung Teil des neuen Amtes Hubbelrath im Landkreis Düsseldorf-Mettmann.

1911 erfolgte die Vergrößerung der katholischen Pfarrkirche. Mit der Einweihung der evangelischen Christuskirche an der Dorfstraße 1912 erhielt Homberg seine bis heute charakteristische Silhouette.

Blick auf einen Teil von Homberg, um 1930

Das nationalsozialistische Regime und der Zweite Weltkrieg endeten auch für die Homberger in Demoralisierung und Not. Wenn auch die katholische Pfarrkirche 1943 von einer Luftmine getroffen wurde, so kamen die Häuser des Ortes doch relativ glimpflich davon. Der Zuzug von Flüchtlingen aus Ostdeutschland führte zu einem signifikanten Bevölkerungszuwachs. 1967 schlossen sich die Gemeinden Homberg – Bracht – Bellscheidt sowie Meiersberg zur neuen Gemeinde Homberg-Meiersberg zusammen. 1975 wurde die Gemeinde Homberg-Meiersberg in ihrem überwiegenden Teil mit der Stadt Ratingen und den Gemeinden Breitscheid, Eggerscheidt, Hösel und Lintorf zur neuen Stadt Ratingen im Kreis Mettmann zusammengeschlossen. Die Einwohnerschaft von Homberg – Bracht – Bellscheidt stieg von 1.317 im Jahr 1946 auf 1.880 im Jahr 1961. 1980 zählte Homberg 5.386 Einwohner, 1995 5.785 und 2006 5.556 Einwohner. 37,4 Prozent der Einwohner waren 2006 evangelisch, 34,6 Prozent katholisch und 28,0 Prozent wurden in der Rubrik »Sonstige« geführt.

Infolge des kontinuierlichen Zuzugs von Menschen ist auch der Ort Homberg gewachsen. Die größte siedlungspolitische Maß-

Luftaufnahme Hombergs, um 1970: Rechts der alte Dorfkern mit den Kirchen, links - südlich der Meiersberger Straße - liegt der neue Ortsteil Homberg-Süd nahme war die Planung und der Bau von Homberg-Süd seit Mitte der 1960er Jahre. Aber auch im Bereich der Adlerstraße, der Lilienstraße und westlich der Ringstraße (Marienstraße, Georgsweg) entstand neuer Wohnraum. In der ersten Hälfte der 1980er Jahre richteten die katholische und die evangelische Kirche in Homberg-Süd Gemeindezentren (2008 Schließung der evangelischen Einrichtung) ein. Die Ökumene wurde zu einem wichtigen Grundsatz kirchlichen Lebens in Homberg. 1974/75 nahm an der Ulmenstraße die Christian-Morgenstern-Schule ihren Betrieb auf, die die einzige Grundschule im Ort blieb.

Ende der 1980er Jahre wurde das Dorfzentrum saniert; das Erscheinungsbild des Dorfkerns, den Ortsgrundriss und die Silhouette schützt seit 2006 eine Denkmalbereichsschutzsatzung. In zahlreichen alten Häusern sind heute Künstlerateliers untergebracht. Zur Lebensqualität tragen auch die attraktiven Grünflächen bei. Hier sind unter anderem der 1997 geschaffene Grünzug an der Geibelstraße und der Grünzug im Bereich Schneppersdelle zu nennen.

Die überwiegende Mehrheit der Homberger arbeitet heute in den Bereichen Industrie und Handwerk. Die Strukturkrise der Landwirtschaft führte dazu, dass zahlreiche Hofbesitzer nach neuen Wegen suchten, sofern sie ihre Höfe überhaupt erhalten konnten. Einige Landwirte richteten Reitställe ein, andere vermieteten leer stehende Gebäude an die Industrie. Der Besitzer des Hofes Grashaus verpachtete einen Großteil seines Landes seit 1993 an einen Golfclub. Zahlreiche Landwirte eröffneten Hofläden, um ihre Erzeugnisse direkt an die Verbraucher zu verkaufen.

Die Homberger plagen heute einige ungelöste Probleme, zu denen der tägliche Verkehrsinfarkt auf der Meiersberger Straße (L 422), der inzwischen begonnene Ausbau der A 44, die Nutzung der stillgelegten Sandgrube Liethen und ein geplanter Windpark gehören. Dennoch werden der idyllische Dorfkern und die reizvolle landschaftliche Umgebung weiterhin dazu beitragen, dass Homberg auch in Zukunft zu den attraktivsten Ratinger Stadtteilen gehört.

Homberg entdecken

Rund um die »Wiesnasen«

Auf Spaziergängen in der Nähe des Dorfes Homberg tauchen oft unvermittelt die beiden Wahrzeichen auf, die die Silhouette des Dorfes dominieren, die katholische und die evangelische Kirche, auch »Wiesnasen« genannt, weil sie »naseweis« ihre Türme aus den Wiesen und Äckern der Umgebung emporstrecken.

Blick auf Homberg mit den »Wiesnasen«

Der Gang durch Homberg beginnt in der Dorfmitte. Von der Dorfstraße aus führen einige Treppenstufen zur katholischen Pfarrkirche St. Jacobus d. Ä. An der Südseite der Kirche zieht zunächst die **Skulpturengruppe »Flurprozession«** von Brigitte Trennhaus ① die Aufmerksamkeit auf sich. Im Oktober 1989 wurden die Torsi von 13 entrindeten Akazienstämmen installiert; sie sind zwischen 1,80 und 3,60 m hoch, stehen auf Stahlplatten und sind von hinten mit Stahlstützen versehen. In die Baumstämme sind Buchstaben eingeschnitten, die von oben nach unten gelesen Aufforderungen ergeben wie: LIEBET, DIENET, SEGNET, BEHÜTET, SCHENKET, SÄET, WACHSET, BLÜHET, ERNTET, WERDET, VERGEHET, LEBET, BETET. Die Skulpturen evozieren menschliche Gestalten: Bei genauem Hinschauen ent-

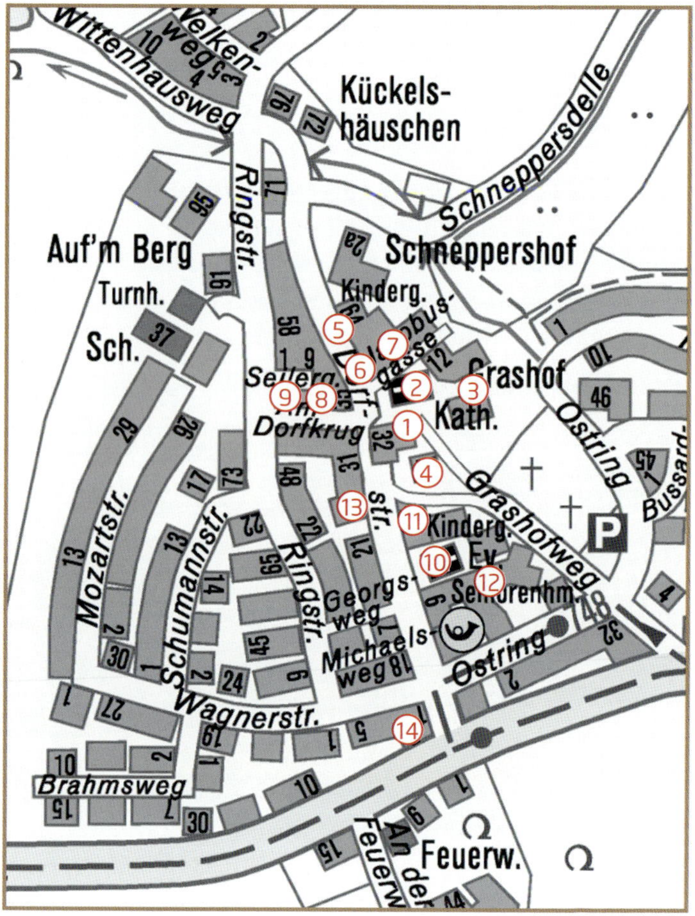
Wittenhausweg
Welkenweg
Kückelshäuschen
Schneppersdelle
Ringstr.
Auf'm Berg
Turnh.
Sch.
Schneppershof
Kinderg.
Jacobusgasse
Grashof
Seilerg.
Am Dorfkrug
Dorfstr.
Kath.
Ostring
Grashofweg
Bussard-
Mozartstr.
Schumannstr.
Kinderg.
Ev.
Georgsweg
Seniorenhm.
Michaelsweg
Wagnerstr.
Brahmsweg
An der Feuerw.
Feuerw.

deckt man Köpfe, Arm- und Beinstümpfe, männliche und weibliche Geschlechtsteile. Gedanken- und sinnlos wurden die Bäume 1988 im Naturschutzgebiet Neandertal geschlagen und liegengelassen. Die künstlerische Gestaltung durch die in Homberg und Berlin lebende Künstlerin verleiht der geschändeten Natur eine neue Bedeutung und Würde. Der Titel des Kunstwerks – »Flurprozession« – erinnert an den Brauch, zum Fest Christi Himmelfahrt durch Wiesen und Felder zu gehen und Gottes Segen über

Skulpturengruppe »Flurprozession« von Brigitte Trennhaus

die Natur zu erbitten. Brigitte Trennhaus' Skulpturengruppe steht in Homberg auf dem ehemaligen Kirchhof und ist umgeben von noch lebenden Akazienbäumen. Der Aufstellungsort unterstreicht die Aussage der eindrucksvollen Skulpturengruppe, indem er das in ihr angelegte Spannungsverhältnis von Werden und Vergehen, von Tod und Leben verdeutlicht.

Die **Pfarrkirche St. Jacobus d. Ä.** ② ist neben der katholischen Ratinger Stadtkirche St. Peter und Paul das älteste erhaltene Gotteshaus in Ratingen, eines der ältesten im Kreis Mettmann überhaupt. St. Jacobus liegt etwas erhöht im Zentrum des Dorfes, inmitten eines alten, zum Teil mit einer Mauer umgebenen Friedhofs, der seit 1808 nicht mehr belegt wird. Zum ersten Mal erwähnt wird die Homberger Kirche in einer Urkunde von 1067, die zum Inhalt hat, dass Erzbischof Anno II. von Köln dem von ihm begründeten Kanonikerstift St. Georg vor der Hohen Pforte neben zahlreichen anderen Rechten und Besitzungen die Hälfte der Patronatsrechte an der Kirche in Homberg schenkt (»in Honberc dimidiam partem ecclesie«). Die Urkunde selbst ist zwar eine Fälschung aus der Mitte des 12. Jahrhunderts, entstanden aus Anlass einer Auseinandersetzung des Stiftes St. Georg mit dem Bonner Cassiusstift um bestimmte Rechte im Ahrgau; die Aufzählung des Besitzes des

Innenraum der Kirche St. Jacobus d. Ä.

Stiftes St. Georg in der Urkunde von 1067 wird allerdings allgemein als gültig angesehen. Auch wenn die Homberger Kirche möglicherweise zunächst die Eigenkirche eines Adeligen gewesen ist, wurde sie vermutlich recht früh zu einer bischöflichen Pfarrkirche, die zur Erzdiözese Köln gehörte. Friedrich Wilhelm Oediger, Direktor des Hauptstaatsarchivs in Düsseldorf, vermutete 1956, dass die Homberger Kirche zu einem System von »Urkirchen« gehört habe, die als Zentren eines weitläufigen Pfarrsprengels die erste kirchliche Organisation im Bergischen Land bildeten.

Wie die Urkunde von 1067 zeigt, gehörte die Homberger Kirche dem Stift St. Georg nur zur Hälfte. Ein weiteres Viertel war Eigentum des Stiftes Essen und das letzte Viertel gehörte einem Wiricus von Bachheim (Bachem), der es geerbt hatte. 1212 gelang es St. Georg, alleiniger Inhaber der Rechte an der Kirche in Homberg zu werden. Das Stift war von diesem Zeitpunkt an alleiniger Patronats- und Zehntherr.

Der erste gesicherte Kirchenbau stammt aus der zweiten Hälfte des 12. Jahrhunderts. In Homberg entstand damals eine dreischiffige Basilika mit Westturm, errichtet in Bruchsteinmauerwerk aus Sandstein mit Tuffgliederung. Es gibt allerdings Hinweise auf die Existenz zweier einschiffiger Vorgängerbauten. Aufgrund der häufigen Umbauten, Restaurierungen, Sanierungen und Überformungen des Baukörpers kann mit Hans Erich Kubach und Albert Verbeek nur gesagt werden, dass Reste der alten romanischen Kirche im heutigen Bau enthalten sind. 1433 quittierten die Homberger Kirchmeister Erwyn zu Woisthoven und Henneken van der Heiden den Erhalt von 150 Kaufmannsgulden, gezahlt vom Stift St. Georg zur »Vollendung des Kirchenbaus«. Ob diese Formulierung den Abschluss der Errichtung der Kirche oder Um- bzw. Erweiterungsbauten meint, muss leider offenbleiben. Vielleicht ist damals der Chor entstanden, denn Untersuchungen aus den 1950er Jahren dokumentieren Gewölbereste im Chorbereich, die vermutlich aus dem 15. Jahrhundert stammen. Kubach und Verbeek allerdings datieren den Chor ins 17. oder 18. Jahrhundert.

Jacobspilger, aus dem Pilgerbuch des Hermann Künig van Vach von 1495, gedruckt 1521

1506 wird erstmalig das St. Jacobus-Patrozinium erwähnt, das möglicherweise aber schon früher bestand. Ein Indiz dafür ist die enge Verbindung des St. Georg-Stifts in Köln mit der benachbarten Pfarrkirche St. Jacob: Die Inhaber der Homberger Kirche hätten demnach das Patrozinium der eigenen Pfarrkirche nach Homberg übertragen.

Zudem liegt Homberg an einem »Zubringer« zum Pilgerweg nach Santiago de Compostela, der während des gesamten Mittelalters Heerscharen von Pilgern aus Norddeutschland über Essen, Aachen, Paris und Tours in Richtung Pyrenäen führte, wo der eigentliche »Camino« beginnt. 1510 zeigt ein Schöffensiegel des Homberger Landgerichts den hl. Jacobus den Älteren und in dem Protokoll der

Kirchenvisitation von 1552 findet eine Homberger St. Jacobus-Bruderschaft Erwähnung.

Während des Spanisch-Niederländischen Krieges (1568–1648, 1618 in den Dreißigjährigen Krieg übergehend) erlitt die Homberger Kirche schwere Schäden. Da zudem die katholische Bevölkerung stark rückläufig war, wurde St. Jacobus der Ältere zu Beginn des 17. Jahrhunderts in verkleinerter Form wieder aufgebaut: Es entstanden ein einschiffiger Saalbau, der mit einem spitzbogigen Tuffsteingewölbe überspannt war, ein Rechteckchor und eine Sakristei. Der fünfstöckige Turm blieb erhalten.

Gegen Mitte des 19. Jahrhunderts häuften sich die Klagen über den schlechten baulichen Zustand der Jacobus-Kirche. Die Gutachten, die zwischen 1841 und 1844 entstanden, prognostizierten einen Einsturz in 50 bis 100 Jahren. In den Jahren zwischen 1849 und 1851 konnten grundlegende Baumaßnahmen durchgeführt werden. Die wichtigsten Eingriffe in den Baukörper waren die Zumauerung von drei kleinen romanischen Fenstern an der Südseite, die durch zwei hohe Fenster – symmetrisch zu denen an der Nordseite – ersetzt wurden sowie der Einbau von Flachdecken anstelle des Holzgewölbes im Kirchenschiff und des Steingewölbes im Chorbereich.

1878/79 malte der Kirchenmaler Hugo Kohl die Homberger Kirche in zeittypischer Manier aus. 1880/81 erhielt St. Jacobus zwei neue Altäre, in die die beiden wiederentdeckten Triptychen, »Die sieben Schmerzen der Muttergottes« des Anton Woensam (Köln, um 1530) und »Anbetung der hl. drei Könige« (Rheinisch, 1605) integriert wurden (vgl. die späteren Abschnitte zur Ausstattung der Kirche).

1910/11 erfolgten erneut tief greifende Baumaßnahmen, die von dem Neusser Architekten Klaus Röhlinger begleitet wurden. Da die katholische Gemeinde inzwischen gewachsen war, wurde die Kirche durch den Anbau eines südlichen Seitenschiffes erweitert. Auch die Sakristei an der Nordseite wurde vergrößert. Eine grundlegende Erneuerung des Obergadens, die Reparatur des Turms mit einer Ergänzung des Bogenfrieses sowie der Einbau neuer Rundbogenfenster rundeten die Baumaßnahmen ab, die die ursprünglichen romanischen Formen weitgehend wiederherstellten. Bis 1930 verschwand die historistische Ausmalung.

Bei einem Luftangriff am 22./23. August 1943 wurden die Kirchenfenster zum großen Teil zerstört. 1956 erhielt St. Jacobus nach einer Restaurierung neue Fenster, die nach Motiven von Günter Grote gefertigt worden waren. 1960 wurden fünf neue Bronzeglocken geweiht, die die Glockengießerei Petit & Gebr. Edelbrock in Gescher/Westfalen geliefert hatte. 2003 konnte das Geläut komplettiert werden. 1964 musste der Turm nach Sturmschäden erneuert werden. Eine neue Orgel erklingt seit 1971.

Zwischen 1976 und 1982 ließ die Kirchengemeinde St. Jacobus noch einmal gründlich restaurieren, nachdem Feuchtigkeit in den Außenmauern und vor allem im Chorbereich sowie gravierende Schäden im Turm und Dachstuhl aufgetreten waren. Auch eine neue Heizung musste eingebaut und die Stützmauer des Kirchengrundstücks neu befestigt werden. Beim Einbau der Heizung wurden bislang unbekannte Fundamente eines älteren kleineren Chorabschlusses und ein Altarfundament gefunden.

Die vorläufig letzte Renovierung der Homberger Jacobus-Kirche erfolgte 2003/04, nachdem wiederum Feuchtigkeitsschäden festgestellt worden waren. Nach gründlicher Außen- und Innensanierung präsentiert sich St. Jacobus d. Ä. heute in äußerst purifizierten, geradezu modernen Formen. Strahlend weiße Wände, das neue Beleuchtungskonzept und der neue Natursteinboden aus Basaltina bringen die liturgischen Gegenstände und die Kunstwerke besonders eindrucksvoll zur Geltung. Die schlichten Formen von Altar, Ambo, Tabernakel-Stele sowie der frei stehenden Stelen für die Triptychen, die aus hellem Sandstein gearbeitet sind, unterstreichen die Würde des Kirchenraums, der die Gläubigen zur Ruhe und Besinnung kommen lässt.

St. Jacobus besitzt eine sehr qualitätvolle Ausstattung. Ältestes Objekt ist ein rundes Taufbecken aus Maasblaustein, das zu Beginn des 13. Jahrhunderts gearbeitet wurde und ursprünglich auf vier Säulen stand; es ist heute in der Mitte der Eingangshalle aufgestellt.

Das Triumphkreuz im Chorraum ist eine Nachbildung des um 1060 entstandenen Originals aus der Abteikirche in Essen-Werden.

Wertvollstes Objekt im Kirchenschatz ist das um 1530 in Köln entstandene Altarbild »Die sieben Schmerzen der Mutter Gottes« des Anton Woensam von Worms (gest. 1541 in Köln), der

Altarbild »Die sieben Schmerzen der Mutter Gottes« von Anton Woensam, um 1530

auch das berühmte monumentale Köln-Panorama von 1531 schuf. Das Triptychon war mit großer Sicherheit ursprünglich für die Kölner Stiftskirche St. Georg bestimmt. Die Darstellung des hl. Anno mit dem Modell der von ihm gegründeten Georgskirche auf dem rechten Innenfügel, der hl. Georg auf dem anderen Altarflügel sowie die in der Literatur (Aegidius Gelenius, De admiranda, sacra et civili magnitudine Coloniae Claudiae Agrippinensis Ubiorum urbis, Köln 1645) bezeugte Existenz eines Siebenschmerzen-Mariä-Altars in St. Georg und einer Siebenschmerzen-Bruderschaft sprechen dafür. Nach der Auflösung des Stiftes in der Säkularisation zu Beginn des 19. Jahrhunderts wird der Altar nach Homberg gekommen sein. Erstmals als Besitz der Homberger Kirche erwähnt finden wir ihn in einem vom Küster Christian Strucksberg 1828 aufgestellten Kircheninventar. Bis 1880 lag der Siebenschmerzen-Mariä-Altar unter Gerümpel im Kirchturm. Als der Homberger Kirchenvorstand im gleichen Jahr bei der angesehenen Kölner Bildhauerwerkstatt Mengelberg einen neuen Hochaltar in Auftrag gab, erkannte Otto Mengelberg offenbar den Wert des vergessenen alten Altargemäldes, das er in den neuen Hochaltar integrierte. Die Mitteltafel des Triptychons zeigt eine sitzende »Mater dolorosa«, die von sieben Medaillons umgeben ist; sieben Schwerter weisen von den Medaillons aus auf das Herz der Gottesmutter. Die Szenen in den Medaillons stellen folgende Begebenheiten dar (von links unten aufsteigend): Beschneidung Jesu; Weissagung des Simeon; Flucht nach Ägypten; Suche nach dem 12jährigen Jesus im Tempel; Kreuzweg nach Golgatha; Kreuzigung; Kreuzabnahme.

Altarbild »Die Anbetung der hl. drei Könige«, 1605

Auch im Seitenschiff der Jacobus-Kirche steht ein Altarbild, das vermutlich aus einer Kölner Werkstatt stammt: »Die Anbetung der hl. drei Könige« aus dem Jahr 1605. Weitere alte Ausstattungsstücke sind eine Pietà aus Lindenholz (Anfang 16. Jh.) in der Turmhalle, eine Madonna mit Kind (2. Hälfte 15. Jh.), die rechts neben der Chornische hängt. An der linken Seite der Wand des Hauptschiffs entdeckt der Besucher eine Skulptur, die vermutlich Jacobus d. Ä. darstellt (Anfang 16. Jh.). An den Arkadenpfeilern rechts stehen auf Konsolen Skulpturen aus Lindenholz, wiederum den hl. Jacobus d. Ä. sowie den hl. Georg (um 1750) darstellend.

Zu den herausragenden modernen Objekten des Kirchenschatzes gehören der Tabernakel (1992/94) und das Jacobus-Reliquiar (1990) im Seitenschiff sowie der Jacobus-Leuchter (1991), geschaffen von dem Düsseldorfer Künstler Bert Gerresheim, der auch den 1,40 m hohen Oster-Leuchter entwarf. Die fünfzehn Kreuzwegstationen an der Wand des Seitenschiffs (Tonreliefs, 1980) schuf Brigitte Trennhaus. In der Chornische bildet das großformatige Ölgemälde »Verwandlung« (1984) von Michael Irmer einen Kontrapunkt zum Woensam-Triptychon.

Jacobus-Reliquiar von Bert Gerresheim

Einen virtuellen Rundgang durch St. Jacobus d. Ä. kann man erleben, wenn man www.st-jacobus.de anklickt.

Östlich der Pfarrkirche St. Jacobus d. Ä. steht am Grashofweg 10 das **Gut Grashof** ③, auch »Großer Grashof« genannt, das ein Lehnshof der Abtei Werden war. 1575 befand sich das Gut im Besitz des Adelsgeschlechts Landsberg. Aus diesem Jahr stammt eine Auflistung (»Roll«) der Besitzungen, der »Zins- und Churmondsgüter des Grashofs zu Homberg der Herrschaft Landsberg«, d. h. derjenigen Güter, die Pachtgelder sowie Abgaben beim Tod des Pächters (Kurmede) zu leisten hatten. Diese Auflistung ersetzte eine Rolle aus der Mitte des 15. Jahrhunderts. Genannt werden z. B. bei Homberg und Meiersberg gelegene Besitzungen

Der Grashof

wie Grashaus, »van dem Berge«, »Schwarzpen« und »them Busche«, »van ther *Strartten*«, »Belscheidt« wie auch zahlreiche zum Kirchspiel Kettwig gehörende Höfe. Das Dokument legt nahe, das der Grashof eine Art Oberhof gewesen ist. Dort tagte auch ein Hofgericht. Mit der Zeit ging offenbar das Wissen darüber verloren, dass der Grashof ein Lehnshof war; das Lehen wurde der Abtei Werden entfremdet, indem es den Charakter eines Freigutes, eines dem Lehnsträger persönlich gehörenden Besitzes (Allod) annahm. Erst zwischen 1655 und 1664 änderte sich das wieder, als Arnold Friedrich von Landsberg und seine Ehefrau Katharina Margarete von Meschede den Grashof der Abtei als neues Lehen auftrugen und als Gegenleistung das Gut Muntenbroich im Kirchspiel Kettwig als Eigengut (Allod) erhielten. Bis ins 18. Jahrhundert sind zahlreiche Grundstücke, die zum Grashof gehörten, ohne Zustimmung des Lehnsherrn veräußert worden, beispielsweise die Bauplätze der Häuser am Weinberg, Nussbaum und Weinhaus, Dickenhaus und der »Kleine Grashof«. 1743 ging der Grashof an Friedrich Löckenhoff über, einen Bürgerlichen, der sich – allerdings erfolglos – bemühte, den entfremdeten Besitz wieder für den Hof zu sichern. Der Grashof, wie er sich heute präsentiert, ist ein zweigeschossiges, teilweise verschiefertes Fachwerkgebäude, das im Jahr 1781 erbaut wurde.

Zum Grashof gehörte auch ein interessantes Gebäude, das ganz in der Nähe, am Grashofweg 11, steht: das »**Alte katholische Pastorat**« oder der »**Kleine Grashof**« ④. Bereits in einem Visitationsbericht von 1577 über die kirchlichen Verhältnisse in Homberg wurde bemängelt, dass der »Wiedenhof«, das Pfarrhaus, zu weit von der Kirche entfernt liege. An diesem Zustand hat sich vermutlich lange nichts geändert. Im Jahr 1739 übertrug dann der damalige Besitzer des Gras-

Der »kleine Grashof«, das alte katholische Pastorat

hofs, Hermann Joseph Freiherr von Bevern zu Landsberg, den »Kleinen Grashof« für 10 Reichstaler Pacht an das Stift St. Georg in Köln, das ihn als Wohnung für den Homberger Pfarrer nutzen wollte. Erst 1747 stimmte die Reichsabtei Werden der Übertragung zu. Ein Pfarrhaus im Zentrum des Dorfes hat es aber auch nach 1739 nicht gegeben. Streitigkeiten mit der Gemeinde über Mietzahlungen und Bauunterhaltung waren der Grund dafür, dass es die Homberger Pfarrer vorzogen, auf dem eine halbe Stunde vom Dorf entfernt liegenden Wiedenhof zu wohnen, den sie auch bewirtschafteten. Der »Kleine Grashof« wurde für »weltliche Zwecke«, also wohl als Bauernhof genutzt, was Beda Savels, der letzte Werdener Abt, 1801 kurz vor der Aufhebung des Klosters bestätigte. Die Urkunde von 1801 stiftet auch etwas Verwirrung in der Frage der Datierung des Gebäudes »Kleiner Grashof«: Beda Savels bekräftigt, dass der 1739 übertragene »Kleine Grashof« ein von dem Lehnsgut Grashof »abgespießener Platz« gewesen sei, auf dem eine neue Behausung für den Pastor erbaut werden sollte. Aus Anlass der Übertragung von 1739 wurde allerdings darauf hingewiesen, das der »Kleine Grashof« 80 Jahre zuvor, also im Jahr 1659 erbaut worden sei. Am heute erhaltenen Gebäude ist die Jahreszahl 1662 zu lesen. Vielleicht sind beide Gebäudeteile, die heute einen Winkelhof in Fachwerk bilden, wobei das Obergeschoss des linken Gebäudeteils deutlich vorkragt, zu unterschiedlichen Zeiten erbaut worden. 1801 beurkundete Abt Beda auch die Belehnung des Johann Welsch mit dem »Kleinen Grashof«, den das Kapitel von St. Georg in Köln ihm und seiner Ehefrau Maria Christina Welsch für 30 Jahre überlassen hatte. Am 9. Oktober 1820 wurde das »Gütchen«, wie es in den Akten der preußischen Domänenverwaltung, der Rechtsnachfolgerin der inzwischen aufgehobenen geistlichen Einrichtungen, genannt wurde, öffentlich versteigert. Auf diesem Weg kam es in den Besitz der katholischen Pfarrgemeinde, die dort wiederum ihr Pfarrhaus einrichten wollte. Vermutlich logierten die Homberger katholischen Geistlichen im »Kleinen Grashof«, bis sie 1892 in das Vikariegebäude an der Dorfstraße 7 umzogen, das 1876/77 erbaut worden war. Am Wiedenhof am Hommerichweg 3 erinnert heute noch ein großes altes Kreuz an die frühere Nutzung.

Im Jahr 1987/88 wurde im Rahmen einer Neugestaltung des Kirchplatzes als Dorfmittelpunkt auch das gesamte dort erhaltene Gebäudeensemble in ein attraktiveres Licht gerückt. Das gilt insbesondere für die inzwischen restaurierten Fachwerkhäuser aus dem 18. Jahrhundert an der Dorfstraße 37/39 und 42, das zweigeschossige Fachwerkhaus **»In der Leuf«** ⑤ an der Dorfstraße 44 mit der Tordurchfahrt im rechten Gebäudeteil, durch die früher ein Eselspfad vom Angertal über Bellscheidt und die Homberger Dorfstraße zum Schwarzbachtal verlief, sowie das **Haus »Kleinmaußen«** ⑥, die »kleine Meuss« am Dorfplatz 1, das heute wieder seine schöne verschieferte Fassade mit den weißen Sprossenfenstern zeigt. Wie die »Leuf« sind auch zahlreiche andere schmale, öffentliche Durchgänge zwischen den Häusern typisch für die Dorftopografie.

»In der Leuf« an der Dorfstraße 44

Haus »Kleinmaußen« am Dorfplatz

Sehr positiv wirkte sich die Sanierung des Dorfzentrums insbesondere auf das Fachwerkhaus **»Meuss«** ⑦ in der Jacobusgasse 3 aus, das von großer Bedeutung für die

Die »Meuss« in der Jacobusgasse 3

Kulturgeschichte Hombergs ist. Bereits 1552 wurde in einem Visitationsprotokoll ein Haus, genannt »die Moess«, erwähnt, aus dem eine Liebfrauenbruderschaft (BMV, Beatae Mariae Virginis) Einkünfte bezog und das vermutlich ihr Vikariehaus war. Seit 1567 bekleidete der protestantische Prediger Johann Wischmann die BMV-Vikarie. Aus einem Renten-Verzeichnis der Pfarrkirche zu Homberg von 1572 geht hervor, dass »die Heuser in der Meusen mit ihrem Zugehöre, sein erblich für drei oberlendtische gulden, auff May zu bezahlen, verpachtet«. Die »Meuss« war vermutlich Teil einer Hofanlage. 1582 wird ein »Hinricus in der Meusen, studiosus Dusseldorpensis« als Vikar in Homberg erwähnt. 1618 pachtete die Homberger reformierte Gemeinde das Gebäude als Predigthaus und Predigerwohnung. Auch die evangelischen Kinder wurden dort unterrichtet. Kontinuierlich hat die Gemeinde die »Meuss« aber nicht nutzen können, da ihr das Haus immer wieder von katholischer Seite streitig gemacht wurde. So erfahren wir, dass den evangelischen Bürgern 1624 das Predigthaus verschlossen blieb und ca. 1647 der Pachtvertrag aufgekündigt wurde. Spätestens 1680 stand die »Meuss« der evangelischen Kirchengemeinde gar nicht mehr zur Verfügung. Zeitweise wohnte dort der katholische Pfarrer. 1712 wiederum wird Dietrich »in der Meußen« als äußerst disziplinloses Mitglied der reformierten Kirchengemeinde erwähnt. Er wohnte vielleicht in der an die »Meuss« anschließenden Hofanlage; gegen ihn wurde ein Kirchenzucht-Verfahren eröffnet, da er »etlichmal neben seinem außerordentlich ruchlosen Saufen und Schwelgen, auch sehr schändliche Wut über Prediger und Consistorium ausgegossen« habe (H. Brinkmann, Geschichte der Evangelischen Gemeinde Homberg, Ratingen 1983, S. 93). Im 19. Jahrhundert ist das Haus als Gaststätte genutzt worden, die bis nach dem Ersten Weltkrieg bestand. Um 1900 war hier eine Posthalterei untergebracht. Später wohnte der Küster der katholischen Kirchengemeinde in der »Meuss«. 1962 zog die katholische Pfarrbücherei dorthin. Das heutige Haus Jacobusgasse 3, ein zweigeschossiges, traufenständiges Backsteingebäude, wurde um 1800 errichtet, der Keller stammt aus dem 17. Jahrhundert. 1987/88 wurde die »Meuss« grundlegend restauriert und mit einem kleinen Vorgarten versehen, dessen besonderer Schmuck ein vermutlich ins Mittelalter datierender Brunnen ist. An der Giebelseite ist das alte Kirchenkreuz von 1842 zu sehen.

Altes Kirchenkreuz an der Giebelseite der »Meuss«

Die Geschichte der »Meuss« zeigt, dass es für die Reformierten in Homberg schwierig war, sich auf Dauer ein Predigthaus zu sichern. Die »Meuss« war in der Frühen Neuzeit zwar Mittelpunkt des Gemeindelebens der reformierten Gemeinde – jedoch mit Unterbrechungen. Wenn das Gebäude in der Dorfmitte einmal nicht zur Verfügung stand, feierte man den Gottesdienst auf Haus Anger in der Honnschaft Hösel, auf Haus Rommeljans in der Honnschaft Bracht, im Kesselhaus in der Honnschaft Meiersberg, im Hof Kocks und gelegentlich auch in Scheunen oder im Freien. Die Gläubigen hatten weite Wege zurückzulegen. Mit der Zeit wurde der Wunsch immer stärker, eine eigene Gottesdienststätte an zentraler Stelle einzurichten. So wurde bereits 1649 mit dem Bau einer Kirche begonnen. Die Umfassungsmauern waren schon hochgezogen, als die Regierung in Düsseldorf einen Baustopp verhängte und den Ankauf weiterer Baumaterialien verbot. Erst 1682 konnten die Bauarbeiten wieder aufgenommen werden. Lütger Kocks stellte ein Grundstück »An der Piecksee« zur Verfügung. Die etwas tiefer liegende Gegend wurde auch »Im Grund« genannt. Heute heißt die Straße, in der das erste evangelische Gemeindezentrum stand, Am Dorfkrug. Eine **Gedenktafel am ehemaligen evangelischen Pfarrhaus** ⑧ Am Dorfkrug 5 erinnert an den Kirchenbau. 1684 konnte das Gotteshaus eingeweiht werden, ein einfacher, teilweise verschieferter Fachwerkbau. Die Baukosten in Höhe von 400 Talern wurden durch eine Hauskollekte bei den Gemeindemitgliedern in Homberg, Bellscheidt und Meiersberg aufgebracht. 1801 war die Fachwerkkirche stark reparaturbedürftig. Eine Kollekte bei den Gemeindemitgliedern

Altes evangelisches Pastorat am Dorfkrug 5

erbrachte sehr rasch die finanziellen Mittel, die es ermöglichten, umfangreiche Bauarbeiten durchzuführen. Seit Mai 1831 stand ein **Pastorat** Am Dorfkrug 5 zur Verfügung, das bis 1954 genutzt wurde; das Gebäude ist bis heute erhalten ⑨. Während der Bauzeit lebte der Pfarrer der reformierten Gemeinde im katholischen Pfarrhaus.

Im Jahr 1856 rief die evangelische Gemeinde einen Kirchbaufonds ins Leben, da inzwischen die Baufälligkeit von Kirche und Schulhaus nicht mehr zu übersehen war. 1877 schlug zudem ein Blitz in die Kirche ein und richtete schwere Schäden an. In diesem Jahr wurde der Kirchbaufonds erneuert, um den Neubau zu forcieren.

1898 übereignete C. Weinbeck, der neue Besitzer des Grashofs, der reformierten Gemeinde ein zwei Morgen großes Grundstück an der Dorfstraße zum Preis von 4.500 Mark, die sehr günstig in zehn Jahresraten ohne Zinszahlung abgetragen werden konnten. Eine hohe Spendenbereitschaft hatte zur Folge, dass sich die Baukasse füllte. Der Neubau an der Dorfstraße 6 entstand wohl nach dem Vorbild der von Karl Krieger entworfenen Christuskirche in Velbert. Am 6. August 1911 erfolgte die Grundsteinlegung, am 4. Dezember 1912

Einweihung der evangelischen Kirche in Homberg am 4. Dezember 1912

die Einweihung der **Christuskirche** ⑩. Die Christuskirche ist ein Zentralbau mit zwei sich durchdringenden Schiffen, erbaut aus Bruchsteinen mit Werksteingliederungen. Die Schaufassade zeigt einen breiten, tief herunter gezogenen Giebel mit einem hohen, fünfteiligen Fenster. Neben dem Baukörper steht der Turm mit dreiteiliger geschwungener Haube. Die alte Kirche Am Dorfkrug wurde 1919 abgerissen.

Nach dem Zweiten Weltkrieg erfuhr der Innenraum der Christuskirche eine grundlegende Umgestaltung. Die bislang weiß getünchten Wände malte 1955 die Künstlerin Hildegard Viering aus Düsseldorf aus. Heinrich Brinkmann, langjähriger Pfarrer der evangelischen Kirchengemeinde Homberg erläuterte die Veränderungen: »Das Bemühen um die Neugestaltung des Inneren unserer Kirche bedeutete mehr als die Lösung architektonischer und künstlerischer Probleme. Es war zugleich Ausdruck der Verbundenheit mit unseren neu hinzugekommenen Schwestern und Brüdern aus dem Osten, die anders gestaltete Gotteshäuser erlebt hatten als die schlichten, schmucklosen, oft kühl anmutenden reformierten Predigtstätten. Es war zugleich aber auch Ausdruck der Erkenntnis, daß wir als Gottesgemeinde unterwegs und gehalten sind, dem Menschen unserer Tage das Evangelium nicht nur durch das sicht- und schmeckbare Sakrament, sondern auch durch Zeichen und Symbole zu erschließen und nahezubringen.« (H. Brinkmann, Geschichte der Evangelischen Gemeinde Homberg im Bergischen Land, Ratingen 1983, S. 206 f.) Mit Rücksicht auf die Gewohnheiten der mehrheitlich evangelisch-lutherisch orientierten Flüchtlinge aus Ostdeutschland wurde 1955 ebenfalls eine neue Liturgie eingeführt. Seither spielten auch Gesang und Orgelmusik, Kerzen, Blumen und Textilien eine größere Rolle als früher. Zum hundertsten Geburtstag der Christuskirche im Jahr 2012 soll auch die Orgel von 1912 wieder erklingen. Sie bildet zusammen mit Altar und Kanzel ein Ensemble, das als »Bergische Trinität« im Kirchenkreis Düsseldorf-Mettmann eher selten anzutreffen ist.

Christuskirche 2008

Direkt neben der Christuskirche an der Dorfstraße 16 steht das 1863 erbaute und bis zum Beginn der 1960er Jahre genutzte **evangelische Schulgebäude** ⑪. 1962 erwarb es die evangelische Kirchengemeinde und richtete hier das Calvinhaus ein. Inzwischen ist in dem Gebäude eine Zweigstelle der Ratinger Stadtbibliothek untergebracht.

Rechts neben der Christuskirche liegen das **Lutherhaus** (Pfarramt) an der Dorfstraße 10 und das **Wichernheim** (Alten- und Pflegeheim) an der Dorfstraße 8 und 12 ⑫, beide 1959 eingeweiht und nach Entwürfen des Düsseldorfer Architekten Biesterfeld erbaut. Die Neubauten gingen auf eine Initiative von Pfarrer Heinrich Brinkmann und mehrerer Mitglieder des Presbyteriums zurück. 1964 wurde das Haus erweitert, seither trägt es den Namen Wichernheim. Im Jahr 1990 wurde im Rahmen einer gründlichen Modernisierung ein Um- und Neubau in die Wege geleitet. 2009 konnte wiederum ein Erweiterungsbau seiner Bestimmung übergeben werden.

Der Durchgang zwischen Christuskirche und Lutherhaus heißt seit dem 28. April 1996 Pastor-Brinkmann-Weg.

Sehenswert ist an der Dorfstraße 27 noch das **Haus »In der Rose«** ⑬, ein um 1630 erbautes zweigeschossiges, verschiefertes Fachwerkhaus mit einer besonders qualitätvollen Haustür. Hier war zeitweise das Bürgermeisteramt untergebracht.

Homberg hat eine vielfältige Gasthauskultur zu bieten. Ein besonders traditionsreiches Haus ist der **Landgasthof »Zur Krone«** an der Brachter Straße 2 ⑭. Das zweigeschossige Gebäude, in dem um 1860 eine Posthalterei untergebracht war, ist in weitgehend authentischer Gestalt erhalten. Wie im Fall zahlreicher Homberger Gaststätten sicherte sich der Inhaber noch weitere Einnahmequellen: Zur »Krone« gehörte ein Bauernhof, zum Gasthaus »Am Weinberg« eine Sattlerei, zum Wirtshaus »Am Rosenbaum« eine Huf- und Wagenschmiede, zur »Meuss« eine Posthalterei und ein Hof. Die Gastwirtschaft »Zur Krone«, gelegen an der von Ratingen nach Heiligenhaus führenden Straße, wurde stets von Durch-

Heinrich Brinkmann

(1913–1984), Pfarrer der Evangelischen Kirchengemeinde Homberg, Superintendent des Kirchenkreises Düsseldorf-Mettmann

Heinrich Brinkmann wurde am 26. Oktober 1913 in Duisburg-Beek geboren. Die Eltern, der Wiegemeister Heinrich Brinkmann und seine Ehefrau Wilhelmine, geb. Möller, waren in der Kirchengemeinde tief verwurzelt, die der reformiert-pietistischen Richtung der evangelischen Kirche angehörte. Trotz der Armut der Familie konnte Heinrich Brinkmann die höhere Schule besuchen. Nach dem Abitur in Duisburg-Ruhrort begann er mit dem Studium an der theologischen Hochschule in Bethel (bei Bielefeld), das er in Erlangen und Bonn fortsetzte. 1937 legte er die erste theologische Prüfung in Düsseldorf ab, um nach einem Lehrvikariat in seiner Heimatgemeinde Duisburg-Beek das Predigerseminar in Naumburg am Queis in Schlesien zu besuchen. 1939 beendete Heinrich Brinkmann sein Studium mit der zweiten theologischen Prüfung. Danach arbeitete er als Hilfsprediger in Essen-Bergeborbeck. Kurz nach Ausbruch des Zweiten Weltkriegs heiratete er Johanna Hausdorf, die er in Langenbielau in Schlesien kennengelernt hatte. Auch Johanna Hausdorf stammte aus einer sehr frommen Familie; zwei ihrer Brüder wurden Pfarrer. Aus der Ehe gingen drei Kinder hervor: Rose-Maria, Reinhard und Dietmar.

Seit dem 15. Januar 1940 verwaltete Brinkmann die Pfarrstelle in Linnep-Hösel, am 10. März 1940 wurde er als Pfarrer ordiniert, allerdings nach wenigen Monaten zur Wehrmacht eingezogen. Am 5. April 1942 wurde er als Pfarrer der evangelischen Gemeinde

Heinrich Brinkmann

Homberg eingeführt, ein Amt, das er erst nach dem Krieg und der Entlassung aus amerikanischer Gefangenschaft antreten konnte. Brinkmann war 39 Jahre lang in seiner Homberger Gemeinde der geistlich-theologische und organisatorische Mittelpunkt, wie Pfarrer Dankwart Beste aus Hubbelrath-Knittkuhl es einmal formulierte. Der junge Geistliche widmete sich mit vollem Elan dem Aufbau der sozialen Strukturen im Dorf und in der Kirchengemeinde. Seelsorge und Diakonie standen im Mittelpunkt seiner breit gefächerten Tätigkeit. Brinkmann legte ein besonderes Augenmerk auf die Integration der Flüchtlinge aus dem Osten Deutschlands. Ihnen wurde z. B. sehr schnell Wohnraum zur Verfügung gestellt, indem die schlichten Arbeiterhäuser in der Seilergasse aufgestockt und renoviert wurden. Auf Brinkmanns Initiative gingen unter anderem die Eröffnung des Kindergartens der evangelischen Gemeinde 1948, die Einrichtung einer Schwesternstation, der Bau eines neuen Pfarrhauses 1954, des Lutherhauses und des Wichernheims 1959 sowie die Einweihung einer Kapelle für die evangelischen Bürger von Hubbelrath zurück.

Die Ökumene war Pfarrer Brinkmanns besonderes Anliegen. Seine Tochter Rose-Maria Schroeder schrieb am 14. Mai 1996 in der Zeitschrift »Der Homberger«: »Meinem Vater war es ein Anliegen, daß die evangelische Kirche zu allen ortsansässigen Parteien, Vereinen, zur Schule und zur Nachbarkirche St. Jacobus ein gutes Verhältnis hatte. Eine der ersten Amtshandlungen war das Beseitigen des Zauns zwischen dem kath. und ev. Friedhof.«

1964 wurde Heinrich Brinkmann zum Superintendenten des Kirchenkreises Düsseldorf-Mettmann berufen. Er war auch Mitglied des Vorstands des Diakonischen Werks der Evangelischen Kirche im Rheinland und des Kuratoriums Deutsche Altenhilfe sowie Vorsitzender des Evangelischen Verbandes für Altenhilfe im Rheinland. Anlässlich seines 60. Geburtstags wurde Brinkmann am 26. Oktober 1973 zum Ehrenbürger der Gemeinde Homberg-Meiersberg ernannt. Er wurde auch mit dem Bundesverdienstkreuz am Bande und dem Goldenen Kronenkreuz des Diakonischen Werks ausgezeichnet. Nach seiner Pensionierung verfasste er eine umfangreiche, auf intensiven Archivrecherchen beruhende »Geschichte der Evangelischen Gemeinde Homberg im Bergischen Land«, die 1983 veröffentlicht wurde.

Heinrich Brinkmann starb am 8. Februar 1984 in Homberg. Seine letzte Ruhe fand er auf dem dortigen evangelischen Friedhof.

Der erste Omnibus in Homberg vor der »Krone«, rechts der Saal der Gastwirtschaft, 1925

reisenden und Fuhrleuten stark frequentiert, vor allem aber von den Arbeitern der Homberger Formsandgruben. Seit 1925 befindet sich vor der Gastwirtschaft eine Haltestelle der neu eröffneten Buslinie von Ratingen über Homberg nach Velbert und Heiligenhaus. Zur »Krone« gehörte früher ein Saalbau, in dem Tanzfeste, Chordarbietungen und Theateraufführungen stattfanden.

Lintorf – ein historischer Überblick

Die mittelalterliche Siedlung am Dickelsbach

In der ersten Hälfte des 11. Jahrhunderts taucht der Name Lintorf erstmals in den historischen Dokumenten auf. Archäologische Funde deuten allerdings darauf hin, dass die Siedlung weitaus älter ist. Wieder spielt die Territorialpolitik der Klöster Werden, Gerresheim und vor allem Kaiserswerth eine Rolle. Zwischen 1038 und

Ansicht von Kaiserswerth von 1646 nach Matthäus Merian d. Ä.

1050 schenkte die Adelige Adelheid dem Kloster Werden neben umfangreichem Besitz in Velbert eine Hufe, ein Gut in Lintorf, »in lindtorpa«. Einige Grundstücke erhielt sie zur Absicherung ihres Lebensunterhaltes als Prekarie, also auf dem Wege des Rechtsinstituts der Landleihe, zurück. Einen ähnlichen Vertrag gingen 1052 der Adelige Franko und seine Ehefrau Werinhild ein. Sie übertrugen dem »Kloster des heiligen Liudger«, wie Werden auch genannt wurde, alles, was sie in der Laupendahler und Lintorfer Gemarkung (»in lindthorpero marko«) besaßen – mit Ausnahme einer Hufe in Lintorf (»in linthorpe«), die in ihrer Nutznießung verbleiben sollte. Ihren um einige, auch in Lintorf liegende Grundstücke vermehrten Landbesitz erhielten sie auf Lebenszeit als Prekarie zurück. Bis zum Beginn der Säkularisation besaß das Ruhrkloster als Lehnsherr die kurmedigen, d. h. beim Tod des Inhabers oder Pächters zur Zahlung einer Sterbefallabgabe verpflichteten Güter Termühlen am Dickelsbach und Koppers Gut gegenüber der katholischen Pfarrkirche St. Anna, das »Schuttengudt« und das »Doven gudt to Lyntorpe« sowie Rechte in der Lintorfer und Saarner Mark. Alle genannten Güter unterstanden dem Oberhof (Einern-) Kalkofen südöstlich von Werden.

Mit Termühlen war 1649 Philipp Vogel behandigt, die Besitzer wechselten in der Folgezeit häufig. Mit dem Koppers Gut wurden 1586 Jacob Pempelfurt, Bürgermeister zu Ratingen, und seine Ehefrau Christine Steinhauß belehnt. 1659 gehörte der Besitz Moritz Heintgens. Mit dem »Schuttengudt« war 1589/90 Aleff Huisman belehnt. Das »Doven gudt«, das Taubengut also, bewirtschaftete zur gleichen Zeit Arndt Scheel zu Aldendorp. Es wird sich bei dem Taubengut nicht, wie gelegentlich angenommen, um Helpenstein gehandelt haben, denn dieses Gut gehörte nie zu Werden. Die Familie Scheel/Schele war zu dieser Zeit im Besitz des Beekerhofs.

Im Jahr 1193 bestätigte Kaiser Heinrich VI. dem Stift Kaiserswerth grundherrliche Gefälle und Gerechtsame im Aaper Forst und in den Forsten Lintorf, Saarn, Grind, Ungelsheim, Lohe, Oberangern, Zeppenheim, Leuchtmar, Stockum, Derendorf, Ratingen und Flingern, die zum bereits von Pippin d. Mittleren (um 635–714) dem Stift geschenkten Fronhof Rinthusen gehörten. Die Lintorfer Mark war die größte der zwölf genannten Waldgebiete, nach späteren Angaben 4.744 Morgen groß, während die Ratinger Mark nur eine Ausdehnung von 775 Morgen hatte. Diesen Besitz konnte Kaiserswerth allerdings nicht halten, sondern musste ihn 1597 Herzog Johann Wilhelm I. von Jülich-Berg überlassen. Nach einer Aufzeichnung des Jahres 1604 verzichtete das Stift auch auf das Lintorfer Hofgericht.

Den Wildbann und das Recht, Rodungsland gegen die Abgabe des Zehnten (Rottzehnt) auszugeben, hatte sich der Landesherr vermutlich bereits im 12./13. Jahrhundert angeeignet. Zum Lintorfer Hofgericht gehörten die kurmedigen Güter Hinüber, neuer Wedenhof, Kornsgut, Gut zur Portzen, Ritterskamp, Rüping, Marzelli, Beekerhof, Hemscheidt und Bürgershof. Grundherr all die-

Kornsgut.
Abgerissen 1968.

ser Besitzungen war der Landesherr. Weitere im mittelalterlichen Lintorf bestehende Höfe waren Honnschaft, Gierath, Ulenbroich, Rahmerhof, Frielingsrath und Helpenstein/Helfenstein. Der Helpensteiner Taubenturm, der aus dem Mittelalter stammt, ist das älteste Bauwerk Lintorfs.

Aus der Lage der Höfe ergibt sich, dass die Keimzelle des Dorfes Lintorf am Dickelsbach lag. Thomas von Lohuizen folgert aus der Urkunde Heinrichs VI. von 1193, in der bekanntlich die von Pippin d. Mittleren um 700 dem Kloster Kaiserswerth zugestandenen Rechte bestätigt wurden, dass bereits in fränkischer Zeit eine Siedlung in Lintorf bestanden habe, entweder als einzelnes Gehöft oder als größere Ansiedlung. Der Lintorfer Siedlungsbestand lasse sich archäologisch gar bis in die Spätantike gesichert zurückverfolgen. Der Beekerhof, später Sitz eines Hofgerichts, wird von Lohuizen als fränkischer Haupthof angesprochen, aus dem sich die Ortschaft Lintorf entwickelt habe. Bereits in der Römerzeit muss sich am Beekerhof eine Siedlungsstelle befunden haben, die auf die Wohlhabenheit der Bewohner hinweist. Bei Bauarbeiten im Jahr 1995 wurden in der Nähe des Beekerhofs auch fränkische Gefäße des späten 8. bis 9. Jahrhunderts entdeckt, darunter Randstücke von Wölbwandtöpfen. Keramikreste ebenfalls aus dem 8./9. Jahrhundert, die vom Vorgebirge bei Brühl und Bornheim stammen, wurden auch in der Flur »Im kleinen Feld« gefunden. Eine fränkische Begräbnisstätte vermutet Lohuizen an der Stelle, wo heute die St. Anna-Kirche steht. Er hat auch darauf hingewiesen, dass das Wort »thorpe« die Bedeutung von »umhegen« und »umgrenzen« hat.

Am Dickelsbach lagen und liegen auch die drei Lintorfer Mühlenbetriebe: Gut Helpenstein, Gut Termühlen und die Oberste Mühle. Im 19. Jahrhundert existierte eine Schnittmühle im Wald etwas oberhalb der Obersten Mühle.

Das adelige Damenstift Gerresheim verfügte in Lintorf wohl nur über Streubesitz. Immerhin wird Lintorf zweimal im Heberegister des Stiftes Gerresheim aufgeführt, in dem die Abgaben aller dem Stift gehörenden Höfe zur Regierungszeit der Äbtissin Guda (1212–1232) verzeichnet sind und das bis ins 14. Jahrhundert fortgeführt wurde. Vielleicht handelt es sich bei dem Gerresheimer Besitz bereits um den alten Wedenhof, der seine Abgaben an den Gerresheimer Oberhof Hösel zu liefern hatte.

Die alte St. Anna-Kirche

Vermutlich im 12./13. Jahrhundert wurde die kleine romanische Kirche gebaut, die später der hl. Anna geweiht wurde. Um 1300 gehörte die Kirche als Filiale zum Kirchspiel Ratingen. Im ältesten Ratinger Stadtbuch von 1362 ist ein »Didericus plebanus in lyntorp« erwähnt, wobei es zweifelhaft ist, ob es sich um einen in Lintorf residierenden Pfarrer handelt. Der Landesherr übte das Patronatsrecht aus, d. h. er bestimmte den Geistlichen. Kurz vor 1500 ist die Pfarrkirche St. Anna Zentrum eines eigenen Pfarrbezirks geworden. Seit dem Jahr 1464 ist die Existenz der St. Sebastianus-Bruderschaft gesichert überliefert.

Heinrich von Lintorf, Kölner Stadtschreiber in der zweiten Hälfte des 14. Jahrhunderts

Das Leben des Heinrich von Lintorf oder des »Henricus de Lyntorp alias de Prato clericus«, wie er sich selbst einmal nennt, ist nur bruchstückhaft überliefert. Heinrichs beruflicher Werdegang führte ihn aus dem Bergischen Dorf in die rheinische Metropole Köln, wo er jahrzehntelang eine einflussreiche Funktion bekleidete: als Stadtschreiber und geschworener Ratsnotar war er für die Führung der städtischen Bücher und Rechnungen, die Ausfertigung der Urkunden und Briefe, die Fortschreibung der Schreinsbücher, einer Art mittelalterlicher Katasterunterlagen, und die Kodifikation aller Änderungen in den Eigentumsverhältnissen der Bürger zuständig. Heinrichs Tätigkeit als Stadtschreiber ist von 1355 bis 1387 eindeutig belegt, die Stadtrechnungen der Jahre 1370 bis 1387 stammen ausschließlich von seiner Hand. Bis 1375 war er als Notar des Rats tätig, danach bezeichnete er sich als Notar von kaiserlicher Autorität. Seine letzte Eintragung stammt aus dem Jahr 1387, die veränderten Schriftzüge lassen auf Krankheit und Alter schließen. Gegen Ende des 14. Jahrhunderts wird Heinrich von Lintorf gestorben sein.

Manche Stadtschreiber fungierten auch als Verfasser von Chroniken und Geschichtswerken. Ob auch Heinrich von Lintorf schriftstellerisch tätig war, ist umstritten. Er selbst bezeichnete sich einmal als »trufator«; dieser vielschichtige Begriff lässt sich im biografischen Zusammenhang am ehesten mit Spielmann, Verfasser einer Spielmannsdichtung, Sänger übersetzen. Heinrich von Lintorf ist häufig als Autor des in mittelniederdeutscher Sprache verfassten Versepos »Die Weberschlacht« ins Spiel gebracht worden, das mit detailliertem Insider-Wissen die Auseinandersetzungen zwischen den in Köln herrschenden Patriziern und Großkaufleuten und den nachdrängenden Zünften, vor allem den für die Kölner Wirtschaft bedeutenden Wollwebern in

Die »Weberschlacht« in Köln von 1371. Holzschnitt aus der Koelhoff'schen Chronik von 1499

der zweiten Hälfte des 14. Jahrhunderts schildert. Die entscheidende Schlacht am 20. November 1371 am Waidmarkt und am Griechenmarkt endete mit einer blutigen Niederlage der Weber. Die »Weberschlacht« läutete dennoch das Ende der Patrizierherrschaft ein, was 1396 in der städtischen Verfassungsurkunde, dem Verbundbrief, fixiert wurde. Heinrich von Lintorf war ein Befürworter der alten Sozial- und Herrschaftsstrukturen, er sang das Lob seiner Auftraggeber, schrieb Tendenzdichtung zugunsten des Kölner Patriziats. Leider lässt sich seine Autorschaft nicht eindeutig nachweisen, da das Versepos nur in zwei Abschriften aus dem 15. Jahrhunderts überliefert ist und somit keine Schriftvergleiche möglich sind. Wie auch immer – Heinrich von Lintorf hat der »Hilligen Stat van Coellen« wertvolle Dienste erwiesen.

Über die Menschen, die während des Mittelalters in Lintorf gelebt haben, erfahren wir recht wenig. Die Verzeichnisse der Grundherren erwähnen wenig mehr als die Anzahl der Abgabepflichtigen. Immerhin nennt ein um 1150 angelegtes Heberegister der Werdener Abteihöfe für Lintorf einen Liudolfus, einen Elgerus und einen Remboldus sowie eine Irmindrudis. Die in Werdener Urkunden erscheinende Adelheid sowie Franko und Werinhild werden nicht in Lintorf gelebt haben. Eine Kaiserswerther Urkunde von 1212 nennt als Zeugen einen Giselbertus de Lintorpe, der, wie das Dokument betonte, zu den »viri probabilis et discreti«, zu den tauglichen und vornehmen Männern gehörte. Ob der berühmte Heinrich von Lintorf, der in der zweiten Hälfte des 14. Jahrhunderts in Köln als Stadtschreiber und Notar Karriere machte, tatsächlich von Gut Helpenstein stammte, wie Theo Volmert vermutete, wissen wir letztlich nicht.

Das Ratinger Stadtbuch von 1362 nennt lediglich Henricus de Lintorp, der in Ratingen Hausbesitz hatte. In den Stadtbüchern von 1443 und 1472 ist Johann Royver van Borken als »pastoir to Lyntorp« aufgeführt. Im um 1460 entstandenen Stadtbuch erscheint Henken up der Bech van Lintorp zusammen mit seiner Ehefrau Lyse und dem Sohn Danel. 1496/97 wurde der Lintorfer Heinrich Kramer Ratinger Bürger.

Reichhaltigere Informationen liefert das 1464/70 begonnene und bis 1670 fortgeführte Bruderschaftsbuch der St. Sebastianus-Bruderschaft, das eine überaus wichtige Quelle auch für die Siedlungsentwicklung des Ortes im Mittelalter und in der Frühen Neuzeit ist. Das einzigartige Dokument enthält die Bestätigung der Bruderschaft, die frommen Stiftungen, die Statuten, die Namen der Mitglieder, Rechnungen und anderes mehr. Zu den ersten Mitgliedern der Bruderschaft gehörten Margarete und Heinrich von Ulenbroich, Junker Johannes und Junker Hermann von Helfenstein, seine Mutter Eva von Helfenstein, seine Ehefrau Adelheid und seine Schwestern, Claus am Rahm und seine Ehefrau Katharina, Heinrich Korn und seine Frau Gertrud, die zwei Weißpfennige von zwei Morgen Land stifteten, »gelich vor yrem hoeve geleigen und is Korns guet genant«, Wolter Hausman und Ehefrau Elisabeth, die zwei Weißpfennige vom »Hyntzenguetken« gaben, Heinrich Hinüber, Peter Hausman und Ehefrau Christina, Peter Mocke, Peter auf dem Gierath und seine Frau Elisabeth, Lewe auf dem Imesberg und seine Ehefrauen Mechtild und Katharina, die eine Wachsstiftung von einem halben Morgen Land machten, gelegen am »lyneper dycke langs dem wynthoevel« sowie Johann Burger, Hermann zu Dort und seine Ehefrau Nelle von Heimscheidt, Johannes Wilpmann, Heinrich auf dem Windhövel und seine Ehefrau Christina sowie Lambrecht Burger, Heinrich von Kalkum, Johannes zu Krabusch, Peter auf dem Frylingsrad, Hermann auf der Honnschaft, Heinrich und Konrad auf der Beek, Heinrich Marzelli und andere. Natürlich gehörten auch der Lintorfer Pfarrer Johannes Rovver und der Kaplan Lambrecht Rovver der Bruderschaft an, ebenso wie Wilhelm Offerkamp, der landesherrliche Kellner zu Angermund, und Johannes Grav von Schwelm, Notar und Schulmeister zu Ratingen. Bis 1473 waren 63 Personen Mitglieder in der Bruderschaft geworden. Diese Menschen gehörten sicherlich zu den etwas wohlhabenderen Hofbesitzern, während ein anderer Teil der Bevölkerung im mittelalterlichen Lintorf ganz arme Kötter waren, die dem kargen Boden gerade den notwendigen Lebensunterhalt abringen konnten. An Gewerbetreibenden arbeiteten vor allem Töpfer in Lintorf, die seit dem 12. Jahrhundert für den regionalen Markt produzierten (vgl. das Kapitel über Breitscheid). Seit dem Spätmittelalter sind Kalköfen und Kalkbrennereien im Amt Angermund nachgewiesen. Die Lintorfer Kalköfen lagen In der Drucht, in einem Gebiet, das heute zu Duisburg gehört. Am Winkelshäuschen, der ehemals nördlichsten Wohnstätte Lintorfs, wurde früher im »kleinen Broich« Torf gestochen.

Lintorf blieb während des gesamten Mittelalters eine Streusiedlung, gelegen in einem riesigen Waldgebiet. Die wirtschaftliche Lage verbesserte sich im Laufe der Zeit keineswegs, denn die Landesherren machten sich den Forst untertan und profitierten von den mannigfachen Nutzungsrechten (Jagd, Wildpferdegestüt, Schweinemast, Holzwirtschaft), die sie ihren Untertanen weitgehend verwehrten bzw. sehr restriktiv handhabten. Ein zwangsläufiger Rodungsstopp führte zu einer Stagnation der Siedlungsentwicklung. Ein Dokument vom 3. September 1574, das vertragliche Vereinbarungen zwischen Herzog Wilhelm V. und Arndt von Schelen, dem Inhaber des Beekerhofes, über den Lintorfer Rottzehnten enthält, nennt einige für die Ortsgeschichte neue Namen (z. B. Vogelsang, Speckamp, Polacker, Pieperskamp), was ein Indiz dafür ist, das sich die Siedlung Lintorf trotz aller Hemmnisse bis zur Frühen Neuzeit vom Dickelsbach-Zentrum weg nach Norden ausgedehnt hatte.

Lintorf gehörte bis zum Beginn des 19. Jahrhunderts zum Amt Angermund und zum Gerichtsbezirk »In der Brüggen«.

Katholisch-evangelische Beziehungsgeschichte, Kriegswirren und Episoden der Frühindustrialisierung

Im Jahr 1565 gingen Christen aus dem Kirchspiel Ratingen nach Kettwig und Homberg, um die Kommunion in beiderlei Gestalt zu empfangen. Reformatorisches Gedankengut verbreitete sich schnell im Bergischen. Vor allem der Spanisch-Niederländische Krieg (ab 1568) und die unentschlossene Religionspolitik der Herzöge von Jülich-Berg in dieser Zeit förderten die neue Lehre. Seit 1594 besuchten die Lintorfer Protestanten den Gottesdienst auf Schloss Linnep, deren Besitzer, die Grafen von Neuenahr und die Herren von Isselstein, die neue Glaubensrichtung tatkräftig unterstützten. Die reformierten Lintorfer wurden von der Gemeinde in Ratingen mitbetreut. Eine Liste der reformierten Familien von 1611 nennt die folgenden Namen: Adolff uf der Beek, Conradt zu thes Haussmans, Dahm Heintges, Lambert Brackermans, Conradt ufm Ritterskamp, Adolf zur Mullen, Ludwig zu Dortt, Peter zu Franßenhaus, Franß am Rham, Merten ufm Sencken, Johann und Wilhelm uf der Hirntten, Gotzen uf der Kaulen, Adolf ufm Speckamp, Reinhardt zu Clotzhaus und Heinrich ufm Großenkamp sowie deren Ehefrauen; für einige Familien werden auch andere Familienangehörige sowie das Gesinde genannt, Kinder finden allerdings keine Erwähnung. Insgesamt kann man wohl von etwa 50 Erwachsenen ausgehen, die in Lintorf evangelisch geworden waren. In den Untersuchungen über den Religionsstand im festgesetzten »Normaljahr« 1624 werden für Lintorf 32 reformierte Familien gezählt. In einem »Kommunikantenverzeichnis« von 1666, das alle Personen aufführt, die in der reformierten Gemeinde Ratingen zum Abendmahl zugelassen waren, finden 36 Lintorfer Familien Erwähnung. Neue Namen bzw. Hofbezeichnungen sind hinzugekommen: Blaspiel, Pempelfort, Aldenbracht, Ridderskamp, Hülsdiek, Achterwinter, Vogelbusch, Pieperskamp sind die bekannteren Familien, die reformiert waren.

Das Verhältnis zwischen den Konfessionen wird – auch bedingt durch die Kriegsläufe – nicht besonders freundlich gewesen sein. Lintorf blieb von den jahrzehntelangen kriegerischen Auseinandersetzungen der Frühen Neuzeit nicht verschont. Im Spanisch-Niederländischen Krieg (seit 1568), im Kölner Krieg (1583–1588), im Jülich-Klevischen Erbfolgestreit (1609–1614, 1666 endgültig beigelegt) sowie im Dreißigjährigen Krieg (1618–1648) ging es auch um Glaubensfragen, in erster Linie aber um die Ausbildung und Stabilisierung der Territorialstaaten im Deutschen Reich und Europa.

Aus Furcht vor kriegerischen Übergriffen und Plünderungen sandten die Lintorfer immer wieder Boten aus, die bei Gefahr im Verzuge die Dorfbewohner warnen sollten. 1621 wurde Bernhardus Butz nachts nach Angermund geschickt, um wertvolle kirchliche Geräte in der Kellnerei in Sicherheit zu bringen; der Arme musste einige Zeit vor dem Tor in der Kälte warten. 1622 und 1628 zerstörte marodierendes Kriegsvolk die Fenster der Pfarrkirche St. Anna. Am 1. August 1632 plünderten und verwüsteten die gefürchteten Pappenheimer Reiter die Pfarrkirche; für 11 Albus musste Seife gekauft werden, um die liturgischen Textilien zu reinigen. Ein aus Gold und Silber gefertigter Kelch und die Monstranz wurden geraubt. Durchziehende Soldaten zündeten manchem Lintorfer das Dach über dem Kopf an. Der Pieperskamp und der Schelenkamp wurden 1641 verwüstet und geplündert, ersterer lag bis 1645/46 wüst, letzterer wurde 1648 erneut verwüstet. Das auf den Ländereien des Ulenbroich-Kottens angebaute Korn raubten 1641 Hatzfeldische, 1642 weimarische und kaiserliche und 1646 brandenburgische Soldaten. 1644 lag die Honnschaft Lintorf wie ausgestorben da, die Einwohner hatten sich in die Wälder geflüchtet. Haus Vogelsang, das der katholischen Kirche gehörte, wurde noch 1646 durch brandenburgische Soldaten niedergerissen und verbrannt.

Im Jahr 1630 übernahmen die Reformierten die katholische Pfarrkirche St. Anna und vertrieben den katholischen Pfarrer Hermann Schwartzhausen, seine Mutter und den Küster. Johann Benninghoven, Pfarrer in Homberg, betreute damals die Lintorfer Reformierten, die für kurze Zeit eine eigenständige Gemeinde bildeten. Benninghoven predigte vermutlich auch in der katholischen Pfarrkirche; das Kirchengut der katholischen Pfarre verwalteten in den Jahren 1628/29 die beiden »calvinischen Kirchenmeister« Adolff Heintges und Merten auff dem Rahm. 1631 waren die Lintorfer Reformierten erstmals auf der Bergischen Provinzialsynode vertreten. 1631 war Schwartzhausen allerdings wieder auf seinem Posten.

Im Zuge der Gegenreformation verstärkte die katholische Kirche ihre Missionsbemühungen. So wandte sich 1649 der Lintorfer Pfarrer mit einer Bitte an den Abt der Reichsabtei Werden, Heinrich IV. Dücker: Dieser sollte dafür sorgen, dass der Verwalter des Werdener Lehnsgutes »auf der Mullen« (Termühlen) einen reformierten Pächter, der zum Katholizismus zurückkehren wollte, nicht weiter unter Druck setzte. In den 1650er Jahren wurden einige Lintorfer mit Geldstrafen belegt, die ihre Kinder durch den reformierten Prediger hatten taufen lassen. Seit 1640 unterhielt die evangelische Gemeinschaft in Lintorf eine Schule, 1688 erwarb sie aus dem Besitz der Familie Isselstein den Friedrichskothen, in dem in der Folgezeit ein Bet- und ein Schulsaal eingerichtet wurden. 1648 besuchten Jesuitenpatres Lintorf und riefen dort die »Societät von Jesus und Maria« ins Leben. Auch die im Jahr 1700 von dem Kölner Pastor Johann Weber gestiftete Rosenkranz-Bruderschaft sollte die Frömmigkeit unter den Gemeindemitgliedern stärken, war aber wohl letztlich wenig erfolgreich. Zu einer Intensivierung des katholischen Glaubens sollte auch die Einrichtung einer regulären Schule mit einem hauptberuflichen Lehrer zu Beginn der 1740er Jahre beitragen. 1716 hatte der Lintorfer Pfarrer Christian Aspach noch die Konkurrenz durch die evangelische Schule beklagt. Die kleine reformierte Gemeinde scheint einige Anziehungskraft ausgeübt zu haben, denn Aspach betonte: »Denn hier hat Gott zwar eine Kirche, aber der Teufel hat eine Kapelle (Diabolus capellam habet); die Katholiken haben einen Tempel, aber die Nicht-Katholiken haben ein Bethaus (sed acatholici domum exercitii); und durch die Nachlässigkeit der Unsern ist die Jugend zum kalvinistischen Lehrer (ad ludimagistrum Calvinistam) abgefallen, unsere Schule ist leer (nostra schola vacat).« (W. Bever, Geschichte der evangelischen Kirchengemeinde Lintorf, Lintorf 1973, S. 19) Immerhin sprach Aspach mit den reformierten Predigern, besuchte die Schule und las die gegnerischen Schriften.

Im Großen und Ganzen scheint der Kontrakt von 1662, der so genannte »Lintorfer Religionsfriede«, der die Rahmenbedingungen für ein friedliches Zusammenleben von Katholiken und Reformierten schuf, tragfähig gewesen zu sein. Es wurde vertraglich fixiert, dass eine Hebamme für die Kinder beider Konfessionen zuständig sein sollte. Die Reformierten durften ihre Kinder außerhalb des Kirchspiels taufen lassen, der katholische Pfarrer musste allerdings zustimmen und es waren Gebühren zu entrichten. Der katholische Pfarrer sollte die Testamente der Reformierten schreiben. Beim Aufgebot reformierter Brautleute waren wiederum Gebühren für den katholischen Pfarrer und Küster fällig. Die Reformierten konnten den Friedhof an der Pfarrkirche benutzen, für die Unterhaltung der Friedhofsmauer waren beide Konfessionen zuständig. Für alle verstorbenen Einwohner des Kirchspiels läuteten die Glocken von St. Anna. Die für die Protestanten ausgesprochen anstößige Zwangsverpflichtung, beim Begräbnis »zum Opfer zu gehen« und in der katholischen Pfarrkirche einen Obolus in die Armenkiste zu werfen oder auf den Altar zu legen, wurde in Lintorf abgeschafft.

Aus dem Jahr 1761 sind erstmals einigermaßen verlässliche Bevölkerungszahlen überliefert: 320 Katholiken und vermutlich

80 Reformierte wohnten in dem Dorf, das aus 71 Häusern bestand. Die Bewohner lebten fast ausschließlich und mehr schlecht als recht von der Land- und Forstwirtschaft. Einigen gelang aber der soziale Aufstieg: Der Ratinger reformierte Pfarrer Christoph Henrici war der Sohn eines Lintorfer Schmiedes, besuchte in Duisburg das Gymnasium und die dortige Universität. Gewerblich Tätige, die die alltäglichen Bedürfnisse der Dorfbevölkerung befriedigten, waren natürlich auch in Lintorf anzutreffen. Es gab unter anderem Bäcker, Fleischer, Leinenweber, Schmiede, Gastwirte, Sattler, Stellmacher, Händler und Holzhändler. Die Lintorfer Kalkgruben und Kalkbrennereien gingen vermutlich bis ins Mittelalter zurück, urkundlich werden sie allerdings erst 1565 erwähnt. Reste des Kalkofens In der Drucht waren um 1960 noch zu erkennen; der frühere Kalksteinbruch In der Drucht erinnert heute an den Kalkabbau in Lintorf.

Nach Blei wurde bereits im 16. Jahrhundert gesucht. Aber erst Mitte des 18. Jahrhunderts wurde der Abbau intensiviert: 1746 übernahm der Düsseldorfer Unternehmer und Bankier Heinrich Kirschbaum ein in Lintorf bestehendes Bleibergwerk, das nicht so recht in die Gänge kam. Vor allem die ständigen Wassereinbrüche waren ein Problem. In Kirschbaums Auftrag entwickelte der belgische Ingenieur Jean Wasseige eine vermutlich ab 1753 in Lintorf eingesetzte Dampfmaschine, die die Schachtanlagen trocken halten sollte und auch funktionierte. Allerdings kam es bereits 1755 zu einer Zwangsversteigerung des Bergwerks, nachdem Kirschbaum Konkurs anmelden musste. Der illustre, vielseitige, aber hoch verschuldete Unternehmer, der dem Fiskus Abgaben vorenthalten hatte, wurde verhaftet; es gelang ihm aber, ein Freigeleit zu nutzen und für immer zu verschwinden. Gegen Ende des 18. Jahrhunderts arbeitete nördlich der Rehhecke, wo sich später die Firma Hünnebeck ansiedelte, das Alaun-, Vitriol- und Bleibergwerk »Zur Guten Hoffnung«. Alaun und Vitriol wurden offenbar noch 1830 in Lintorf gewonnen. Das Salz Alaun fand als Ätzmittel in der Färberei und als Beize in der Papierherstellung Verwendung. Mit Vitriol bezeichnet man sulfidische Buntmetallerze (Eisensulfat, Zinksulfat, Kupfersulfat), die in der Stofffärberei, in der Herstellung von Stoffen und Tinten, in der Desinfektion und Konservierung eingesetzt wurden.

Im Jahr 1798 gründete Johann Theodor Perpéet am Dickelsbach eine Schneidemühle, die bis 1904 in Betrieb war, und 1801 ein Torfbergwerk »In den Schlöderichs Banden«. Insgesamt blieb die Frühindustrialisierung eine Episode in Lintorf.

Die »Queckefresser« werden industrialisiert: Fortschritte in der Dorfentwicklung im 19. und 20. Jahrhundert

Die in Lintorf und Umgebung häufig anzutreffende Quecke ist ein hartnäckiges Gras oder Feldunkraut. Die Kargheit der Sandböden, die nicht sehr üppigen Ressourcen, aber auch die feudale Herrschaftsordnung bedingten die Armut der Dorfbewohner, die »Queckefresser«, plattdeutsch »Quiekefrehter« oder »Sandhasen« genannt wurden. Die bis 1831 abgeschlossene Teilung der Gemarkenwälder zog umfangreiche Rodungen nach sich. Die 1814 vollzogene Auflösung des landesherrlichen Wildpferdegestüts beseitigte einen Stein des Anstoßes für die Bevölkerung, aus der immer wieder Klagen über die Schäden laut geworden waren, die die Pferde anrichteten.

Der Landbesitz war allerdings sehr ungleichmäßig verteilt. 1830 besaß Lintorf 989 Einwohner. Von den Grundeigentümern besaßen 27 über 5 Morgen Land, 15 über 10 Morgen, 9 über 20 Morgen, 7 über 30 Morgen, 5 über 40 Morgen und 3 über 60 Morgen. 14 Eigentümer besaßen über 70 Morgen Land. Die reichsten Grundbesitzer waren Max Freiherr von Elverfeldt (264 Morgen), das katholische Pastorat (277 Morgen), Landrat von Hauer (372 Morgen), W. Brügelmann aus Ratingen (996 Morgen) und der Graf von Spee auf Heltorf (1.822 Morgen). Die Grafen von Spee besaßen auch weitläufige Waldgebiete in der Umgebung von Lintorf und Ratingen, ja, zu Beginn des 20. Jahrhundert waren sie neben dem Fiskus die größten Waldbesitzer. Sie sind auch heute noch die größten Waldbesitzer im Ratinger Raum. Die Familie Brügelmann konnte im Laufe des 19. Jahrhunderts ihren Grundbesitz vermehren, während die katholische Kirche mehr als die Hälfte ihres Besitzes verlor. Alle übrigen Landbesitzer in Lintorf mussten sich mit weniger als 5 Morgen, einige sogar mit weniger als einem Morgen begnügen. Sie lebten in bescheidenen Kothen oder Kotten, zu denen auch kleine Ställe und Scheunen gehörten. Ein anschauliches Beispiel für diese Hausform stellt das seit 1879 von der Familie Steingen bewohnte Haus »Am Merks« an der Speestraße dar, das inzwischen restauriert ist und ein kleines Café beherbergt.

Im Jahr 1832 zählte das Kirchdorf Lintorf 943 Einwohner, von denen 760 katholisch und 183 evangelisch waren. Außerhalb des alten Dorfkerns bestanden bereits zahlreiche Wohnplätze für Tagelöhner, z. B. Pannenschoppen, Hülsdieken, an der Kost, Tönniskamp, Krummenweg, Fliegelskamp und Winkelshäuschen, in denen insgesamt 76 Personen lebten, die vermutlich in der Alaunhütte und in den Kalkgruben Arbeit fanden. 15 Arbeiter waren in Wohnungen der Vitriolfabrik untergebracht.

Die Brüder Gerhard, Johann und Wilhelm Stein eröffnen nach 1815 am Heintges, wo die Eltern eine Schmiede betrieben, eine Brennerei für »feine und ordinaire Liqueurs«, Branntweine, Franzbranntwein, Rum, Arrak und Weingeist. 1826 wurde das Geschäft nach Düsseldorf verlegt, wo später nach den Brüdern eine Straße, die Steinstraße, benannt wurde. Das Anwesen am Heintges erwarb 1838 die Zivilgemeinde Lintorf. Dort wurde die katholische Schule eingerichtet, die zuvor in beengten Verhältnissen im so genannten Hamacher-Haus untergebracht war. Nach dem Zweiten Weltkrieg entstand an dieser Stelle das Rathaus des Amtes Angerland.

In den 1840er Jahren wurde die Förderung von Bleierz wiederbelebt, nachdem zwei belgische Unternehmer die »Société civile des Mines de Lintorf« gegründet hatten. Wassereinbrüche behinderten allerdings immer wieder die Arbeiten im Schacht »Auguste Catharina«. Bis 1860 erfolgte der Bergbau oberirdisch, danach wurden Schachtanlagen gebaut. 1860 geriet das Lintorfer Bleibergwerk in den Besitz zweier holländischer Aktiengesellschaften, die sich 1874 zur »Anglo-Dutch Mining Company« mit Sitz in Amsterdam zusammenschlossen. Auch das alte Vitriolbergwerk »Zur guten Hoffnung« wurde bald aufgekauft. Die Grubenfelder im Norden Lintorfs hießen zu diesem Zeitpunkt »Friedrichsglück«, »Holland«, »Admiral de Ruyter«, »Auguste Catharina«, »Diepenbrock«, »Pyrit I« und »Pyrit II«. Dort hofften die Gesellschaf-

Mitarbeiter der Zeche »Friedrichsglück« vor dem Verwaltungsgebäude, 1901

ter Bleierze, Blende, Kupfererze und Schwefelkies ans Tageslicht zu fördern, was aber dauerhaft nur auf »Friedrichsglück« an der Rehhecke, auf »Diepenbrock« (später Loman) am Teufelshorn und auf »Broekmann« am Löken gelang. Sowohl die Beschäftigten im Bleibergbau als auch die Fuhrleute, die den Kalk nach Wittlaer brachten, stillten ihren Durst im Winkelshäuschen, ganz im Norden der Gemeinde gelegen. Der Bleibergbau wurde durch den Eisenbahnbau begünstigt: 1874 richtete die »Rheinische Eisenbahngesellschaft« die Strecke Troisdorf-Ratingen-West-Lintorf-Mülheim/Ruhr (Speldorf) ein, die einen Zugang nach Duisburg und ins Ruhrgebiet und über Opladen auch in den Kölner Raum brachte. 1874 wurde der Lintorfer Bahnhof eingeweiht. Ab 1876 diente die Strecke nicht nur dem Güter-, sondern auch dem Personenverkehr. 1878 wurde die Lintorfer Eisenbahnstation durch eine Drahtseilbahn mit der Zeche »Friedrichsglück« verbunden.

Die beiden großen Probleme Kapitalbedarf und Wassereinbrüche brachten den Bleierzabbau in Lintorf immer wieder in Schwierigkeiten. 1884 wurde der Förderbetrieb eingestellt, dann aber nach einem günstigen Gutachten wieder aufgenommen. Die neu gegründete »Gewerkschaft Lintorfer Erzbergwerke«, wiederum in holländischem Besitz, besaß fünfzehn Grubenfelder. 1890 gingen die neuen Broekmanschacht- und die Lomanschacht-Anlagen in Betrieb. Wassereinbrüche führten 1891 zu einer erneuten Stilllegung des Bergwerks, die Betreibergesellschaft ging 1892 in Liquidation.

Sprengung des letzten Schornsteins der Lintorfer Erzbergwerke am 2. August 1932

Nach der Übernahme der Gruben durch die Firmen Haniel & Lueg, Düsseldorf, und Broekman & Houders, Amsterdam, waren 1900 etwa 100 Arbeiter im Bleibergwerk und 1902 379 Arbeiter tätig. Auch zahlreiche andere Gewerbetreibende wie Fuhrleute, Händler, Wirte und Schmiede machten gute Geschäfte. Letztlich ließ sich das Problem der Wassereinbrüche nicht lösen. 1903 kam das endgültige Aus für »Friedrichsglück«, »Broekman« und »Loman«. 1932 verschwand der letzte Schornstein der Lintorfer Zeche, 1968 wurde das Gebäude der Zeche »Broekman« abgerissen.

Als Folge der Wiederbelebung des Bleierzabbaus entwickelte sich im letzten Drittel des 19. Jahrhunderts im Lintorfer Norden (»im Busch«) ein Industriegebiet. Folgende Unternehmen begannen mit der Produktion: 1889 das Lintorfer Walzwerk Bredt & Co., 1898 das Tonwerk Christinenburg (Tonwaren- und Falzziegelwerk), 1899 die Gewerkschaft Adler (Ziegel- und Tonwerke), 1909 die Eisengießerei Karl Knapp (seit 1937 Emil Sistig). Vor dem Ersten Weltkrieg entstanden an der Duisburger Straße Mehrfamilienhäuser, deren schlichte Modernität ihnen die Bezeichnung »Klein-Amerika« eintrug. 1902 wurde im Norden Lintorfs eine zweite katholische Volksschule erbaut, die »Büscher Schule« (heute Heinrich-Schmitz-Schule, in einem Neubau untergebracht).

Briefkopf der Gewerkschaft Christinenburg, 1901

Auch im Dorfzentrum tat sich Einiges. 1854 wurde die evangelische Gemeinde durch die Trennung von Ratingen selbständig. 1867 konnte die Einweihung der neuen evangelischen Kirche an der früheren Angermunder Straße (heute Konrad-Adenauer-Platz) gefeiert werden. 1883/84 wurde das neue evangelische Pfarrhaus neben der Kirche erbaut, das das alte Pastorat im Hof Rüping ersetzte. Im Rüping befand sich zunächst auch seit 1851 das Männerasyl, die erste Trinkerheilstätte Deutschlands und auch Europas. Das Asyl wurde später in einem neu errichteten Gebäudekomplex auf der gegenüberliegenden Straßenseite weitergeführt (heute: Hochhäuser am Konrad-Adenauer-Platz). Erster Vorsteher des Männerasyls war der evangelische Pfarrer Eduard Dietrich und in der Folgezeit alle weiteren Pfarrer der evangelischen Gemeinde. 1879 wurde das Angebot für Alkoholkranke durch die Eröffnung der »Kuranstalt Siloah« am Eichförstchen ergänzt. 1901 kam »Haus Bethesda« am Thunesweg hinzu. 1912 wurde eine neue evangelische Schule an der Duisburger Straße (später Eduard-Dietrich-Schule) errichtet.

»Männerasyl«, 1930er Jahre

Die katholische Pfarrgemeinde ließ 1876/77 ihre alte romanische Kirche abreißen. Die neue Pfarrkirche St. Anna wurde 1878 eingeweiht. 1927 nahm die neue Schule an der späteren Speestraße ihre Arbeit auf, die 1938 nach Johann Peter Melchior benannt wurde. Im Jahr 1917 gründete die »Genossenschaft der armen Dienstmägde Christi« aus Dernbach am Klosterweg (heute Krummenweger Straße) eine Filialniederlassung, um die ambulante Krankenpflege, insbesondere die Pflege von Lungenkranken, zu gewährleisten, und eine Handarbeits- und Kleinkinderbewahrschule ins Leben zu rufen. Die Niederlassung, in der zunächst drei Schwestern wirkten, erhielt den Namen »Caritashaus St. Maria« (Kloster der »Armen Dienstmägde Christi«).

Die Pfarrkirche St. Anna

Die Anbindung Lintorfs an das Umland wurde weiter verbessert. Neben dem Eisenbahnbau mit der 1874 eröffneten Station

Neue katholische Volksschule in der Speestraße, 1927

Postkarte mit Lintorfer Sehenswürdigkeiten, Ende 19. Jahrhundert

erfolgte 1871 der Ausbau des Ratingen-Lintorfer Kommunalwegs, 1877 des Lintorf-Breitscheider Wegs und 1891 der Ausbau der zentralen Viehstraße, der heutigen Speestraße. 1909 erhielt Lintorf mit der Installierung von 13 Lampen eine Straßenbeleuchtung. 1876 eröffnete in der damaligen Angermunder Straße eine Postagentur.

Im Verlauf des 19. und frühen 20. Jahrhunderts verdreifachte sich die Bevölkerung Lintorfs beinahe:

Lintorfer Markt, um 1960

1817	872
1832	943
1885	1.709
1900	2.116
1905	2.275
1910	2.506

Die Umstrukturierung der dörflichen Gesellschaft war in vollem Gange. Die Siedlung entwickelte sich eindeutig in Richtung Norden: Im Nordosten und in der Nähe des Bahnhofs ließen sich Industriebetriebe nieder. Im Umkreis der Industrieniederlassungen wurden auch Wohnungsbauprojekte realisiert. Zu Beginn des Ersten Weltkrieges wohnte die Mehrzahl der Lintorfer im Gebiet nördlich der heutigen Straße Im Kreuzfeld.

In den 1920er Jahren begann eine planmäßige Besiedlung des Ortes. Der Erläuterungsbericht zum »Entwurf zu einem Bebauungs- und Fluchtlinienplan für die Gemeinde Lintorf« vom 27. September 1920 betonte die Schwachstellen der Entwicklung: »Die [1900 aufgestellten] Fluchtlinien folgen durchweg den Richtlinien älterer Communal-, Feld und Wirtschaftswege und erstrecken sich unlogischerweise über die ganze Gemarkung. Die Folge hiervon war eine irreguläre, zerrissene und zerstreute Bebauung mit ihren schweren Schäden für die gedeihliche Entwicklung und den wirtschaftlichen Aufschwung einer Gemeinde. Um für die Folge eine geordnete Bebauung und gesunde Besiedlung zu gewährleisten, beschloss daher die Gemeinde-Vertretung auf Anregung des Bürgermeisters einen neuen Bebauungs- und Fluchtlinienplan aufstellen zu lassen.« (Stadtarchiv Ratingen, A 356) Mit Rücksicht auf den noch überwiegend ländlichen Charakter des Gemeindezentrums und die dort übliche halboffene Bauweise sollten nicht allzu breite Straßen angelegt werden, an denen durchweg Kleinwohnungen mit großzügigen Vorgärten und Gärten geplant waren. Auf dem Areal des Hofes Hinüber am Dickelsbach, den die Zivilgemeinde 1926 ankaufte, begann die Bebauung.

Gingen im 19. Jahrhundert die entscheidenden Impulse vom Eisenbahnbau aus, so hat in den 1930er Jahren der Bau der Autobahn Köln-Oberhausen (heute A 3) und der B 1, des so genannten

Nördlichen Zubringers (heute A 52), für eine günstigere Anbindung Lintorfs an die benachbarten Großstädte Düsseldorf, Duisburg, Mülheim an der Ruhr und Essen gesorgt. Nach dem Zweiten Weltkrieg verbesserten 1958 der Bau der B 288, des so genannten Krefelder Zubringers (heute A 524), die Fertigstellung des Breitscheider Kreuzes 1967 und der Ruhrtalbrücke bei Mintard 1968 weiter die verkehrsgeografische Lage des Ortes. Die bevorzugte Lage Lintorfs und die Ausweisung preiswerten Baulandes führte zu zahlreichen Industrieansiedlungen. Seit 1925 arbeitete die Firma Blumberg & Co. an der Angermunder Straße, deren Produktpalette Zündwaren, Papierverarbeitung und Kunststoffpresserei umfasste. 1919 gründete Hubert Perpéet eine Druckerei, 1934 riefen Paul Meyer und Johann Hoff aus Frechen die Steinzeugröhrenfabrik ins Leben, 1939 verlegte die Eisengießerei Sistig ihre Produktion von Düsseldorf an die Rehhecke, seit 1943 produzierte das Düsseldorfer Unternehmen Bossong Automobilzubehör in Lintorf (seit 1954 Tornado/Rheinmetall).

Nach der Verwaltungsreform von 1929/30 gehörte Lintorf mit Angermund, Wittlaer, Hösel, Eggerscheidt und Breitscheid zum neu gebildeten Amt Ratingen-Land, seit 1950 Amt Angerland. Die Verwaltung des Amtes Ratingen-Land befand sich bis zum Beginn der 1950er Jahre in Ratingen an der Kreuzung Hauser Allee und Mülheimer Straße. 1925 zählte Lintorf 2.800 Einwohner.

Der entscheidende Entwicklungsschub kam für Lintorf nach dem Ende des Zweiten Weltkriegs, der im Ort kaum materielle Schäden hinterlassen hatte. Die Bevölkerung wuchs bis 1946 auf 4.667 Personen. Im ehemaligen Zwangsarbeiterlager an der Rehhecke (heute Vodafone-Gelände), in dem ab April 1944 für die Rüstungsindustrie, vor allem für die Krupp-Werke in Essen zwangsrekrutierte Menschen und Zivilarbeiter aus zahlreichen Nationen untergebracht waren, lebten nach dem Krieg »Displaced Persons«, wie die »Heimatlosen Ausländer« genannt wurden. Auch zahlreiche Vertriebene und Flüchtlinge aus Ostdeutschland und Ausgebombte aus den benachbarten Großstädten hatte es nach Lintorf verschlagen; sie wurden zunächst notdürftig in den Häusern »Siloah« und »Bethesda«, in den Hoffmann'schen Fahrradwerken oder Baracken untergebracht.

Die Land- und Forstwirtschaft verlor auch in Lintorf dramatisch an Bedeutung. Die meisten Lintorfer waren 1950 im Sektor Industrie und Handel beschäftigt. Vor allem mittelständische Betriebe ließen sich im Industriegebiet im Norden nieder. 1950 waren in Lintorf ansässig: das Holzsägewerk Heinrich Kaiser, die Tornado-Ramset GmbH (unter anderem Fertigung von Autoersatzteilen), die Eisengießerei Sistig, die Papierfabrik Blumberg & Co., die Maschinenfabrik Zimmer, die Samenzucht und Samenhandlung Paas & Co. Größere Unternehmen waren die Fahrrad- und Motor-

Verwaltungsgebäude der Hünnebeck GmbH, um 1960

radfabrik Hoffmann, die um 1950 700 Arbeiter beschäftigte und unter anderem die legendäre »Vespa« herstellte, die Deutsche Stahllamelle Hünnebeck KG/Hünnebeck GmbH (heute Harsco Infrastructure Deutschland GmbH) an der Rehhecke, die seit 1954 auf dem Gelände der Lintorfer Erzbergwerke (»Friedrichsglück«) als wichtiger Zulieferer-Betrieb der Bauwirtschaft im Bereich Rüsten und Schalen produzierte, seit 1957/58 die Constructa-Werke, die aber bereits 1968, von der Firma Siemens übernommen, nach Berlin verlegt wurden und deren Gelände 1970 teilweise von der Mannesmann-Röhren GmbH genutzt wurde sowie 1968 die Gottfried W. Schultz KG, eine Großhandelsfirma der Automobilbranche. 1973 siedelte sich die Niederlassung der Mannesmann-Datenverarbeitung GmbH, heute Vodafone, an der Rehhecke an. Seit

1993 produzierte die Firma Karrena, führend im Feuerfest- und Schornsteinbau in Deutschland, in Lintorf (seit 2002 Teil der Beroa Deutschland GmbH). 2009/10 errichtete der aus Japan stammende Werkzeughersteller Makita auf dem Gelände des ehemaligen Freizeitmarktes weitläufige Produktionshallen.

1949 wurde das Rathaus des Amtes Ratingen-Land nach Lintorf verlegt. Es war zunächst im Saal der Gaststätte Peter Holtschneider untergebracht, bis am 9. Juli 1956 das neue Rathaus an der Ecke Speestraße/Klosterweg (heute: Krummenweger Straße) eingeweiht werden konnte. Seit 1950 fand eine geregelte Müllabfuhr in der gesamten Gemeinde statt. 1951 erfolgte der Beschluss, Lintorf an die Kanalisation anzuschließen. 1959 wurde die Abhaltung eines Wochenmarktes eingeführt.

Nach 1945 entwickelte sich das idyllische Dickelsbach-Dorf zu einer modernen Wohngemeinde mit geschlossener Bebauung. Das Bevölkerungswachstum beschleunigte sich, mit Ausnahme einer Phase nach der kommunalen Neugliederung:

1950	6.263
1960	7.638
1964	9.506
1966	10.198
1974	13.655
1993	13.211
2001	15.069
2006	15.247

Im Jahr 1956/57 wurde die Eigenheimsiedlung »Solidarität« an der Mörikestraße westlich des Bahndamms gebaut. Östlich der A 52 entstanden in der Nachkriegszeit reine Wohngebiete mit Villenbebauung (Waldsiedlung). Der Friedhof an der Krummenweger Straße, dessen Anlage 1937 begann, wurde nach dem Zweiten Weltkrieg als Kommunalfriedhof ausgebaut. 1968 wurde die neue Friedhofskapelle fertiggestellt. Ab Mitte der 1960er Jahre entstanden die Neubaugebiete Am Potekamp, Am Pohlacker, Am Kämpchen, am Thunesweg, am Bleibergweg und Am Geist. 1967 wurden die ersten Hochhäuser am Potekamp gebaut. 1969/71 veränderten zwei achtgeschossige und sechs sechsgeschossige Hochhäuser an der Broekmanstraße das Erscheinungsbild des Ortes. 1970/71 wurden Am Ringofen achtgeschossige Wohnhäuser erbaut, 1974 folgte das Hochhaus an der Ecke Speestraße/Am Löken. In der ersten Hälfte der 1970er Jahre wurden auch die Wohnblocks entlang der Duisburger Straße errichtet. Die einschneidendste Baumaßnahme, die den Charakter Lintorfs noch einmal grundlegend veränderte, war die Gestaltung eines neuen Ortsmittelpunktes zwischen Speestraße, Duisburger Straße und der heutigen Straße Wedenhof. Dieser

Luftaufnahme von Lintorf, 1970er Jahre

Bereich heißt heute Konrad-Adenauer-Platz. Seit 1972/73 erheben sich hier drei fünf-, sechs- und siebengeschossige Gebäude sowie ein elfgeschossiges Hochhaus mit Wohnungen, Geschäften und Dienstleistungsbetrieben. Auch in den Geschäftsstraßen Lintorfer Markt und Speestraße dominiert inzwischen eine moderne Bebauung mit einer Vielzahl von Geschäften und Dienstleistungsangeboten. Zahlreiche historische Gebäude verschwanden im Laufe der Zeit, so 1956 der Hof Hinüber, 1962 das Asyl, 1969 das »Klösterchen«, 1968 das Kornsgut, 1972 der Wedenhof und im gleichen Jahr das so genannte Hamacherhaus sowie Marzelli noch 1979. Mit der Umgestaltung der »Drupnas«, einem Feuchtgebiet in Dickelsbachnähe, zu einer Parkanlage wurde 1956/57 begonnen. Am Volkstrauertag 1963 konnte in der fertiggestellten Anlage das Ehrenmal für die Opfer der Kriege der Öffentlichkeit übergeben werden.

Der alte Ortskern in der Nähe des Dickelsbaches erschließt sich dem aufmerksamen Besucher trotz aller Modernisierungen auch heute noch.

1960 wurden das evangelische Gemeindehaus und »Haus Anna« der katholischen Kirchengemeinde fertiggestellt. Zwischen 1962 und 2008 bestand die neuapostolische Kirche An der Schmeilt. Zu Weihnachten 1965 fand der erste Gottesdienst in der neuen katholischen Kirche St. Johannes/Pfarrer von Ars Am Löken im Lintorfer Norden statt, die erst 1969 geweiht wurde. Auch das Bildungsangebot wurde verbessert. Zu den drei bestehenden Volksschulen, der Eduard-Dietrich-Schule und der Heinrich-Schmitz-Schule an der Duisburger Straße und der Johann-Peter-Melchior-Schule Am Weiher, kam 1974 das neue Schulzentrum an der Duisburger Straße hinzu. Die Heinrich-Heine-Hauptschule (bis 2009), die Werner-Heisenberg-Realschule und das Kopernikus-Gymnasium besuchten Ende der 2010er Jahre rund 1.300 Schüler. Ebenfalls 1974 wurde die Förderschule am Thunesweg eröffnet, die heutige Comeniusschule.

Am 1. Januar 1975 verlor Lintorf seinen Status als selbständige Gemeinde. Die Pläne von Vertretern des Amtes Angerland, eine selbständige Stadt Angerland (Lintorf, Hösel, Wittlaer, Angermund, Breitscheid, Eggerscheidt) ins Leben zu rufen, waren gescheitert. Heute ist Lintorf als Ratinger Stadtteil eine moderne Industrie- und Wohngemeinde mit hoher Lebensqualität und sehr guten Verkehrsanbindungen.

Krummenweger Str.
Lintorfer Markt
Kath. Ullenbroich
Speestr.
Duisburger Str.
Wedauer Str.
Jean-Frohnhoff-W.
Tiefenbroicher Str.
Am Weiher
Im kleinen Feld
Hülsenbergweg
Mühlenstr.
Zum Helpenstein
An der Renn
Jahnstr.
Am Senken
Senken
Allwetterbad
Am Sonnenschein
Mühle
Oberste
Frielingsrath
Neue Kämp
Termühlenweg
An der Schmeilt
Am Heck
Am Kohlendey
Vogelsang
F.-Windisch-Str.
Steingensweg
Konr.-Adenauer-Pl.
Wedenhof
Kreuzfeld
Zur Quecke
Beeker Hof
Feuerw.
Grundsch.
Kinderg.
Turnh.
Sp.Pl.
Jg.Zentrum
Verw.St.
DL1.016

Lintorf entdecken

Durch den historischen Dorfkern am Dickelsbach

An der Stelle der heutigen **Pfarrkirche St. Anna** am Lintorfer Markt ① stand bis zur Jahreswende 1876/77 die alte St. Anna-Kirche, eine kleine romanische Saalkirche mit Chorgeviert, Apsis und vorgelagertem Westturm, deren Erbauungsjahr nur vermutet werden kann. Hans Erich Kubach und Albert Verbeek datieren in ihrem Handbuch »Romanische Baukunst an Rhein und Maas« den Kernbau des Kirchleins in das 12./13. Jahrhundert. Von der alten St. Anna-Kirche existiert lediglich ein Kupferstich, der die Südseite des Gebäudes zeigt und erstmalig 1878 von Pfarrer Bernhard Schmitz in seiner Schrift »Einige geschichtliche Nachrichten über Lintorf, seine katholische Pfarre und Kirche« veröffentlicht wurde. Pfarrer Schmitz berichtete auch, dass an der Ostseite des aus Bruchsteinen erbauten Westturms, vermutlich der älteste Bauteil, die Dachlinie eines niedrigeren Schiffes ablesbar gewesen sei, das später aufgehöht wurde. Bei seinem Abriss enthielt das Langhaus möglicherweise den Kern eines älteren Gebäudes. Am 1. August 1632, zur Zeit des Dreißigjährigen Krieges, verwüsteten Pappenheim'sche Soldaten die Lintorfer Kirche, raubten einen wertvollen Kelch, die Monstranz und andere Objekte des Kirchschatzes. Bei der Wiederherstellung der Kirche wurde auch ein neuer Türbogen eingesetzt, der die Jahreszahl 1632 zeigte.

Pfarrkirche St. Anna, Mitte 1970er Jahre

Der spätstaufische Chor aus der ersten Hälfte des 13. Jahrhunderts bestand aus einem eingezogenen Geviert und einer Halbkreisapsis, ebenfalls aus Bruchsteinen errichtet; lediglich Rundbogenfries und Dachgesims waren aus Tuffstein gearbeitet. Über die Gestaltung des Chores berichtete Pfarrer Schmitz einige interessante Details: »Dasselbe [das Chörchen] bestand aus einem quadratischen Raume von 4 Meter Seitenlänge und einem kleinen Rundbogenfenster an jeder Seite und aus halbrunder Apsis mit 3 solchen Fenstern. Die Apsis enthielt auf erhöhter Stufe noch die ursprüngliche Altarmensa. Die Wölbung des Chores mit starken Wulstrippen in Schild- und Diagonalbögen ruhte auf Wandsäulchen mit einfachen, schlanken Würfelkapitälchen.« (B. Schmitz, Einige geschichtliche Nachrichten über Lintorf, S. 6)

Aus der alten St. Anna-Kirche stammen einige schöne Ausstattungsstücke: Als ältestes Objekt kann die Darstellung der Muttergottes als Himmelskönigin gelten: sie trägt eine Krone auf dem Haupt und hält ein Zepter in der Hand. Die Skulptur wurde vermutlich bereits im 14. Jahrhundert gefertigt. Spätgotisch sind die aus dem Rheinland stammende »Trauben-Madonna« und die ausdrucksstarke Pietà.

Diese beiden Madonnen wurden nach dem Abbruch der romanischen Kirche zunächst auf dem Speicher der Dorfschule am Heintges gelagert. Dreißig Jahre später stellte sie Pfarrer Johannes Meyer im Pfarrhaus auf: Die Skulpturen gefielen ihm so gut, dass er sie 1921 mit Genehmigung des Lintorfer Kirchenvorstands an seinen neuen Wirkungsort nach Essen-Bergeborbeck mitnahm. Arnold Dresen, der sich vor allem als Chronist der Ratinger Kirchengeschichte einen Namen machte, setzte durch, dass die Objekte nach Meyers Tod an St. Anna zurückgegeben werden sollten. Tatsächlich gelangten sie jedoch, als Meyer 1933 starb, in das Kölner Diözesanmuseum, das sich mit einer Rückgabe schwertat. Erst 1937 kehrten die Madonnen auf Betreiben von Dechant Wilhelm Veiders nach Lintorf zurück.

In die Zeit des Barock gehören eine weitere Muttergottes-Skulptur sowie eine Darstellung der hl. Anna und Maria, die ein älteres Anna-Bild ersetzte. Auch die älteste Glocke von 1484 ist bis heute erhalten geblieben.

Um 1300 gehörte Lintorf zum Kirchspiel Ratingen. Ob der im ältesten Ratinger Stadtbuch von 1362 erwähnte »Didericus plebanus in lyntorp« tatsächlich Pfarrer in dem Ort oder eher ein Ratinger Seelsorger war, der auch in Lintorf wirkte, sei dahingestellt. Vermutlich in der zweiten Hälfte des 15. Jahrhunderts wurde Lintorf zur Pfarre erhoben. Das Patronat, das Recht, den Pfarrer vorzuschlagen und auszustatten, übten die Herzöge von Jülich-Berg als Landesherrn aus. Im 15. Jahrhundert ist vermutlich auch die hl. Anna, die »Modeheilige« des Spätmittelalters, Patronin der Lintorfer Kirche geworden. Die Verehrung der hl. Anna verbreitete sich schnell am Niederrhein, nachdem Herzog Adolf von Kleve 1420 dem Kartäuserkloster »Auf dem Grave« bei Wesel eine wertvolle Reliquie geschenkt hatte und vor allem, nachdem eine weitere Reliquie 1500 nach Düren gelangt war. Gegen Ende des 15. Jahrhunderts wurde in Lintorf eine St. Anna-Bruderschaft gegründet. Mitte des 16. Jahrhunderts ist ein Annen-Altar nachgewiesen.

1464 hören wir zum ersten Mal von der Lintorfer St. Sebastianus-Bruderschaft. Ihr von 1464/1470 bis 1670 geführtes Bruderschaftsbuch ist erhalten geblieben. Eine institutionalisierte katholische Schule hat es wohl vor Mitte des 18. Jahrhunderts nicht gegeben: der Küster unterrichtete – wie anderswo auch – mehr schlecht als recht die Kinder.

Die Lintorfer Pfarre war notorisch sehr dürftig ausgestattet, obwohl sie über nicht unbeträchtlichen Grundbesitz verfügte. Die Pfarrer klagten laut und wechselten häufig ihre Stelle. Aus der Feder des Pfarrers Christian Aspach, 1715 bis 1724 in Lintorf, der für die Einführung einer von den Ratinger Minoriten gelesenen Frühmesse verantwortlich war, stammt eine anschauliche »Arbeitsplatzbeschreibung«, die die vielfältigen Aufgaben des Lintorfer Pfarrers auflistet: »Der Pastor muß hier sein: Pastor, Küster, Kirchenmeister, Armenmeister, Frühmesser, Hochmesser und Prediger Sonntags und Feiertags, und Nachmittags Kinderlehrer, Beichtvater, Krankentröster. Allen muß er alles sein; Das Volk liebt seinen Pastor mehr als einen Pater, ich weiß nicht warum, vielleicht weil ein Pater sich nicht so accomodirt wie der bescheidene Pastor oder weil die Andersgläubigen stolze Verächter der Mönche sind.« Pfarrer Bernhard Schmitz, der diese Einschätzung seines Kollegen veröffentlichte, fügte hinzu: »Hat noch vergessen: auch Secretair; denn bis dahin mußte er auch den Nachbarn [den Gemeindemitgliedern] schreiben, wofür er ein Buch Papier erhielt.« (B. Schmitz, Einige geschichtliche Nachrichten, S. 26). Aloys Theodor Kaiser, 1830 bis 1833 Pfarrer in Lintorf, bezeichnete seinen Wohnsitz, das alte Pastorat, als »erbärmliche Hütte«. Er konnte immerhin noch den 1831 erbauten Neubau beziehen.

Aus dem Jahr 1761 stammt ein Verzeichnis der Kommunikanten, d. h. derjenigen Pfarrangehörigen, die zur Osterkommunion gingen: 224 Personen waren darin verzeichnet. Demnach hatte Lintorf damals etwa 320 katholische Einwohner. Die Bevölkerung wuchs stetig, vor allem auch im Zuge der Industrialisierung im 19. Jahrhundert. Die kleine Annen-Kirche, die immer nur notdürftig repariert worden war, bot den Gläubigen bald keinen ausreichenden Platz mehr und verfiel zunehmend. Insbesondere drohten die Gewölbe bereits zu Beginn des 19. Jahrhunderts einzustürzen. 1841 lösten die Eigentümer des Lintorfer Zehnten, die Freiherren von Elverfeldt, der Besitzer des Beekerhofs, sowie Konrad und Johann Perpéet und Heinrich Holtschneider, denen als »Zehntherren« die Unterhaltung der Pfarrkirche oblag, ihre Verpflichtung durch Zahlung einer Geldsumme ab; die 2.200 Taler, die damals zusammenkamen, bildeten den Grundstock für den Kirchbaufonds, der durch zahlreiche Stiftungen in der Folgezeit anwuchs.

1875 wurde am früheren Schulweg, der späteren Johann-Peter-Melchior-Straße, auf dem Grundstück des Pfarrhauses, eine hölzerne Notkirche errichtet. Zur Jahreswende 1876/77 erfolgte der Abbruch der romanischen Kirche. Einen Teil der Steine benutzte man zur Fundamentierung der neuen Kirche, die anderen wurden verkauft. Der Neubau auf dem Grundstück des alten Gotteshauses begann im Mai 1877. Der Kölner Architekt A. Lange lieferte die Entwürfe für eine in romanisierenden Formen gehaltene Basilika. Am 29. Juli 1877 konnte der Grundstein gelegt werden und am 28. Juli 1878 wurde die neue Kirche eingeweiht. Wegen des eskalierenden Kulturkampfes – der von der preußischen Regierung abgesetzte Kölner Erzbischof Paulus Melchers lebte damals im Exil – konnte die neue St. Anna-Kirche erst am 14. August 1893 durch Weihbischof Antonius Fischer konsekriert werden.

Im Jahr 1901 malte der in Angermund lebende Künstler und Kirchenmaler Heinrich Nüttgens St. Anna im nazarenischen Stil aus. Diese Malereien wurden in der Folgezeit durch mehrfache Putzschichten verdeckt und erst Mitte der 1970er Jahre bei umfassenden Sanierungsarbeiten wiederentdeckt. Juliane Decker-Nüttgens, die in Lintorf lebende Tochter Heinrich Nüttgens, stellte aus dem Nachlass ihres Vaters eine Skizze der ursprünglichen Ausmalung zur Verfügung. 1978/79 wurde die flächenmäßig sehr umfangreiche Ausmalung freigelegt, gesichert und unter der Leitung des Essener Malers und Restaurators Gert van Heekern wiederhergestellt und in Teilen auch rekonstruiert. Gleichzeitig mussten tiefgreifende Schäden an der Holzkonstruktion des Kirchturms, im Dach- und Fundamentbereich, an den Fassaden und im Innenraum behoben werden. Eine Restaurierung der beweglichen Ausstattung und der Kreuzwegstationen schloss die Maßnahmen ab. Im Rahmen der Baumaßnahmen wurde die Grundsteinlegungsurkunde von 1877 aufgefunden und veröffentlicht; der alte Grundstein wurde am 17. Juni 1980 neu in das Mauerwerk eingefügt. Anfang September 1980 konnten wieder Gottesdienste in der renovierten St. Anna-Kirche gefeiert werden und im Sommer 1983 erklang die neue Orgel. 1996 begann eine enge Zusammenarbeit von St. Anna mit der 1971 gegründeten Pfarrei St. Johannes, Pfarrer von Ars. Am 1. Januar 2001 gingen beide Gemeinden in der neuen Pfarre St. Anna und St. Johannes, Pfarrer von Ars, auf. Seit Anfang 2009 existiert die Pfarre St. Anna Ratingen mit der Hauptkirche

Altarbereich mit der 1901 erfolgten Ausmalung durch Heinrich Nüttgens

St. Anna in Lintorf und den Filialkirchen St. Bartholomäus in Hösel, St. Christophorus in Breitscheid und St. Johannes im Lintorfer Norden.

Innenraum von St. Anna nach der Restaurierung, 1980

Der erste **Friedhof** der katholischen Pfarre St. Anna befand sich an der Kirche ②. Dort wurden Mitglieder der katholischen und der reformierten Gemeinde bestattet. 1784 untersagte die kurfürstliche Regierung die Bestattung in den Ortskernen, die Begräbnisstätten wurden an die Peripherie verbannt. Damals verschwand wohl auch der alte Kirchhof in Lintorf. Zwei Grabsteine, die aus dem Mühlenteich von Gut Helpenstein geborgen werden konnten, sind noch erhalten. Der eine Grabstein wurde leider zerstört, der besser erhaltene, der dem 1673 verstorbenen Schmiedemeister Dam Heintges gewidmet ist, wurde an der Südseite der Kirche aufgestellt. Dam Heintges, Mitglied einer weit verzweigten Familie, gehörte der reformierten Gemeinde an. Der Kirchhof wurde durch einen Friedhof an der Angermunder Straße (Gastwirtschaft »Zur Post«) ersetzt. 1832 wurde der neue Friedhof an der Duisburger Straße eröffnet, der 1950 geschlossen und nach 1974 in eine Grünanlage umgewandelt wurde; heute sind dort noch einige Grabsteine und ein Ehrenmal für Gefallene der beiden Weltkriege zu sehen. Die Anlage des Waldfriedhofs an der Krummenweger Straße wurde 1947/48 fertiggestellt.

Im Osten der Kirche St. Anna liegt an der Straße Ulenbroich 1 und 3, einem Teil der früheren Krummenweger Straße, **Haus**

Ulenbroich ③, ein eingeschossiges Fachwerkhaus auf geteertem Bruchsteinsockel, das aus dem 17. Jahrhundert stammt. Ulenbroich war der Name einer weit verzweigten adeligen Familie, die in der Nähe von Recklinghausen, in der Neusser Gegend, bei Kettwig und Haan und auch in Lintorf zu Hause war. Ein Reynken van Ulenbroeke wird 1388 in einer Urkunde erwähnt, in der festgehalten wird, dass Nesa zu Roland dem Stift Gerresheim eine jährliche Rente von einem Malter Roggen verkauft. Die Ulenbroichs waren auch mit den Bawir v. Frankenberg verwandt, die Mitte des 17. Jahrhunderts protestantischen Gottesdienst auf ihrem Besitz Gut Rommeljans zuließen. 1464 waren Junker Heinrich von Ulenbroich und Margarete von Ulenbroich Mitglieder der Lintorfer St. Sebastianus-Bruderschaft. 1470 übereignete Margarete, die inzwischen Witwe geworden war, für sich und ihren verstorbenen Ehemann erblich einen Sümmer Roggen, den man jährlich auf St. Lambertus (17. September) aus dem Kotten neben dem Kirchhof beziehen sollte. Hier ist vielleicht der Vorgängerbau des heutigen Hauses Ulenbroich angesprochen, der der Familie gehörte. Die Abgaben, zu denen der Besitzer des Ulenbroich-Hauses verpflichtet war, bestanden in der Ablieferung von 12 Metzen Roggen (ca. 41 Liter) zugunsten der Kirche, 3 Metzen Roggen (ca. 10 Liter), sieben Pfund Brot und sieben Eier zugunsten der Küsterei und 16 Albus oder 3 Groschen und 7 Pfennigen zugunsten des Pastorats. Diese Abgaben konnten erst 1874 durch Zahlung einer einmaligen Geldsumme abgelöst werden. Um 1500 vermachte Margarete von Ulenbroich der katholischen Gemeinde in Lintorf ein anderes Haus aus ihrem Besitz, das Honnschaftsgut, das inzwischen abgerissen wurde. Auch das Ulenbroichhaus, das 1672 als Ulenbroichs Koitt – Kotten – bezeichnet wurde, das 1703 von Friedrich am Ulenbruch und 1730 von Andreß Brücker am Uhlenbroch bewohnt wurde, kam irgendwann in den Besitz der katholischen Kirche. Die adelige Familie Ulenbroich verließ zu einem unbekannten Zeitpunkt Lintorf, der Name haftete weiterhin an dem Kotten. Die Bewohner wechselten; in einem Teil des Hauses war eine Zeit lang das Pfarrarchiv untergebracht. In der zweiten Hälfte der 1990er Jahre verkaufte die katholische Kirche Haus Ulenbroich an das Ehepaar Josef und Elisabeth Melchert, die es 2002 vorbildlich renovieren ließen. Das schmucke Ulenbroich-Haus bereichert heute den Lintorfer Ortsmittelpunkt.

Der **Bürgershof** am Lintorfer Markt 24 ④ ist eine der wenigen ehemaligen historischen Hofanlagen, die in Lintorf erhalten blieben. Der Bürgershof ist der älteste Gasthof Lintorfs. Eine Rechnung aus dem Jahr 1567 bezeugt dies.

Der Bürgershof besteht aus einem im 17./18. Jahrhundert erbauten Gebäude, dessen Erdgeschoss in Massivbauweise und dessen Obergeschoss und Giebel in Fachwerk errichtet wurden, sowie

Bürgershof

Erweiterungsbauten aus dem 19. Jahrhundert. Bereits im Bruderschaftsbuch der St. Sebastianus-Bruderschaft von 1470 wird ein Lambrecht Burger mit Familie genannt, der zu den Gründungsmitgliedern der Bruderschaft gehörte. Ein Lambert Bürger wird 1574 als Schöffe des Landgerichts »In der Brüggen« erwähnt. Der Bürgershof war wie der Beekerhof, Gut Hinüber, das Kornsgut, Ritterskamp, Marzelli, das Gut Zur Porzen, der Rüping, das Gut Hemscheidt und der Wedenhof ein Lehnsgut des Landesherrn. Beim Tod der jeweiligen Inhaber war eine Kurmudsabgabe, eine Sterbefallabgabe fällig, meist das beste oder zweitbeste Stück Vieh (Besthaupt), später eine bestimmte Geldsumme. Inhaber des Bürgershofs war 1652 Adolph von Bohnen (Boenen); diese Familie besaß auch den Beekerhof. Bis 1707 blieb der Hof im Besitz der Familie Bohnen, um dann an Rudolph Caspar von Immighumb überzugehen. 1722 war Johannes Tack Hausherr auf dem Bürgershof. 1747 war der Hof wieder im Besitz der Familie Bohnen. Mit landesherrlicher Genehmigung verkaufte 1747 die Witwe von Hermann, geb. von Bohnen, das Gut an Heinrich Steingens und Irmgard Tack. Heinrich Steingens (Steingen), der auch Schöffe des Lintorfer Hofgerichts und Kirchmeister der katholischen Pfarrgemeinde war, betrieb im Bürgershof eine Gastwirtschaft und vermutlich eine Brauerei. 1786 ging der Besitz an Johann Theodor Perpéet, den Schwager des früheren Besitzers Swibert Steingens; letzterer hinterließ bei seinem Tod den Bürgershof in einem erbärmlichen Zustand. Perpéet brachte es zu großem Wohlstand und umfangreichem Grund- und Hausbesitz in Lintorf. Aus dem Jahr 1800 ist eine Beschreibung des Bürgershofes überliefert; demnach bestand das Anwesen aus »Haus, Hof, Scheur, Stallung, Back- und Brauhaus fort einer daran angebauter Düppenbäckerei, sodann Garten und Baumgarten«. Nach dem Tod Perpéets 1834 ging der Bürgershof an den Schwiegersohn Friedrich Holtschneider, der auch als Gemeindevorsteher fungierte. 1886 kam die Familie Steingen erneut in den Besitz des Bürgershofs. August Steingen betrieb weiterhin eine Gastwirtschaft, sodann eine Bäckerei, Landwirtschaft und Viehhandel. Der Bürgershof war damals vor allem eine Gaststätte der Fuhrleute. Auch heute noch wird das historische Bauwerk als Restaurant mit Biergarten genutzt.

In den Jahren 1929/30 entstand im Rahmen der Kommunalreform das neue Amt Ratingen-Land. Als durch Beschluss des Preußischen Staatsministeriums vom 6. Mai 1930 und mit Wirkung vom 15. Mai 1930 die Landgemeinden Angermund, Breitscheid, Eggerscheidt, Hösel, Lintorf und Wittlaer zum Amt Ratingen-Land zusammengefasst wurden, stieß die Neuordnung in den Gemeinden selbst auf wenig positive Resonanz. Als besonderer Stein des Anstoßes galt, dass die Amtsverwaltung ihren Sitz außerhalb des Amtes hatte, nämlich in Ratingen an der Ecke Mülheimer Straße/Hauser Allee. Dagegen formierte sich bald Widerstand, der allerdings erst nach dem Zweiten Weltkrieg erfolgreich war. Im Februar 1949 wurde die Verwaltung des Amtes Ratingen-Land nach Lintorf verlegt und am 6. März 1950 erfolgte die Umbenennung in Amt Angerland. Provisorisches Rathaus war zunächst ein umgebauter Saal in der Gaststätte Peter Holtschneider in der Nähe von St. Anna.

1950 erhielt das »Amt zwischen den Großstädten« einen neuen Amtssitz. Das **neue Rathaus** ⑤ im Schnittpunkt der heutigen Speestraße, Krummenweger Straße, Lintorfer Markt und Konrad-Adenauer-Platz, entstand nach Plänen des Düsseldorfer Archi-

Das ehemalige Rathaus des Amtes Angerland

tekten Walter Euler. Es befand sich auf dem Grundstück der 1927 erbauten katholischen Johann-Peter-Melchior-Schule, die aufgrund statischer Probleme baufällig geworden war und abgerissen werden musste. Beim Rathausneubau wurde daher auf die Fundamentierung ein besonderes Augenmerk gerichtet. Es entstand ein gegliederter Baukörper in zwei- und dreigeschossiger Bauweise. Das Gebäude wurde als Ziegelsteinrohbau errichtet und mit holländischen Handstrichziegeln verblendet. Im ersten Obergeschoss lag der Sitzungssaal, der mit seiner Nussbaumvertäfelung und dem Parkettboden aus Eiche recht repräsentativ wirkt. Dieser Raum ist einschließlich der Möblierung und der Beleuchtungskörper authentisch erhalten; er genießt Bestandsschutz und wird heute hauptsächlich für kulturelle Zwecke genutzt.

Nach der kommunalen Neugliederung von 1974/75, die die Auflösung des Amtes Angerland und die Konzentration aller Verwaltungsaufgaben in Ratingen nach sich zog, wurde das Lintorfer Rathaus einer neuen Nutzung zugeführt. Neben anderen Einrichtungen sind dort eine Filiale der Ratinger Stadtbibliothek sowie die Geschäftsstelle und das Archiv des Vereins Lintorfer Heimatfreunde e. V. untergebracht. Auch die St. Sebastianus-Schützen haben im früheren Rathaus ihr Büro.

Porträt-Medaillon auf dem Gedenkstein für Johann Peter Melchior

Am 9. September 1990 konnte in der neu gestalteten Grünanlage vor dem ehemaligen Rathaus des Amtes Angerland an der Speestraße ein **Denkmal für den Bildhauer und Porzellanmodelleur Johann Peter Melchior,** ⑥ Lintorfs berühmtesten Sohn, eingeweiht werden. Finanziert wurde das Denkmal im Rahmen eines »Joint Venture«-Projekts des Landes Nordrhein-Westfalen und des Vereins Lintorfer Heimatfreunde. Auch die Stadt Ratingen bot vielfältige Unterstützung. Die in Ratingen geborene Künstlerin Gretel Krauskopf-Gemmert (1923–2004) schuf ein Bronze-Medaillon Melchiors, das sich an einem Alabasterrelief des Künstlers orientierte, das sein Freund und Schüler Landolin Ohnmacht 1787 schuf. Das Bronze-Medaillon wurde in einen Flussfindling aus grünem Granit eingesetzt, womit ein ausgesprochen würdiges Ehrenmal für den Künstler entstand.

Johann Peter Melchior

(1747–1825), Modellmeister, Bildhauer

Johann Peter Melchior wurde am 10. März 1747 in der alten St. Anna-Kirche in Lintorf getauft; zwei Tage zuvor wurde er vermutlich geboren. Melchiors Eltern waren sehr arme Leute. Sein Vater Johann Peter war Kötter, d.h. Pächter eines bescheidenen Häuschens und eines kleinen Stücks Garten- und Ackerlandes, das die Familie mehr schlecht als recht ernährte. Die Familie wohnte zunächst Am Putenkamp, dann im Haus Am Rieps im Ortskern. Die Mutter Maria Christina Melchior, geb. Kirschbaum, brachte fünf Kinder zur Welt. Wir wissen, dass der Vater kein Analphabet war, er dürfte also eine rudimentäre Schulbildung genossen haben. Dennoch konnten die Eltern, bedingt durch ihre prekäre soziale Situation, kein Verständnis für die sich sehr früh herausbildende Begabung ihres Sohnes aufbringen. In seinen 1787 in der dritten Person formulierten Memoiren beschreibt Melchior seine ausweg- und chancenlose Kindheit in Lintorf: »Schon in den ersten Jahren seines Lebens äußerte es sich, wozu ihn die Natur bestimmt hatte. Er bezeichnete oder besudelte alle Tische, Bänke, Stühle, Wände und Fußböden mit Figuren von Menschen und Thieren. Nichts war ihm lieber als Kreide, Röthel und Letten oder Lehmen. Das Bossiren oder Modelliren war ihm angenehmer als alle Schätze der Welt. Wenn er krank wurde, war es ihm Arzeney, und in gesunden Tagen machte es ihn oft Speise und Trank vergessen. Seine guten Eltern wußten diesen Trieb nicht zu schätzen; sie kannten weder die Kunst noch ihren Werth; und er hatte viel auszustehn, weil er sich und alles, was um ihn war, verunreinigte. Um sein Lieblingsgeschäft ungestöhrt treiben zu können, verbarg er sich in die Scheune, ins Feld, hinter die Früchte und in den Wald.« (Die Quecke 75, 2005, S. 163)

Johann Peter Melchior, »Der gestörte Schlummer«, Höchster Porzellan, nach 1770 Johann

Johann Peter Melchior wurde mit elf Jahren Vollwaise: Seine Mutter starb bereits 1754 im Kindbett, der Vater, der nochmals heiratete, am 12. Januar 1758. Eine Zeit lang lebte er im Haushalt seiner Stiefmutter; zum Lebensunterhalt der Familie musste er durch die Arbeit als Hütejunge beitragen. 1761 finden wir ihn im Lintorfer Pfarrhaus: Pfarrer Engelbert Lövenich, der sein Talent erkannte, nahm ihn auf. Bald danach wird er das Dorf verlassen haben, in das er nie wieder zurückkehrte.

Nach einem kurzen Aufenthalt in Düsseldorf kam er zu dem Aachener Bildhauer Gebhard Boos in die Lehre; hier hatte er keine Perspektive, da infolge des schlechten Geschäftsgangs die Werkstatt geschlossen werden musste. Nach Zwischenstationen in Lüttich, Köln und Koblenz kam Melchior 1765 nach Mainz. Gefördert durch den Kurfürsten Emmerich Joseph von Breidbach-Bürresheim wurde er Modellmeister in der Höchster Porzellanmanufaktur und 1770 kurmainzischer Hofbildhauer. Neben seiner Arbeit in der Manufaktur durfte er als freier Bildhauer arbeiten.

Seine Aufgabe in Höchst bestand in den folgenden Jahren darin, die Modelle für das figürliche Porzellan und die Tafelgeschirre des Hofes zu entwerfen. Melchior schuf in Höchst vor allem farbig staffierte Figuren spielender Kinder und Schäferidyllen, Chinoiserien und Turquerien, mythologische und allegorische Figuren als Tischschmuck für die höfische Tafel. Seine Vorliebe galt jedoch der Arbeit mit Biskuitporzellan, dem

Peter Melchior, »Kinderidyll«, Höchster Porzellan, nach 1770

weißen, marmorähnlichen Werkstoff, der Mitte des 18. Jahrhunderts erstmals in den Manufakturen von Vincennes und Sèvres Verwendung fand und den Melchior offenbar in Höchst eingeführt hatte. Die Arbeit mit der Biskuitmasse, die für Porzellanfiguren und vor allem für Porträts Verwendung fand, leitete in stilistischer Hinsicht zum Klassizismus und historisch zum bürgerlichen Zeitalter über. Dem klassizistischen Kunstideal huldigte Melchior auch in seiner 1781 entstandenen theoretischen Schrift »Versuch über das sichtbar Erhabene in der Kunst«.

Im Jahr 1770 heiratete Melchior in Mainz Maria Barbara Patz, mit der er sieben Kinder hatte, von denen nur ein Sohn ihn überlebte. Nach dem Tod seines kurfürstlichen Gönners verließ Melchior Höchst und fand 1779 als Modellmeister und Bildhauer Anstellung in der kurpfälzischen Porzellanmanufaktur Frankenthal. 1791 musste die Frankenthaler Manufaktur ihren Betrieb einstellen, 1794 besetzten französische Truppen den Ort. Melchior war nun arbeitslos und ohne Einkommen. 1793 ließ er sich als freier Künstler in Nürnberg nieder, wo ihn seine Tochter finanziell unterstützte. Geldsorgen, Krankheits- und Todesfälle in der Familie verstärkten seine Neigung zu Depressionen. 1797 erhielt Melchior nach einem Gesuch an den Kurfürsten Karl Theodor eine Anstellung als Oberaufseher und Modellmeister in der Nymphenburger Porzellanmanufaktur. Auch hier entstanden Geschirrentwürfe und Porzellanporträts in antikisierenden, klassizistischen Formen.

Melchiors Schaffenskraft wurde in seinen Nymphenburger Jahren allerdings überschattet durch häufige Erkrankungen und Depressionen, die sich zum Verfolgungswahn steigerten. Die Pensionierung am 22. Januar 1822 ließ sich nicht mehr vermeiden. Vereinsamt und verbittert starb Johann Peter Melchior am 13. Juni 1825 in Nymphenburg. Er hinterließ ein umfangreiches und vielgestaltiges Werk, das die Sammlungen zahlreicher Museen bereichert. Auch das Museum der Stadt Ratingen bewahrt eine reiche Kollektion seiner Werke.

Der **Friedrichskothen** am Lintorfer Markt 20 ⑦ war jahrhundertelang das Zentrum der reformierten und evangelischen Gemeinde in Lintorf. Bereits 1601 werden die »Frederichs Benden« erwähnt, ein bescheidenes Häuschen mag dazu gehört haben. Die Kirchen- und Armenrechnungen der evangelischen Gemeinde in Lintorf, die organisatorisch eine Filiale der Ratinger Gemeinde bildete, enthalten Hinweise darauf, dass bereits 1640 eine reformierte Schule in

Friedrichskothen

Lintorf vorhanden war, die sich vermutlich Am Graben (heute: Wedenhof) befand. Im Rentbuch der Kellnerei Angermund von 1634 wird als zweiter freier Hof (neben dem Beekerhof) »des jonckern von Newenars hof, graf Gumprechten zugehoerigh« genannt, womit vermutlich der Friedrichskothen gemeint ist. Die protestantischen Grafen von Neuenahr wurden im Linneper Bereich von den Herren von Isselstein »beerbt« (vgl. im Kapitel Breitscheid den Abschnitt über Schloss Linnep). Um die reformierte Gemeinde in Lintorf zu stabilisieren, verkaufte ihr Vincent Schott von Isselstein, der auf Schloss Linnep residierte und bereits 1683 den Linneper Glaubensbrüdern das Grundstück für die Waldkirche überlassen hatte (vgl. das Kapitel über Breitscheid) im Jahr 1688 für 120 Reichstaler das ihm gehörende »friedrichs häußchen« oder den Friedrichskothen, wie das Gebäude meistens genannt wird. Der Friedrichskothen sollte für ewige Zeiten als Schulhaus dienen.

Der Fachwerk-Winkelhof besteht aus mehreren Bauteilen unterschiedlichen Alters. An den rechterhand liegenden zweigeschossigen Teil schließt sich ein eingeschossiges Bauwerk an. 1691 erfolgte der Umbau zu einem Schulhaus und einem »Wohnhäuschen«. Im Traubuch der Ratinger evangelischen Gemeinde findet sich der Vermerk, dass die Lintorferin Margreth Blümer am 24. September 1691 »auff der neuen schul copulirt worden« sei, also geheiratet hatte. Ob bereits 1691 im Obergeschoss des Hauses Gottesdienste stattfanden, muss offen bleiben.

Am Friedrichskothen wurde beständig gebaut und repariert – so 1735, 1753 und 1777. Auch 1788 erfolgte eine Instandsetzung, die Hecken und Obstbäume wurden neu gepflanzt. Dennoch blieben die Verhältnisse desolat. Der Ratinger Pfarrer und Schulpfleger Christian Petersen beklagte sich am 10. September 1814 in einem Schreiben an den Schulrat in Düsseldorf: »Das Schulzimmer bleibt doch immerhin ein dumpfes und düsteres Loch, wie der Augenschein am besten lehret.« (Th. Volmert. In: Die Quecke 58, 1988, S. 47) Auch nachdem die reformierte Schule 1815 Kommunalschule geworden und 1817 ein neues Schulzimmer auf Kosten der Zivilgemeinde erbaut worden war, verbesserte sich die Lage nur kurzfristig. Die Kommune hatte im Grunde kein Interesse an der Bildungseinrichtung einer konfessionellen Minderheit (1816: 644 Katholiken, 211 Reformierte, 17 Lutheraner). 1852 strich der Lintorfer Gemeinderat, in dem ausschließlich Katholiken saßen, das Gehalt für den evangelischen Lehrer. Die Schule verfiel zunehmend, da die notwendigen Reparaturen ausblieben. Am 13. August 1852 schrieben die evangelischen Schulvorsteher an den Düsseldorfer Regierungspräsidenten von Massenbach: »Die Sohlen des Gebäudes sind faul, zum Theil ganz verschwunden und hierdurch ist das Sinken des Gebäudes herbei geführt; der Wind geht ungehindert durch die Schulfenster, die Wände sind theils eingefallen, der Regen dringt ungehindert an allen Stellen des Daches durch. Dem Lehrer sind seine Meubles durch die fortwährende Feuchtigkeit verdorben, und die Gesundheit sowohl der Schüler als der Lehrerfamilie steht auf dem Spiele.« (Th. Volmert. In: Die Quecke 54, 1984, S. 32)

Der Neubau des Schulsaals durch die Zivilgemeinde 1817 führte später zu einem Rechtsstreit zwischen der Kommune und der evangelischen Gemeinde. Der Bürgermeister des Amtes Angermund resümierte in einem Schreiben an den Landrat in Düsseldorf vom 4. Mai 1911 die Auseinandersetzung: »Außer auf das Schulgrundstück macht die evangelische Pfarrgemeinde auch auf das Schulgebäude Eigentumsrecht mit der Begründung geltend, dass laut Urkunde vom 25. August 1688 das alte Schulgebäude – die jetzige Lehrerwohnung –, sowie das im Jahr 1817 z. T. niedergelegte und durch den Neubau des jetzigen Schullokals ersetzte und mit dem Haupthaus vereinigte Nebenhaus mit Stallgebäuden, gerade so wie das Schulgrundstück durch die Lintorfer reformierte Gemeinde vom früheren Eigentümer Vincents von Isselstein, ›da solches zu einer reformirten Schule gebraucht werden solle‹, käuflich erworben worden ist. Der über der Lehrerwohnung gelegene Betsaal, von der evangelischen Gemeinde angelegt und in Stand gehalten, ist kirchlicher Besitz.« (Stadtarchiv Ratingen, A 133) Das Königliche Landgericht in Düsseldorf entschied am 19. Juli 1876 zugunsten der evangelischen Gemeinde. Die Zivilgemeinde reklamierte aber weiterhin das Nutzungsrecht an dem Gebäude. Erst 1918 erwarb die evangelische Gemeinde den 1817 erbauten Schulsaal für 300 Mark.

Auch mit dem Betsaal stand es nicht zum Besten. Ein königlich-preußischer Bauinspektor urteilte 1865, dass der Friedrichskothen »unstreitig der unwürdigste und schlechteste Kirchenbau der ganzen Rheinprovinz« sei. Die Luft während der Gottesdienste sei zum Ersticken. Ursprünglich war der Saal nur durch eine Falltür zu erreichen. 1849 wurde eine Außentreppe an der Ostfassade des Gebäudes installiert. Die Decke des Betsaales war so niedrig, dass man einen Balken aushöhlen musste, was erst ermöglichte, dass der Prediger aufrecht stehen konnte. Mitte der 1860er Jahre begannen sich die Deckenbalken abzusenken. Hier war allerdings eine Verbesserung der Verhältnisse abzusehen, denn 1867 wurde die neue evangelische Kirche am heutigen Konrad-Adenauer-Platz erbaut.

Die evangelische Schule blieb bis 1912, bis zum Neubau der späteren Eduard-Dietrich-Schule in der heutigen Duisburger Straße im Friedrichskothen. Nach dem Umzug wurde der alte Schulsaal zunächst für Repräsentantenversammlungen der evangelischen Gemeinde und Versammlungen des Jünglingsvereins genutzt; später zogen in das alte Schulhaus nacheinander eine Sattlerei, die

Gemeindejugend sowie während des Ersten Weltkrieges Soldaten ein. Nach 1918 war der Friedrichkothen evangelisches Gemeinde- und Vereinshaus; auch die Bibliothek des evangelischen Bürgervereins war hier untergebracht. Seit 1934 wird das Gebäude als Kindergarten genutzt. Zwischen 1961 und 1963 musste der Kindergarten nach einem verheerenden Hochwasser des Dickelsbachs grundlegend renoviert werden. Aber bereits in den 1990er Jahren war die Einrichtung baulich nicht mehr auf der Höhe der Zeit. Nach Absprache mit der Denkmalpflege wurde der Altbau durchgreifend saniert und ein Neubau mit Turnraum errichtet. Zwischen beiden Gebäudeteilen entstand ein schöner Innenhof. Seit der Einweihung am 28. August 2005 beherbergt das idyllische Anwesen die »Kinderarche Friedrichskothen«.

Evangelische Kirche

Die **evangelische Kirche** am Konrad-Adenauer-Platz ⑧ wurde am 20. August 1867 eingeweiht. Nach Plänen des Duisburger Baumeisters A. Kersten entstand in Backsteinbauweise auf den Grundstücken des ehemaligen Pastoratsgartens und des Füsgen'schen Gartens eine neoromanische Hallenkirche mit dreigeschossigem Westturm. Die Baukosten betrugen 10.500 Taler. Der Neubau wurde notwendig, weil die katastrophalen Zustände im alten Betsaal im Friedrichskothen nicht mehr tragbar waren. Die Lintorfer evangelische Gemeinde wuchs von 183 Mitgliedern im Jahr 1832 auf 986 Mitglieder 1885, um sich 1905 wieder auf 504 und 1925 auf 654 Seelen einzupendeln.

Innenraum der evangelischen Kirche

1854 wurde Lintorf aus der Ratinger evangelischen Gemeinde herausgelöst und bildete fortan eine selbstständige Gemeinde. Die Lintorfer evangelischen Bürger begrüßten diesen Akt als Rekonstituierung ihrer Gemeinde, die in den 1630er Jahren bereits für kurze Zeit selbständig gewesen sein soll. Seit 1897 gehören auch die evangelischen Bürger in Angermund zur Lintorfer Gemeinde. Erster Pfarrer war Eduard Dietrich, der an der Duisburger Diakonenanstalt tätig gewesen war und 1856 das »Männerasyl« im späteren Pfarrhaus gründete, in dem alkoholkranke Männer therapiert wurden. 1884 wurde ein neues Pfarrhaus neben der Kirche erbaut, das das alte Pastorat im »Rüping« ablöste.

Die evangelische Kirche in Lintorf wurde 1911 und 1954 renoviert. 1964 entschloss sich die Gemeinde zur Erweiterung der Empore, damit eine neue Orgel aufgestellt werden konnte, die die Firma Bürkle aus Schwelm lieferte. Seit der Innenrenovierung 1986/87 steht den Gläubigen ein heller, freundlicher Kirchenraum zur Verfügung, der zudem sehr dadurch gewonnen hat, dass der Wegfall des Notausgangs im Chor wieder die gleichförmige Gestaltung der drei Chorfenster ermöglichte.

Den evangelischen Christen in der Gemeinde Lintorf-Angermund stehen heute neben der evangelischen Kirche in Lintorf auch das hervorragend ausgestattete Gemeindezentrum am Bleibergweg und die Kirche in Angermund zur Verfügung.

Heinrich Schmitz beschreibt in seinem Heimatbuch »Angermunder Land und Leute« von 1926 den **Beekerhof** ⑨ als einen der ältesten Wohnplätze Lintorfs: »Am Fuße der Bergischen Vorhöhen lief seit alten Zeiten die Verkehrsstraße, von Ratingen kommend, nach Duisburg. Wo der Dickelsbach diesen Weg kreuzte und auch in anderer Beziehung die günstigsten Vorbedingungen gegeben waren, haben wir wohl die ersten und bedeutendsten Ansiedlungen zu suchen, die im Mittelalter als freie Höfe der Honnschaft genannt werden. Es sind diese das Schelengut, Hof zur Beek genannt, und der Hof des Junkers von Neuenahr. Die Hauptsiedelung war der erstgenannte Hof, er lag, wie uns sein Name verrät, am Bache. Im Mittelalter und in den folgenden Jahrhunderten war er wie die meisten Höfe mit Wassergräben umgeben. Die ursprüngliche Hofesstätte lag etwas weiter nach Osten da, wo jetzt der Hausgarten sich befindet. Der Besitzer des Hofes bührte den Rottzehnten in der Honschaft, auch war er Inhaber eines Teiles des großen Zehnten daselbst und besaß Vorrechte hinsichtlich der Waldnutzungen.

Beekerhof, 1930er Jahre

Der Hof war auch zeitweise Stätte des Lintorfer Hofsgerichtes. Acht Zinsgüter gehörten zum Hofesgerichte, sie lagen in den Honschaften Breitscheid und Selbeck.« (S. 30)

Im Jahr 1470 wird Coinrait up der Beek als Gründungsmitglied der Lintorfer St. Sebastianus-Bruderschaft erwähnt. In der ersten Hälfte des 16. Jahrhunderts war Christoph Scheel (1501–1557) Besitzer des Beekerhofs. Nach dieser Familie, einer Linie des Adelsgeschlechts der Vittinghoff, wurde der Hof auch Scheelengut genannt.

Zu Beginn des 17. Jahrhunderts ging der Beekerhof dann in das Eigentum der aus Westfalen stammenden Familie Boenen über. Noch heute ist über der Eingangstür des Wohnhauses das Wappen der Anna Maria Sophia von Boenen zu sehen, das beim Neubau des Bruchsteinhauses 1733 in das Mauerwerk eingefügt wurde.

Wappen der Familie Boenen über der Eingangstür zum Beekerhof

In der zweiten Hälfte des 18. Jahrhunderts waren die Freiherren von Elverfeldt im Besitz des Beekerhofes. Sie wohnten allerdings dort nicht mehr, sondern verpachteten das Anwesen. Vor 1777 ist Peter Heinrich Steingens als Pächter bekannt, nach 1777 Johann Heinrich Mentzen, der in die Familie Steingens eingeheiratet hatte. Seit 1867 sind die Reichsgrafen von Spee zu Heltorf Besitzer des Beekerhofs. Die Familie Mentzen, die eine wichtige Rolle in der Geschichte Lintorfs spielte, lebt heute noch dort. In den 1960er Jahren gründeten die Gebrüder Mentzen einen Brennstoff- und Kartoffelhandel. Das Hauptgebäude der Anlage von 1733 ist umgeben von Wirtschaftsgebäuden, die jüngeren Datums sind.

Das ehemalige **Mühlengut Helpenstein,** südlich des Dickelsbachs an der Mühlenstraße 3 ⑩ gelegen, ist eines der geschichtsträchtigsten Bauwerke in Lintorf. Helpenstein war im Mittelalter ein Gut adeliger Herren mit bestimmten Privilegien wie der Freiheit von Steuern und Lasten, der Kontributions- und Einquartierungsfreiheit sowie dem freien Taubenflug, woran heute noch der Taubenturm erinnert, das älteste Gebäude des Ensembles und das älteste Bauwerk Lintorfs überhaupt. Das genaue Alter des Helpenstein-Gutes kann heute nicht mehr angegeben werden, es ist sicherlich gemeinsam mit dem Beekerhof der älteste Siedlungsplatz Lintorfs. An Abgaben war lediglich die Mühlenpacht zu entrichten. Helpenstein war zudem ein so genanntes Sattelgut, d. h. die Eigentümer hatten dem Landesherrn ein gesatteltes Pferd mit Reiter zu stel-

Der mittelalterliche Taubenturm auf Gut Helpenstein

len. Zu Helpenstein gehörten auch das Gütchen Scheidt, Gut Hülsdiek und Froilichrodt (Freiligsrath). Die Höfe am Dickelsbach konstituierten den historischen Siedlungskern Lintorfs.

Der Hof führt seinen Namen auf ein weit verzweigtes adeliges Geschlecht zurück, das in Schwaben, Württemberg, Niederbayern, der Schweiz und vor allem seit dem späten 11. und frühen 12. Jahrhundert am nördlichen Niederrhein verbreitet war. Sitz der niederrheinischen Linie war die Burg Helpenstein an der Erft in der Nähe von Neuss. Das Herrschaftsgebiet der Herren und späteren Grafen von Helpenstein gehörte seit 1371/72 zu Kurköln. In den 1460er Jahren ging die Herrschaft Helpenstein an die protestantischen Grafen von Neuenahr über, denen unter anderem auch Linnep gehörte.

Rechtsrheinisch wird das Adelsgeschlecht mit Rudolf II. von Helpenstein fassbar, der von 1105 bis 1112 Abt des Klosters Werden war. 1157 wurde ein Helpensteiner mit einer Wassermühle am Dickelsbach in Lintorf belehnt, wobei nicht ganz eindeutig ist, ob das spätere Mühlengut gemeint war. 1385 wurde die Belehnung durch Herzog Wilhelm II. von Jülich-Berg erneuert, was darauf hinweist, dass die Mühle damals im Besitz des Landesherrn war. Der Besitzer des Erbpachthofes musste jährlich acht Malter Roggen an die Kellnerei nach Angermund liefern.

1420 verpachtete Herzog Adolf VII. von Jülich-Berg die Lintorfer Wassermühle an Johann von Helpenstein und seine Ehefrau Grete; die Pacht bestand in einer Abgabe von drei Malter Roggen. Gut Helpenstein, das nun »zum Nuwenhuyss« genannt wurde, war Eigentum der Familie Helpenstein, die Mühle blieb landesherrlicher Besitz. Das Bruderschaftsbuch der Lintorfer St. Sebastianus-Bruderschaft nennt für die Jahre zwischen 1470 und 1473 einige Helpensteiner, unter ihnen Jongfer Eve van Helpensteyn und ihren Vater Joncker Hermann. Aus der Zeit um 1500 stammt die Nachricht, dass die Helpensteiner Mühle das »Zwangsgemahl« für Lintorf und halb Breitscheid besitze, d. h. die dort wohnenden Bauern und Kötter waren verpflichtet, ihr Getreide ausschließlich in dieser Mühle mahlen zu lassen.

Im Jahr 1573 ging der Hof durch Heirat in den Besitz der in der Umgebung sehr bekannten Familie Pempelfort/Pempelfurt über, die mehrmals Ratinger Bürgermeister stellte. Während des Dreißigjährigen Krieges wurde das Anwesen lange Jahre nicht bewirtschaftet. 1631 hatten die Bewohner Helpenstein verlassen, da sich dort ausländische Soldateska einquartiert hatte. Seit 1704 wohnten die Pempelfurter nicht mehr auf Helpenstein, blieben aber weiterhin Eigentümer. Ein Nachlass-Inventar des Rentmeisters und Mühlengutbesitzers Jakob von Pempelfurt, der am 17. Oktober 1701 auf Gut Helpenstein verstarb, gibt einen anschaulichen Eindruck von der Ausstattung des Gutes. Besonders interessant ist die recht umfangreiche private Bibliothek, deren katholischer Besitzer durchaus auch protestantische Literatur nicht verschmähte.

Gegen Ende des 18. Jahrhunderts wurden auf Helpenstein zahlreiche bauliche Veränderungen realisiert. Zur Hofanlage gehörten damals die Wassermühle mit Bachlauf und zwei Stauteichen, ein Backhaus, Scheunen, Gärten, der Taubenturm und ein massives Wohngebäude aus Bruchstein. Dieses Bruchsteingebäude wurde 1787/88 abgebrochen und in den Folgejahren durch ein 1789 fertiggestelltes Fachwerkhaus ersetzt, das bis heute erhalten blieb. Auch die Mühle wurde instand gesetzt. Die aus dem Mittelalter stammenden Befestigungsanlagen und die beiden Tortürme wurden geschleift. Ein inzwischen verloren gegangener Türbalken erinnerte an die Neubaumaßnahmen: »Wir bauen hier so feste/und sind doch fremde Gäste/und da wir sollen ewig seyn,/da bauen wir ein wenig ein. Helpensteyn 1787.«

Im Jahr 1798 ging das Anwesen in den Besitz Wilhelm Conrad Stockfischs über. Die Familie Stockfisch blieb bis 1894 auf Helpenstein. Ein Großteil des zu Helpenstein gehörenden Landes war

Wohnhaus von Gut Helpenstein, links der Taubenturm

damals bereits veräußert worden, eine Entwicklung, die sich in der Folgezeit fortsetzte. Die preußische Mühlenordnung von 1810, die spätestens seit 1817 auch im Rheinland Gültigkeit besaß, verfügte die Aufhebung des »Zwangsgemahls«. Die Bauern konnten sich nun die Mühle aussuchen, in der sie ihr Getreide mahlen lassen wollten. 1864 betrieb die Witwe Hermann Schönebeck auf Helpenstein eine Holzschneidemühle. Die Helpensteinmühle oder Lintorfer Mühle, wie es damals hieß, war zu diesem Zeitpunkt offenbar verpachtet. Nach mehreren Eigentümerwechseln ging der Hof 1914 an den Müllermeister Johann Fleermann aus dem westfälischen Senden über, der in der Folgezeit zahlreiche Investitionen durchführte; unter anderem erhielt die Mühle 1923/24 ein neues Wasserrad und 1928 wurde das Mühlengebäude durch einen Anbau an der Ostseite um die Hälfte vergrößert. Ende der 1920er Jahre wurde die Müllerei durch einen Handel mit Düngemitteln, importiertem Futtergetreide und Kleinviehfutter ergänzt.

Nach 1945 stellte das Unternehmen peu à peu auf Getreideverarbeitung, den Großhandel mit Düngemitteln und Saatgut sowie den Einzelhandel mit Tierfutter, Heimtierbedarf und Gartengeräten um. 1968 wurde der Mühlenbetrieb eingestellt, der im Vergleich zur Leistung von Großmühlen nicht mehr konkurrenzfähig war. Die mittelschlächtige Mühle aber, eine Mühlenart, die am Mittelrhein sehr selten anzutreffen ist, blieb bis heute voll funktionsfähig.

Mühle, Taubenturm und Fachwerkwohnhaus stehen heute unter Denkmalschutz. Zwischen August 1998 und Frühjahr 1999 erfolgte eine grundlegende Renovierung. Das auf Gut Helpenstein beheimatete Unternehmen wird heute von der vierten Generation der Familie Fleermann geführt. Aus der Eigentümerfamilie stammt auch der Historiker Dr. Bastian Fleermann, der unter anderem die Chronik der Hofanlage geschrieben hat, auf die sich die Verfasserin dieser Skizze bezieht. Helpenstein kann nach Absprache besichtigt werden (www.fleermann.de). In der Mühle ist ein kleines volkskundliches Museum zur Technik und Sozialgeschichte des Mühlenwesens eingerichtet.

Dem ehemaligen Mühlengut Helpenstein gegenüber liegt an der Ecke Hülsenbergweg 10/Tiefenbroicher Straße das **Haus Porz** ⑪, 1642 »zur Portzen«, 1736 »An der Pforten« und 1754 »Guth die Porth vulgo die Portz« genannt. Das heutige Haus Porz, ein eingeschossiges Fachwerkhaus, stammt aus dem 17. Jahrhundert. Es wird inzwischen durch einen neu erbauten gläsernen Anbau ergänzt. Mit der »lyntorper portzen«, dem nördlichen Ratinger Stadttor, hat das Gebäude nichts zu tun. Ob der Name darauf zurückzuführen ist, dass Gut Helpenstein früher befestigt war und Haus Porz am Eingangstor zu dem Terrain lag, lässt sich nicht mit Sicherheit belegen. Haus Porz war ein kurmediges Gut, d. h. es musste im Falle des Todes des Besitzers oder Pächters eine Sterbefallabgabe an den Landesherrn leisten, in der Regel eine gute Kuh (Besthaupt) bzw. fünf Reichstaler. An den Lintorfer Pfarrer hatte der Besitzer von Haus Porz 14 Eier, an den Küster 14 Eier, zwei Viertel Roggen und 14 Pfund Brot und an die Armen 14 Pfund Brot jährlich abzugeben. Seit der sorgfältigen Restaurierung 1988/89 ist in dem Gebäude der Gasthof Gut Porz untergebracht.

Die **Oberste Mühle** an der Krummenweger Straße 84a ⑫ war – von der Quelle des Dickelsbaches aus betrachtet und abgesehen von der zeitweise bestehenden Schnittmühle für Holz – die erste Mühle. Auf sie folgte weiter westlich Termühlen und dann die Helpensteinmühle. Der Hof Oberste Mühle präsentiert sich heute als zweigeschossiges Fachwerkhaus aus dem 18. Jahrhundert mit

Oberste Mühle mit Zugang vor dem Autobahnbau

einem Backsteinanbau von 1746, einem weiteren Anbau aus dem 20. Jahrhundert, einem Hofgebäude aus Fachwerk und dem erhaltenen Backhaus. Das Bruderschaftsbuch der Lintorfer St. Sebastianus-Bruderschaft von 1470 verzeichnet bereits einen Ailff Ober Moelen, der zu den ersten Mitgliedern gehörte. In einer aus dem 17. Jahrhundert stammenden Liste der Brandhühner, der Abgabe für die Erlaubnis des Brandrodens, wird die Oberste Mühle als alter Kotten bezeichnet. Bei einer Erneuerung des Fußbodens des Hofes Oberste Mühle während des Zweiten Weltkrieges fand sich als Bodenbelag ein teilweise erhaltener Grabstein mit der Inschrift: »Ao [Anno] 1657 ist gestorben Jan auf der Oberster Mühle«. In einer Huldigungsliste von 1730, die alle Personen nennt, die damals in Ratingen und den umliegenden Honnschaften den Treueeid auf den Landesherrn leisteten, ist ein Johann Oberster Mühlen verzeichnet. 1783 lebte dort Adolf Schinnenberg mit seiner Familie, der der reformierten Gemeinde angehörte. 1832 übernahm Johann Tackenberg, der zehn Jahre zuvor Agnes Schinnenberg geheiratet hatte, das Anwesen durch Erbvertrag.

Die oberste Mühle hatte an die landesherrliche Kellnerei in Angermund jedes Jahr zu Martini acht Liter Öl abzuliefern – sie war also eine Ölmühle. Im Rentbuch der Kellnerei Angermund von 1634 wird sie jedoch nicht mehr erwähnt. 1863/64 sollte östlich der Obersten Mühle in der Nähe des Anwesens am Höfgen das Sägewerk des Grafen von Spee errichtet und zu diesem Zweck der vielfach gewundene Dickelsbach aufgestaut werden, um einen in gerader Linie verlaufenden Wassergraben zwischen Sägewerk und Bach anzulegen. Damals wurde eine Karte des Dickelsbaches gezeichnet, die sich an der Katasteraufnahme von 1838 orientierte und alle Mühlen verzeichnete. Am Schriftzug »öberste Mühle« ist handschriftlich vermerkt: »Name eines Grundstücks. Ist keine Mühle«. Ein Mühlengebäude ist auch nicht eingezeichnet. Als Johann Tackenberg 1862 die Oberste Mühle im Rahmen einer Erbteilung übernahm, wurde der gesamte Besitz in einem Kaufvertrag aufgezählt: Wohnhaus, Scheune, Stallung, Backhaus, Hof, Garten, Ackerland, Baumgarten, Wiesen und Hutung – jedoch keine Mühle.

Wer das Wohnhaus Oberste Mühle, das heute nicht mehr landwirtschaftlich genutzt wird, von der Krummenweger Straße aus kommend aufsucht, erblickt die rückwärtige Fassade des Gebäudes. Der frühere Zugang lag vor dem Bau der A 52 auf der anderen Seite des Dickelsbachs. In einer zum Anwesen gehörenden Scheune sind heute noch Reste des Lagers für das Mühlrad zu erkennen.

Zahlreiche schlichte Kothen, für Lintorf seit der Frühen Neuzeit typische eingeschossige Wohnhäuser, zumeist in Fachwerkbauweise errichtet, finden sich an und südlich der Krummenweger Straße in Richtung Breitscheid: beispielsweise Lutherischer Hanten, Hermannshanten, Achterwinter, Vogelshanten, Frielingsrath, Neue Kämp, Siepenkothen, Pöstchen, Höffgen und Klotz. Die kleinen Behausungen liegen teilweise tief im Wald versteckt.

Im »Busch« und jenseits der Bahn

Dass sich der Schwerpunkt der baulichen Entwicklung Lintorfs immer mehr in den industrialisierten Norden (in den »Busch«) verlagern würde, wurde bald nach 1945 deutlich. Die Bevölkerung Lintorfs hatte sich zwischen Kriegsende und 1965 fast verdoppelt. Auch die Zahl der Katholiken wuchs schnell, so dass die im Dorfkern gelegene Pfarrkirche St. Anna die Gläubigen nicht mehr aufnehmen konnte. Bereits 1953 wurde der Beschluss gefasst, in Lin-

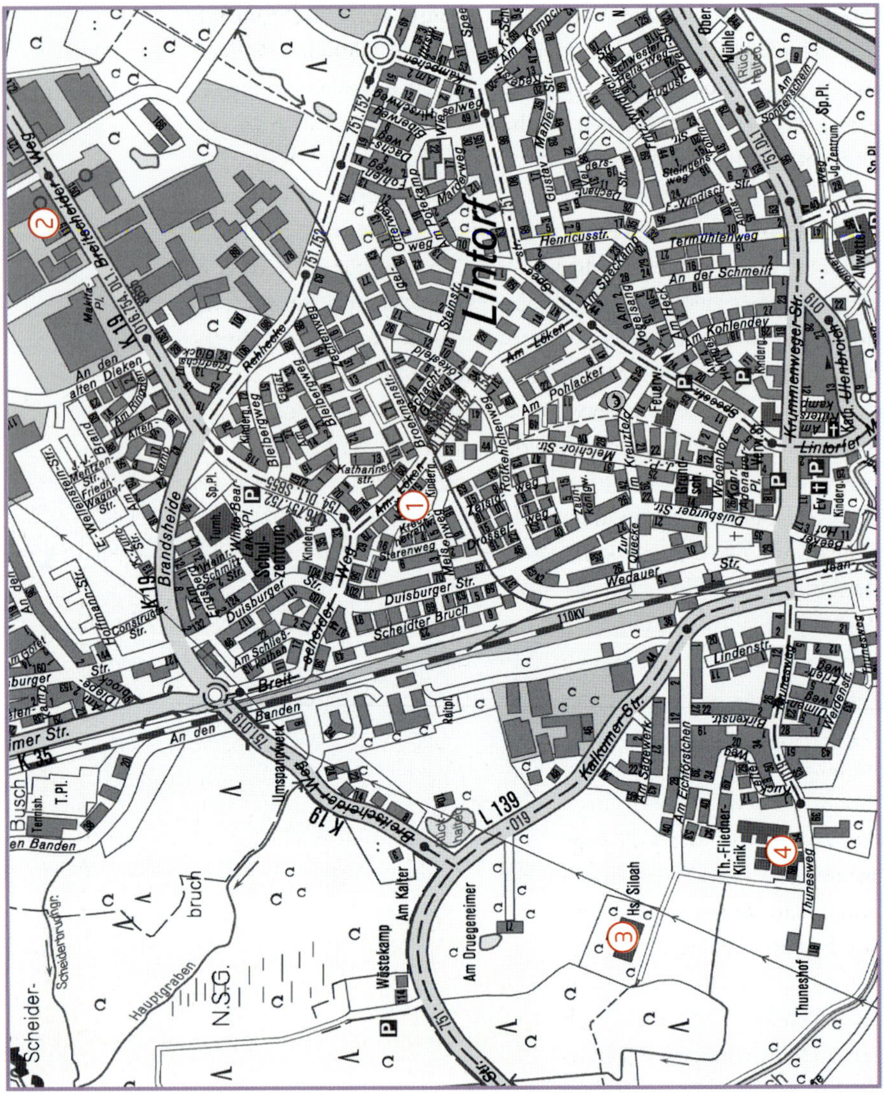
Lintorf
1
2
3
4
Breitscheider Weg
K 19
K 35
L 139
Brandsheide
Duisburger Str.
Scheidter Bruch
Wedauer Str.
Kalkumer Str.
Krummenweger Str.
Melchior-Str.
Am Pohlacker
Am Speckamp
Henricusstr.
Termühlenweg
An der Schmelt
Am Kohlendey
Lindenstr.
Am Sägewerk
Thunesweg
Thuneshof
Th.-Fliedner-Klinik
Hs. Siloah
Am Druegeneimer
Wüstekamp
Am Kalter
Umspannwerk
N.S.G.
Hauptgraben
Scheiderbruchgr.
Busch
Tennish.
T.Pl.
An den Banden
110KV
Schul-zentrum
Sp.Pl.
Kindrg.
P

torf eine zweite Kirche zu bauen. Die Planung und Durchführung des Projekts lag in den Händen von Dechant Wilhelm Veiders. Am 26. September 1954 erfolgte die Gründung des Kirchbauvereins. Das Grundstück für den Neubau lag am Pieperskamp, wo der alte Kotten Pieperskamp lag, der von alters her Kirchenbesitz war. Damals stand noch die Broekman-Schachtanlage in unmittelbarer Nähe des Baugrundstücks.

Am 12. Juli 1964 konnte die Grundsteinlegung für die neue Kirche gefeiert werden. Am 19. Dezember 1965 erfolgte die Einweihung durch Dechant Veiders, am 7. Juni 1969 die Konsekration. Schutzpatron ist St. Johannes – Jean-Marie Vianney (1786–1859) –, der im französischen Ars als Pfarrer wirkte und 1925 von Papst Pius XI. heiliggesprochen wurde. Der hl. Pfarrer von Ars ist der Schutzpatron aller katholischen Pfarrer der Welt. **St. Johannes** an der heutigen Straße Am Löken ① entstand nach Plänen der Düsseldorfer Architekten Brauns und Janeschitz-Kriegl, die neben ein modernes, flach gedecktes Kirchengebäude einen freistehenden, hoch aufragenden Turm stellten. Der Kirchenraum, der etwa 300 Gläubige aufnehmen kann, wird durch hohe, von Johann Poenzgen geschaffene Buntglasfenster belichtet. Zur Ausstattung des Gotteshauses gehören auch seit 1989 ein Kreuzwegzyklus des Lintorfer Künstlers Walter Gondolf und eine Skulptur des Schutzpatrons, geschaffen von der Kölner Bildhauerin Elisabeth Baumeister-Bühler.

St. Johannes

St. Johannes war eine Filialgemeinde von St. Anna, bis 1971 eine selbständige Pfarrgemeinde entstand. Sie wurde von Anfang an durch Patres des Kreuzherrenordens betreut, die zunächst in Breitscheid eine Niederlassung hatten. Erster Pfarrrektor war 1962 – noch vor dem Bau der Kirche – Pater Jacobus Kok. Es folgten seit 1966 Pater Jacobus van Gestel, der seit 1971 erster Pfarrer von St. Johannes war, seit 1972 Pater Nico van Rijn und seit 1985 Pater Christian Aarts. Seit 1968, nach der Trennung von Breitscheid, bestand das Kreuzherrenkloster in der Pfarrgemeinde offiziell. Die Seelsorgearbeit der Kreuzherren hat viel dazu beigetragen, dass die vor allem aus Neubürgern bestehende Gemeinde zu einer Glaubensgemeinschaft zusammenwuchs. 1979 erfolgte die Umbenennung von Kirche und Gemeinde von St. Johannis Maria Vianney in St. Johannes; der hl. Pfarrer von Ars blieb Schutzpatron. Seit 2001 bilden St. Anna und St. Johannes eine Pfarrgemeinde. 2006 ging Pfarrer Christian Aarts in den Ruhestand, die Kreuzherren verließen Lintorf. Heute ist St. Johannes Mittelpunkt eines kirchlichen Zentrums mit Kindergarten, Jugendheim, Pfarrhaus und Dienstwohnungen und seit Anfang 2009 Teil der neuen Pfarrgemeinde St. Anna Ratingen.

Eines der wenigen erhaltenen Industriedenkmäler Lintorfs steht am Breitscheider Weg 115–117: die Gebäude der **Hoffmann-Werke**. ② In den 1889 errichteten und 1913 nach einem Brand wieder aufgebauten Lagerhallen betrieb zunächst die Wittener Firma A. Bredt & Co. ein Stahlblechwalzwerk. Erhalten geblieben sind auch der Kontorbau, das Pförtnerhaus und das Transformatorenhaus. Der Baubestand wurde nach Norden hin ständig erweitert; so entstand 1949/50 nach Plänen des Düsseldorfer Architekten Kuhne eine 7.000 Quadratmeter große Montagehalle.

Überregional bekannt wurde der Industriestandort, als im Herbst 1945 die ausgebombte Solinger Fahrradfabrik (Solifa) Franz Herbert Schaaf, die 1938 der Unternehmer Jakob Oswald Hoffmann übernommen hatte, ihre Fabrikation nach Lintorf verlegte. Die Hoffmann-Werke erlebten in der Folgezeit einen ausgesprochenen Boom: zur Fahrrad-Produktion kam seit 1950 die Fertigung des »Vespa«-Rollers, für den Hoffmann von der italienischen Firma Piaggio die Exklusivlizenz für die britische Besatzungszone und das westeuropäische Ausland erworben hatte. Im Herbst 1951 waren 850 Mitarbeiter in der Motorroller-Produktion tätig. Die Werkshallen wurden erweitert, so dass das Fabrikgrundstück schließlich 30.000 qm umfasste. Die Hoffmann-Werke waren damals das

Internationales »Vespa«-Treffen in den ehemaligen Hoffmann-Werken, 2000

bedeutendste Lintorfer Unternehmen. Die Entwicklung eigener Motorräder war nicht sehr erfolgreich. Seit 1951 bahnten sich wirtschaftliche Probleme an. Die Schulden des Unternehmens waren sehr hoch, die Eigenkapitaldecke zu dünn. Lizenzschwierigkeiten führten 1954 zur Kündigung des Vertrags mit Piaggio. 1953 erfolgte ein eklatanter Einbruch auf dem Markt für Motorroller. Das Objekt der Sehnsucht im Wirtschaftswunderland war fortan das Automobil. Die Hoffmann-Werke reagierten auf das veränderte Verbraucherverhalten mit der Produktion eines Kabinenrollers, was zu gerichtlichen Auseinandersetzungen führte: Der Hoffmann'sche Kabinenroller wurde als Plagiat der italienischen Iso-Isetta betrachtet, für die BMW die Lizenz erworben hatte. Nachdem die Banken ihre Kreditzusagen gekündigt hatten und die Gläubiger unruhig geworden waren, musste Jakob Oswald Hoffmann 1954 Vergleich anmelden. Durch den teilweisen Verkauf des Betriebsgeländes der Hoffmann-Werke an die Peter Pfenningsberg GmbH (Constructa) wurde eine Zwangsversteigerung abgewendet. Es erfolgte dann eine Umstellung auf andere Produktionsgüter (Zulieferer Automobilindustrie/Rüstungsgüter). Bis zu seinem Tode 1971 blieb Jakob Oswald Hoffmann Allleininhaber. Am 30. März 1971 wurde die Firma in eine GmbH umgewandelt und von Hoffmanns Ehefrau weitergeführt. Seit Anfang 1974 gehörte die Firma der Unternehmensgruppe Diehl. Mitte 1991 wurde die Produktion in Lintorf eingestellt. 1994 erwarb die Solinger Firma Paass Spedition GmbH das Werksgelände. Nach der Eintragung der historischen Gebäudeteile in die Denkmalliste der Stadt Ratingen ließ der neue Besitzer die Gebäude sorgfältig restaurieren. Heute sind dort verschiedene Firmen untergebracht. In Nachbarschaft der Hoffmann-Werke ist das alte Verwaltungsgebäude der Firma Constructa erhalten, das heute von der Deutschen Post (DHL) genutzt wird.

In Lintorf bestanden drei soziale Einrichtungen von überregionaler Bedeutung, die alle einem Ziel verpflichtet waren: der Heilung von alkoholkranken Menschen und ihrer Wiedereingliederung in die Gesellschaft. Angebunden an die evangelische Gemeinde war die Arbeit in den Trinkerheilanstalten an christlich-evangelischen Werten orientiert, die Einrichtungen standen grundsätzlich aber auch Katholiken und Juden offen. Die drei Anstalten nahmen ausschließlich Männer auf. Das evangelische Männerasyl, die erste Trinkerheilstätte Deutschlands und Europas, eine Filiale der 1844 gegründeten Duisburger Diakonenanstalt, wurde 1851 im alten Bauernhaus Rüping an der damaligen Angermunder Straße (heute Konrad-Adenauer-Platz) eingerichtet und bereits fünf Jahre später auf die andere Straßenseite verlegt. 29 Plätze standen hier um 1900 zur Verfügung. Im Asyl fanden kleine Handwerker und Händler, Arbeiter, Bergleute und Beamte im unteren Dienst Aufnahme. Teilweise blieben die Patienten sehr lange: so starb dort ein 60-jähriger Schmied, der seit 13 Jahren im Asyl behandelt wurde. Die ständig steigende Patientenzahl machte 1875 einen Neubau notwendig. Erster Direktor der Anstalt war Eduard Dietrich, der Pfarrer der 1854 neu gegründeten evangelischen Gemeinde. Nach dem Ersten Weltkrieg wurden im Asyl keine Alkoholkranken mehr behandelt, nach dem Zweiten Weltkrieg widmete sich die Einrichtung der Behandlung »abgeheilter Geisteskranker«, die von Fachärzten aus den Psychiatrischen Kliniken in Düsseldorf-Grafenberg betreut wurden. 1962 erwarb die Gemeinde Lintorf das Asyl und ließ es zusammen mit den benachbarten Wirtschaftsgebäuden abreißen.

Am 27. November 1879 nahm in Lintorf am Eichförstchen eine zweite Trinkerheilanstalt ihre Arbeit auf, **Haus Siloah** für »Trunksüchtige aus den gebildeten Ständen«. ③ Das Gebäude der Anstalt

ist erhalten geblieben und steht unter Denkmalschutz. Träger und Leitung waren die gleichen wie im Asyl. Die »Nachrichten über die Kur- und Heilanstalt Siloah« von 1896 warben mit der reizvollen Umgebung des Hauses: »... Wendet er [der Besucher] sich zur Linken, so wird er bald ›Siloah‹ entdecken, das 1 km von der Station entfernt liegend, inmitten seiner Gärten und Anlagen, am Saume eines zu stundenweiten Spaziergängen einladenden Waldes einen überaus freundlichen Anblick gewährt. Die friedliche Stille des Hauses wird durch nichts gestört. Oft wird das Auge durch ein Rudel Rehe erfreut, die sich neugierig aus dem Hochwald hervorwagen.« (Th. Volmert, Siloah zum Jubiläumstag am 27. November. In: Die Quecke 34, 1959, S. 6) Bis 1886 wurden 147 Patienten, bis 1891 324 Patienten in Siloah versorgt, von denen 253 Deutsche und 47 Holländer waren; die restlichen Patienten kamen aus Russland, Schweden, Norwegen, Dänemark, England und Belgien. Die meisten Anstaltsinsassen gehörten dem Kaufmannsstand an. 1906/07 wurden dort 23 Kaufleute, acht Juristen, sieben Landwirte, sechs Offiziere, zwei Fotografen, zwei Hoteliers, zwei Theologen und je ein Apotheker, Tierarzt, Katasterbeamter, Eisenbahnsekretär, Sparkassenbeamter, Bäckermeister und vier Personen ohne Beruf versorgt. 1917/18 beschlagnahmte ein in Lintorf liegendes Ersatzbataillon Siloah und einen großen Teil von Haus Bethesda. Nach dem Ersten Weltkrieg diente die Einrichtung zunächst anderen

Zwecken. Die Wiederbelebung als Trinkerheilstätte 1929 war nur kurzfristig, da sich die Kuren kaum noch finanzieren ließen; die wirklich zahlungskräftigen Patienten suchten zudem Sanatorien auf. 1930 erfolgte die Schließung des Hauses. Ab 1934 widmete man sich in Siloah der Krankenpflege, 1943 bis 1945 nahm die nationalsozialistische Organisation Todt das Haus in Beschlag. Nach 1945 war Siloah Altersheim; zudem war dort die Direktion der Duisburger Diakonenanstalt untergebracht, die in Lintorf auch die Ausbildung von Diakonen betrieb. Seit 1952 war Siloah wieder offene Heilstätte für alkohol- und nervenkranke Männer.

Am 16. Juni 1901 wurde **Haus Bethesda** am Thunesweg als Heilstätte für Alkoholkranke der »mittleren Stände« ④ eingeweiht. Die Patienten wurden der Einrichtung insbesondere von der Landesversicherungsanstalt zugewiesen. Auch Bethesda wurde nach dem Ersten Weltkrieg nicht mehr als Trinkerheilstätte genutzt. Seit 1936 betreute die Einrichtung nervenkranke Heimpfleglinge, 1943 erfolgte die Beschlagnahme durch die Organisation Todt. Anfang 1945 ließen sich deutsche Soldaten in Bethesda nieder, mit Ende des Krieges folgten Angehörige der Besatzungstruppen. Ab Sommer 1946 fanden dort Flüchtlinge aus Ostdeutschland eine Zuflucht. Seit 1955 war Bethesda ein psychiatrisches Spezialkrankenhaus. 1971 bekam die Einrichtung einen Erweiterungsbau.

Seit 1973 sind Siloah und Bethesda Abteilungen des »Krankenhauses des Theodor-Fliedner-Werkes – Fachklinik für Neurologie, Psychiatrie, Psychotherapie und Suchtkrankheiten«. Heute beherbergt die Fachklinik Haus Siloah eine Rehabilitationseinrichtung für Suchtkranke und Haus Bethesda Wohngemeinschaften für Menschen mit Demenz.

Im Jahr 2004 sollte das historische Haus Bethesda abgerissen werden, weil die Theodor-Fiedner-Stiftung ein modernes Zentrum für Demenzkranke bauen wollte. Der Verein Lintorfer Heimatfreunde und die Untere Denkmalbehörde der Stadt Ratingen erreichten Ende 2005 die Eintragung des Gebäudes in die städtische Denkmalliste. Bethesda wurde 2006 restauriert und bietet heute einen reizvollen baulichen Kontrast zu dem von Prof. Peter Kulka errichteten Neubau.

Quellen- und Literaturverzeichnis

Gedruckte Quellen

Aders, Günter (Bearb.), Urkunden und Akten der Neuenahrer Herrschaften und Besitzungen Alpen, Bedburg, Hackenbroich, Helpenstein, Linnep, Wevelinghoven und Wülfrath sowie der Erbvogtei Köln, Köln/Bonn 1977.

Ahrens, Friedrich, Beiträge zur Geschichte der Ratinger Post und Stadtdiener nebst Chausseebau. Aus Ratinger Magistratsprotokollen (1711–1818 und 1832) einschließlich Stadtrechnungen (1745–1791), 4 Bde., Ratingen 2010.

Cüppers, Adam Joseph, Lebenserinnerungen eines Schulmannes und Schriftstellers aus zwei Jahrhunderten, Düsseldorf 1928.

Degenhard, Monika (Bearb.), Huldigungsliste 1730 für Lintorf, Eggerscheidt, Bracht, Schwarzbach, Eckamp, Homberg, Hösel und Breitscheid. In: Die Quecke 68, 1998, S. 69–76.

Degenhard, Monika (Bearb.), Ratingen und seine Bevölkerung im Jahre 1673. Eine Steuerliste aus dem Jahre 1673. In: Die Quecke 71, 2001, S. 54–66.

Dresen, Arnold, Quellenbeiträge zur Ratinger Kirchengeschichte, Ratingen 1914.

Dresen, Arnold, Urkunden und Akten zur Geschichte der Vikariebenefizien in Ratingen, Ratingen 1912.

Eschbach, Heinrich, Küren der Stadt Ratingen aus dem 14. Jahrhundert. Ein Beitrag zur Verfassungs- und Verwaltungsgeschichte der Stadt. In: Beiträge zur Geschichte des Niederrheins/Jahrbuch des Düsseldorfer Geschichtsvereins, Bd. 14, 1900, S. 24–51.

Ferber, Heinrich, Rentbuch der Kellnerei Angermund (1634). In: Beiträge zur Geschichte des Niederrheins, Bd. 5, 1890, S. 112–134.

Festschrift 50 Jahre Arbeit, Fleiß und Erfolg! 1900 bis 1950. Ratinger Maschinenfabrik und Eisengießerei, Ratingen 1950.

Harleß, Woldemar, Die Erkundigung über die Gerichtsverfassung im Herzogtum Berg vom Jahre 1555. In: Zeitschrift des Bergischen Geschichtsvereins 20, 1884, S. 117–202.

Harleß, Woldemar (Bearb.), Heberegister des Stifts Gerresheim aus dem XIII. und XIV. Jahrhundert. In: Ders. (Hg.), Archiv für die Geschichte des Niederrheins, Bd. 6, Köln 1868, S. 111–144.

Höltgen, Ingrid, Das Leben einer Eckamper Familie in zwei Jahrhunderten (Beiträge zur Geschichte Ratingens, Bd. 10), Ratingen 1982.

Kelleter, Heinrich, Urkundenbuch des Stifts Kaiserswerth, Bonn 1904.
Kessel Johann Hubert (Hg.), Geschichte der Stadt Ratingen mit besonderer Berücksichtigung des ehemaligen Amtes Angermund, Bd. 2: Urkundenbuch, Köln/Neuss 1877.
Kirchgaesser, Johann, Aus meinem Leben. Erinnerungen eines Handwerkermeisters aus dem 19. Jahrhundert, eingeleitet von Sven Steffens (Schriftenreihe des Stadtarchivs Ratingen, Reihe A, Band 3), Ratingen 1990.
Kötzschke, Rudolf, Die Urbare der Abtei Werden a. d. Ruhr. A: Die Urbare vom 9.–13. Jahrhundert, Bonn 1906.
Lacomblet, Theodor Josef, Urkundenbuch für die Geschichte des Niederrheins, 4 Bde., Düsseldorf 1840–1858.
Münster-Schröer, Erika (Bearb.), Juden in Ratingen seit 1592. Eine Dokumentation (Schriftenreihe des Stadtarchivs Ratingen, Reihe C, Bd. 5), Ratingen 1996.
Pfeiffer, Helmut, Die Einnahmen- und Ausgaben-Rechnung der Stadt Ratingen für das Haushaltsjahr 1479/80. In: Ratinger Forum 10, 2007, S. 7–72.
Pfeiffer, Helmut (Bearb.), St. Sebastiani-Bruderschaft Ratingen. Urkunden und Dokumente 1433 bis 1910, Essen 2008.
Redlich, Otto R., Jülich-Bergische Kirchenpolitik am Ausgange des Mittelalters und in der Reformationszeit, 2 Bde., Bonn 1907–1915.
Redlich, Otto R. (Hg.), Quellen zur Rechts- und Wirtschaftsgeschichte der rheinischen Städte. Bd. III: Ratingen (Publikationen der Gesellschaft für rheinische Geschichtskunde, Bd. XXIX), Bonn 1928.
Schleuter, Joseph (Bearb.), Ratinger Stadtbücher des 14. und 15. Jahrhunderts (Beiträge zur Geschichte Ratingens, Bd. 3), Ratingen 1964.
Schulz-Hönerlage, Joachim (Bearb.), »... ist mit burgeraid beladen ...« Bürgeraufnahmen in Ratingen in Mittelalter und Früher Neuzeit (Schriftenreihe des Stadtarchivs Ratingen, Reihe A, Bd. 4), Ratingen 1997.

Literaturverzeichnis

Ratingen

25 Jahre Kirchenzentrum West, Ratingen 1999.
»Die öde Gegend wurde zum Lustgarten umgeschaffen ...« Zur Industriearchitektur der Textilfabrik Cromford 1783–1977 (Landschaftsverband Rheinland, Rheinisches Industriemuseum, Schriften Bd. 5), Köln 1991.
Ahrens, Friedrich, Franz Wisinger. »Gastwirth und Postexpeditor dazu«. Beitrag zur Ratinger Postgeschichte. In: Ratinger Forum 9, 2005, S. 157–163.

Ahrens, Friedrich, Streifzug durch die Ratinger Postgeschichte, Teil 1. In: Die Quecke 79, 2009, S. 76–87, Teil 2. In: Die Quecke 80, 2010, S. 51–63.

Andernach, Norbert, Die Entwicklung der Grafschaft Berg. In: Guido de Werd (Hg.), Land im Mittelpunkt der Mächte. Die Herzogtümer Jülich, Kleve, Berg. Ausstellungskatalog, 2. Aufl., Düsseldorf 1984, S. 63–73.

Baumann, Richard, Das Dekanat Ratingen II 1945–1997. Kirche auf dem Weg in das 21. Jahrhundert, Ratingen-Hösel 1997.

Baumann, Richard, Das große Kirchenzentrum in Ratingen West wird 25 Jahre alt. In: Die Quecke 69, 1999, S. 20–23.

Baumann, Richard, Die Leute vom Schimmershof, Ratingen 1990.

Baumann, Richard, Von der Lateinschule zum Klick ins Internet. Sieben Jahrhunderte Ratinger Schulgeschichte, Ratingen 2001.

Benninghoven, Harald, 250 Jahre Familie Benninghoven Bauern auf Gut Diepensiepen, Ratingen 1994.

Bolenz, Eckhard et al., Die erste Fabrik, Ratingen-Cromford (Landschaftsverband Rheinland, Rheinisches Industriemuseum, Schriften Bd. 11), Wuppertal 1996.

Bolenz, Eckhard et al., Ratingen. Geschichte 1780 bis 1975, Essen 2000.

Bolenz, Eckhard, Johann Gottfried Brügelmann. Ein rheinischer Unternehmer zu Beginn der Industrialisierung und seine bürgerliche Lebenswelt (Rheinisches Industriemuseum, Beiträge zur Industrie- und Sozialgeschichte 4), Köln 1993.

Bolenz, Eckhard, Textilfabrik Cromford in Ratingen. Die älteste Fabrik auf dem Kontinent. DKV Kunstführer, München o. J.

Buhlmann, Michael, Ratingen bis zur Stadterhebung (1276). Zur früh- und hochmittelalterlichen Geschichte Ratingens und des Ratinger Raumes. In: Ratinger Forum 5, 1997, S. 5–33.

Degenhard, Monika, Das »Medizinalpersonal« der Mairie Ratingen um 1810. In: Die Quecke 73, 2003, S. 35–39.

Die Macht der Maschine. 200 Jahre Cromford-Ratingen, Ausstellungskatalog, Stadtmuseum Ratingen, Ratingen 1984.

Dietz, Burkhard/Stefan Ehrenpreis (Hg.), Drei Konfessionen in einer Region. Beiträge zur Geschichte der Konfessionalisierung im Herzogtum Berg vom 16. bis zum 18. Jahrhundert, Köln 1999.

Dresen, Arnold, Der Kampf um die St. Katharinenvikarie in Ratingen. Ein Beitrag zur Bergischen Reformationsgeschichte. In: Annalen des Historischen Vereins für den Niederrhein 92, 1912, S. 47–70.

Dresen, Arnold, Die Ratinger Monstranz, Ratingen 1913.

Dresen, Arnold, Die Vikariebenefizien St. Katharina und St. Hubertus in Ratingen. In: Düsseldorfer Jahrbuch 28, 1916, S. 157–210.
Dresen, Arnold, Ein Ratinger Messbuchcodex aus dem 12.–13. Jahrhundert. In: Düsseldorfer Jahrbuch 26, 1913, S. 1–34.
Ehrenpreis, Stefan, »Wir sind mit blutigen Köpfen davongelaufen ...« Lokale Konfessionskonflikte im Herzogtum Berg 1550–1700, Bochum 1993.
Ehrenpreis, Stefan, Ein bergisches Augsburg? Stadtverfassung, Gemeindeentwicklung und konfessionelle Parität in Ratingen im 16. und 17. Jahrhundert. In: Ratinger Forum 4, 1995, S. 65–81.
Engelbrecht, Jörg, Die Familie Brügelmann als »Agrarunternehmer« im Raum Ratingen-Angermund. In: Ratinger Forum 2, 1991, S. 56–75.
Feldkamp, Andrea, Jugendliche Widerstandsformen im katholischen Milieu 1933 bis 1945: Das Beispiel Ratingen. In: Ratinger Forum 5, 1997, S. 71–127.
Ferres, Hans, Das Dekanat Ratingen, Ratingen-Hösel 1954.
Fleermann, Bastian, »Sahen uns genöthigt, ein Zimmer zu miethen«. Die Verhandlungen über den Bau der Synagoge in Ratingen 1816/1817. In: Die Quecke 75, 2005, S. 205–209.
Fleermann, Bastian, Ein rheinischer Modellstaat nach französischem Vorbild. Vor 200 Jahren entstand das »Großherzogtum Berg« (1806–1813). In: Die Quecke 76, 2006, S. 81–85.
Fleermann, Bastian, Marginalisierung und Emanzipation. Jüdische Alltagskultur im Herzogtum Berg 1779–1847. Bergische Forschungen. Quellen und Forschungen zur bergischen Geschichte, Kunst und Literatur, Bd. 30, Neustadt an der Aisch 2007.
Fleermann, Bastian, Ratingen in den Reise- und Landesbeschreibungen des 18. und frühen 19. Jahrhunderts. In: Ratinger Forum 9, 2005, S. 145–156.
Friedhoff, Jens, Territorium und Staat zwischen Ruhr und Sieg (1200–1350). Untersuchungen zur Stadterhebungs- und Territorialpolitik der Grafen von Berg im Hoch- und Spätmittelalter. In: Düsseldorfer Jahrbuch 69, 1998, S. 11–125.
Fuchs, Petra, Eine Kleinstadt unter französischer Besatzung. In: Ratinger Forum 1, 1989, S. 53–89.
Germes, Jakob, Die Edelherren und ihre Burg – Geschichte der Wasserburg »Zum Haus« (Beiträge zur Geschichte Ratingens, Bd. 6), Düsseldorf 1973.
Germes, Jakob, Ratingen im Wandel der Zeiten. Geschichte und Kulturdokumente einer Stadt, 5., verbesserte u. erweiterte Aufl., Ratingen 1985.
Germes, Jakob, Ratinger Siegel, Wappen und Zeichen (Beiträge zur Geschichte Ratingens, Bd. 2), Ratingen 1961.

Gottfried, Claudia, Der Gartensaal im Herrenhaus Cromford. In: Die Quecke 66, 1996, S. 30–39.

Granderath, Karl, Die alten Stadttürme Ratingens. Ihre inneren Anlagen und deren Bedeutung in früherer Zeit. In: Alt-Ratingen, 3. Jg., Nr. 10, 1927, S. 77–79.

Grünewald, Elmar, Die Kirche St. Josef in Eckamp. In: Die Quecke 69, 1999, S. 28–32.

Habermann, Rita-Maria, Schalom. Jüdischer Kulturverein Ratingen. In: Die Quecke 73, 2003, S. 100–102.

Holzapfel, Kurt, Vergessene Stätten christlicher Volksfrömmigkeit in Ratingen. Die Kreuze der sieben Fußfälle. In: Die Quecke 63, 1993, S. 24–28.

Holzapfel, Kurt, Verwehte Spuren des alten Minoritenklosters. In: Die Quecke 61, 1991, S. 33–38.

Horn, Ekaterine/Erika Münster-Schröer/Joachim Schulz-Hönerlage (Bearb.), Menschen – Orte – Erinnerung. Jüdisches Leben in Ratingen, Ratingen 2008.

Imig, Julius, Mühlen und Müller an Düssel, Schwarzbach und Anger. In: Bergischer Geschichtsverein e. V. (Hg.), Kultur und Wirtschaft im Bergischen Land, Wuppertal 1953, S. 67–72.

Kaminsky, Uwe, Die Gestapo in Ratingen 1943–1945. Verfolgungsprogramm und Verfolgungsrealität am Beispiel der Staatspolizeileitstelle Düsseldorf. In: Ratinger Forum 2, 1991, S. 136–163.

Kaminsky, Uwe, Fremdarbeiter in Ratingen während des Zweiten Weltkriegs. In: Ratinger Forum 1, 1989, S. 90–212.

Katholische Kirchengemeinde Herz Jesu (Hg.), 75 Jahre Herz Jesu-Kirche, Ratingen 2004.

Kenkmann, Alfons, Vom ›Blauen See‹ ins Gefängnis – Jugendleben in der rheinischen Katastrophengesellschaft 1943–1948. In: Ratinger Forum 6, 1999, S. 65–86.

Kipp, Friedhelm, 75 Jahre Herz-Jesu-Kirche Ratingen. In: Die Quecke 74, 2004, S. 236–238.

Kirsten, Gerd, Ratingen, Hilden, Bergisch Gladbach und Bensberg. Randstädte des bergischen Landes im Einflußgebiet Düsseldorfs und Kölns, Wiesbaden 1963.

Kistenich, Johannes, Bettelmönche im öffentlichen Schulwesen. Ein Handbuch für die Erzdiözese Köln 1600 bis 1850, Bd. I/2, Wien/Weimar/Köln 2001, S. 1284–1298.

Kreft, Thomas, Wasserenergie für die Scherenindustrie – die Ratinger Schleifkotten im Mittelalter. In: Ratinger Forum, Heft 9, 2005, S. 24–41.

Lambart, Christa, Haus zum Haus. Die Wasserburg von Ratingen. Geschichte und Geschichten, Ratingen 2009.

Lück, Dieter, Zur Geschichte der Grafen von Berg bis zum Ende des 13. Jahrhunderts. In: Ratinger Forum 3, 1993, S. 5–18.

Lux, Torsten/Siegfried Zirr, 200 Jahre Mauerschule im Schwarzbachtal. In: Die Quecke 77, 2007, S. 128–132.
Metelmann, Ulrich/Thomas Ferres, Ratingen. Ein ganz anderes Stadtbuch, Ratingen 1994.
Mönch, Klaus-Dieter, Der Erholungspark Volkardey in Ratingen-West. In: Die Quecke 69, 1999, S. 36–40.
Mönch, Klaus-Dieter, Ratingens Westen am Haarbach. Von Alt-Eckamp bis hin zum heutigen Stadtteil Ratingen West. In: Die Quecke 69, 1999, S. 3–11.
Momm, Anne, Sozialgeschichte der Stadt Ratingen in der Kaiserzeit (1871–1914). In: Ratinger Forum 4, 1995, S. 83–187.
Münster, Erika, Tiefenbroich. Zur Geschichte eines Ratinger Stadtteiles, Horb am Neckar 1996.
Münster, Erika/Klaus Wisotzky, »Der Wirkungskreis der Frau ... « Frauengeschichte in Ratingen, Ratingen 1991.
Münster, Erika, »Wenn mir Mark 2300 gegeben würden, könnte ich bauen. Wohnungsbau in der Weimarer Republik. In: Journal 15. Jahrbuch des Kreises Mettmann 1995/96, S. 69–72.
Münster, Erika, Bürgerhaus – Kloster – Betonklotz: Das Ratinger Rathaus – eine Geschichte ohne Ende? In: Die Quecke 73, 2003, S. 129–132.
Münster, Erika, Gestapomorde im Kalkumer Wald und die öffentliche Bestattung der Toten am 13. Mai 1945. In: Die Quecke 68, 1998, S. 118–124.
Münster, Erika, Zaubereiverfolgungen in Ratingen und Angermund 1499/1500. In: Ratinger Forum 2, 1991, S. 10–31.
Münster-Schröer, Erika, Stadt und Land. Der Raum Ratingen-Rhein-Ruhr in Mittelalter und Früher Neuzeit. In: Ratinger Forum 4, 1995, S. 37–63.
Münster-Schröer, Erika, Auch Häuser haben ihre Geschichte. Die »Suitbertus-Stuben« in Ratingen – einst die Pferdehandlung der Familie Waller. In: Journal. Jahrbuch des Kreises Mettmann 21, 2001/2002, S. 91–95.
Münster-Schröer, Erika, Amerikanische Bomben auf Ratingen. Der Luftangriff vom 22. März 1945 und die Erinnerungen. In: Die Quecke 75, 2005, S. 3–7.
Münster-Schröer, Erika, Frauen, Bildung und kleinstädtisches Bürgertum unter den Bedingungen später Industrialisierung: Das Beispiel Ratingen 1835–1914. In: Zeitschrift des Bergischen Geschichtsvereins 96, 1993/94, S. 113–133.
Münster-Schröer, Erika, Frühjahr 1945: Exekutionen im Kalkumer Wald und anderswo. Die Ermittlungen der britischen War Crimes Group im Wehrkreis VI – Raum Düsseldorf. In: Ratinger Forum 6, 1999, S. 145–184.

Münster-Schröer, Erika/Josef Chwieralski/Malwine Przybylak, Kunst im öffentlichen Raum in Ratingen. In: Ratinger Forum 8, 2003, S. 7–58.
Münster-Schröer, Erika, Niederländische Zwangsarbeiter im Lager Lintorf. In: Die Quecke 68, 1998, S. 109 f.
Münster-Schröer, Erika, Vor 75 Jahren: Machtergreifung der NSDAP in Ratingen. In: Die Quecke 78, 2008, S. 82 f.
Münster-Schröer, Erika/Achim Blazy, Ratingen. Fotografien von gestern und heute, Wartberg 2002.
Müskens, Hans, Die Evangelische Stadtkirche in Ratingen. Kurze Geschichte einer alten reformierten Kirche. In: Die Quecke 74, 2004, S. 71–80.
Müskens, Hans, Die Pfarrkirche St. Peter und Paul. Beispiele für eine Kirchengeschichte vor Ort. In: Die Quecke 71, 2001, S. 43–53.
Müskens, Hans, Im Mittelpunkt. 1250 Jahre St. Peter und Paul in Ratingen. In: Die Quecke 60, 1990, S. 17–21.
Müskens, Hans, St. Peter und Paul vor 100 Jahren vollendet. Die Erweiterung eines gotischen Kleinods. In: Die Quecke 64, 1994, S. 78–80.
Multhaupt, Josefine, Das Gasthaus zum Heiligen Geist. Ein Hort der Liebe und Barmherzigkeit für die ganze Stadt. In: Die Quecke 67, 1997, S. 63–65.
Neuheuser, Hans Peter, Die Ratinger Monstranz, Köln 1983.
Niewerth, Andrea, Der Poensgenpark in Ratingen. 100 Jahre Parkgeschichte 1907–2007, Essen 2007.
Niewerth, Andrea, Ein Kulturschatz im Rheinland. Der Ratinger Poensgenpark wird 100 Jahre. In: Die Quecke 76, 2006, S. 166 f.
Oediger, Friedrich Wilhelm, Die niederrheinischen Schulen vor dem Aufkommen der Gymnasien. In: Düsseldorfer Jahrbuch 43, 1941, S. 75–118.
Peters, Heinz, St. Peter und Paul Ratingen (Beiträge zur Geschichte Ratingens, Bd. 1), 2., wesentlich erw. Aufl., Ratingen 1998.
Pfeiffer, Helmut/Erika Münster-Schröer, Luftangriff auf Ratingen 22.3.1945: Rekonstruktionen, Analysen, Erinnerungen, Bilder. In: Ratinger Forum 6, 1999, S. 87–144.
Pfeiffer, Helmut/Erika Münster-Schröer, Zwischen Selbstschutz und Luftkrieg: Ratingen 1935–1945. In: Ratinger Forum 7, 2001, S. 121–212.
Pfeiffer, Helmut, Die letzten Tage – die Stunde Null – der Neuanfang – das Wirtschaftswunder. Ein Zeitzeugenbericht (1945–1955). In: Ratinger Forum 8, 2003, S. 234–333.
Pittelkow, Sabine, Katholische Vereine in Ratingen zur Kaiserzeit. In: Ratinger Forum 1, 1989, S. 7–52.

Pracht-Jörns, Elfi (Bearb.), Rheinischer Städteatlas Ratingen, hg. vom Landschaftsverband Rheinland/Rheinische Landeskunde, Lieferung XVII Nr. 89, Köln/Weimar/Wien 2008.

Ratingen. Geschichte von den Anfängen bis 1815, hg. vom Verein für Heimatkunde und Heimatpflege Ratingen e. V., Essen 2004.

Rauchenbichler, Ulrich/Erika Stubenhöfer, Ratinger Straßennamen, Ratingen 2001.

Reis, Alexander, Das Oratorium »Arminius« von Max Bruch und Adam Josef Cüppers. In: Ratinger Forum 11, 2009, S. 111–122.

Römer, Ulrike, Die Blumentopf-Fabrik Gorris. Ratinger Geschichte zwischen Primeln und Stiefmütterchen. In: Journal 15. Jahrbuch des Kreises Mettmann 1995/96, S. 81–84.

Samans, Otto, Die Versorgung der Ratinger Bevölkerung mit Lebensmitteln und Wirtschaftgütern im Weltkrieg 1914/18 und in der Zeit nachher. In: Die Quecke 59, 1989, S. 4–8.

Schappe, Josef, Nichts gegen einen Synagogenbau. Das Leben der Juden in Ratingen. In: Die Quecke 53, 1983, S. 17 f.

Schöller, Oliver/Eckhard Bolenz (Hg.), Go West. Utopie und Realität der Trabantenstadt Ratingen-West, Essen 2007.

Schöller, Oliver, Die Blockstruktur. Eine qualitative Untersuchung zur politischen Ökonomie des westdeutschen Großsiedlungsbaus, Berlin 2005.

Schöller, Oliver, Stadtplanung im sozialen Wohnungsbau am Beispiel der Großsiedlung Ratingen-West. In: Ratinger Forum 6, 1999, S. 205–276.

Schönberg, Mirko, Flughafenstreit. Die Kontroverse um den Ausbau des Düsseldorfer Flughafens von 1952 bis zum Angerland-Vergleich (1965), Marburg 2006.

Schöttler, Gisela, Grünes Juwel Poensgenpark. Im Herzstück des Angertales darf jeder Schlossbesitzer spielen. In: Die Quecke 72, 2002, S. 9–11.

Schulz-Hönerlage, Joachim, 1609 – Ratingen und der Jülich-Klevische Erfolgestreit. In: Ratinger Forum 11, 2009, S. 79–95.

Schulz-Hönerlage, Joachim (Bearb.), Ratinger Sagen neu erzählt. In: Ratinger Forum 8, 2003, S. 59–90.

Schulz-Hönerlage, Joachim, »… in schlimmer Notzeit in das Amt des Stadtoberhaupts berufen …« In: Ratinger Forum 8, 2003, S. 216–233.

Schulz-Hönerlage, Joachim, »… und darüber niemand in seinem gewissen noch exercitio zu turbieren …« Konfessionelle Auseinandersetzungen in Ratingen 1611. In: Die Quecke 74, 2004, S. 66–70.

Schulz-Hönerlage, Joachim, Ratingen-West – oder: Wie ein Flughafen für 4.500 neue Wohnungen sorgte. In: Ratinger Forum 6, 1999, S. 185–204.

Schulz-Hönerlage, Joachim, Vor 200 Jahren: Aufhebung des Ratinger Minoritenklosters. In: Die Quecke 73, 2003, S. 32–34.

Schumacher, Karl, Die konfessionellen Verhältnisse des Herzogtums Berg vom Eindringen der Reformation bis zum Xantener Vertrag. In: Beiträge zur Geschichte des Niederrheins/Jahrbuch des Düsseldorfer Geschichtsvereins, 24. Bd., 1912, S. 1–31.

Sölter, Walter, Beobachtungen im Boden der katholischen Pfarrkirche St. Peter und Paul in Ratingen. In: Romerike Berge 31, Heft 4, 1981, S. 1–12.

St. Suitbertus – ein Haus, das lebt! Jubiläumsheft zum 50-jährigen Bestehen der Pfarrgemeinde St. Suitbertus in Ratingen, Ratingen 2004.

Stubenhöfer, Erika, »Damenwahl oder Frauenstimmrecht?« Zum Kampf um die Einführung des Wahlrechts für Frauen 1919. In: Ratinger Forum 6, 1999, S. 7–63.

Stubenhöfer, Erika, Volksherrschaft mit einem Fürsten an der Spitze. Ratingen in der Revolution von 1848/49. In: Ratinger Forum 5, 1997, S. 35–70.

Tapken, Hermann (Bearb.), Ratingen von 1933 bis 1945. Nationalsozialismus und Zweiter Weltkrieg. Ein Quellen- und Lesebuch, Ratingen 1990.

Tapken, Hermann, Die katholische Kirche in Ratingen unter dem Nationalsozialismus. In: Ratinger Forum 3, 1993, S. 229–262.

Tapken, Hermann, Gegner des Nationalsozialismus und Meinungsführer in der frühen Nachkriegszeit: Religionslehrer Karl Josef Mücher, ein Mann des Widerspruchs. In: Ratinger Forum 7, 2001, S. 213–275.

Tapken, Hermann, Im Vorfeld der Industrialisierung: Kalkproduktion, Wegebau und Dachziegelherstellung im Ratinger Süden vor 1885. In: Ratinger Forum 10, 2007, S. 83–153.

Tapken, Hermann, Max Scheiff, Ratinger Bürgermeister in schwerer Zeit (1922–1933). In: Die Quecke 64, 1994, S. 45–50; Fortsetzungen des Artikels in: Die Quecke 65, 1995, S. 90–97 u. Die Quecke 66, 1996, S. 150–159.

Tapken, Hermann, Soziale Situation und Lebensläufe Ratinger Juden nach 1900. Teil 1. In: Die Quecke 78, 2008, S. 87–97; Teil 2. In: Die Quecke 79, 2009, S. 165–181.

Tapken, Hermann, Ratingen in der Weimarer Republik. Quellensammlung, Ratingen 2004 (Typoskript im Stadtarchiv Ratingen).

Tapken, Hermann, Ratingen und der Erste Weltkrieg. In: Ratinger Forum 9, 2005, S. 164–294.

Tapken, Hermann, Von der Ratinger Kinderärztin zur prominenten amerikanischen Wissenschaftlerin – Hilde Bruch, ein jüdisches Schicksal. In: Ratinger Forum 8, 2003, 170–215.

Tapken, Hermann, Vor 90 Jahren: Das erste Ratinger (Pro-) Gymnasium wird eröffnet. In: THS-Jahrbuch 1990, S. 220–225. Tapken setzte seine Serie zur Geschichte der höheren Schule in den Jahrbüchern der Theodor-Heuss-Schule fort.

Töpfer, Andrea, Prozessionen in Ratingen. In: Die Quecke 64, 1994, S. 81–88.

Vogt, Hans, Niederrheinischer Wassermühlen-Führer, Krefeld 1998.

Weimann, Stephan, Die Paul-Gerhardt-Kirche und ihre Menschen. Festschrift anläßlich des 50. Jahrestages der Einweihung der Evangelischen Kirche in Ratingen-Tiefenbroich, Ratingen-Tiefenbroich 2006.

Wesoly, Kurt, »… und mit keinem Geld der Welt zu bezahlen«. Zur Situation des Lehrerstandes im Niederbergischen bis zum Ende des Alten Reiches (1806). In: Zeitschrift des Bergischen Geschichtsvereins 98, 1997/98, S. 149–166.

Wesoly, Kurt, Elementare Bildung bis zum Ende des 18. Jahrhunderts (insbesondere im Niederbergischen). In: Zeitschrift des Bergischen Geschichtsvereins 95, 1991/92, S. 1–19.

Wesoly, Kurt, Katholisch, lutherisch, reformiert, evangelisch? Zu den Anfängen der Reformation im Bergischen Land. In: Burkhard Dietz/Stefan Ehrenpreis (Hg.), Drei Konfessionen in einer Region. Beiträge zur Geschichte der Konfessionalisierung im Herzogtum Berg vom 16. bis zum 18. Jahrhundert, Köln 1999, S. 291–306.

Weyden, Ernst, Kölns Legenden, Sagen, Geschichten, Köln 1839.

Winternheim, Ernst, Das Schmiedehandwerk in Ratingen einst und jetzt. Bergischer Geschichtsverein (Hg.), Kultur und Wirtschaft im Bergischen Land, Wuppertal 1953, S. 119–126.

Wisotzky, Klaus/Uwe Kaminsky (Bearb.), Ratingen im Zweiten Weltkrieg. Eine Dokumentation, Ratingen^2 2002.

Wisotzky, Klaus, »Die Mittelstadt ist den Bewohnern noch eine richtige Heimat«. Zur kommunalen Neuordnung der Jahre 1929/30. In: Die Quecke 63, 1993, S. 93–96.

Wisotzky, Klaus, Adam Joseph Cüppers. In: Die Quecke 61, 1991, S. 28–32.

Wisotzky, Klaus, DAAG – einst ruhmvoller deutscher Lkw-Produzent. In: Journal 10. Jahrbuch des Kreises Mettmann 1990/91, S. 57–61.

Wisotzky, Klaus, Das Ende mit Schrecken. Der Bombenangriff vom 22. März 1945 und das Kriegsende in Ratingen. In: Die Quecke 65, 1995, S. 16–24.

Wisotzky, Klaus, Ratingen und Umgebung im Jahre 1861. In: Die Quecke 60, 1990, S. 57–60.

Wisotzky, Klaus, Ratingen während der Wirtschaftskrise 1930 bis 1932. In: Ratinger Forum 3, 1993, S. 123–228.

Wisotzky, Klaus, Unruhige Zeiten. Ratingen zwischen Novemberrevolution und Kapp-Putsch (1918–1920). In: Ratinger Forum 2, 1991, S. 90–135.

300 Jahre evangelische Waldkirche Linnep 1683–1983, Ratingen 1983.

Bachert, Manfred, Aus der Geschichte Breitscheids. In: Die Quecke 50, 1980, S. 45–49.

Baumann, Carl-Friedrich, Schloss Landsberg und Thyssen, 3., durchgesehene Aufl., Duisburg/Essen/Mülheim a. d. Ruhr 2003.

Baumann, Richard, Fast ein verwunschenes Märchenschloss. Schloss Linnep heute: Wohngebäude und Kreisarchiv. In: Düsseldorf-Magazin Nr. 4, 1982, S. 15–16.

Baumann, Richard, St. Christophorus in Breitscheid. Eine Gemeinde am »Kreuzweg unserer Zeit«, Ratingen o. J. [1992].

Buer, Manfred, Breitscheid. In: Die Quecke 79, 2009, S. 10–12.

Buer, Manfred, Das »Landhotel Krummenweg«. Ein traditionsreiches Gasthaus ist wiedererstanden. In: Die Quecke 74, 2004, S. 3–13.

Buhlmann, Michael, Quellen zur mittelalterlichen Geschichte Ratingens und seiner Stadtteile. XI. Vermehrung der Brotrationen für die Kaiserswerther Kanonikergemeinschaft (um 1100). In: Die Quecke 72, 2002, S. 89–92.

Degenhard, Monika, Der Breitscheider Rottzehnt von 1759. In: Die Quecke 74, 2004, S. 206 f.

Dietz, Ewald, Die Tankstelle Flocken am »Krummenweg«. Fast acht Jahrzehnte Dienst am Kunden. In: Die Quecke 75, 2005, S. 109–112.

Dietz, Ewald, Essener Straße 5. Eine vergessene Adresse in Breitscheid. In: Die Quecke 75, 2005, S. 84–102.

Elven, Albert, Eine alte Brauerei des Angerlandes. »Aktien Brauerei und Brennerei Krummenweg vormals F. Unterhössel«. In: Die Quecke 10, 1952, S. 7 f.

Erinnerungsschrift anlässlich des 250jährigen Bestehens der Kirche und Schule in Linnep, Ratingen 1933.

Esser, Hans Adolf, Aus den Chroniken der Schulen in Breitscheid. In: Aus der Geschichte Breitscheids, Ratingen 1980, S. 39–47.

Festschrift 300 Jahre Breitscheider Schulen 1683–1983, Ratingen 1983.

Heck, Karl, Schloss Linnep bei Kettwig. In: Monatsschrift des bergischen Geschichtsvereins, 27. Jg., 1920, S. 49–59.

Heck, Karl, Schloss Linnep. In: Kettwig in Geschichte und Sage. Kettwiger Heimatblätter, Bd. 4, 1938, S. 75–90.

Kirchenvorstand und Pfarrgemeinderat St. Laurentius (Hg.), Mintard im Wandel der Zeit, Mintard o. J.

Klein, Konrad, Evangelische Gemeinde Linnep. In: Gemeindebuch 1949/50 für den Kirchenkreis Düsseldorf, Düsseldorf 1950, S. 113–118.

Knopp, Gisbert, Schloss Landsberg, Duisburg und Mülheim a. d. Ruhr 1993.

Lohuizen, Thomas van, Macht, Reichtum, Mord und Totschlag. Linneper Vetternwirtschaft und Kölscher Klüngel. In: Die Quecke 74, 2004, S. 202–205.
Lohuizen, Thomas van, Ulen aus Linnep. Ein Beitrag zur Breitscheider Töpferware im Mittelalter. In: Die Quecke 64, 1994, S. 100–115.
Lohuizen, Thomas van, Die mittelalterlichen Töpferbezirke von Breitscheid und Lintorf. In: Ratinger Forum 8, 2003, S. 91–169.
Lohuizen, Thomas van, Unbekannte Gebrauchsvariante des mittelalterlichen Kugeltopfes aus der Breitscheider Töpferwerkstatt des Klosters Werden. In: Die Quecke 68, 1998, S. 85–89.
Pfarrer Heinrich Bernsau (1687–1731) in Linnep. Pfarrchronik Ev. Gemeinde Linnep. In: Angerland-Jahrbuch 1, 1968, S. 69–101
Schleuter, Bruno, Volkstanz in Linnep. In: Die Quecke 77, 2007, S. 216 f.
Volmert, Theo, Gaststätte Krummenweg. »Konferenzzimmer« des Ruhrgebietes. In: Die Quecke 10, 1952, S. 6 f.
Volmert, Theo, Linneper Kleriker in Köln. In: Die Quecke 25, 1955, S. 7–8.
Vor 120 Jahren: Vom Bauernjungen zum Akademiker. Der mühselige und schwierige Ausbildungsweg des Linneper evangelischen Pfarrers August Becker. In: Die Quecke 67, 1997, S. 92–95.
Werth, Adolf, Überfall der Pfarrwohnung in Linnep durch Räuberbanden 1750. In: Monatsschrift des bergischen Geschichtsvereins, 3. Jg., 1896, S. 184–185.
»Wie man Erinnerungen hegt und voller Liebe pflegt«. Aus den Aufzeichnungen von Karl Doerenkamp. In: Die Quecke 74, 2004, S. 15–20.
Wilms, Otto, Breitscheid. Aus der Geschichte einer bäuerlichen Siedlung. In: Die Quecke 62, 1992, S. 51–58.
Wilms, Otto, Die Geschichte der evangelischen Gemeindeschulen in Breitscheid und Hösel. In: Die Quecke 69, 1999, S. 176–191.
Wilms, Otto, Die Geschichte der evangelischen Gemeindeschulen in Breitscheid, Hösel und Selbeck, Ratingen 1996.
Wilms, Otto, Ein Breitscheider, der Geschichte gemacht hat. In: Die Quecke 64, 1994, S. 94–99.
Wilms, Otto, Geschichten aus der Honschaft Breitscheid. Ein Beitrag zur Entstehungsgeschichte der Evangelischen Gemeinde Linnep. In: Die Quecke 63, 1993, S. 50–58.
Wilms, Otto, Linnep. Die Geschichte der evangelischen Gemeinde 1830–1983, Ratingen-Linnep 1996 (Typoskript).

Eggerscheidt

Baaske, Michael, Offene Kinder- und Jugendarbeit in Eggerscheidt. In: Die Quecke 75, 2005, S. 234–236.

Baumann, Richard, Aus Lumpen macht man Schreibpapier … An der Anger wurde fast zweihundert Jahre lang Papier produziert. In: Die Quecke 75, 2005, S. 171–175.

Baumann, Richard, Von den letzten neun Ratinger Mühlen ist nur die Auermühle übrig geblieben. In: Die Quecke 70, 2000, S. 55–58.

Baumann, Richard, Von der Lateinschule zum Klick ins Internet. Sieben Jahrhunderte Ratinger Schulgeschichte, Ratingen 2001, S. 47–54.

Braun, Bernhard, Eggerscheidt – Heimat und Zuhause. Heimatverständnis angesichts der kommunalen Struktur der Stadt Ratingen. In: Die Quecke 75, 2005, S. 231–233.

Großterlinden, Rolf, Eggerscheidt oder das Lob der Kartoffel. In: Die Quecke 63, 1993, S. 66 f.

Hauck, Friedrich, Aus Eggerscheidts alten und jungen Tagen, Barmen 1904.

Heck, Karl, Eggerscheidt. Blick in die Geschichte eines alten Dorfes. In: Ratinger Zeitung 22.–29. März und 2. April 1941.

Milz, Joseph, Einige Quellen zur Geschichte von Hösel – Haus Gräfgenstein und Haus Anger. In: Angerland Jahrbuch Bd. 1, 1968, S. 102–124.

Samans, Otto, Die »Berger Schule«. Katholische Schule in Eggerscheidt. In: Die Quecke 67, 1997, S. 71–75.

Volmert, Theo, Eggerscheidt. In: Die Quecke 50, 1980, S. 31–34.

Wilmsen, Heinz, Die evangelische Schule Eggerscheidt im Wandel der Zeiten. Mitteilungen über die Geschichte, Erdkunde, Naturkunde und Heimatkunde des Landes an Anger und Schwarzbach, Heft 7, Ratingen 1968.

Hösel

Baumann, Richard, St. Bartholomäus in Hösel, Ratingen-Hösel 2000.

Buhlmann, Michael, Quellen zur mittelalterlichen Geschichte Ratingens und seiner Stadtteile. XV. Kauf des Hofes Anger durch das Kloster Werden (1148). In: Die Quecke 74, 2004, S. 58–60.

Buhlmann, Michael, Quellen zur mittelalterlichen Geschichte Ratingens und seiner Stadtteile. XIII. Die so genannte Duisburger Mauerbauinschrift (1111/25). In: Die Quecke 73, 2003, S. 24 f.

Ferres, Hans, Das Höseler Schulwesen im Wandel der Zeiten. In: Unser Hoyselt 5, 1973, S. 10–22.

Ferres, Hans, Der Hof am Kämpchen. Geschichte und Untergang eines alten Höseler Bauernhofes. In: Angerland-Jahrbuch 1, 1968, S. 171–176.

Ferres, Hans, Die bergische Kleinbahn Heiligenhaus – Hösel. In: Unser Hoyselt 4, 1970, S. 13–23.
Ferres, Hans, Die Höseler Spiegelfabrik. In: Unser Hoyselt 3, 1969, S. 8–14.
Ferres, Hans, Hösel in Geschichte und Gegenwart. In: Unser Hoyselt 1, 1967, S. 12–19.
Festschrift aus Anlass des 75jährigen Jubiläums der Pfarrgemeinde St. Bartholomäus Hösel, Ratingen 1986.
Festschrift der Evangelischen Kirchengemeinde Hösel zum 70jährigen Bestehen der Adolf-Clarenbach-Kirche am 28. und 29. Oktober 2000, Ratingen 2000.
Festschrift zur Einweihung des Gemeindezentrums der Evangelischen Kirchengemeinde Hösel am 29. September 1968, Hösel 1968.
Gdanietz, Michael, Der »Feurige Elias«. Die Kleinbahn Heiligenhaus – Hösel. In: Die Quecke 48, 1978, S. 43 f.
Genesungsheim Hösel, errichtet vom Verband der Krankenkassen Düsseldorfs, Düsseldorf [ca. 1908].
Gormann, Johann Heinrich, Vorgeschichte des Rektorats Hösel. In: Angerland-Jahrbuch 2, 1971, S. 99–117.
Großterlinden, Rolf, Der letzte Weg in Hösel. In: Die Quecke 64, 1994, S. 35–36.
Großterlinden, Rolf, Hösel und seine Künstler oder: Ein Schatz auf dem Dachboden. In: Die Quecke 67, 1997, S. 109–112.
Großterlinden, Rolf, Jugendzeit in Hösel. In: Die Quecke 70, 2000, 148–153.
Großterlinden, Rolf, Meine Höseler Vorfahren. Vom »Hof auf der Schlippen«. In: Die Quecke 55, 1985, S. 15–17.
Großterlinden, Rolf, Neuallscheid. Ein niederbergischer Kotten. In: Die Quecke 55, 1985, S. 18–19.
Großterlinden, Rolf, Zum »Stern« (Bergbusch) in Hösel. In: Die Quecke 56, 1986, S. 15–16.
Gutberlet, Wilhelm, Geglückte Restaurierung des alten Fachwerkhauses »Im Loch« in Hösel und Ausstellung von Werken des Höseler Malers Carl Gustav Krause. In: Die Quecke 58, 1988, S. 27–30.
Henke, Otto, Adolf Clarenbach – sein Leben und seine Gedankenwelt. In: Angerland-Jahrbuch 1, 1968, S. 124–140.
Isenbügel, Otto, Ratingen – Das Angertal – Hösel. Kleine Führer am Niederrhein, Bd. 7, Düsseldorf 1914.
Keienburg, Heinrich, Haeßkaul oder Hasper. Ein alter Höseler Bauernhof. In: Unser Hoyselt 2, 1968, S. 10–14.
Kraft, Eduard, Eine Kindheit in Hösel. In: Die Quecke 65, 1995, S. 66–68.

Krieger, Erhard, 1930–1980. 50 Jahre Adolf-Clarenbach-Kirche. In: Die Quecke 50, 1980, S. 40–44.

Kuwertz, Helmut (Bearb.), Eine Beschreibung der Gemeinde Hösel und Lebenserinnerungen aus den Jahren 1877 bis 1944, aufgezeichnet von Lehrer Peter Vogel. In: Die Quecke 63, 1993, S. 68–74.

Kuwertz, Helmut (Bearb.), Aus den Aufzeichnungen des Höseler Lehrers Peter Vogel. Fortsetzung des ersten »Lernausflugs«. Serie in: Die Quecke 64, 1994, S. 37–44; 65, 1995, S. 69–76; 67, 1997, S. 97–103; 68, 1998, S. 94–102; 69, 1999, S. 165–173; 70, 2000, S. 137–147; 72, 2002, S. 68–74; 73, 2003, S. 150–156; 76, 2006, S. 229–236.

Kuwertz, Helmut, Einiges über den »Alten und neuen Hohlenweg« in Hösel und die Familie Nofen. In: Die Quecke 62, 1992, S. 62–64.

Kuwertz, Helmut, Einiges über die geschichtliche Entstehung der Höseler Straßennamen und die Entwicklung seines Straßennetzes. In: Die Quecke 61, 1991, S. 64–73.

Kuwertz, Helmut, Höseler Straßennamen. In: Die Quecke 62, 1992, S. 73–78.

Loo, Leo van de, Bernsau. Zur Geschichte des Ritter- und Bauerngeschlechts (1150–1940), Essen 1940.

Loo, Leo van de, Die von Bernsau zu Anger (Angern). In: Angerland-Jahrbuch 1, 1968, S. 141–161.

Milz, Joseph, Einige Quellen zur Geschichte von Hösel – Haus Gräfgenstein und Haus Anger. In: Angerland-Jahrbuch 1, 1968, S. 102–124.

Niederau, Kurt, Zur Geschichte des Bergischen Adels: die von Bernsau des 14. bis 16. Jahrhunderts. In: Zeitschrift des Bergischen Geschichtsvereins, 82, 1966, S. 98–201.

Riedel, Lothar, Kleinbahn Velbert – Heiligenhaus – Hösel 1899–1923–1952. Die Verkehrsgeschichte einer schmalspurigen Kleinbahn im Niederbergischen, Mülheim a. d. Ruhr 1996.

Sartorius, Hans-Christian, »Ein Stück Heimaterde ... « Das Oberschlesische Landesmuseum in Hösel. In: Düsseldorfer Hefte, 28. Jg., Nr. 8, 1983, S. 6–7.

Straßen, Volker, Hösel im Übergang zur Diktatur. Wirtschaftsentwicklung, Wählerverhalten und Lokalpolitik in der Landgemeinde von 1930 bis 1934. In: Die Quecke 62, 1992, 65–72.

Tinschus, Edi, Höseler Gaststätten und Lokale vor und kurz nach dem Zweiten Weltkrieg. In: Die Quecke 67, 1997, S. 105 f.

Vogel, Peter, Etwas aus der Geschichte der evangelischen Volksschule in Hösel. In: Erinnerungsschrift anlässlich des 250jährigen Bestehens der Kirche und Schule in Linnep, Ratingen 1933, S. 32–40.

Vogel, Rudi, Geologische Plauderei über Hösel und Umgebung. In: Unser Hoyselt 4, 1970, S. 9–12.

Volmert, Theo, Hösel – Berichte, Dokumente, Bilder aus seiner tausendjährigen Geschichte, hg. vom Kulturkreis Hösel e. V., Ratingen 1980.

Volmert, Theo, Rittersitze und Schlösser an der Anger. In: Die Quecke 45, 1975, S. 1–34.

Volmert, Theo, Über den Großen Kurfürsten wußten die Kinder gut Bescheid. Höseler Schulverhältnisse vor 80 Jahren. In: Die Quecke 54, 1984, S. 17.

Wassenberg, Walter, 70 Jahre Adolf-Clarenbach-Kirche in Hösel. In: Die Quecke 71, 2001, S. 186–188.

Weidenhaupt, Hugo, Der Oberhof des Stiftes Gerresheim in Hösel. In: Angerland-Jahrbuch Bd. 2, 1971, S. 7–22.

Wiesenberger, Fritz, Gäste sind im Schloss willkommen. Vom Bahnhof Hösel nach Schloss Linnep. In: Düsseldorfer Hefte, 28. Jg., Nr. 17, 1983, S. 7–8, 35–36.

Wilms, Otto, Linnep. Die Geschichte der evangelischen Gemeindeschulen in Breitscheid, Hösel und Selbeck, Ratingen 1996, S. 55–86.

Wisotzky, Klaus, Das Höseler Kriegerdenkmal von Ewald Mataré. In: Die Quecke 62, 1992, S. 59–61.

Wittenberg, Bernhard, Für und von Hösel, Hösel 1949.

Wotzlaw, Helmut, Eröffnung des Oberschlesischen Landesmuseums am 11. März 1983 in Ratingen-Hösel. In: Die Quecke 53, 1983, S. 1 f.

Homberg und Meiersberg

Baumann, Richard, Das Dekanat Ratingen II 1945–1997. Kirche auf dem Weg in das 21. Jahrhundert, Ratingen 1997, S. 144–173.

Baumann, Richard, Homberg – ein Dorf wird wieder lebendig. In: Die Quecke 57, 1987, S. 17–19.

Baumann, Richard, Homberg hat insgesamt 25 geschützte Baudenkmäler. Von den »Wiesnasen« bis zu einzelnen Häusern. In: Die Quecke 64, 1994, S. 59–62.

Baumann, Richard, Homberger Unterdorf. In: Die Quecke 75, 2005, S. 238–239.

Brinkmann, Heinrich, Kurze Geschichte der evangelischen Gemeinde Homberg im Bergischen Land, Homberg 1962.

Brinkmann, Heinrich, Geschichte der Evangelischen Gemeinde Homberg im Bergischen Land, Ratingen 1983.

Bruckhaus, Margarete/Erika Münster, Homberg. Zur Geschichte eines Dorfes, Horb am Neckar 1994.

Buhlmann, Michael, Quellen zur mittelalterlichen Geschichte Ratingens und seiner Stadtteile, XII. Besitz des Kölner Georgstifts in Homberg (1067?, kurz vor 1148). In: Die Quecke 73, 2003, S. 21–23.

Diederich, Toni, St. Jakobus im Schöffensiegel zu Homberg. In: Die Quecke 65, 1995, S. 117–121.

Esser, Willy, Der Bergische Bergbau im 18. Jahrhundert. In: Zeitschrift des Bergischen Geschichtsvereins 55, 1925/26, S. 1–27.

Ferres, Hans, Das Dekanat Ratingen, Hösel 1954, S. 71–81.

Freiwillige Feuerwehr Homberg 1909–1984, Ratingen 1984.

Gertz, Kurt-Peter, Das Homberger Jacobus-Reliquiar. In: Die Quecke 62, 1992, S. 43–44.

Gertz, Kurt-Peter, Die Kirche »St. Jakobus d. Ä.« in Ratingen-Homberg. In: Die Quecke 64, 1994, S. 63–65.

Gertz, Kurt-Peter, Die Ratinger Künstlerin Brigitte Trennhaus und ihre Skulpturengruppe »Flurprozession«. In: Die Quecke 61, 1991, S. 104–105.

Grashaus, Helene, Erinnerungen aus der alten Homberger Zeit. In: Der Homberger 8/9, 1999, S. 20–24.

Grothe, Joseph, Untersuchungen über Wohnungen auf dem Lande, Diss. Düsseldorf 1937.

Heinz, Franz, Pastore, Pilger und Kapaune. Homberg liegt am Jakobsweg. In: Journal 25. Jahrbuch des Kreises Mettmann 2005/06, S. 50–54.

Holzapfel, Kurt, Einst in Homberg: St. Jakobus im Siegel und die Jakobsmuschel im Wappen. In: Die Quecke 64, 1994, S. 66–67.

Homberger Pfarrchronik im Ersten und Zweiten Weltkrieg, hg. von der Katholischen Pfarrgemeinde St. Jacobus der Ältere, Homberg 1989.

Kirchgang. Festschrift zum Abschluss der Kirchenrenovierung und zur Altarweihe St. Jacobus der Ältere, Ratingen-Homberg November 2004, Düsseldorf/Ratingen 2004.

Kisky, Hans, Zum Werk des Anton Wonsam (Woensam) von Worms. In: Wallraf-Richartz-Jahrbuch 17, 1955, S. 226–229.

Kubach, Hans Erich/Albert Verbeek, Romanische Baukunst an Rhein und Maas. Katalog der vorromanischen und romanischen Denkmäler, Bd. 1, Berlin 1976, S. 403 f.

Münster, Erika (Bearb.), Aus den Schulchroniken Homberg-Meiersberg 1877–1958. Eine Dokumentation. Schriftenreihe des Stadtarchivs, Ratingen 1994.

Münster, Erika, Chronik der Landschule Meiersberg. In: Journal 13. Jahrbuch des Kreises Mettmann, 1993/94, S. 11–14.

Münster, Erika, Homberg – Ein historischer Rundgang durch ein altes Dorf. In: Die Quecke 64, 1994, S. 56–58.

Redlich, Otto R., Urkundliche Beiträge zur Geschichte des Bergbaus am Niederrhein. In: Beiträge zur Geschichte des Niederrheins 15, 1900, S. 118–164.

Rosenkranz, Albert, Aus der Geschichte der bergischen Gemeinde Homberg. In: Monatshefte für Rheinische Kirchengeschichte NF 4. Jg. 1955, S. 148–155; NF 5. Jg. 1956, S. 16–28.

Rosin, Martin, Bevölkerungsbiologische Untersuchungen in Homberg bei Ratingen, Diss. Düsseldorf 1938.

Saeger, Klaus, Katholische Pfarrkirche St. Jacobus der Ältere, Ratingen-Homberg, München/Zürich 1990 (Kunstführer).

Saeger, Klaus, Romanische Kirchenbauten im niederbergischen Raum (II). Die katholische Pfarrkirche St. Jacobus der Ältere zu Ratingen-Homberg. In: Romerike Berge 2, 1992, S. 1–7.

Schreiter, Heinrich, Bevölkerungsbiologische Untersuchungen des katholischen Volksteils in Homberg, Diss. Düsseldorf 1937.

Schulze, Heinz, Das Restaurant »Zur Krone« im Wandel der Zeiten. In: Der Homberger 10/11, 2008, S. 6 f.

St. Jacobus d. Ältere, Ratingen-Homberg. Festschrift zum Abschluss der Kirchenrestauration 1982.

Strassen, Otto, Die Familie »Straßen«. Von »Zur Straßen« bei Homberg/Ratingen, Düsseldorf 1962

Upmeier, Henrich, Die Wasserversorgung sowie Beseitigung der Abwässer und Fäkalien des Dorfes Homberg im Rheinland, Diss. Düsseldorf 1939.

Volmerth, Theo, Aus der Geschichte des alten Amtes Angermund. In: Angerland-Jahrbuch 1, 1968, S. 10–24.

Weidenhaupt, Hugo/Erika Münster-Schröer, Die Geschichte der Pfarre St. Jacobus der Ältere in Ratingen-Homberg, Düsseldorf 1997.

Zimmermann, Walther, Romanische Taufsteine am Niederrhein. In: Annalen des Historischen Vereins für den Niederrhein 155/156, 1954, S. 472–500.

50jähriges Jubiläum der Evangelischen Frauenhilfe Homberg, Ratingen 1987.

70 Jahre Turn- und Sportverein Homberg 1912 e. V., Ratingen 1982.

Lintorf

Aus der Chronik der Freiwilligen Feuerwehr Lintorf. In: Die Quecke 30/31, 1957, S. 15 f.

500 Jahre St. Sebastianus-Schützenbruderschaft Lintorf 1464, Lintorf 1964.

Baumann, Richard, Heinrich Nüttgens malte die St. Anna-Kirche aus. In: Die Quecke 50, 1980, S. 20 f.

Baumann, Richard, Lintorf hat immer noch 21 Baudenkmäler: Von der St. Anna-Kirche bis zum »Kurhaus Siloah«. In: Die Quecke 62, 1992, S. 9–13.

Becher, Leopold, Die Constructa-Werke GmbH, Lintorf 1965.

Bever, Reinald, Damals bei uns daheim. Erinnerungen an Kinder- und Jugendtage in Lintorf. In: Die Quecke 74, 2004, S. 170–176.

Bever, Wilfried, Die evangelische Kirche in Lintorf. In: Die Quecke 62, 1992, S. 14–17.

Bever, Wilfried, Die Zeit steht nicht still. Wandel im Leben einer Gemeinde. In: Die Quecke 57, 1987, S. 12–15.

Bever, Wilfried, Geschichte der evangelischen Kirchengemeinde Lintorf, Lintorf 1973.

Bever, Wilfried, Lintorfer Korrespondenzblatt. Zur Geschichte der Lintorfer Trinkerheilstätten. In: Die Quecke 55, 1985, S. 48–54.

Bever, Wilfried, Richard Engelbert, der Diakonenvater, seine Beziehungen zu Lintorf. In: Die Quecke 52, 1982, S. 13–18.

Bever, Wilfried, Über die Pfarrerfamilie Dietrich-Esch. Ein Beitrag zur Geschichte der evangelischen Gemeinde Lintorf. In: Die Quecke 46, 1976, S. 58–61.

Bey, Thomas von der/Klaus Thelen, Vom Fahrrad und Motorroller zur Motorkabine. Anmerkungen zum Aufstieg und Niedergang der Solinger Fahrradfabrik, späteren Hoffmann-Werke Jakob Oswald Hoffmann – Lintorf. In: Die Quecke 66, 1996, S. 179–192.

Blechschmidt, Horst, Lintorf 1974–2004. In: Die Quecke 74, 2004, S. 199–201.

Braun, Ruth, Das wahre Leben war es nicht. Displaced Persons und das Lager Lintorf. In: Die Quecke 65, 1995, S. 34–62.

Buer, Manfred et al., Auf den Spuren der Ortsgeschichte. Historischer Ortsrundgang durch Lintorf, hg. vom TuS 08 Lintorf e. V. und dem Verein Lintorfer Heimatfreunde e. V., Ratingen-Lintorf 2010.

Buer, Manfred, Denkmalschutz für »Haus Bethesda«. In: Die Quecke 76, 2006, S. 262–264.

Buer, Manfred, Der Ulenbroich. In: Die Quecke 73, 2003, S. 3–6.

Buer, Manfred, Die Altbausiedlung »Am Löken« konnte nicht gerettet werden. In: Die Quecke 74, 2004, 35 f.

Buer, Manfred, Grabsteine aus dem Mühlenteich. In: Die Quecke 68, 1998, S. 10 f.

Buer, Manfred, Johann Peter Melchior (1747–1825). In: Die Quecke 75, 2005, S. 161 f.

Buer, Manfred, Vom Dorfschmied zum Schnapsfabrikanten. Die bekannte Unternehmerfamilie Stein hatte ihre Ursprünge in Selbeck und Lintorf. In: Die Quecke 79, 2009, S. 45–57.

Buer, Manfred, Vom Hütejungen zum Hofbildhauer – Zum 250. Geburtstag Johann Peter Melchiors. In: Die Quecke 67, 1997, S. 3–5.
Buer, Manfred, Vor hundert Jahren wurde die St. Anna-Kirche feierlich konsekriert. In: Die Quecke 63, 1993, S, 41 f.
Buer, Monika/Manfred Buer, Wunsch und Wirklichkeit. Der Heimatverein ehrt Johann Peter Melchior im Jubiläumsjahr mit einem Denkmal. In: Die Quecke 60, 1990, S. 11 f.
Fink, Heinz, Ein altes Haus im Lintorfer Norden wird 100 Jahre alt. In: Die Quecke 73, 2003, S. 10–12.
Fleermann, Bastian/Walburga Fleermann-Dörrenberg, 200jähriges Jubiläum auf Mühlengut Helpenstein. Als die Stockfischs nach Lintorf kamen. Auf den Spuren einer verschwundenen Familie. In: Die Quecke 68, 1998, S. 7–9.
Fleermann, Bastian, Ein bergischer Haushalt vor 300 Jahren. Das alte Hofgebäude von Gut Helpenstein und seine Bewohner um das Jahr 1700. In: Die Quecke 72, 2002, S. 34–39.
Fleermann, Bastian, Heinrich von Lintorf. War er der Verfasser des Weberschlacht-Liedes? Erkenntnisse zum Kölner Stadtschreiber. In: Die Quecke 72, 2002, S. 31–33.
Fleermann, Bastian, Juli 1998 – März 1999: Die Innenrenovierung der Wassermühle. In: Die Quecke 68, 1998, S. 12.
Fleermann, Bastian, Mühlengut Helpenstein in Lintorf. Geschichte vom Mittelalter bis zur Gegenwart, hg. vom Verein Lintorfer Heimatfreunde e. V., Ratingen 2007.
Fleermann, Bastian, Mühlengut Helpenstein. In: Die Quecke 68, 1998, S. 3–5.
Fleermann, Heinz, Helfensteiner Wassermühle in Lintorf. In: Die Quecke 57, 1987, S. 44.
Fleermann, Heinz, Meine Erinnerungen an den Lintorfer Norden. In: Die Quecke 70, 2000, S. 35–38.
Erkens, Kurt, Lintorf. Wirtschafts- und sozialgeographische Skizze einer Wohnsiedlung, Typoskript, o. O. 1970.
Frylingsrad, Peter vom, Vom alten und neuen Markt. In: Die Quecke 44, 1974, S. 1–8.
Frylingsrad, Peter vom, Wie Dechant Veiders die beiden Madonnen nach Lintorf zurückbrachte. In: Die Quecke 42, 1972, S. 23.
Görlich, Jürgen, Eine siedlungsgeographische Untersuchung der Stadt Lintorf. In: Die Quecke 43, 1973, S. 1–22.
Herder, Paul, Lintorf. In: Alt-Ratingen, 4. Jg. 1928, Nr. 2, S. 3–4.
Hofmann, Friedrich H., Johann Peter Melchior, München 1921 [hier auch Abdruck der Autobiografie Melchiors].

Koernicke, A., Die Huntschaft und das Hofgericht des Herzogs von Berg zu Lintorf. In: Beiträge zur Geschichte des Niederrheins, Bd. 9, 1895, S. 146–161.
Kugler, Norbert, Lintorf zur Zeit Johann Peter Melchiors. In: Die Quecke 67, 1997, 27–29.
Lohuizen, Thomas van, »Gegeben auf unserer Reichsabtei Werden«. Eine Behandigungsurkunde für Lintorf und die Aufhebung des »Landes Werden« vor zweihundert Jahren. In: Die Quecke 72, 2002, S. 40–43.
Lohuizen, Thomas van, »Receßus von der getheilten Lintorfer Mark«. Eine bislang unbekannte Handschrift des 19. Jahrhunderts über das Ende einer mehr als tausendjährigen Tradition. In: Die Quecke 67, 1997, S. 31–40.
Lohuizen, Thomas van, Archäologischer Beitrag zur Siedlungsgeschichte Lintorfs. In: Die Quecke 66, 1996, S. 103–115.
Lohuizen, Thomas van, Eine Lintorfer Hofesstelle aus der Zeit Karls des Großen. In: Die Quecke 70, 2000, S. 80–86.
Lomberg, Rainer, Lintorf (Amt Angerland) – vom Bauerndorf zur modernen Industriegemeinde, Examensarbeit Universität Münster, Typoskript 1970.
Lüdecke, Barbara, Die Familie Heintges aus Lintorf. In: Die Quecke 79, 2009, S. 31–40.
Lumer, Hans, 50 Jahre »neue« Johann-Peter-Melchior-Schule in Lintorf. In: Die Quecke 74, 2004, S. 184–189.
Lumer, Michael, 1965–1995. 30 Jahre Katholische Kirchengemeinde St. Johannes, Pfarrer von Ars. In: Die Quecke 65, 1995, S. 106–113.
Lumer, Michael, 40-jähriges Bestehen der katholischen Kirche St. Johannes, Pfarrer von Ars – Entstehung und Werdegang einer Pfarrgemeinde in Ratingen-Lintorf. In: Die Quecke 75, 2005, S. 138–144.
Lumer, Michael, 50 Jahre Kreuzherren wieder in Deutschland. 40 Jahre Kreuzherren in Lintorf. In: Die Quecke 74, 2004, S. 178–182.
Lumer, Michael, Constructa. Die Geschichte einer deutschen Waschmaschinen-Marke. In: Die Quecke 68, 1998, S. 168–191.
Lumer, Michael, Der letzte Kreuzherr aus dem Erzbistum Köln geht in den Ruhestand. In: Die Quecke 76, 2006, S. 113–118.
Lumer, Michael, Der Lintorfer Bleibergbau im 18. Jahrhundert. In: Ratinger Forum 2, 1991, S. 32–55.
Lumer, Michael, Die Entwicklung des Lintorfer Bleibergbaus bis zum Jahre 1902. Examensarbeit Universität Duisburg, Typoskript 1981.
Lumer, Michael, Faszination Kalk – Begegnung mit einem unbekannten Gestein. Auch im Lintorfer und Ratinger Raum gab es Jahrhunderte lang ein Kalkgewerbe, Teil 1.

In: Die Quecke 77, 2007, S. 52–61. Teil 2. In: Die Quecke 78, 2008, S. 213–216. Teil 3. In: Die Quecke 80, 2010, S. 241–246.
Lumer, Michael, Lintorf hat viel Wasser, aber auch viel Erz. Die letzten Jahre des Lintorfer Bergbaus unter der Gewerkschaft der Lintorfer Erzbergwerke (1888–1892 und 1897–1902). In: Die Quecke 71, 2001, S. 232–250, Fortsetzungen in: Die Quecke 72, 2002, S. 228–238 u. 73, 2003, S. 213–230.
Lumer, Michael, Vor 250 Jahren gründete der Düsseldorfer Bankier und Unternehmer Heinrich Kirschbaum in Lintorf ein Bleibergwerk. In: Die Quecke 66, 1996, S. 167–178.
Mildner, Ursula, Die Sammlung Johann Peter Melchior im Stadtmuseum Ratingen. In: Die Quecke 60, 1990, S. 1–4.
Mildner, Ursula/Klaus Thelen, Melchior: Neue Fragen, offene Antworten. In: Die Quecke 67, 1997, S. 11–13.
Müller, Gabriele, Angermund und Lintorf – ein geographischer Vergleich, Examensarbeit Universität Münster, Typoskript 1978.
Ohlig, Stefanie F., Johann Peter Melchior und die Entwicklung der Tafeldekoration in Höchst. In: Die Quecke 67, 1997, S. 14–21.
Ohlig, Stefanie F., Zu Johann Peter Melchior und der Entwicklung der Höchster Porzellanplastik in Biskuit. In: Die Quecke 72, 2002, S. 131–137.
Oppenheim, Michel, Johann Peter Melchior als Modellmeister in Höchst, Frankfurt/M. 1957.
Perpéet, Hubert, »Schwarze Kunst« in Lintorf. Geschichte der Firma Hubert Perpéet o. H. G. Buchdruckerei und Verlag. In: Die Quecke 20/21, 1954, S. 14–16.
Pfarrer-von-Ars-Kirche in Lintorf am Löken. In: Die Quecke 35/36, 1966, S. 2 f.
Preuß, Andreas, Lintorf im 18. Jahrhundert: Eine traditionelle Gesellschaft im Wandel? In: Die Quecke 66, 1996, S. 164–167.
Radke, Franz, Lintorf heute – Lintorf morgen. In: Die Quecke 37, 1967, S. 5 f.
Reber, Horst, Johann Peter Melchior 1747–1825. In: Die Quecke 67, 1997, S. 8–10.
Reijners, Ger. Q., Ordo Sanctae Crucis. Die Geschichte des Kreuzherren-Ordens. In: Die Quecke 65, 1995, S. 114–116.
Schmitz, Bernhard, Einige geschichtliche Nachrichten über Lintorf, seine katholische Pfarre und Kirche aus Urkunden und alten Kirchenbüchern, Düsseldorf 1878.
Schmitz, Heinrich, Angermunder Land und Leute, Lintorf 1926.
Schöttler, Gisela, Familientreffen auf dem Hof »Oberste Mühle«. In: Die Quecke 64, 1994, S. 116–118.
Schreiber, Hanns, Evangelische Gemeinde Lintorf. In: Gemeindebuch 1949/50 für den Kirchenkreis Düsseldorf, Düsseldorf 1950, S. 118–123.

Schwarz, Heinrich, Heinrich-Schmitz-Schule. In: Die Quecke 11, 1952, S. 1 f.
Steingen, Jürgen, Von Lintorfer Christen, ihren Pfarrern und Kirchen. In: Die Quecke 76, 2006, S. 100–110.
Steingen, Martin, Erinnerungen an Heimat und Elternhaus. In: Die Quecke 55, 1985, S. 25–39.
Steingen, Rudi, 150 Jahre Bäckerei Steingen Lintorf. Geschichten von Lintorf und seinem Brot, Ratingen 1983.
Steingen, Rudi, Der Dickelsbach. In: Die Quecke 47, 1977, S. 21–25.
Thelen, Klaus (Red.), Johann Peter Melchior 1747–1825. Bildhauer und Modellmeister in Höchst, Frankenthal und Nymphenburg, Gelsenkirchen 1997.
Tillmann, Julia, Lintorf im Wandel der Zeit. Strukturwandel in Lintorf bis zur Eingemeindung nach Ratingen (1945–1975). In: Die Quecke 76, 2006, S. 171–181.
Tinschus, Edi, Neues Leben im Ulenbroich. In: Die Quecke 73, 2003, S. 6–9.
Vollmert, Theo, St. Anna Lintorf. In: Hans Ferres, Das Dekanat Ratingen, Ratingen-Hösel 1954, S. 115–177.
Volmert, Theo, Heinrich von Lintorf – Kölner Stadtschreiber und Notar, Spielmannsdichter des Mittelalters. In: Die Quecke 25, 1955, S. 4–6.
Volmert, Theo, Johann Peter Melchior. In: Angerland-Jahrbuch 1, 1968, S. 56–68.
Volmert, Theo, Kloster der »Armen Dienstmägde Jesu Christi« in Lintorf. In: Die Quecke 32, 1957, S. 2.
Volmert, Theo, Lintorf, Berichte, Bilder, Dokumente 1815–1974, Ratingen 1987.
Volmert, Theo, Lintorf. Berichte, Dokumente, Bilder aus seiner Geschichte von den Anfängen bis 1815, Ratingen 1982.
Wächtershäuser, Frank, Kinderarche Friedrichskothen. Kindergarteneinweihung am 28. August 2005. In: Die Quecke 75, 2005, S. 148 f.
Wagner, Friedrich, Zur Chronik der evangelischen Schule (Lintorf). In: Die Quecke 12, 1952, S. 4.
Windscheid, Manfred, Die Renovierung der Pfarrkirche St. Anna in Lintorf. In: Die Quecke 50, 1980, S. 17–20.
Winternheim, Ernst, Johann Peter Melchior. Niederbergs größter bildender Künstler. In: Romerike Berge 1. Jg., 1950, S. 76–84.
Wisotzky, Klaus, Das Fremdarbeiterlager in Lintorf. In: Die Quecke 71, 2001, S. 104–108.

Bildnachweis

Die auf den Seiten 150, 192, 216, 242, 262, 288, 299, 322, 346, 364, 392, 438, 464 abgebildeten Karten basieren auf der digitalen Stadtgrundkarte, © Kreis Mettmann und © Stadt Ratingen (40/2011).

Weitere Bildgeber sind:

Achim Blazy, Ratingen: 465 • Clemens-Sels-Museum, Neuss: 17 • Dombauarchiv Köln, Matz und Schenk: 32 links • Feuerwehr Ratingen: 229 • Manfred Fiene, Ratingen: 326 • Bastian Fleermann, Ratingen: 460 • Peter von der Forst, Ratingen: 172, 173 • Michael Füsgen, Ratingen: 408 • Udo Haafke, Ratingen: 456 • L. Hänsler, Wuppertal-Elberfeld: 126 • Henkel Konzernarchiv, Düsseldorf: 354 • Wilhelm Höffer, Ratingen: 391, 399, 400 oben • Reiner Klöckner, Ratingen: 69, 134 Mitte • Kölnisches Stadtmuseum: 18 • Günter Kraus, Ratingen: 138 • Landesarchiv Nordrhein-Westfalen Abt. Rheinland: 309 • Michael Lumer, Ratingen: 20, 145, 146, 148, 149, 213 unten, 215 unten, 231, 237, 238, 261 unten, 264, 267, 268, 303, 304 oben, 305 • LVR-Amt für Denkmalpflege Rheinland: 97, 182, 304 unten, 362 • LVR-Industriemuseum, Textilfabrik Cromford: 205 unten, 207, 208, 209 • Hans Müskens, Ratingen: 32 rechts, 153, 154, 157, 160 • Museum der Stadt Ratingen: 68, 450, 451 • Johannes Paas, Ratingen: 252 • Josef Pietron, Ratingen: 375, 394, 398 • Elfi Pracht-Jörns, Brühl: 50, 51, 54, 55 oben, 139, 140, 161, 166, 167, 171, 175, 178, 179, 185, 187, 189, 190, 193, 196, 197, 199, 202, 205 oben, 211 oben, 212, 219, 235, 239, 250, 254, 255, 260, 298, 319, 345, 347, 352. 353, 357, 358, 361 unten, 365, 366, 393, 400 unten, 401, 403, 404, 405, 406, 445, 446, 449, 453, 459 • Bernd Röder, Ratingen: 169, 462 • Rosel Schröder, Ratingen: 410 • Joachim Schulz-Hönerlage, Ratingen: 200, 215 oben, 226, 227, 228, 289, 291 unten, 307 • Spee'sches Archiv Schloss Heltorf: 56 • Stadtarchiv Ratingen (auch Bildarchiv Buschhausen) • Stadtmuseum Düsseldorf: 47, 60, 330 oben • Stadt Ratingen, Luftbild: 261 oben • St. Peter und Paul, Pfarrarchiv: 21, 158, 159 • Kurt Tappeser, Ratingen: 163 • ThyssenKrupp Konzernarchiv, Duisburg: 300, 301 • N.N. Twachtmann, Ratingen: 257 • Verein Lintorfer Heimatfreunde e. V.: 273, 275, 282, 430 oben, 443, 444, 457, 467, 469, 471 • Stephan Weimann, Ratingen: 251 • Wolfgang Welling, Ratingen: 180 links

Die hier nicht angegebenen Abbildungen sind aus dem Fotoarchiv des Stadtarchivs Ratingen bzw. dem Bildarchiv Buschhausen, das im Stadtarchiv verwaltet wird. Einige wenige Bilder unterliegen entweder nicht mehr dem Urheberrecht oder der Urheber konnte trotz sorgfältiger Recherchen nicht ermittelt werden. Im letzteren Fall können sich mögliche Rechteinhaber gerne beim Verein für Heimatkunde und Heimatpflege Ratingen e. V. melden.